基于阴阳坡效应的多年冻土区路基稳定性研究

Study on Embankment Stability Based on Sunny-shady Effect in Permafrost Region

丑亚玲　曹　伟　张　波　著

盛　煜　主审

人民交通出版社
China Communications Press

内 容 提 要

本书较为全面系统地分析、总结和归纳了考虑阴阳坡效应的多年冻土区路基稳定性的相关理论与应用研究成果，并汇集大量科研和实体工程试验观测资料，深入论述了冻土环境、太阳辐射、局地因素、工程措施及工程地质条件等因素对多年冻土区道路路基稳定性的影响。基于野外监测、室内试验、数值建模和理论分析相结合的方法，定量研究了太阳辐射量及路基表面浅层热状况的相关计算，对具有阴阳坡的路基断面进行了热稳定性及变形稳定性分析，并汲取了以往关于路基阴阳坡及纵向裂缝的研究成果。对柴达尔—木里铁路沿线“阴阳坡”效应、工程地质条件、工程措施效果及冻土环境分别进行了定量分析及不同方法的评价研究。

本书可供从事冻土地区道路工程及土建工程的科技人员参考，亦适合高等院校、科研机构相关专业技术人员、教师、研究生学习参考。

图书在版编目(CIP)数据

基于阴阳坡效应的多年冻土区路基稳定性研究/丑亚玲，曹伟，张波著．—北京：人民交通出版社，2014．7
ISBN 978-7-114-11331-4

Ⅰ．①基… Ⅱ．①丑… ②曹… ③张… Ⅲ．①冻土区—公路路基—稳定性—研究 ②冻土区—铁路路基—稳定性—研究 Ⅳ．①U416．1 ②U213．1

中国版本图书馆 CIP 数据核字(2014)第 065369 号

书　　名：基于阴阳坡效应的多年冻土区路基稳定性研究
著 作 者：丑亚玲　曹　伟　张　波
责任编辑：赵瑞琴
出版发行：人民交通出版社
地　　址：(100011)北京市朝阳区安定门外外馆斜街 3 号
网　　址：http://www.ccpress.com.cn
销售电话：(010)59757973
总 经 销：人民交通出版社发行部
经　　销：各地新华书店
印　　刷：北京市密东印刷有限公司
开　　本：787 × 1092　1/16
印　　张：16.5
字　　数：402 千
版　　次：2014 年 7 月　第 1 版
印　　次：2014 年 7 月　第 1 次印刷
书　　号：ISBN 978-7-114-11331-4
定　　价：48.00 元

国家自然科学基金项目(编号 50908111)

“我国多年冻土区路基纵向裂缝发育的热—力学机理分析”

部分研究成果

兰州理工大学优秀青年教师基金资助(编号 Q200911)

中科院冻土工程国家重点实验室开放基金项目资助(编号 Y201119606)

中国博士后科学基金面上项目资助(编号 20100470108)

建工七七基金资助(编号 TM-QK-1101)

甘肃省自然科学基金资助(编号 1014RJZA026)

前　言

多年冻土是一种对气候和环境变化极为敏感的特殊地质体，与其他土类相比，其最大的特点就是它的水、热、力等性质随温度变化而变化的不稳定性。由于外界环境的多变性（比如全球变暖、工程扰动等），使多年冻土始终处于一种动态变化与局地动态平衡状态，其变化主要受环境气候条件控制，大的气候背景决定了多年冻土分布的宏观格局。但局地因素，如坡向、坡度、雪盖、岩性和含水率等对多年冻土的分布及其性质的影响也不容忽视。在一定条件下，局地因素对多年冻土的影响往往会超过大气候背景对其的影响，造成同样气候背景下多年冻土的“异常”分布或非气候分布，所以在多年冻土区修筑道路工程是一项世界性难题。其中，由于路基两侧边坡的坡向差异性所带来的工程病害已引起众多科研工作者的重视。他们指出，在多年冻土区修筑道路工程后，与路基边坡朝向有关的热效应是冻土路基工程保护措施必须考虑的因素。

“阴阳坡”是一个地理学术语，通常把南向坡作为标准的阳坡，而把北向坡作为标准的阴坡。在山区，由于坡向不同，坡面的辐射及局部大气环流等条件不同，导致了阴阳两坡在小范围内气候环境上的差异，并继而对植被、土壤、地貌、水文等产生深刻的影响。对道路工程而言，在大部分情况下，坡向对路基的稳定性没有太显著影响（尤其是在非冻土区），因此对该现象研究很少，认识基本还停留在南北坡就是“阴阳坡”的程度。而在多年冻土区，“阴阳坡”现象不仅出现在南北坡上，且只要是由于坡向差异导致两侧边坡热状况不同（融化形态不对称）的现象，都可以称之为“阴阳坡”问题。青藏线（包括青藏铁路和青藏公路）上广泛存在的两侧边坡热状况有差异的现象，就是“阴阳坡”问题的一种具体表现。有关研究表明，由于“阴阳坡”问题引起的纵向裂缝病害在我国青藏铁路、青藏公路、青康公路及东北和内蒙古冻土地区的道路工程，以及美国的阿拉斯加和法国的道路工程中均有不同程度的分布，它已成为多年冻土区道路工程中一种常见的路基病害。本书基于以上原因展开了相关研究。

本书围绕“现象→规律→机理→预测→对策”的研究主线，以青藏铁路、青藏公路、青康公路及柴达尔—木里铁路沿线某些典型路基断面实测资料为依据，对具有显著“阴阳坡”效应的路基断面进行了热稳定性及变形稳定性分析，并汲取了以往关于阴阳坡及纵向裂缝的研究成果；研究了太阳辐射量及阴阳坡热状况的定量计算，建立了路基表面（包括水平表面及边坡表面）浅层地温与太阳辐射的定量关系，并在此基础上，采用了相关的理论分析和数值模拟，对具有阴阳坡的路基热稳定性进行了计算分析与评价；对柴达尔—木里铁路沿线“阴阳坡”效应、工程地质条件、工程措施效果及冻土环境进行了定量分析及评价研究。

全书共分11章，由兰州理工大学丑亚玲，重庆市国土资源和房屋勘测规划院曹伟，中铁第一勘察设计院集团有限公司张波及中国科学院寒区旱区环境与工程研究所陈继、吴吉春合作著成。第一章、第二章、第三章、第四章、第五章、第六章、第十一章由丑亚玲完成；第七章由张波、陈继、吴吉春、丑亚玲完成；第八章由张波、曹伟完成；第九章由张波、曹伟完成；第十章由曹伟完成。全书由丑亚玲统稿，盛煜审核。

本书是在几位作者的研究生学位论文基础上进行完善、拓展、提炼而形成。它得以顺利完成，首先要感谢中国科学院寒区旱区环境与工程研究所冻土工程国家重点实验室，在实验室冻土工程研究的环境下，我们有机会参与有关项目的野外数据采集、分析整理和综合研究，为本书的完成奠定了基础；其次，感谢导师盛煜研究员及他带领的课题小组全体成员的共同努力，吴吉春博士、陈继博士、李金平博士、李静博士、张秀敏博士、曹元兵博士、冯子亮博士、何维维硕士、王生廷硕士等师兄弟妹们对本书的出版都做出很大的贡献；再次，衷心感谢青海省交通科学研究所、青海省地方铁路管理局为相关项目进行野外监测及数据获取提供的大力帮助；本书的出版得到了国家自然科学基金、中科院冻土工程国家重点实验室开放基金、甘肃省自然科学基金、兰州理工大学优秀青年教师基金、中国博士后科学基金面上项目及建工七七基金等项目的资助，在此一并表示深切的感谢；最后特别感谢甘肃省有色地质调查院韦振明先生在学术思想、数据处理，以及文稿编辑上为本书所做的贡献。

本书展现的只是一个不太成熟的研究成果，还有很多深层次的东西需要更进一步的探究与挖掘。此外，由于作者水平有限，本书错漏缺点在所难免，恳请专家与读者批评指正。

本书撰写过程中参考了不少国内外学术界前辈和同仁的研究成果，在此表示真诚的感谢！书中所引用的观点和资料都尽可能在参考文献中标注出，但可能由于写作中的疏忽而有所遗漏，在此深表歉意，并向作者致以诚挚的谢意！

作　者

2014年1月

目　录

第一章　我国多年冻土分布及工程分类 …………（1）

第一节　冻土环境及冻土分布特征 …………（1）

第二节　多年冻土上限 …………（7）

第三节　多年冻土地温分区及工程分类 …………（11）

第二章　多年冻土区路基阴阳坡效应及其影响因素 …………（15）

第一节　阴阳坡效应 …………（17）

第二节　影响因素 …………（28）

第三章　多年冻土区路基浅层地温 …………（39）

第一节　太阳辐射基本原理 …………（39）

第二节　太阳辐射量计算 …………（42）

第三节　路基水平表面浅层地温与太阳辐射量的关系 …………（46）

第四节　阴阳坡浅层地温与太阳辐射的关系 …………（51）

第五节　阴阳坡问题的辐射机制探讨 …………（58）

第四章　多年冻土区公路路基阴阳坡现象及纵向裂缝分析 …………（60）

第一节　试验场地的自然地理环境 …………（60）

第二节　地温变化规律 …………（61）

第三节　变形变化规律及纵向裂缝调查 …………（76）

第五章　青藏铁路路基的阴阳坡效应及数值模拟 …………（81）

第一节　自然地理概况及观测方法 …………（81）

第二节　温度监测结果 …………（83）

第三节　数值模拟 …………（86）

第六章　多年冻土区路基纵向裂缝分布及防治措施 …………（103）

第一节　纵向裂缝在青藏公路的分布 …………（104）

第二节　纵向裂缝在青康公路的分布 …………（111）

第三节　纵向裂缝在青藏铁路的分布规律 …………（112）

第四节　防治措施 …………（117）

第七章　柴木铁路冻土路基阴阳坡效应及工程措施效果 …………（124）

第一节　监测断面 …………（125）

第二节　片石通风路基 …………（130）

第三节　热棒护坡路基 …………（145）

第四节　热棒护坡 + 片石通风复合路基 …………………………………………………………（158）
第五节　不考虑土工格栅的路基纵向裂缝病害预测 ……………………………………………（165）
第六节　考虑土工格栅的路基纵向裂缝病害预测 ………………………………………………（168）
第八章　柴木铁路沿线工程地质条件评价 ………………………………………………………（170）
第一节　柴木铁路沿线气候特征 ………………………………………………………………（170）
第二节　柴木铁路沿线多年冻土分布特征和规律 ……………………………………………（172）
第三节　柴木铁路沿线冻土工程地质条件定量评价 …………………………………………（178）
第九章　柴木铁路冻土路基工程措施效果模糊评价 ……………………………………………（184）
第一节　评价指标体系 ……………………………………………………………………………（185）
第二节　模糊综合评价方法步骤 …………………………………………………………………（186）
第三节　基于青藏铁路冻土路基工程构建模糊评价模型 ……………………………………（190）
第四节　模糊评价方法在柴木铁路冻土路基工程措施效果评价中的应用 …………（203）
第五节　柴木铁路模糊评价模型修正及最终模糊评判结果 …………………………………（210）
第十章　柴木铁路沿线冻土环境评价 ……………………………………………………………（223）
第一节　评价指标体系 ……………………………………………………………………………（223）
第二节　评价方法 …………………………………………………………………………………（227）
第三节　冻土环境评价 ……………………………………………………………………………（230）
第十一章　主要结论及对策与启示 ………………………………………………………………（237）
第一节　主要结论 …………………………………………………………………………………（237）
第二节　对策与启示 ………………………………………………………………………………（238）
参考文献 ……………………………………………………………………………………………（242）

第一章　我国多年冻土分布及工程分类

第一节　冻土环境及冻土分布特征

冻土是指含有冰且温度在0℃或0℃以下的各种岩石和土体。它作为一种特殊的岩土材料,其力学性质对温度的变化异常敏感。根据(岩)土体处于冻结状态的持续时间不同,通常可分为季节冻土和多年冻土,前者指在地表几米范围内冬季冻结、夏季融化,后者指两年以上处于冻结状态、只有地表层几米内的土(岩)层处于夏融冬冻的状态。世界范围内的多年冻土面积约为$3.5\times10^{7}km^{2}$,占全球陆地面积约23%,主要分布在俄罗斯、美国的阿拉斯加和加拿大北部等地,此外尚有部分分布于南美和中亚的高山地区。我国是世界上第三冻土大国,多年冻土面积达$2.15\times10^{6}km^{2}$,占国土面积约22.3%,主要分布于东北大、小兴安岭地区和松嫩平原北部及西部高山和号称世界第三脊的青藏高原。青藏高原是世界高海拔多年冻土的代表,更是中国多年冻土的代表。青藏高原多年冻土面积约为$1.49\times10^{6}km^{2}$,占我国冻土面积约70%。

多年冻土的存在和分布是地质历史变迁和近代气候变化的产物,是历史自然地质环境(寒区地质环境)长期作用形成的特殊综合地质体。这种历史自然地质环境主要指区域气候条件、地质构造、地形、地貌形成演化、地表水、地下水、岩性、植被、雪盖、坡向、坡度等共同作用形成的综合自然地理环境,外界环境条件的变化使冻土始终处于一种动态变化与局地动态平衡状态。冻土与寒区自然地理环境、地质环境,以及受人类工程经济活动影响的工程技术环境、社会经济环境等共同组成冻土环境。冻土环境是寒区生态环境的重要组成部分,人类活动和气候变化会对冻土环境产生很大的影响,特别是在寒区修建工程构筑物和建筑物,将会对冻土环境产生一定的反效应。环境工程地质学理论认为,任何研究主体的周围条件和状态都可以认为是其存在的环境。冻土本质上也是冻土工程的一种环境,而冻土和冻土工程对于自然环境来说,也可以是一个综合主体。因此,自然环境成为这个主体,同时也是冻土存在和发育的原生环境和原生动力。

多年冻土是地气系统相互作用的产物,也是冰冻圈环境的主要组成部分,其变化主要受环境气候条件控制。大的气候背景决定了多年冻土分布的宏观格局,但局地因素,如坡向、坡度、雪盖、岩性和含水率等的影响,在一定条件下,往往会超过大气候背景,造成同样气候背景下多年冻土的“异常”分布或非气候分布。同时,冻土对环境气候条件的变化进程产生反馈,这种反馈的直接响应就是随着全球增温等因素的影响,冻土层地温升高、活动层厚度增大、地下冰融化、多年冻土厚度变薄、多年冻土退化等,与大气之间的水热交换状况发生深刻的变化,从而对寒区气候、水文、水资源、生态和环境演变等产生重大影响,使冻土工程依赖的环境条件发生复杂的不确定性变化,这些最终将对冻土工程的稳定性和可靠性产生重大影响,导致冻土区道路工程的修建具有一定的复杂性和困难性。

气候条件对冻土的形成和发展有着重要影响。在高纬度和高海拔地区，严寒的气候条件（年平均气温低于0℃）是多年冻土生成和保存的基本条件。在我国三大气候区（东部季风区、西北干旱区和青藏高寒区）中，多年冻土均有分布。在三大气候区进一步划分的12个气候带中，多年冻土主要分布在寒温带、中温带北部和高原寒带、高原亚寒带及高原温带5个寒冷气候带中。地质构造和地形、地貌对冻土形成和发展的影响，主要表现在地形（高山、河谷平原）、地貌（包括植被和雪盖）不同，地表得到的太阳辐射量不同，因而多年冻土的发育程度不同。如：山区较之河谷平原，气温要低，寒季要长，多年冻土的年平均地温要低，厚度要大；阴坡较之阳坡，由于获得的太阳辐射能量较少，多年冻土的年平均地温要低，厚度要大；植被覆盖良好地段较之裸露地段，由于植被叶面蒸腾、光合作用耗热大，地表暖季获得的太阳辐射能量较少，多年冻土的年平均地温要低，厚度要大。地质构造和岩相（热物理性质变化）不同，地中热流的大小不同。在地质构造带，岩浆和地下水活动频繁，地中热流 q 大，多年冻土的年平均地温较高、厚度较小；岩石圈的年代越古老，放射性元素的衰变越弱，q 越小，多年冻土的年平均地温要低、厚度要大。即地形、地貌和地质构造对多年冻土的温度和厚度均有重要影响。

冻土环境问题包括冻土周围的自然环境及冻土本身两大方面。冻土周围自然环境可分为：影响冻土发育的能量来源因素，导致冻土发育差异性的局部因素；冻土本身包括冻土的温度环境、活动层（即季节融化层）范围、水分变化等。根据多年冻土的生成条件和赋存环境，我国的多年冻土大体可以划分为东北高纬度的大、小兴安岭多年冻土和西部高海拔的青藏高原多年冻土两种类型，其余的多年冻土则分散在我国西部和东部的部分高山区。其中：①高纬度低海拔多年冻土约占 $3.9\times10^5\text{km}^2$；②高原多年冻土约占 $1.5\times10^6\text{km}^2$；③高山多年冻土约占 $2.6\times10^5\text{km}^2$。

一、高纬度多年冻土

我国东北高纬度、低海拔多年冻土集中分布在大、小兴安岭地区，是欧亚大陆高纬度多年冻土区的南部边缘。其分布范围主要位于北纬46°30′和53°30′之间，海拔高度从几百米至1400m，面积约为 $3.88\times10^5\text{km}^2$。该多年冻土区的自然景观包括大兴安岭北部和中部的针叶林区、小兴安岭的针阔叶混交林区、松嫩平原森林草原北区及内蒙古高原（呼伦贝尔—锡林郭勒高原）干草原、荒漠草原区北部。

大兴安岭为北东—南西走向，小兴安岭为北西—南东走向，两山呈“人”字形分布，其地势整体呈西北高、东南低。大兴安岭东坡较陡峻，西坡则是较为平缓的丘陵山地，海拔高度在600～1400m；小兴安岭山势较平缓，海拔在500～800m。由于高纬度地区气温具有明显的随纬度升高而降低的特性，故该地区多年冻土的分布特征也具有明显的纬度地带性。自南而北，随着纬度的升高，年平均气温降低，多年冻土的年平均地温降低，多年冻土厚度增加，分布面积逐渐增大，多年冻土的连续性由岛状分布逐渐过渡到大片连续分布。该区多年冻土的发育特征与分布受如下环境条件的制约。

（一）气候条件

该多年冻土区在气候上属于我国最寒冷的寒温带和中温带北部。太阳辐射和辐射平衡的分布大致与纬线平行，降水由沿海向内陆递减。气候严寒、干燥，冬季漫长，夏季短促，年平均气温低，气温年较差大，属大陆性季风气候。从多年冻土南界向北，年平均气温从0～1.0℃降低到－5.0～－6.0℃；气温年较差从35℃递增到约50℃；降水量由500～600mm减少到200～

300mm 以下。冬季，该区气候受西伯利亚和蒙古高压控制，冷空气长驱直入大、小兴安岭，使得该区气温大幅度下降，与同纬度的新疆地区相比，气温要低 5～14℃。夏季，南来的暖湿气流与北来的冷空气在本区交汇，形成多雨天气，使 80%～90% 的降雨量都集中在夏季，在一定程度上抑制了气温升高。因而，东北夏季气温比同纬度的新疆地区要低 1～7℃。大、小兴安岭较低的年平均气温是该区多年冻土得以发育和保存的基本条件，也是欧亚大陆多年冻土南界能在本区明显向南推进的主要原因之一。另外，冬季（11 月中旬至翌年 2 月底），该区大气逆温层的广泛分布，是大、小兴安岭地区气候的另一特点。这是受西伯利亚、蒙古高压控制的结果。逆温层中心大致位于俄罗斯雅库茨南部山区。逆温层的厚度在西伯利亚山地达 1200～1500m，逆温梯度（1.5～2.0）℃/100m。进入我国境内逆温层厚度为 500～1000m，其逆温梯度：漠河为 1.0℃/100m，嫩江为 0.8℃/100m，海拉尔为 0.5℃/100m（1961 年）。冬季逆温层的广泛分布，对大、小兴安岭冻土特征地域差异的形成和发育有着重要影响。

（二）植被覆盖

植被对地表温度的影响更加复杂，植被能遮挡大部分的太阳辐射，同时还能减小地表向大气的散热强度，其影响程度取决于植被的类型、特征和稠密程度。植被愈稠密，地表温度愈低，同时植被根系有保持水分的能力。如苔藓层极为潮湿，夏天蒸发水分，消耗大量热量，阻碍太阳辐射热往下传递；与无苔藓及植被层的地段相比，可使地表温度降低 1～10℃，对保存冻土层极为有利。植被覆盖对大、小兴安岭多年冻土的发育特征和分布有着重要影响。大、小兴安岭地区绝大部分地面都为森林、灌木、苔草、苔藓层所覆盖。植被的蒸腾和光合作用要消耗来自太阳的大量辐射热能，其表面温度是较低的，加上植被生长有机层的隔热作用，使传入地中的太阳辐射热量大为减少。根据有关观测资料，夏季晴天时，密集塔头草覆盖地面的温度比裸露地面要低 16～22℃。植被覆盖地表的这种热特性，对该区多年冻土的发育和保存是很有利的。

（三）地形、地貌

大、小兴安岭多年冻土的分布和特点与地形、地貌特征有密切关系。大、小兴安岭的地形、地貌是地壳在内、外营力长期作用下，经褶皱、断裂等构造运动和侵蚀、夷平等地貌过程而形成的。大兴安岭为北东—南西走向，小兴安岭为北西—南东走向，两山呈“人”字形分布，贯穿整个地区，其地势整体呈西北高、东南低，嫩江、贝尔茨河从中部穿过。中段的阿尔山、伊尔施至卓尔河一带，地势较高，海拔 1000～1400m；北部的满归、古莲地段，则地势较低，海拔 500～600m。大、小兴安岭地形的不对称性，使得阴、阳坡面的松散物质沉积、水分、植被、温度等出现较大差异，这对多年冻土的分布与保存有着重要影响。

（四）地质构造

大、小兴安岭在地质构造上属于兴安海西褶皱带，该褶皱带是在古生代经海西运动形成的。其基本岩性是以岩浆岩类侵入岩和喷出岩为主，其次是变质沉积岩。自第三纪以来，地面长期遭受剥蚀作用，致使地形比较缓和，新构造运动以缓慢翘起上升运动为主。第四纪沉积，在山顶只有 1～2m 的残积碎石、角砾夹亚黏土、亚砂土；山麓、山间谷地、盆地则沉积着达 10～15m 不等厚度的洪积、坡积型粉土，粉质黏土夹碎石、砂砾等。长期相对稳定的沉积环境，赋存植被良好的生长条件，坡地表层沉积着厚度 1～3m、河谷阶地沉积着达 5m 的腐殖质土和泥炭。这种良好的地质环境非常有利于多年冻土的发育与保存，在一些潮湿的细颗粒土地段和饱水泥炭地段，甚至在年平均气温高达 0～1℃条件下，仍有岛状多年冻土和厚层地下冰存在。

在上述因素的影响下，大、小兴安岭地区的多年冻土具有以下特点：

(1)多年冻土的分布和特征受纬度控制，即具有明显的纬度地带性。

在该多年冻土区，自北而南，随着纬度的降低，年平均气温升高(由北部的 -5.0～-6.0℃升高到南部的0～1.0℃)，年平均气温较差减小(50～35℃)，多年冻土的年平均地温增高[由北部的 -1.0～-2.0℃(最低可达约 -4.0℃)增至南部的0～-1.0℃]，多年冻土厚度减小(由北部的上百米减至南部的 5～20m)，多年冻土所占面积的百分比逐渐减小(由70%～80%减至10%～20%)，由大片连续分布逐渐向岛状分布和稀疏岛状甚至零星分布过渡。多年冻土中的融区逐渐增多，且融土的温度由1.0℃增至3.0～4.0℃。

(2)海拔高度影响的叠加使多年冻土分布更具特色。

在西部的大兴安岭中、高山地区，多年冻土比东南部的小兴安岭低山丘陵区更为发育。西部的中、高山地区的多年冻土，其年平均气温较低、厚度较大、连续程度较高。冻土层的温度由西向东升高。受纬度地带性和高度地带性的双重影响，东北多年冻土区的自然地理南界呈"W"形分布。在南界以南，只在一些高山如长白山上、黄岗梁山上才有多年冻土出现。可见，在我国东北多年冻土的发育中，尤其是大片多年冻土的存在，海拔高度起了重要作用。

(3)低洼处冻土条件更为严酷。

在该区大片冻土区，山间洼地和河谷阶地有苔藓生长和泥炭层的沼泽化地段，冻土温度最低(-3.0～-4.0℃)，地下冰最发育，冻土厚度也最大(100m及其以上)。这一现象的发生与土的岩性和含水率密切相关。但受冬季逆温层的影响，在同一局部地区，植被发育的山间低地、沼泽湿地地段，多年冻土往往最为发育，而在高地和山顶，多年冻土则处于衰退状态或缺失。

(4)多年冻土年平均温度最低可达约 -4.0℃，最厚可达120m以上，地温年变化带厚度一般12～16m，以14～15m居多。

(5)东北岛状、稀疏岛状和零星分布冻土区南北宽度达200～400m，其面积比大片和大片—岛状冻土两个区的面积大得多。这一广阔地带，实际上是多年冻土与季节冻土相互过渡的地带，对地表热交换条件变化反应敏感的地带，也是生产实践中经常遇到冻胀、融沉等不良冻土工程地质现象的地带。

中国东北高纬度、低海拔多年冻土的分布及特征见表1-1。

中国东北多年冻土的分布及特征(周幼吾等,2000年)　　表1-1

多年冻土区	年平均气温(℃)	年平均地温(℃)	多年冻土所占面积(%)	多年冻土厚度(m)
大片分布(或断续分布)	<-5	-4～0	70～80	50～100
大片—岛状分布	-3～-5	-1.5～2	30～70	20～50
岛状和稀疏岛状/及零星分布	0～-3	-1～3(4)	5～30/<5	5～20

二、高海拔多年冻土

世界高海拔多年冻土的总面积约为$2.3\times10^{6}km^{2}$，其中约一半分布在亚洲，且主要分布在青南—藏北高原。我国的高海拔多年冻土主要分布在我国西部的青藏高原和西部、东部的部分高山。因此，高海拔多年冻土又可划分为高原多年冻土和高山多年冻土。高原多年冻土分布在西部青藏高原；高山多年冻土主要分布在西部的阿尔泰山、天山、祁连山、阿尔金山、横断山、喜马拉雅山以及东部的太白山、五台山、长白山、黄岗梁山等高山区。

青藏高原西起国界，向东延伸至川西、滇北的横断山，北起昆仑山，南至喜马拉雅山，面积约为 $2.4\times10^6km^2$，南北跨越近 10 个纬度，东西横穿 26 个经度，平均海拔在 4000m 以上，高原腹部地区海拔高达 4500m 以上。青藏高原特有的海拔高度，决定了它具有 -3.0 ~ -7.0℃的年平均气温，这就为高原多年冻土的形成和保存提供了必要的低温条件。青藏高原冻土区是世界中、低纬度地带海拔最高、面积最广的冻土区，其地势西北高、东南低，西北部寒冷干燥，东南部较温暖湿润。因而，高原西北部多年冻土最为发育，呈连续分布，年平均气温低、厚度大，为大片连续多年冻土区。从西北向东南，随纬度和海拔高度的降低，气温升高，多年冻土由大片连续分布过渡为岛状分布。高原地区河流下切强烈，第四系沉积多为粗颗粒砂卵石土和碎石土。高山多年冻土的分布受纬度和海拔高度控制，当由纬度和海拔高度决定的气候条件适合多年冻土的生成和保存时，则有多年冻土分布；高山多年冻土的分布下界受纬度控制，随纬度的降低，多年冻土的分布下界升高。

青藏高原是新构造运动强烈的地区，在地质构造上自北而南有规则地排列着几个东西走向的构造区(带)：昆仑山褶皱带、可可西里—巴颜喀拉山褶皱带、青南—三江—羌塘构造区、藏北构造区、喜马拉雅褶皱带。这些构造带是在中生代晚期或新生代时期，经多次逆冲、堆叠构造运动而形成。更新世以来，印度板块与欧亚板块的冲撞，加大了青藏高原的抬升速度，使上新世平均海拔高度仅约 1000m 的青藏高原，在 200 万 ~300 万年的时间内，一跃成为地球上最大最高的高原。

青藏高原的地貌具有山地与断陷盆地相间分布的特征。昆仑山至唐古拉山之间的多年冻土区海拔在 4400m 以上，宏观上属高准平原地貌。除昆仑山北坡地势较险外，其余山系多呈拱形起伏，山顶浑圆，相对高差不大，一般均小于 300m。

青藏高原为高寒气候区，其气候具有以下特点：

(1)海拔高、气压低、高寒，大气稀薄而纯净、透明度高，因而太阳辐射强度大，气温日变幅大。

(2)深处大陆腹地，大陆性气候特征明显。

青藏高原的地面平均气温与同纬度地区相比要低 10 ~14℃。特别是在夏季，藏北高原日平均气温比同纬度的我国平原地区日平均气温低 20℃。但是，与同纬度、同高度的自由大气相比，夏季高原比平原气温要高 5 ~7℃。与东部平原地区相比，高原气温的年较差小，日较差大，表现为明显的内陆山地气候特征。青藏高原气温主要受高度制约，随着海拔升高，年平均气温降低。至 5000m 高度，年平均气温可低至 -7.5℃。在青藏铁路沿线高原岛状多年冻土的分布北界，在昆仑山北麓的西大滩，海拔高度约为 4150m，至海拔高度 4500m，便进入大片连续多年冻土区，岛状多年冻土的分布宽度约为 6km。高原大片连续多年冻土的南界在安多附近，其海拔高度约为 4700m。而岛状多年冻土的分布南界(海拔高度约为 4650m，与年平均气温 -2 ~ -3℃等值线大致相当)可延伸至藏北高原的腹地，南北宽约为 200km。高原大片连续多年冻土区南、北界的岛状多年冻土，其年平均地温为 0 ~ -0.5℃；厚度由几米至二三十米。在两道河一带的沼泽湿地，岛状多年冻土的年平均地温可达 -1.0 ~ -1.2℃，厚度最大可达 60m。

我国西部的高海拔多年冻土具有以下特征：

(1)高海拔多年冻土的分布和特征受海拔高度控制，即具有明显的垂直地带性。

(2)高海拔多年冻土的分布下界受海拔高度控制，随着海拔高度的增加，多年冻土的年平均地温降低，厚度和面积增大，连续性提高。

(3)高海拔多年冻土的分布还受纬度控制。在青藏高原从北向南，随着纬度的降低，多年冻土的分布下界升高。据统计，纬度每降低1°，多年冻土下界上升80~100m。沿青藏公路，多年冻土的北部界限出现在4150~4300m；南部界限出现在4640~4680m。位于北纬46°~49°的阿尔泰山，其高山多年冻土的出现下界为2200m；位于北纬40°~45°的天山，多年冻土下界为2700m；到北纬28°的喜马拉雅山北坡，多年冻土下界达到5200m以上。

(4)高海拔多年冻土的厚度受海拔高度和纬度同时控制。据统计，高度每上升100m，多年冻土厚度增加15~20m。往南每推进150km，厚度减少10~20m。多年冻土厚度从5~25m变化到60~130m，一般在30~60m。

(5)高海拔多年冻土的年平均地温受海拔高度和纬度共同控制。高度每上升100m，多年冻土的年平均地温下降0.6~1.0℃；自北向南每推进150km，多年冻土的年平均地温上升0.5~1.0℃。多年冻土的年平均地温下降0~2.5℃，最低为-3.0℃。

中国西部高海拔多年冻土的分布及特征见表1-2。

中国西部高海拔多年冻土的分布及特征(周幼吾等，2000年；丁靖康等，2011年)　　表1-2

<table>
<tr><th rowspan="2">分布地区</th><th rowspan="2">峰顶海拔高度(m)</th><th rowspan="2">多年冻土面积($\times 10^4 km^2$)</th><th rowspan="2">多年冻土下界高度(m)</th><th rowspan="2">年平均气温(℃)</th><th rowspan="2">实测年平均地温(℃)</th><th rowspan="2">峰顶活动层底部年平均温度计算值(℃)</th><th colspan="2">多年冻土厚度(m)</th></tr>
<tr><th>实测值</th><th>峰顶最大厚度计算值</th></tr>
<tr><td>阿尔泰山</td><td>4374</td><td>1.1</td><td>2200~2800</td><td><-5.4</td><td>0~-5.0</td><td>-14.1</td><td>—</td><td>400</td></tr>
<tr><td>天山</td><td>3963~7435</td><td>6.3</td><td>2700~3100</td><td><-2.0</td><td>-0.1~-4.9</td><td>-6.8~-23.3</td><td>16~200</td><td>200~650
(最大1000)</td></tr>
<tr><td>祁连山</td><td>3616~5808</td><td>9.5</td><td>3500~3900</td><td><-2.0</td><td>-0.1~-2.3</td><td>-2.8~-12.1</td><td>5~140</td><td>100~400</td></tr>
<tr><td>昆仑山</td><td>6488~7723</td><td rowspan="7">150.0</td><td>3900-4200</td><td><-2.5</td><td>-0.2~-3.5</td><td>-12.2~-21.1</td><td>60~120</td><td>400~680</td></tr>
<tr><td>喀喇昆仑山</td><td>8611</td><td>4400</td><td>—</td><td>—</td><td>-23.4</td><td>—</td><td>750</td></tr>
<tr><td>昆仑山—唐古拉山北坡间丘陵地带</td><td>4700~6305</td><td rowspan="2">—</td><td><-5.0</td><td>-1.5~-3.5</td><td>-5.9~-11.3</td><td>60~130</td><td>200~370</td></tr>
<tr><td>高平原及河谷地带</td><td>4500~4650</td><td>-4.0~-5.0</td><td>0~-1.5</td><td rowspan="2">—</td><td>0~60</td><td rowspan="2">—</td></tr>
<tr><td>唐古拉山南坡</td><td>4500~4780</td><td>4600~4700</td><td>-2.0~-5.5</td><td>0~-2.0</td><td><20
30~60</td></tr>
<tr><td>巴颜喀拉山—阿尼玛卿山</td><td>5202~6282</td><td>4150~4400</td><td rowspan="2">—</td><td>—</td><td>-4.7~-11.1</td><td>7~49</td><td>160~370</td></tr>
<tr><td>冈底斯山—念青唐古拉山</td><td>6656~7111</td><td>4800~5000</td><td>—</td><td>-8.1~-10.6</td><td>—</td><td>270~350</td></tr>
<tr><td>喜马拉雅山</td><td>7060~8848</td><td>8.5</td><td>4900~5300</td><td><-2.5</td><td>—</td><td>-8.0~-17.6</td><td>—</td><td>270~570</td></tr>
<tr><td>横断山</td><td>6168~7556</td><td>0.7</td><td>4600~4900</td><td><-3.2</td><td>—</td><td>-7.5~-13.2</td><td>—</td><td>250~420</td></tr>
</table>

通过总结世界各地的大量高海拔多年冻土分布的资料(程国栋等 1984 年,1992 年),特别是我国的资料,指出高海拔多年冻土的分布具有明显的三向地带性:由热量南北差异引起的纬度地带性,由水分状况不同所产生的干燥度地带性,由热量和水分随高度变化造成的垂直带性。综合多年冻土下界(反映垂直带性)的纬度地带性规律,对北半球多年冻土下界资料进行拟合,得到以下高斯分布函数关系:

$$H = 3650e^{[-0.003(\varphi-25.37)^2]} + 1428 \tag{1-1}$$

式中:H——多年冻土下界的海拔高度(m);

φ——地理纬度(°)。

通过对我国西部气象资料进行统计分析,干燥度对多年冻土下界的影响,在北纬 40°以南和以北具有相反的效应。青藏高原(位于北纬 40°以南)多年冻土下界随干燥度的增加而上升,而其他高海拔地区(如天山)多年冻土下界随干燥度的增加而下降。随着周围地形的倾斜,青藏高原多年冻土下界形成闭合的环状。根据我国冻土资料(毛雪松等,2011 年),考虑到南坡和北坡的差异,表 1-3 给出了高山山地多年冻土下界的分布依据。此外,在同一个地区,由于不同地表面的土壤成分、含水率、雪盖、植被、坡向、坡度不同,可使地表面温度相差好几度。以雪盖为例,冬天,雪盖的地表面要比裸露的地表面的温度高 5 ~ 15℃;春天,太阳辐射值逐渐增大,而雪盖反射了 80% ~90% 的太阳辐射,阻碍地表增热,对地表又起了降温作用。但是,因北方地区冬长春短,雪盖的保温效应大于降温效应,对地表总的来说是起到了保温作用。当雪盖相当厚时,保温效应尤为显著。例如,苏联叶尼塞河流域,冬季的稳定雪盖厚达 80cm 以上,这里北纬 62°以南没有多年冻土;而外贝加尔地区的纬度比叶尼塞河流域偏南约 4°,气温也偏高 1 ~2℃,可是这里却保存有岛状多年冻土,很大程度上与这里的雪盖只有 10 ~20cm 厚有关。

高山山地多年冻土下界的分布(汪双杰等,2011 年;毛雪松等,2011 年)　　表 1-3

高山名称	冻土下界(海拔高度)(m)	
	南坡	北坡
阿尔泰山—北塔山	2200 ~ 2800(岛状冻土上界)	
天山	3100 ~ 3250	2700 ~ 2900
阿尔金山—祁连山	3700 ~ 3950	3450 ~ 3650
喜马拉雅山	4900 ~ 5300	
横断山	4600 ~ 4900	

第二节　多年冻土上限

多年冻土上限是指多年冻土上部界面的埋置深度。多年冻土上限变化对寒区陆面过程、冻土区域水文地质条件、寒区生态、工程地基等产生重大影响。因此,准确确定多年冻土上限,在全球变化研究和模拟、水资源评估与利用、多年冻土的生态保护与治理等方面都具有重要作用。研究多年冻土上限可以将天然状态下的地质、地理因素改变或者将自然变化控制条件转为人为控制因素，这在寒区工程设计和施工等方面具有重要意义。多年冻土上限是工程建设的设计依据，多年冻土上限的位置和形态变化很大程度决定着其上工程建筑物（构筑物）的热稳定性和结构稳定性。在冻土工程界，习惯上将多年冻土上限分为天然上限和人为上限。天然上限，指天然条件下多年冻土上部界面（多年冻土层顶板）的埋置深度；人为上限，是指在工程建筑物（人为施工）影响下，地基多年冻土上部界面即顶板上移或者下移形成的新上限。人为上限的埋深和形态与冻土工程类型和工程周围的冻土环境有关，即不同的冻土工程及冻土环境下，地基多年冻土的人为上限埋深和形态是不一样的。

一、多年冻土天然上限

多年冻土天然上限在工程中应用最多，是冻土的重要标志，直接影响到多年冻土抵抗外界的干扰能力。天然上限的埋深受众多因素的控制，如：研究地点所处的地理纬度和经度、海拔高度、地貌类型和气候带类型、多年冻土的岩性成分和物理特征、地表植被覆盖条件、地表朝向、雪盖等。这些因素对多年冻土上限埋深的影响，其本质都是影响进入地中热量的多少。如果在一个热周转年中，进入地中的热量等于流出的热量，则多年冻土上限的埋深保持不变。如果进入地中的热量大于流出的热量，则多年冻土的上限将下降；反之，则上限上升。因此，一般而言，多年冻土天然上限埋深与上述因素的关系是：①随海拔高度增加而减小，随纬度降低而增大。②在同一地区，多年冻土的天然上限埋深，粗颗粒土大于细颗粒土，向阳坡面大于阴坡。③植被的蒸腾与覆盖影响着大气与非有机地表之间的辐射热交换和对流热交换，因而，植被对多年冻土天然上限有重要影响，植被覆盖良好地段的上限浅于裸露地段。④土体含水率小的地段天然上限深于含水率大的地段。

（一）多年冻土天然上限埋深与气候的关系

气候对多年冻土上限埋深的影响，主要指年平均气温对上限埋深的控制作用。气温变化是影响冻土上限的一个重要的外部因素，年平均气温不同，地表的冻结指数和融化指数（温度与温度持续时间数值乘积之总和）不同，多年冻土的上限位置不同。因此，随年平均气温波动及全球升温的影响，多年冻土上限的埋深呈现出动态变化的特点。了解活动层的融化和冻结过程，可全面了解和掌握多年冻土上限埋深与气候的关系。

（二）多年冻土上活动层的冻融循环过程特点

暖季，活动层的融化是自上而下单向进行的；寒季，活动层的冻结则是自上而下和自下而上双向进行的（多年冻土也是一个冷源）。在青藏铁路沿线的多年冻土区，活动层的融化约需5个多月才能完成（一般从4月末开始，至9月底，约160d）。其平均融化速率，细颗粒土约为0.8cm/d，粗颗粒土约为1.0cm/d。而活动层的冻结仅需约60d。在风火山和清水河地区，活动层自上而下的冻结一般从9月初开始；自下而上的冻结一般从10月初开始。上、下冻结界面衔接一般在11月初，即自上而下的冻结延续时间约为60d；自下而上的冻结延续时间约为30d。自多年冻土上限往上的回冻，约占整个冻结活动层厚度的20%。

地表冻结、融化指数在活动层冻结和融化过程中的消耗分配如下：寒季，地表冻结指数的约10%用于活动层冻结，90%的冻结指数消耗于多年冻土的降温；暖季，地表融化指数的68%用于活动层融化时的潜热消耗，约9%用于活动层融化土体的升温，用于多年冻土升温消耗的表面融化指数约占23%。地表融化指数的消耗分配，决定着多年冻土天然上限埋深特点。气候变化意味着地表冻结指数和融化指数的变化。因而，气候变化将引起多年冻土天然上限的升、降波动。根据青藏铁路沿线风火山、清水河两地的观测资料统计计算：对于植被覆盖良好的黏性土地层，当年平均气温变化1℃时，天然上限比统计平均值要升高或者降低7%；而无植被覆盖的黏性土地层，则要升高或降低17%。

(三)多年冻土天然上限埋深与地理纬度的关系

我国多年冻土的分布和特征与地理纬度和海拔高度有着密切的关系。因而，多年冻土天然上限的埋深也明显受纬度和海拔高度的影响，这在青藏高原多年冻土区和东北多年冻土区都是如此。实践表明：在一般情况下，多年冻土天然上限埋深，随纬度和海拔高度的降低而增大。对于青藏铁路沿线的高原多年冻土区，可用如下公式来估算植被覆盖良好、细颗粒多年冻土天然上限的埋深(丁靖康等，2011年)：

$$h_{天} = 1531 - 12.7H - 23.0L \tag{1-2}$$

式中：$h_{天}$——细颗粒多年冻土天然上限(cm)；

H——海拔高度(百米)；

L——地理纬度(°)。

按照上面公式计算的多年冻土天然上限埋深，对于山间洼地中的沼泽化湿地地段应乘以0.7的系数；对于植被稀疏或无植被的卵、碎石土地段应乘以1.5的系数。

(四)多年冻土天然上限埋深与坡向的关系

在同一地貌单元，由于山地接收太阳辐射热量南坡大于北坡，随纬度偏北，差异增大。由此产生了山地南坡、北坡冻土温度和厚度的不对称性。同一山地相同海拔高度上，北坡比南坡的冻土温度低、厚度大。据已有资料表明，祁连山地区在相同海拔高度上南北坡冻土厚度相差约30m；天山地区南坡温度比北坡高约2.0℃，冻土厚度相差80m；青藏高原南北坡冻土温度相差1.7~2.4℃，冻土厚度相差达到50~70m。依据目前实测资料可知，青藏高原海拔在4500~4900m，最大冻土层厚度为128.1m。风火山东大沟、西南坡冻土厚度分别为72.8m、71.0m，沟底冻土厚度为94m，而东北坡冻土厚度分别为122m、137m和146m。由此可见，坡向对局部地区的冻土厚度有很大的影响和控制作用，且随纬度的增高而增大。大兴安岭地处较高纬度，南北坡冻土的温度和厚度差异理应比西部山地更大些。但事实上，由于大兴安岭(素有林海之称)地表几乎被森林覆盖，太阳均不能直射地面，从一定程度上减小了南北坡之间吸收太阳辐射的差别。自然，南北坡冻土的温度和厚度的差异也就不那么突出了。

据青藏铁路风火山多年冻土观测站资料：在同一地貌单元，向阳坡多年冻土上限的埋深比阴坡要大20%~30%。

(五)多年冻土天然上限埋深与植被覆盖的关系

植被覆盖对太阳能的吸收、反射特性和植物叶面的蒸腾耗热，可使植被覆盖地表的温度较差减小。据青藏铁路风火山冻土观测站资料：与无植被覆盖的地表相比，片状草皮覆盖可减小年较差1.5℃，丘状草皮覆盖可减小年较差3.1℃。因此，植被覆盖地段的多年冻土上限埋深一般比较浅。一般而言，在土质条件和植被隔热条件相同时，多年冻土上限的埋深随草皮层厚度的增加而减小；在土质条件和草皮层厚度相同时，多年冻土上限的埋深随生长层含水率的减小和导热系数的增加而增大。

(六)多年冻土天然上限埋深与岩性成分的关系

土体是由不同大小的矿物颗粒组成的。不同类型土体其组成颗粒的大小不同。不同大小的矿物颗粒具有不同的物理化学特性。细颗粒具有较大的比表面积和表面能，可吸附大量的水分子,因而细颗粒土的含水率一般是较大的。而粗颗粒土,由于其颗粒组成较粗,比表面积小,表面能小,不能在颗粒表面形成吸附水膜,因而粗颗粒土的含水率一般较小。

在同一地区,不同类型土体的含水率一般是不同的。含水率大小不同,在冻结土体融化过程中消耗的热量不同。因而,不同类型土体多年冻土的上限埋深不同。表1-4给出青藏公路沿线多年冻土天然上限埋深与岩性成分的关系。可以看出:细颗粒土由于含水率一般较大,活动层融化需消耗较多的融化指数,故多年冻土的上限埋深一般较小;粗颗粒土与此相反,故多年冻土的上限埋深较大。泥炭、草炭有机层,由于其含水率较大,导热系数较小,且具有导热系数相变异特性(融化和冻结状态的导热系数不同),所以泥炭、草炭层下的多年冻土上限埋深最小。

青藏公路沿线多年冻土天然上限埋深与岩性成分的关系(丁靖康等,2011年)　　表1-4

土体类型	泥炭、草炭层	砂黏土层	黏砂土层	砂砾卵石层
天然上限埋深(m)	0.8~1.1	1.1~1.8	1.5~2.5	2.0~3.0

二、多年冻土人为上限

多年冻土是在特定的热交换和物质交换条件下发育和保存的。现存的天然地表形态、物质组成、植被覆盖和地表水、地下水分布等,是现今多年冻土得以保存的条件。即现存多年冻土环境下,天然地表活动层是多年冻土的热屏障,是维持多年冻土上边界面位置稳定的保证。但是,冻土工程的修建:①不仅改变了原天然地表以下多年冻土的热交换条件,比如必然在一定程度上改变建筑场地的天然地表形态及其反射、吸收特性,改变活动层的岩性成分和含水特征等,使大气圈—活动层—多年冻土间的热量平衡遭到破坏。②还表现在传热结构对传热过程的改变。因而多年冻土的热状态发生了质的变化,这种变化带来最主要的结果是多年冻土上限发生改变,从而使冻土和冻土工程环境条件发生了显著的变化。在一般情况下,施工过程中若不采取保护冻土的措施,都将导致传入地中的热量增加,引起多年冻土上限下降,地基基础进入新的热量平衡过程,并逐渐形成新的(地基)多年冻土上限,即多年冻土人为上限。

多年冻土人为上限的形态和埋深,除决定于上述影响天然上限埋深的因素外,还与冻土工程特性密切相关。在影响人为上限的诸多因素中,地基表面的融化指数、工程基础的外部形态和多年冻土年平均地温是最主要的。据试验观测资料显示:地基表面融化指数越大,人为上限埋深越大;地基多年冻土的年平均气温越低,人为上限埋深越小。人为上限的埋深位置和形状影响着冻土工程的温度。众所周知,在冻土融区要维持上部建筑物(构筑物)的稳定,首先必须具有可靠而稳固的地基——基础系统,这一要求在多年冻土区毫不例外。地基多年冻土保持冻结状态时,强度很高,变形甚小,基础是稳定的。因此,多年冻土上的建筑物基础,一般都要求埋入多年冻土中,即基础底面应在稳定人为上限以下。对路基工程而言,路堤的人为上限,即最大融化深度时的0℃等温线,是多年冻土季节融化层与其上填土在太阳辐射作用下热量平衡的结果,随着路堤材料类型、填土高度、冻土条件、气候特征等因素的影响而形成不同的形态。其主要影响因素依次有气温与年平均地温、填料类别、路堤结构形式、路堤高度及走向、风、施工季节等。尤其当路基阴阳坡效应比较显著时,在路堤下易形成不对称的人为上限,从而引起路基融沉发育的坡向性(不均匀沉降),最终可能会导致纵向裂缝的发育。

依据人为上限的分类特点,可将冻土分为3种类型。

（一）稳定性冻土

这类多年冻土稳定性很高，基本不受工程影响或可以通过一般措施减小或避免影响，主要分布在年平均气温低于-5℃的昆仑山、风火山、可可西里、唐古拉山等地区，天然上限为2～3m，铺筑路基后的人为上限为4～6m。

（二）过渡性冻土

过渡性多年冻土分布于昆仑山至风火山之间的楚玛尔河高平原，平均气温-5～-4℃，天然上限为3～5m，路基人为上限大于5m。随着气候转暖，这类冻土将会对这些区段产生较大的影响。

（三）退化性冻土

退化性多年冻土分布在风火山南坡以南、沱沱河、乌丽盆地和布曲河谷地等广大地区，该地区年平均气温-5～-2℃，天然上限大于7m，冻土稳定性极差，甚至完全消融。

第三节　多年冻土地温分区及工程分类

一、冻土地温分区

年平均气温是冻土生存的能量条件，是影响多年冻土层温度状况的主要因素。随着气温的变化，冻土地温和地下冰（水）都将发生变化。多年冻土年平均地温的高低取决于当地气候和地形、地貌和地质条件等。多年冻土的温度状况与活动层有关，因为岩石圈与大气圈之间的热交换是通过活动层实现的。多年冻土层的温度状态可分为稳定状态和非稳定状态：当引起温度状态变化的因素被消除后，在当地自然条件影响下，多年冻土温度能恢复到原来状态时，则这种温度状态称为稳定状态；否则，称为非稳定状态。

多年冻土年平均地温 T_{cp} 的高低，反映多年冻土的热稳定性。T_{cp} 越低，则多年冻土抗干扰能力越强，其上建筑物地基基础的热稳定性越好。反之，则抗干扰能力越弱，其上建筑物地基基础的热稳定性越差。因此，多年冻土年平均地温不同，冻土工程地基基础的设计原则和应采取的热防护措施不同。为指导道路工程设计，应对研究地带的多年冻土进行地温分区。

青藏铁路勘察设计过程中，根据铁路沿线多年冻土特征、铁路工程特点及当时我国冻土学研究水平和工程实践水平，把青藏铁路沿线多年冻土划分为4个地温分区，见表1-5。

青藏铁路沿线多年冻土地温分区　　表1-5

分　区	分区代号	年平均地温（℃）	分　区	分区代号	年平均地温（℃）
高温极不稳定冻土区	Ⅰ	$-0.5 \leq T_{cp} \leq 0$	低温基本稳定冻土区	Ⅲ	$-2.0 \leq T_{cp} < -1.0$
高温不稳定冻土区	Ⅱ	$-1.0 \leq T_{cp} < -0.5$	低温稳定冻土区	Ⅳ	$T_{cp} < -2.0$℃

二、冻土类型的判定标准

冻土的含冰率特征是影响冻土区工程（以冻土作为地基的建筑物）变形和工程强度（以冻土作为承载介质）的重要特征，尤其是当冻土环境条件的改变破坏冻土的热稳定性时，冻土的含冰率特征成为决定性因素。冻土类型的判别标准是一个较为复杂的问题，虽然《青藏铁路多年冻土区工程勘察暂行规定》(简称《暂规》)中对此根据总含水率给出了分类表,但在野外工作中,因判断中需综合考虑土类、土的含水率及液、塑限等,实际操作中有一定的局限性和困难。为此,根据对比研究和经验,结合《暂规》推荐标准,现场工作中采用了以可见体积含冰率(i_v)大小并结合冻土构造为标准的判断方案。该方案的判断方法如下:

少冰冻土:$i_v \leqslant 10\%$;

多冰冻土:$10\% < i_v \leqslant 20\%$;

富冰冻土:$20\% < i_v \leqslant 30\%$;

饱冰冻土:$30\% < i_v \leqslant 50\%$;

含土冰层:$i_v > 50\%$。

冻土构造特征的判断方法为:整体状构造,冻土类型一般为少冰冻土;微层、微网状构造,冻土类型多为多冰冻土;层状、网状构造,冻土类型为高含冰率冻土,依冰体积含量的大小可将高含冰率冻土划分为富冰冻土、饱冰冻土或含土冰层。现场工作中结合上述两种方案进行的冻土类型判别,与在室内测定含水率、颗粒分析及液、塑限后并结合《暂规》判断标准进行了对比,其结果一致性较好,表明依据该方案进行野外冻土类型判别是可行的。

三、多年冻土的工程分类

多年冻土的工程分类与冻土工程地质条件密切相关。工程地质条件指的是与工程建设有关的综合地质因素,或是工程建筑物所在地质环境的各项因素综合。这些因素包括岩土类型及其工程特性、地质构造、地貌、水文地质条件、工程动力地质作用和天然建筑材料等方面。工程地质条件是一个综合概念,其中的一项因素不能概括为工程地质条件,而只是其中的某个因素。工程地质条件是在自然地质历史发展演化过程中形成的,不同地区的地质环境不尽相同,对工程建筑物的影响也有主次之分。例如,对于青藏铁路而言,冻土类型[按地温划分和按含水(冰)率划分]及其工程性质就是此多年冻土区工程地质条件的最为重要的因素,这些因素引起的主要工程地质问题就是"冻胀"和"融沉"。建筑冻土区铁路工程,首先要做好冻土工程地质调查与勘探工作,准确划分冻土与非冻土,划分路基不同的地温区,确定地基土的含水(冰)性质与冻土工程类型,测定冻土的物理力学参数等。这是一项基础性工作,也是确保冻土路基正确设计,减少、控制路基病害的一项前提工作。

多年冻土地区修建道路工程必须考虑的关键问题是冻土温度、水分特征等因素对路基工程稳定性的影响,必须采取的工程对策是控制多年冻土的温度变化、控制多年冻土的季节融化层的改变、减小水分和岩性在这种变化过程中导致的冻胀和融沉变形,从而达到保证道路工程建筑物稳定性的目的。上述工作的基础是在目前对冻土的认识水平和道路工程建设的技术水平上,以温度为标准对多年冻土进行地温分区和以含冰率为标准进行工程分类。

冻土有多种多样的分类,常见的有:

(1)按冻土生存时间分类。可分为多年冻土、隔年冻土、季节冻土和短时冻土。

(2)按冻土平面分布连续性分类。可分为大片连续分布多年冻土、不连续分布多年冻土和岛状分布的冻土。

(3)按冻土温度分类。可分为高温冻土、中温冻土与低温冻土。

(4)按冻土含冰率分类。可分为干寒土、少冰冻土、多冰冻土、富冰冻土、饱冰冻土与含土冰层。

(5)按冻土的冷生构造分类。可分为网状冻土、整体状冻土、层状冻土、透镜状冻土、斑状冻土等。

一般多年冻土工程主要按冻土温度和含冰率来进行分类。因为温度和水分是多年冻土最主要的特征，工程建设中对这两个特征的认识决定了冻土工程的设计思想，最终也决定了工程建设水平。具有不同含冰率的冻土，在自然和人类活动的热力作用下，产生不同程度的融化沉降和压密变形。冻土的含冰特征和融沉特性是影响多年冻土路基强度和变形的重要因素之一，成为冻土最为特殊的工程性质。根据冻土总含水率和融沉性质的差异，冻土可以分为少冰冻土（不融沉）、多冰冻土（弱融沉）、富冰冻土（融沉）、饱冰冻土（强融沉）与含土冰层（融陷）5种类别（或等级），见表1-6。由该表可以看出，划分多年冻土类型时，分界含水率的大小与土的颗粒组成有关，颗粒越细，分界含水率越大。

多年冻土的工程分类及融沉特性分级（丁靖康等，2011年）　表1-6

多年冻土类型	土的名称	总含水率 W_0（%）	平均融沉系数 δ_0（%）	融沉等级	融沉类别
少冰冻土	粉黏粒含量≤15%的粗颗粒土	$W_0<10$	$\delta_0\leqslant 1$	Ⅰ级	不融沉
	粉黏粒含量>15%的粗颗粒土	$W_0<12$			
	细砂、粉砂	$W_0<14$			
	粉土	$W_0<17$			
	黏性土	$W_0<W_p$			
多冰冻土	粉黏粒含量≤15%的粗颗粒土	$10\leqslant W_0<15$	$1<\delta_0\leqslant 3$	Ⅱ级	弱融沉
	粉黏粒含量>15%的粗颗粒土	$12\leqslant W_0<15$			
	细砂、粉砂	$14\leqslant W_0<18$			
	粉土	$17\leqslant W_0<21$			
	黏性土	$W_p\leqslant W_0<W_p+4$			
富冰冻土	粉黏粒含量≤15%的粗颗粒土	$15\leqslant W_0<25$	$3<\delta_0\leqslant 10$	Ⅲ级	融沉
	粉黏粒含量>15%的粗颗粒土				
	细砂、粉砂	$18\leqslant W_0<28$			
	粉土	$21\leqslant W_0<32$			
	黏性土	$W_p+4\leqslant W_0<W_p+15$			
饱冰冻土	粉黏粒含量≤15%的粗颗粒土	$25\leqslant W_0<44$	$10<\delta_0\leqslant 25$	Ⅳ级	强融沉
	粉黏粒含量>15%的粗颗粒土				
	细砂、粉砂				
	粉土	$32\leqslant W_0<44$			
	黏性土	$W_p+15\leqslant W_0<W_p+35$			
含土冰层	碎石类土、砂类土、粉土	$44\leqslant W_0$	$\delta_0>25$	Ⅴ级	融陷
	黏性土	$W_p+35\leqslant W_0$			

注：1. 总含水率 W_0 包括冰和未冻水；

2. 本表不包括盐渍化冻土、冻结泥炭化土、腐殖土、高塑性黏土；

3. W_p 为塑限含水率；

4. 粗颗粒土包括碎石类土及砾和粗、中砂。

四、冻土工程地质评价原则及方法

(一)冻土工程地质分区

根据《暂规》及已有的研究成果,冻土工程地质分区分为3级。

第一级分区,主要根据多年冻土分布进行划分,可分为片状连续多年冻土区、岛状多年冻土区和多年冻土区内的融区。

第二级分区,主要根据多年冻土的年平均地温(T_{cp})进行划分,可分为不同的亚区(表1-5):高温极不稳定多年冻土亚区(Ⅰ),$T_{cp} \geqslant -0.5$℃;高温不稳定多年冻土亚区(Ⅱ),$-1.0℃ \leqslant T_{cp} < -0.5$℃;低温基本稳定多年冻土亚区(Ⅲ),$-2.0℃ \leqslant T_{cp} < -1.0$℃;低温稳定多年冻土亚区(Ⅳ),$T_{cp} < -2.0$℃。

第三级分区,主要根据多年冻土的含冰特征和融沉特性进行划分,即划分为不同的冻土类型分布地段。

(二)冻土工程地质评价原则及方法

冻土工程地质评价中,冻土的含冰率是一个重要因素,冻土的含冰率不同,其融沉特性不同,工程中依融沉性的强弱并考虑到冻土对铁路工程的影响,结合冻土类型、融沉等级、年平均地温及土类、土层厚度、地下水状况的差别,将试验段划分为不同的冻土工程地质区段。其评价原则如下:

(1)良好工程地质地段(A区),一般为少冰冻土,不具有融沉性或为弱融沉地段,以及片状多年冻土中的融区。主要岩性为粗颗粒土及粉质黏土,对于高温极不稳定区、高温不稳定区和低温稳定冻土区的少冰冻土段均为良好工程地质地段。

(2)较好工程地质地段(B区),一般为多冰冻土地段,冻土具有弱融沉性,只需采取一些简单的措施,不致引起铁路破坏;岩性为碎石土、含砾砂粉质黏土、粉质黏土及基岩强风化带。对于高温极不稳定段和高温不稳定段的多冰冻土可按II级融沉性冻土处理,对于低温基本稳定区和低温稳定区的富冰冻土可按III级融沉性冻土来处理。

(3)不良工程地质地段(C区),一般冻土中含有薄层状、中层状地下冰,属富冰、饱冰冻土。冻土具有融沉性和强融沉性,工程作用下往往出现较大的融沉量,需采取特殊措施进行工程处理,才可防止造成铁路、公路破坏。其主要岩性为碎石土、含碎石粉质黏土、粉质黏土和黏土。高温极不稳定区、高温不稳定区富冰冻土地段、低温基本稳定区饱冰冻土地段为不良工程地质地段。

(4)极差工程地质地段(D区),多为饱冰冻土和含土冰层地段,冻土具有强融沉性和融陷性。在工程作用下,由于地下冰融化而发生融沉、排水固结及地下冰长期流变等作用,引起地基剧烈变形,导致道路破坏。其主要岩性为含碎石、砾石的粉质黏土及湖相沉积物的风化带。对此类区段,只有采取专门设计和措施,方能保持铁路、公路正常运行。

第二章 多年冻土区路基阴阳坡效应及其影响因素

由于在广大多年冻土地区蕴藏着丰富的森林、矿产、生物及其他资源，再加上飞速发展的经济对资源的需求相当迫切，因此，合理开发利用这些地区的资源已经成为迫在眉睫的大事，由此而引发的在多年冻土地区修建公路、铁路等道路工程也就成为必然。由于冻土是一种由冰胶结且性质特殊的多相复杂体系，与其他土类相比较，最大的特点就是水、热、力等性质不稳定，以它作为地基材料时，遇到的问题除了一般寒区道路中常见的路基冻胀、翻浆、路面冻融松散、低温开裂等病害外，还有着冻土地区特有的与热稳定性有关的道路病害——路基热融下沉、边坡热融滑塌、路基纵向裂缝等。土在冻结时的强度相当于次坚石，是很好的地基材料，但含冰冻土一旦融化，则完全丧失承载力。所以多年冻土区路基稳定性的核心问题是其热稳定性。大量的工程实践表明，在冻土区修筑工程构筑物时遇到的主要工程灾害问题是冻胀和融沉，在季节冻土区主要问题是冻胀，在多年冻土区主要问题是融沉，多年冻土区路基热稳定性的丧失是冻土区路基破坏的根本原因。程国栋(2003 年)通过对大量长期观测资料的分析，指出在青藏高原冻土区 85% 的路基病害是由融沉造成的，15% 为冻胀和翻浆所致，桥梁和涵洞的病害主要由冻胀引起。出于保护冻土的目的，加高路基被认为是一项相对较为经济简便的延缓冻土融化的常规措施。但随着路基的加高，边坡热交换对路基下伏多年冻土的热影响不容忽视，尤其对于呈现阴阳坡的路基，由于边坡两侧的太阳辐射、地表湍流等地表与大气之间热交换条件不同，形成路基各部位在横向上融化深度不同，即发生融沉变形的土体的厚度不同，造成路基在横向的不均匀沉降，当不均匀沉降产生的应力大于土体抗拉强度时，路基土体就可能沿横向产生纵向裂缝病害。

随着全球气候的变暖，全球平均气温在过去 100 年升高了 0.8℃，自 20 世纪 70 年代中期以来，全球平均气温在最近 30 年升高了 0.6℃(苗秋菊等，2006 年)。Hansen et al. (2005 年)总结全球气候变化趋势指出，全球变暖是一种全球普遍存在的现象，而增温最明显的地区主要是阿拉斯加、西伯利亚和南极半岛等寒区。青藏高原是世界上中低纬度海拔最高、面积最大的多年冻土分布区，受全球性气候变暖的影响，40 年来青藏高原气温平均上升了 0.3 ~ 0.4℃，且主要以冬季升温为主。在工程活动和气候变暖的双重作用下，路基下多年冻土退化明显，冻土地温升高，强度和承载力下降，工程稳定性变差，导致路基病害加剧。

尽管世界上在多年冻土区修筑铁路已有百年以上的历史，但仔细回顾这些铁路的运营情况却发现情形并不令人太乐观。据 1994 年俄罗斯贝阿铁路的统计，线路病害率为 27.7%。1996 年对后贝加尔铁路的调查表明，运营了一百多年后，线路的病害率仍达 40.5%。我国在青藏公路改建工程完成后，在 1999 年进行了一次调查，报道的线路病害率也达 31.7%。东北冻土区铁路运营的情况则更差一些，估计线路病害率不会小于 40%，运营早期还发生过路基突然大量下沉的事故。

在多年冻土区，路基融沉发育的规模和分布具有明显的坡向性和分带性，这与工程建设历史、路堤高度及年平均地温有关。具体表现为：

(1)融沉发育的坡向性。路基融沉发育规模在路堤的阳坡和阴坡截然不同,即具有坡向性的特点。路基阳坡面太阳照射时间长、强度大,因而阳坡面吸热大于阴坡面,阳坡下多年冻土融化深度大于阴坡。路堤越高,坡面面积越大,阴阳坡面热效应差距越大,因此随着路基高度的增加,路基阴阳两面的融沉差异也增大。通过对青藏公路阴阳坡面融沉调查发现,不论改建工程或整治工程,均是阳面融沉量大于阴面,阳面和阴面融沉差最大达40cm。一、二期整治工程(采取的主要措施是加高路基)后阴阳坡融沉差异效应较八五改建工程更为明显,表明路堤的增高对阴阳坡的热差异影响增大。

(2)融沉发育低温差异性。路基融沉主要发生在多年冻土较稳定和不稳定区域,青藏公路沿线大多数路段都易发生融沉变形而造成路基不均匀沉降。不均匀沉降较轻的路段主要为路基整体下沉,路面基本平整,多发生在多冰冻土或少冰冻土区,或发生在高含冰率冻土但年平均地温低于 -1.5℃的多年冻土稳定区。不均匀沉降严重的路段路基局部凹陷,造成路面的波浪起伏,在十几米路基范围内波峰和波谷的高度差可达0.3~0.5m,有的甚至超过0.5m,主要发生在冻土年平均地温高于 -1.5℃、高含冰率多年冻土区。个别地段由于高含冰率冻土的迅速退化导致出现几米范围内路面高度差达到0.5m以上,这种情况主要发生在高含冰率多年冻土极不稳定区。在较稳定区段和不稳定区段,工程治理效果有明显不同。在较稳定区段,通过增加路基高度,可以保护或延缓冻土上限下移,减轻路基融沉病害,降低病害发生率;而在不稳定区段,靠增加路堤高度等普通手段很难降低路基病害发生率。

青藏铁路、青藏公路总体呈北北东—南南西走向,对其进行长期的地温监测表明,在多年冻土区,两条线路绝大部分路段的路基出现了“阴阳坡”现象,且高原上长年的冬季西风致使路基西侧边坡在冬季更加容易冷却,温度比东侧边坡低。同时,在冬季,东南侧边坡(阳坡)的日照时间又比西北侧边坡(阴坡)的日照时间长,阳坡的温度比阴坡高。这两方面的叠加导致道路路基阴阳坡热差异在冬季异常显著。通过对路基下多年冻土基本上达到最大融化深度时的地温场的分析发现,这些地温场的共同特点是:由于路基两侧边坡不同的热边界条件,路基中的温度场分布的非对称性是非常显著的,路基中的温度整体上呈阳坡高阴坡低的不对称现象。这种温度场非对称性的分布将会引起冻土路基不均匀沉降及纵向裂缝等病害的加剧。

调查结果表明,青藏铁路、青藏公路、青康公路都有不同程度的纵向裂缝发育。青藏铁路修筑仅一年后就在部分试验路堤上出现了纵向裂缝,并且随着时间的推进,纵向裂缝病害还在加剧(裂缝的宽度变大、缝隙加深、长度增加,而且有向路堤中央发展的趋势),对路堤稳定性的危害越来越大。青藏铁路清水河试验段尽管采取了热棒、保温护道、保温材料、通风管、加筋路堤、片石通风路基、片石保温护坡等工程措施,但这些措施均没有完全根治路堤病害。所有试验路堤上均出现了路堤纵向裂缝,裂缝最大长度达107m,裂缝最大宽度为70mm,在所调查的区间内(DK1024 +400 ~ DK1027 +400),路堤纵向裂缝病害率高达50%。青藏公路一期整治(采取的主要措施是加高路基)后,纵向裂缝发育加速。214 国道(青康公路)K369 段为沥青混凝土路面,但在修筑后不久调查发现,路面左半幅纵向裂缝破坏十分严重,发育纵向裂缝的区段占此1km 范围的24%,其原因是路基横向热不对称引起不均匀沉降变形,路基阳面沉降量大引起的路基阳面一侧发生纵向裂缝。这种由于路基横向温度场不对称导致的纵向裂缝问题是高含冰率高温冻土地段的典型病害。

路堤沉陷类病害基本上可以概括为3 大类:一种是局部片状的不均匀沉陷;一种是纵向

不均匀沉陷所致的道路病害,譬如波浪;第三种是路堤横向不均匀沉陷所致,譬如纵向裂缝。中国多年冻土地区道路科技研究机构通过几十年的努力,已经取得了丰硕的成果,尤其是青藏公路多年冻土的三期科研成果更是令世人瞩目。但中国在多年冻土区道路修筑方面技术尚不是十分完善,多年冻土地区路基稳定性问题也没有完全解决,尤其是青藏公路的路基纵向裂缝问题,虽裂缝长度占总长度比例较小,但在高温冻土地区其严重的裂缝已经影响到道路使用质量。2001 年青藏铁路破土动工,位于多年冻土区的铁路路堤也出现了类似的问题(在路堤的阳坡和阳坡侧路肩上均出现了大量的纵向裂缝)。因此,为了提出有效的病害防治措施,对多年冻土地区由于阴阳坡效应引发的路基病害特征和发生规律开展研究就显得相当的有必要。

第一节　阴阳坡效应

多年冻土区道路路基稳定性的核心问题是其热学稳定性,而研究热学稳定性的关键是研究路基下多年冻土的融化形态特征。多年冻土区道路路基下融化形态的影响因素可概括为:太阳直接辐射、气温、工程地质条件、降水和蒸发、风速和风向、季节融化层的土质和表面性状、地貌位置及冻结层上水、地下冰含量、降雪、路堤填料性质、路面类型、路堤断面形状、路基高度、线路走向、边坡坡度、工程措施、路基变形形态等。融化盘的形状是各因素综合作用的结果,且随着季节和气温的变化而时刻处于动态变化之中。其中,由于线路走向不同引起的阴阳坡效应作为影响融化形态的一个重要因素,已引起工程人员的重视。Cheng et al.(2003 年)指出,在多年冻土区路基修筑后,与路基边坡的朝向有关的热效应是冻土路基工程保护措施必须考虑的问题。

阴阳坡效应主要影响融化形态的对称性,对具有阴阳坡的路基而言,其下人为多年冻土上限将会呈不对称的分布形态。事实上,由于太阳辐射、风速风向、大气涡流及路基断面形状的影响,任意走向的多年冻土区路基两侧表面温度均存在一定的差异,只是差异的大小不同而已,严格意义上的热对称路基是不存在的。

一、阴阳坡现象

“阴阳坡”最早是地理学上的一个术语,通常把南向坡作为标准的阳坡,而北向坡作为标准的阴坡。在山区,由于坡向不同,坡面的辐射条件及大气环流条件不同,首先导致阴阳坡气候条件的差异,并继而对植被、土壤、地貌、水文等发生深刻的影响。在道路工程上,由于大部分情况下,坡向对路基的稳定性没有显著影响(尤其是在融土区),因此对该现象研究很少,认识还基本停留在南北坡就是“阴阳坡”的程度。事实上,“阴阳坡”问题不仅仅出现在南北坡上,只要是由于坡向差异导致两侧边坡热状况不同(或融化形态不对称)的问题,不论这种坡向差异是大是小,都可以称之为“阴阳坡”问题。青藏线(包括青藏铁路和青藏公路)存在的两侧边坡温度有差异的现象就是“阴阳坡”问题的一种具体表现。而在多年冻土区,尤其是高含冰率的多年冻土区,阴阳坡的出现给路基的稳定性带来了极大危害。比如说,青藏铁路清水河试验段(DK1024+400~DK1027+400)位于楚玛尔河高平原,路堤下多年冻土含冰率较高,主要为富冰、饱冰多年冻土,在 DK1024+400~DK1024+550、DK1025+125~DK1027+400 段分布有含土冰层和厚层地下冰,多年冻土年平均地温在 −0.4~−1.5℃之间变化,属于不稳定和极不稳定多年冻土。路堤2001年开始施工,2002年10月,这些路段路堤纵向裂缝病害高达50%。

早在20世纪80年代,"青藏公路沥青路面改建工程冻害研究"课题组的科研人员就发现,青藏公路虽然从整体上看接近于南北走向,但是其两侧路基边坡上却存在明显的坡向差异:①在出现破坏的路段中,大部分路段都是在阳坡(主要包括东坡、东南坡、南坡)或者靠近阳坡的路基和路面上出现破坏,譬如纵向裂缝、融沉等。②在路基走向大于180°(正北为0°,按顺时针方向计)的条件下,路基两侧边坡的热差异随着路基走向的增大而增大。③在路基两侧边坡的相同深处,阳坡侧的地温高于阴坡侧的地温。而且,这种坡向的差异不仅仅存在于走向大于180°的路基上,对于正东正西的路基边坡而言,同样存在这样的问题。

青藏公路风火山路段为南北走向,但根据1985—1986年的实测资料,东坡、西坡存在着显著的热差异:①东坡坡面的平均温度比西坡坡面高出2.4℃。②路基坡面下5cm的平均地温,东坡比西坡高出3.1℃。③钻探表明,在大多数路段,路堤在融化过程中其东西两路肩出现融深差异,东路肩下的融化深度大于西路肩下的融化深度。表2-1、表2-2分别给出了青藏公路风火山观测点路基表面及5cm深地中月平均温度。随着2001年青藏铁路的破土动工,位于多年冻土区的铁路路基也出现了类似的问题。同时也发现,在路基出现的大量纵向裂缝中,大部分裂缝都出现在路基的阳坡和靠近阳坡侧的路肩上。

青藏公路风火山观测点路基表面月平均温度比较(吴紫汪等,1988年)　　表2-1

月份	东坡面平均温度(℃)	西坡面平均温度(℃)	东西坡面温差(℃)
5	5.0	4.2	0.8
6	9.9	8.6	1.3
7	10.3	8.7	1.6
8	11.2	8.1	3.1
9	6.3	3.8	2.5
10	0.3	-4.8	5.1

青藏公路风火山观测点路基5cm深地中月平均温度比较(吴紫汪等,1988年)　　表2-2

月份	东坡面平均温度(℃)	西坡面平均温度(℃)	东西坡面温差(℃)
5	4.4	2.2	2.2
6	8.8	6.4	2.4
7	9.5	7.8	1.7
8	10.8	7.3	3.5
9	6.6	3.1	3.5
10	1.4	-3.9	5.3

"阴阳坡"问题在青藏铁路沿线同样普遍存在。由于坡向的不同,引起传导、辐射等上边界条件也不同,融化速率也不一样。据青藏高原多年冻土地区风火山铁路路堑断面试验工程观测,

在通常情况下，朝阳边坡上的最大融化深度为背阳边坡上最大融深的1.2～1.3倍。

王绍令等(2002年)通过实地观测资料研究了局地因素(植被、雪盖、岩性、含水率、坡向、建筑材料等)对青藏高原近地表层地温的影响。结果表明，植被覆盖度、积雪时间与厚度、坡向等局地因素对近地表层的增温和降温作用明显。其中，高原植被稀疏地段地表温度高于裸地，短时期薄层雪盖则起到降低地表温度的作用，南坡比北坡地温高2～7℃。

青藏铁路北麓河试验段位于青藏高原可可西里与风火山之间，西高东低，地形坡度较小，地势开阔。观测断面DK1139+670路基走向203°05′44″，路基修筑后两个边坡形成较为鲜明的阴阳坡。路基完成半年后沿路基周边浅地层0.5m深度布设了测温探头，2002年9月—2003年8月年度温度指标统计结果(采用月平均温度统计)表明(表2-3)：路基阳坡面浅层年平均温度比路基阴坡面浅层年平均温度可以高出3℃以上，冬季路基阳坡面浅层温度较高，冬季太阳辐射对阳坡面整体高温贡献较夏季大。

2002年9月—2003年8月年度温度指标统计结果(盛煜等，2005年)　　表2-3

名称	最高温度(℃)	最低温度(℃)	年度温差(℃)	冻结指数(℃·d)	融化指数(℃·d)	年平均温度(℃)
阳坡	11.28	-6.67	17.95	-676.32	1325.58	1.78
路基顶面	10.37	-9.37	19.74	-1140.05	1298.19	0.43
阴坡	9.52	-11.55	21.07	-1493.25	986.12	-1.39
气温	6.21	-13.22	19.43	-1950.91	551.26	-3.83
天然地表	7.94	-7.99	15.93	-943.26	791.55	-0.42

王铁行等(2004年)根据实测数据揭示出冻土路堤中存在着显著的横向热差异问题，并指出路堤中的横向热差异是由各边界因素的横向差异引起。裴建中(2005年)、汪海年等(2005年)指出了由于路线走向导致的路基坡向问题，使得路基阳坡和阴坡受到的太阳辐射强度不同，影响着路基两侧的热平衡状态。章金钊等(2000年)从理论上指出了因太阳辐射强度随海拔与纬度的变化，向阳坡面和背阳坡面的差异也直接影响路面热量平衡中热流分量的强度。黄小铭(1983年)对青藏公路冻土路基进行全面调查与试验分析后认为，当天然上限小于2.0m时，并考虑阳坡影响后，路堤临界高度为0.65m。

苏艺等(2003年)通过对青藏铁路清水河冻土站场路基试验段冻土路堤、地基的沉降变形，水平位移，地温及路堤温度等进行较全面的试验和监测，分析了路基加宽对冻土路基温度场及变形产生的影响，指出阴阳坡在温度场和变形场上均存在差异。孙增奎等(2004年)通过对青藏铁路高温细粒多年冻土区试验段路堤温度场和变形的监测，分析了路堤阳坡、阴坡不同部位土体的融化和冻结深度随时间的变化规律及路堤、地基在一个完整的冻融循环过程中的变形特征。研究表明：铁路路堤修建后，多年冻土天然上限发生上移；路堤阳坡、阴坡出现差异变形；冷季阴坡保温护道土体冻胀变形量较大，暖季阳坡土体压缩变形量始终大于同期阴坡土体压缩变形量。

汪海年(2004年)根据以往的研究经验，指出线路走向主要影响冻土路基融化形态的对称性：①在众多路线走向中，东西走向的路基体内融化形态不对称性最为显著，即阴阳坡效应明显,南北走向的路基融化形态基本对称。②当路基有坡向差异时,阳坡一侧的地温明显高于阴坡一侧,路基内部的最大融深与高温核向阳坡一侧严重偏移。③阳坡的融化时间早于阴坡,回冻时间迟于阴坡,这种冻融时间上的不协调性导致路基发生不均匀的冻胀与融沉,最终容易导致路肩滑塌与路基纵裂。④路基的阴阳坡效应与季节密切相关,夏季阴阳坡效应较弱,冬季阴阳坡效应较强。⑤阴阳坡效应与外部气温环境有关。

马巍等(2004 年)通过对清水河高温细颗粒试验段工程、北麓河厚层地下冰试验段工程、沱沱河融区和多年冻土过渡段试验工程、昆仑山和风火山冻土隧道试验工程实测资料的分析指出:路基左右温度场表现出明显的不对称性,阳面地温明显高于阴面;不同坡向条件下路基变形存在差异,由于路基阴阳坡下温度场的差异造成不同坡向路基的路肩同期沉降变形值存在差异;不同时期的路基的冻胀变形值和冻胀发展过程不同,阴阳坡接收太阳辐射和传热性能差异造成冻结过程的不同步,表现在不同坡向路基变形性质不同时,当 12 月阳坡还在继续发生沉降变形时,阴坡则开始发生轻微冻胀。

宋景振等(2006 年)通过对青藏铁路清水河试验段 3 年温度和变形数据的分析,研究路堤内阴阳坡温度场差异及其对冻土路堤变形及稳定性的影响。研究结果表明:路堤阴阳坡的温度场在空间上不对称,时间上不同步,在 8—9 月阳坡冻融线下降速度明显大于阴坡,在 10 月下旬阴坡表层和深层的回冻速度远远大于阳坡的回冻速度;阴阳坡两侧路肩表层的融沉速率明显不同,阳坡路肩表层的沉降量明显大于阴坡路肩,并且随着时间的延续,阴阳坡路肩深层的融沉也有不对称发展的趋势;经过 3 个冻融循环后,路堤阴阳坡温度场、变形场仍不稳定,不对称性仍在发展。

二、阴阳坡热状况计算

对冻土路基工程而言,要解决气候—工程共同作用下的预报方法,关键是要根据气候变化的预测,给出路基顶面和两个坡面的热状况(程国栋,2003 年)。地表和路基水平表面温度一直备受国内外学者的关注(吴紫汪,1988 年;李祝龙,2000 年;GOERING D J, et al,1996 年;LING F, et al,2002 年)。前苏联科学院西伯利亚分院冻土研究所(1988 年)认为:在地球表面积聚的太阳能,随太阳入射角减小而增加。当太阳光线垂直于地表面时,地表积聚的太阳辐射能最大。显然超南坡和太阳入射角等于直射角的山坡,获得的热量大,并将有较高的地面温度。类似的超北坡,一般处于太阳光线的照射范围之外,所以它的表面温度很低。

寇有冠等(1981 年)研究了青藏高原的辐射特征,并建立起高原辐射总量与冻土融化进程之间的函数关系,坡地上的冻土融化深度 H 与水平面的冻土融化深度 H_0 之比,约等于坡地辐射系数 M 乘以坡度 α 的余弦,即:

$$\frac{H}{H_0} \approx M\cos\alpha \tag{2-1}$$

$$M = \frac{Q_{\beta\alpha}}{Q} \tag{2-2}$$

式中:$Q_{\beta\alpha}$——达到坡向角 β、坡度角 α 的坡面上的太阳总辐射;

Q——达到水平面上的太阳总辐射。

根据式(2-1)、式(2-2)得出的冻土上限坡地订正系数 $\frac{H}{H_0}$ 及其随坡向坡度变化的规律性与实测值相吻合。

由于道路路基呈梯形剖面，路基的两个边坡表面非水平，这使得路基和边坡接收到的太阳辐射有很大的差异。胡泽勇等（2002 年）根据西藏安多实测资料分析了铁路路基及边坡表面吸收的太阳辐射能的变化特征和差异后，研究了路基表面热状况与太阳辐射之间的关系。利用所建立的地面长波辐射与净辐射及净辐射与地面吸收的太阳辐射能之间的关系，计算出地面长波辐射。由此可反演在理想情况（未考虑云、降水和气温等）下，地表温度为：

$$T_g(\mathrm{Ret})\big|_t = \left\{\frac{1}{\varepsilon\sigma}\left[c + d(a + b R_S\big|_{t-\Delta t})\right]\right\}^{\frac{1}{4}} \tag{2-3}$$

式中：T_g——地表温度；

ε——地表比辐射率；

σ——斯蒂芬—玻耳兹曼常数；

R_S——地面吸收的太阳辐射能；

a、b、c、d——经验系数，a、b 分别为 $-69.23\mathrm{W\cdot m^{-2}}$ 和 0.79，c、d 分别为 $347.49\mathrm{W\cdot m^{-2}}$ 和 0.26。

胡泽勇等（2006 年）通过对“青藏铁路乌丽垭口大桥段不同走向路基表面热状况观测试验”资料的分析，改进了已有的青藏铁路边坡表面上的太阳总辐射和表面温度反演方法，并利用中日合作“青藏高原能量水分循环试验”（GAME Tibet）沿青藏公路长时间序列地面观测资料，建立了地理位置和海拔高度与反演系数之间的统计关系，将该反演方法推广到青藏铁路全线。根据相关太阳辐射理论，Kondratyev（1969 年）及胡泽勇等（2002 年）的研究结果，路基阴阳坡上接收的太阳辐射量为：

$$\begin{aligned} R_{r|\mathrm{slope}} &= R\cos i_r/\sin h \\ R_{l|\mathrm{slope}} &= R\cos i_l/\sin h \end{aligned} \tag{2-4}$$

其中

$$\begin{aligned} \sin R\cos Z &= \sin\varphi\sin\delta + \cos\varphi\cos\delta\cos\psi \\ \cos i_r &= \cos\alpha_r\sin h + \sin\alpha_r\cos h\cos(\beta - \eta_r) \\ \cos i_l &= \cos\alpha_l\sin h + \sin\alpha_l\cos h\cos(\beta - \eta_l) \end{aligned} \tag{2-5}$$

式中：i_r、i_l——太阳光线分别在阴坡面、阳坡面上的入射角；

α_r、α_l——分别为阴坡面、阳坡面边坡坡度；

η_r、η_l——分别为阴坡面、阳坡面的方位角；

R——水平地表面获得的太阳辐射；

$R_{r|\mathrm{slope}}$、$R_{l|\mathrm{slope}}$——分别为阴坡面、阳坡面获得的太阳辐射；

h——太阳高度角；

Z——太阳天顶角；

β——太阳方位角；

φ——纬度；

δ——太阳赤纬；

ψ——时间角。

其中

$$\delta = -\frac{23.5}{180}\cos\left[\frac{(D_j + 9)}{365}2\pi\right]\pi$$

$$\psi = \left[\frac{15(t-12)-(120-\theta)}{180}\right]\pi$$

$$\beta = \sin^{-1}\left(\frac{\cos\delta\sin\psi}{\sin Z}\right)$$

$$\eta_1 = \gamma + \frac{\pi}{2}$$

$$\eta_r = \gamma - \frac{\pi}{2} \tag{2-6}$$

式中：D_j、t、θ——分别是罗马儒略日(365d 制日期)、24h 制北京时间和经度；

γ——路基走向。

严格而言，以上关于斜坡上太阳辐射的计算公式只适用于坡面太阳直接辐射或小坡度坡面上太阳总辐射的计算。而铁路路基的边坡坡度较大，如果用地面太阳总辐射来反演边坡表面的太阳总辐射，势必造成反演的较大误差。例如，当太阳天顶角 $Z>0$，而边坡的太阳入射角 $i<0$ 时，当坡面坡度较大时，由式(2-4)计算的边坡太阳总辐射为零。而实际情况是，由于太阳天空散射辐射的存在，边坡太阳总辐射并不为零。铁路路基两边坡太阳辐射修正值分别表示为(胡泽勇等，2006 年)：

$$\begin{aligned} R_{sr} &= \tan\left\{\arctan\left(\frac{R_{r\mid slope}}{R}\right) - \frac{\alpha_r}{\pi}\left[\frac{4}{\pi}\arctan\left(\frac{R_{r\mid slope}}{R}\right) - 1\right]\right\}R \\ R_{sl} &= \tan\left\{\arctan\left(\frac{R_{l\mid slope}}{R}\right) - \frac{\alpha_l}{\pi}\left[\frac{4}{\pi}\arctan\left(\frac{R_{l\mid slope}}{R}\right) - 1\right]\right\}R \end{aligned} \tag{2-7}$$

[注：公式中各字母含义与式(2-4)及式(2-5)一致，面朝南或偏南的坡面定义为阳坡面，在此左坡为阳坡；面朝北或偏北的坡面定义为阴坡面，在此右坡为阴坡。]

由式(2-7)可看出，当未修正的边坡表面太阳总辐射为零时，其修正值为 $\tan(\frac{\alpha}{\pi})R$；而当未经修正的边坡表面太阳总辐射反演值与路基表面太阳总辐射相同时，修正值与未修正值相同。

王可丽等(2002 年，2004 年)从热力学角度出发，以气候影响因子—大气辐射传输—地气交界面辐射特性—地气间热量交换为研究主线，基于能量守恒原理，建立了针对路基顶面和坡面的普适性热力学数值模式(RSTM)。该模式可用于高海拔青藏铁路全线的任意坡度和走向的路基表面热状况的定量化研究与应用；并在大气无云条件下，将安多站的实测资料输入 RSTM，针对梯形路基下不同坡度和坡向的两侧边坡温度及温差变化进行了模拟分析。通过实测资料的检验表明：RSTM 具有良好的模拟性能。更进一步指出：冬季，阳坡表面温度远远超过冻土融化温度的临界状态，由于路基两侧坡面相反的热效应作用，通过影响冻土层的冻融过程，可能引起纵向裂缝的发生。程国栋等(2003 年)根据这一模式，假定路堤边坡和砂砾土地表的表面反射率和比辐射率分别为 0.3 和 0.9 条件下，利用北麓河站(34°49′N，92°56′E)的气温、风速资料，计算了年平均气温 -3.82℃、气温年振幅 14.5℃条件下边坡坡度为 1:1.5 的路堤表面和任意坡向的边坡表面温度、振幅及其他有关参数(表 2-4)。并指出有必要对路基相对的两个坡面采用不同的防护措施，一方面改善就地取土修筑路基对其下伏冻土层的直接不良影响，同时也尽可能减小路基表面温度分布的非均匀性，以避免纵向裂缝的发生。

气温、平面及各坡向坡面年平均温度值、振幅及其融化指数 Ω^+ 和冻结指数 Ω^-（℃·月）、融冻指数比 α、n 系数和坡—平比 K（程国栋等,2003 年）　表 2-4

项目		年平均值（℃）	振幅（℃）	Ω^+（℃·月）	Ω^-（℃·月）	α	n^+	n^-	n^+/n^-	K^+		
										Ω^+	Ω^-	α
气温		-3.28	11.5	12.31	36.22	0.34	—	—	—	—	—	—
平面温度		0.38	14.5	30.16	27.84	1.08	2.45	0.77	3.18	—	—	—
坡面朝向	NE	-1.46	15.1	25.82	34.88	0.74	2.10	0.96	2.19	0.85	1.25	0.69
	E	0.10	14.0	28.28	27.72	1.02	2.30	0.77	3.00	0.94	1.00	0.94
	SE	1.43	13.2	31.02	22.04	1.41	2.52	0.61	4.15	1.03	0.79	1.31
	S	1.96	12.6	31.63	19.28	1.64	2.57	0.53	4.80	1.05	0.69	1.52
	SW	1.70	12.9	31.35	20.64	1.52	2.55	0.57	4.45	1.04	0.74	1.41
	W	0.54	13.8	29.26	25.95	1.13	2.38	0.72	3.30	0.97	0.93	1.05
	NW	-1.23	15.0	26.25	33.90	0.77	2.13	0.94	2.29	0.87	1.22	0.71
	N	-2.26	15.8	24.81	39.03	0.69	2.02	1.08	1.89	0.82	1.40	0.64

注:1. n 系数反映的是路基表面的融化/冻结指数与空气的融化/冻结指数的关系;

2. 坡—平比 K 是坡面融化/冻结指数与平面的融化/冻结指数之比,反映的是坡面与平面之间的关系。

根据王铁行的研究(2001 年,2004 年),坡面接收到的太阳辐射量为:

$$Q_p = \varepsilon \cdot Q_h \tag{2-8}$$

式中:ε——坡面系数;

Q_p——坡面每平方米接收到的太阳辐射量;

Q_h——水平面每平方米接收到的太阳辐射量。

路基边坡为一斜面,其单位面积受到的太阳辐射量不仅与路基边坡坡脚 α 及坡向(路基走向)有关,也与太阳高度角 β、太阳方位角 θ 有关。此处假设路基的走向为 δ(大小为路基走向与东西方向的夹角,取值范围为 0°~90°,最大走向为南北走向,此时为 90°),那么路基两个坡面的坡面系数计算公式如下:

$$\begin{aligned}&\text{阴坡面}\quad \varepsilon = (\cot\alpha - \cot\beta \cdot |\cos(\delta - \theta)|) \cdot \sin\alpha\\&\text{阳坡面}\quad \varepsilon = (\cot\alpha + \cot\beta \cdot |\cos(\delta - \theta)|) \cdot \sin\alpha\end{aligned} \tag{2-9}$$

以上几种方法从不同角度给出了不同走向路基边坡温度的获取方法,对研究阴阳坡具有非常重要的指导意义。

三、阴阳坡效应带来的路基病害及其发育机理

野外调查显示,纵向裂缝病害在青藏铁路、青藏公路、青康公路及东北和内蒙古的冻土地区均有不同程度的分布。纵向裂缝指路面沿路线纵向发展的裂缝,往往贯穿整个路基深度。青藏高原上路基填筑体纵裂十分发育,从位置上来看路肩路面都有分布,裂缝每条长十几米,也有长达上百米的。我国的青藏公路、美国阿拉斯加的一些公路中陆续报道了纵向裂缝的出现,法国也有关于路基纵向裂缝的报道。在青藏高原多年冻土区的道路工程中,大部分纵向裂缝分布在高路基的阳坡一侧。纵向裂缝不仅出现在普通路基上,在包括热棒路堤、碎石路堤、

通风管路堤、保温路堤在内的所有试验路堤上均出现了路堤纵向裂缝,主要出现在阳坡一侧的坡面、护道、路肩等部位。

根据风火山现场调查发现,在某些地段修筑的斜坡高路堤,在高边坡侧阴面的路肩上会出现一条很明显的纵向裂缝,裂缝距路肩 1.0 ~ 1.3m。从平面位置来看,裂缝每条长约十多米,每条之间相互错开,不连续。从对裂缝的开完解剖情况来看,纵向裂缝为垂直形式,并且一直延伸到路基下冻结层中,其冻结层中裂缝被冰楔体所填充,在一定深度尖灭。作者解释裂缝形成原因,是由于路堤在来自表面的冷却作用下,不同土层中的负温值是随着深度的增加而减小的,这种温度的非均匀变化引起路基土体中不均匀收缩,并在接近土表面处应力达到最大值。在足够的冷却强度下,应力可以超过土的极限强度,并在正冻结或已冻结的土中出现扩展到一定深度的裂隙。在融期雨水的作用下,加深加宽了这些裂隙,从而形成裂缝(叶拔友等,1987 年)。

孙增奎等(2004 年)结合青藏铁路某段站场路基实际监测数据,利用 ANSYS 软件对 2002—2030 年地下温度场进行有限元数值模拟。模拟计算结果表明:路基阳坡、阴坡两侧地下温度场分布特征的差异构成了路基不均匀变形和路面裂缝。李彦平(2003 年)指出,路基纵向裂纹是由于路基吸热不均匀,引起冻土的蠕变,从而形成不均匀沉降,拉裂路基。路基纵向裂纹主要发生在阳坡。由于路基吸收太阳辐射的不均匀,水平热流对堤身的加热,增加了堤身的热储,打破了原地层热量的年周转格局,从而对高温不稳定多年冻土产生一定的影响,使多年冻土的基底产生融化,形成路基的纵向开裂。

王引生等(2003 年)通过对清水河试验段热棒路基裂缝病害的调查,指出热棒路基暖季所产生的纵向裂缝主要是由于热棒路堤下多年冻土最大融化深度在横断面上呈现一规则的驼峰形状,即路堤两侧坡脚融化深度较大,路肩处融化深度较小,路堤中心处融化深度较大;路堤融化土体在最大融化深度以上的差异沉降,使填土中出现拉应力,从而在路堤表面产生纵向裂缝。

王海港等(2001 年)通过对内蒙古境内 301 国道博克图—牙克石段冻土路基病害的原因分析,在博牙段的路基施工中出现以下典型病害:部分段落出现边缘纵向开裂现象,一部分裂缝对称分布在路基两侧的一定宽度范围内,也有一部分只在向阳一侧出现裂缝,缝宽在 2 ~ 7cm 范围内,其中 K226 + 700 ~ K227 + 020、K233 + 000 ~ K233 + 220、K233 + 225 ~ K233 + 600 等段比较典型。这几个段落是在 2000 年的 9 月填筑,当时填土高度均已达到 1.6 ~ 2.7m(未到设计高度),裂缝在 2001 年 8 月后期逐渐出现。这一地区季节性冻融深度约在 2.0m,从时间上看,8 月底为融化最大值时间。这些段落的原地面相当深度范围内是不良土质,且存在永冻层或岛状冻土。在路基填筑的过程中,永久冻土受到施工的干扰破坏,失去了原有的状态和性能,如地表覆盖层的破坏;或因填筑路基的土体材料砂砾含量较多,密实度较大,因而导热性能强,热量会沿土层较薄的路基坡脚方向向下、向里传导,使路基坡脚下的永冻土层融化,深度大于路基底面融化深度,至 8 月底达到最大值。其融化深度与季节性冻融深度相接近,甚至会有所增加。这使原冰冻土体失去了原有的物理、力学等特性,变得松软,塑性更大,更易变形,承载能力下降。在其上土压力的作用下,被挤压产生较大的形变,而使路基的土体下陷,且路基两侧下陷深度大于路中部位,导致路基在边缘处被拉裂,其形变会在融化达到极限时停止,同时裂缝达到最大值，不再扩大，如图 2-1 所示。

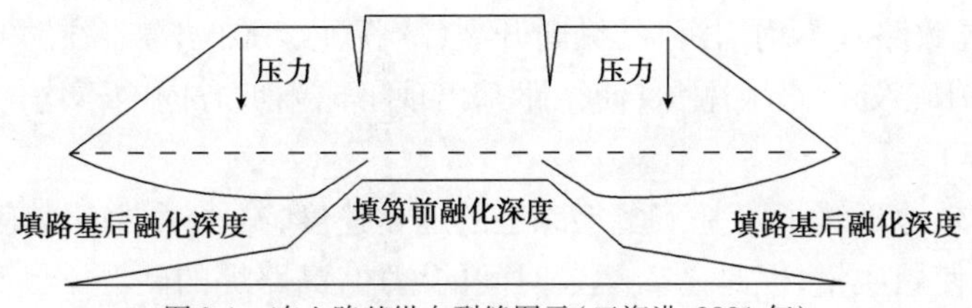

图 2-1　冻土路基纵向裂缝图示(王海港，2001 年)

刘戈等(2006 年)通过青藏公路唐南地区路基变形监测数据，分析了路基变形的特征及多年冻土融沉变形的影响因素。指出由于多年冻土融化而引起的路基变形，无论是纵向变形还是横向变形，都表现出较大的不均匀性。最大变形位置并不在路基中心，而是在路肩，主要是由于路基中心融深向阳坡偏移的结果。路基变形不仅是由于多年冻土上限变化引起的，且与多年冻土上限附近温度变化有关，特别是极高温冻土，其压缩变形占有相当的比重。在路基设计中，不仅要考虑多年冻土上限的稳定性，且要考虑多年冻土的热稳定性。

1978 年，苏联巴穆—腾达线的一处位于腾达河河床中的砾石路堤，曾因基底泥炭层中冰楔的融化而使路堤突然塌陷，造成 1.5m 长的轨排悬空的高度达 0.7m。在别尔卡基特—托姆莫特的铁路线上，多处东西走向路堤的阳坡一侧基底富冰冻土发生退化，引起路堤产生的纵向沉陷裂缝，破坏了路堤的南侧边坡(刘铁良，2005 年)。

根据对流换热的基本原理以及国际冻土工程界的一些报道，人们普遍认可块石路基结构冷却地基土体、保护冻土的功效毋庸置疑。块石层路基试验段和其他地段路基坡面，以及边坡与顶面交界处纵向变形裂缝的发生，使人们注意到坡向不同对路基变形差异的影响，因而开展了块石层路基和碎石边坡对减少路基横向变形差异效果的研究，并在冻土区路基工程措施补强设计中普遍应用(拉有玉等，2005 年)。

气候的周期变化及青藏高原特殊气候，是造成路基纵向裂缝、波浪扭曲变形及不均匀沉陷的直接原因，纵向裂缝的形成机理可能是多方面的，但冻融疏松是一个必不可少的原因。纵向裂缝的调查发现纵向裂缝发生的路段路基边坡比未发生纵向裂缝的路段的边坡松软。被冻融疏松的路基土体降低了对汽车荷载和路面的支承作用。当汽车荷载在路面上造成的应力大于路面弯拉强度时，在路面上便发生断裂现象。在汽车荷载反复作用下，裂缝不断扩展和增大。纵向裂缝的严重程度及位置取决于冻融疏松的程度及切入路堤的深度。此外，纵向裂缝与路基高度有明显的关系，均发生在 1m 以上的高路基段，并且随着路基的增高发生的条数和长度明显增加。青藏公路 20 多个温度测试断面的测试数据表明，一期、二期整治工程后与整治前多年冻土上限无明显下降现象，融化盘的形状由整治前的“V”形变成了“W”形。路基从低路堤变成高路堤后，路面转换的热量向地基(多年冻土层)传递阻力增大，有利于减小多年冻土上限下降，但同时又增大了路堤的边坡面积，使得路堤边坡转换的热量增大，造成路基下的融化盘形状由“V”形变成了“W”形。在融化盘形状从“V”形向“W”形转化过程中，路基两边融化沉降量大，路基中心融化沉降量小，路面呈现路拱增大现象(青藏公路路拱增大现象也比较多)，严重的出现路面中心的纵向裂缝，路面中心的纵向裂缝随着路线走向而偏移，偏向阳坡一侧(侯仲杰等，2006 年)。

代寒松等(2006 年)通过对青藏公路路基纵向裂缝、病害发生规律的统计，指出此种类型的病害与公路左右两侧的太阳辐射差异密切相关。高路堤填筑后由于左右路肩、边坡的太阳辐射、地表湍流等地表与大气之间的热交换条件不同,使路基当中的地温分布状态有较大的差异,偏移的融化盘导致路基不均匀沉降、纵向开裂(李祝龙,2001 年)。在路基高边坡的阳坡出现了上限大于路基中心处的最大融深,使得路基出现了向阳坡方向的不均匀下沉,导致纵向裂缝(吴青柏,2002 年)。

路堤的采用有效地延缓了路基下多年冻土的退化速度,减小了路面波浪和沉陷的病害率,提高了道路早期的使用质量,但是随着运营时间的增加,高路堤的问题不断显现。路堤尤其是近东西走向路堤的坡向差异加剧,路面横向不均匀变形增加,路堤纵向裂缝破坏严重(叶拔友,1987 年;吴青柏等,2002 年;张鲁新等,2003 年);波浪病害虽有所减轻,整体来看仍然十分严重(窦明健等,2002 年)。路堤纵向裂缝病害与波浪病害不同,由于路堤横向跨度较小,冻土地基和天然地表条件变化不大,自然也就不可能因为冻土特征的不同而导致路堤纵向裂缝病害。早期由于多年冻土地区道路等级较低,路堤多出现路面中央沉陷量较大、而两侧路肩沉陷较小的问题,随着道路等级提高,路堤高度不断增加。青藏公路在一期整治结束后,随机调查所得到的路堤平均高度已经超过 2.1m。伴随着路堤高度的不断增加,路堤纵向裂缝病害增加。窦明健等(2002 年)在青藏公路多年冻土段的路基病害调查表明,路堤纵向裂缝病害随着路堤高度的增加而增加,多发生在路堤完工时间较长的高含冰率高温冻土段的路堤阳坡侧。吴青柏(2002 年)认为,高温高含冰率路段的高填方路堤(3 ~ 4m)上出现纵向裂缝病害是青藏公路科研工作中的一个新任务,需要认真解决。张鲁新(2003 年)通过对青藏铁路多年冻土区试验工程和已经施工的路基工程所发生的变形裂缝的调查和分析,认为多年冻土区路基几何尺寸不对称和路基边坡坡向不同导致的路基人为上限形态不同,是造成多年冻土区路基温度场不对称以及基底土体冻结融化过程不同步的主要原因,也是造成路基变形裂缝的主要原因。文章在此基础上提出了减少或消除路基温度场不对称,而减少或消除这类变形裂缝的主要工程结构形式和工程措施,作者的看法和结论已经在 2003 年青藏铁路冻土区路基工程设计和成形路基补强工程措施设计中得到广泛应用。

王小军等(2006 年)根据野外调查指出,路基裂缝形成原因可分为两类,即融沉裂缝和寒冻裂缝。融沉裂缝发生在最大融化季节,由多年冻区路基横向不均匀沉降引起;裂缝宽度 10 ~ 40mm,长度 10 ~ 50m,深度较深;裂缝垂向呈"V"形,无明显错台,属张口裂缝;以纵向裂缝为主,多分布于阳坡坡面、护道、路肩及路基表面。寒冻裂缝发生在冬季,强烈冷却时冻土体表面常常因强烈收缩开裂形成有序或无序的裂缝,裂缝宽度 5 ~ 20mm,长度 10 ~ 30m,深度可穿透活动层或贯入多年冻土 5 ~ 6m,垂向呈"V"形,暖季可闭合。横向裂缝最多,纵向裂缝次之,也有少量斜向裂缝。横向裂缝在不同措施过渡段及测试断面上出现较多;纵向裂缝多分布于阳坡路肩、坡面及护道上;斜向裂缝出现在热棒路基上。同时,王小军指出青藏铁路 DK1026 + 630断面的纵向裂缝贯穿路基本体,为融沉裂缝,是由于路基阳侧融化压缩引起路基体横向不均匀沉降造成的。由于片石有调节人为上限形态和抑制路基不均匀变形的作用,故片石路基没有产生融沉裂缝。

汪双杰等(2004 年)根据野外调查资料指出,由于路基的不均匀沉降造成沿路基的数毫米宽纵向裂缝,以及宽度为数厘米的纵向开裂,横断面方向路肩或边坡滑塌,病害主要发生在多年冻土破坏极为严重的个别地段。裴建中(2004 年)在野外调查纵向裂缝变形特点和多年冻土上限变化规律分析的基础上,发现导致多年冻土地区纵向裂缝产生的原因是路基边坡坡脚下存在不稳定的融化区域,并提出机理分析模型。通过弹塑性有限元分析,研究了路基中的位移、应变变化规律，提出了纵向裂缝形成过程的3个阶段：初始变形阶段、强度破坏阶段和变形失稳阶段。相应于这3个阶段，路基及地基中呈现了3个性状不同的区域：发育区、抑制区和诱发区。Chen Ji et al(2006年)在对青藏线(青藏公路和青藏铁路)沿线的辐射规律研究后认为，路堤纵向裂缝的形成不仅与路堤的坡向差异有关，更加根本的原因是路堤两侧边坡接收的太阳辐射总量不同，在接收辐射量较大的那一侧边坡更容易出现路堤纵向裂缝。根据对青藏公路多年冻土段沿线公路路基纵向裂缝与路基走向关系的分析，绘制了路基走向与裂缝发生频率的玫瑰图(图2-2)(代寒松等，2006年；孙立平，2008年；Chen Ji et al，2006年)。

图2-2中，EW0表示路基走向为90°或270°(东西走向)，ES30表示路基走向为120°或300°(东偏南30°)，ES60表示路基走向为150°或330°(东偏南60°)，SW90表示路基走向为180°(南北走向)，WS30表示路基走向为60°或240°(西偏南30°)，WS60表示路基走向为30°或210°(西偏南60°)，半径长短表示裂缝发生的频率大小。可以看出，发生在走向为EW0、ES60、SW90、WS30、WS60路基上的裂缝次数比较接近，变化范围4～7；发生在走向为S90路基上的裂缝次数最多，达到9次；发生在ES30路基上的病害较少，仅为1次，这可能与走向为东偏南30°路基的长度较短有关(主要分布在唐古拉山北坡，约20km)。在接近南北走向的路基上之所以产生裂缝的次数最多，这可能有两个原因：①青藏公路主体为近南北方向，因此近于南北走向的路基最长。②青藏公路沿线特殊的辐射日变化规律。根据相关的研究结果，在青藏公路沿线，上午的总辐射明显大于下午的总辐射。根据青藏公路D66道班、沱沱河站、D110道班、安多气象站和青藏公路3608km处的辐射资料，各站上午的总辐射比下午的总辐射分别大16.2%、22.1%、51.2%、40.4%和40.2%。冻土地区的纵向裂缝主要由路基两侧的热融沉陷差异造成，路基纵向裂缝病害在南北走向路段上次数最多，这不仅与青藏公路主体呈南北走向有关，显然也与青藏公路上存在的阴阳坡问题有关。

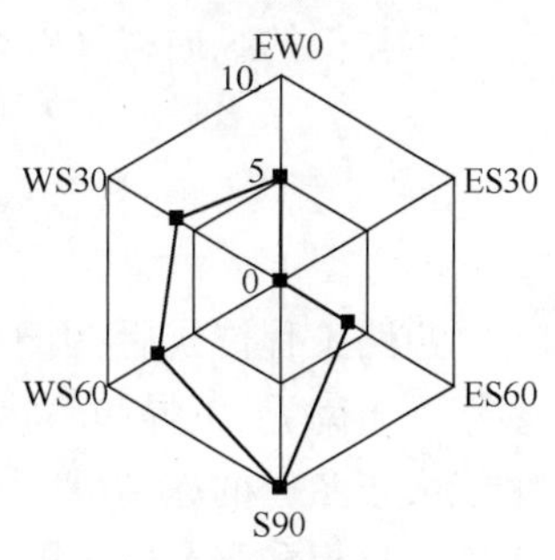

图2-2　青藏公路路基走向与路基裂缝玫瑰图
(代寒松等，2006年；孙立平，2008年；Chen Ji et al，2006年；徐安花，2010年)

温智等(2009年)基于国道214线K369段典型公路纵向裂缝病害的监测，并结合有限元数值分析法对公路路基纵向裂缝的形成过程进行了单向热—力耦合分析研究。监测和数值分析结果表明：多年冻土区路基温度场的不对称性导致路基下多年冻土上限在路基下深度差异巨大，而上限形态的不对称引发了路面变形在横向上的差异。路基左侧(阳坡面)发生较为明显的向下沉降变形，路面阳坡一侧发生较大的水平位移，引起了阳坡侧路面的侧向拉裂破坏，阳坡面下冻融界面附近产生了较大的剪应变，路基体沿冻融界面发生了滑动或错动。

毛雪松等(2010年)为揭示青藏公路纵向裂缝形成机制，基于可可西里垭口K3020+200处现场剖面观测及K3016+000处温度场测试结果，分析路肩下厚纯冰层的形成过程及其对路基稳定性的影响；并建立冻结及融化过程中路基纵向裂缝的力学模型，模拟湿地路段路基变形的发育过程。研究结果表明：地表水下渗直接导致厚纯冰层的形成，路肩下厚纯冰层的形成及融化是路基不均匀变形、纵向裂缝形成的直接原因。

214国道K369段(路基走向西偏南24°)为2002年修筑的沥青混凝土路面，但在2003年就发现路面左半幅纵向裂缝破坏十分严重，发育纵向裂缝的区段占此1km范围的24%。其原因是路基横向热不对称引起不均匀沉降变形，路基阳面沉降量大引起的路基阳面一侧发生纵向裂缝。

在国外,也有关于道路路基纵向裂缝的详细报道。Rober L. Scher(1998 年)对美国阿拉斯加州一些道路出现的纵向裂缝调查后认为,冻土地区路面纵向裂缝主要由冻胀引起,而路基纵向裂缝则主要是多年冻土融沉的结果。这也是目前有关冻土地区道路病害的一种普遍的观点。

以上关于纵向裂缝病害及其形成机理的分析表明,多年冻土地区筑路,需要采取一些积极的工程措施来消除路基走向和坡向差异带来的不利影响,并做好路基防排水工作,否则就有可能产生类似的纵向裂缝破坏。

第二节　影响因素

道路工程修筑后,由于路面的水热条件变化致使通过路面的年吸热量大于散热量,这样在多年冻土南界、下界和岛状冻土等高温冻土区,从道路工程修筑一开始,夏季的融化深度就有可能大于冬季的冻结深度。所以,经过一个冻融循环后多年冻土就可能出现不衔接现象,在多年冻土顶板和季节冻结层底板之间形成融化夹层(融化盘)。在多年冻土区道路路基下融化盘的形成和发展计算中,对工程有意义的是融化盘逐年的发展变化。多年冻土区路基的温度场受纬度、坡向、工程地质条件、路堤高度、填料种类、保温措施、施工季节等因素的综合影响和制约,变化十分复杂。融土夹层的大小、位置、形状与路基的热稳定性及路基的变形形态密切相关,多年冻土区道路路基下(不对称)融化形态的影响因素可概括为如下几个方面。

一、气候因素

(一)太阳直接辐射

地球表层 99.8% 的能量来源于太阳,太阳直接辐射是地面升温的直接热源,也是影响多年冻土及路基稳定性的重要因素。太阳直接辐射强度的日变化过程与地表及地表浅层温度的日波动关系最为密切。太阳直接辐射强度随海拔高度与纬度而变化:海拔越高辐射强度越大,纬度越高直接辐射强度越小。

青藏高原多年冻土区,由于海拔高,空气稀薄干洁,太阳辐射通过的大气路程较短,透明系数大,日照时数长,太阳辐射被削弱的少,太阳总辐射量高居全国之冠,年辐射总量在 6700 ~ 9200MJ/m^2,较同纬度东部地区大 2000 ~ 3000MJ/m^2。并且,年总辐射量具有随海拔高度增加而增加的特点。年总辐射量的分布趋势自东南向西北增多,藏东南地区小于 5000MJ/m^2,为低值区;藏北高原、阿里地区、柴达木盆地的年总辐射量可达 7000 ~ 8000MJ/m^2,为高值区。

不同坡向、坡度的山坡接收的太阳辐射的差异极大,不同坡向阳面和向阴面太阳辐射的差异规律也直接影响地面热量平衡和地中热流分布的强度。到达斜坡上的太阳直接辐射强度可用下式计算:

$$Q_s = S_m[\cos\alpha\sin h + \sin\alpha\cos h\cos(\delta - \theta)] \tag{2-10}$$

式中:Q_s——到达斜坡上的太阳直接辐射强度;

S_m——大气质量为 m 时,地面垂直于太阳光线的直接辐射量,可根据已知的太阳常数和大气透明特征值计算;

α——边坡坡度;

h——太阳高度角；

δ——路线方位角；

θ——太阳方位角。

海拔、纬度、边坡坡度、路线方位角、大气透明度，这些因素都会影响到地表和地中热流分布的强度，从而直接影响冻土融化形态。关于太阳辐射的基本理论在第三章详细讨论。

(二)气温

在诸多气候要素中，气温是一个很重要的因素，它不仅包含了纬度和海拔的地带性影响，也是局地小气候，如降水、蒸发、云量及风等影响的总和指标。气温的变化直接影响着多年冻土的分布甚至存在与否，并会直接影响到多年冻土区路基的热稳定性，影响路基内的融化盘形态及温度场状况。气温的变化既给多年冻土的存在、发展带来了很大的影响，也直接影响到许多评价多年冻土状态的指标，如：冻结指数、融化指数、年平均地温、季节融化层深度等。

IPCC 在 2001 年发布预测(IPCC. 2001 年)：全球表面温度预计在 1990 ~ 2100 年间升高 1.4 ~ 5.8℃。青藏高原是气候变化的"启动器"，其升温要早于周围地区；青藏高原也是气候变化的"先兆区"，其升温值要高于全球平均值。据预测，2050 年青藏高原将升温 2.2 ~ 2.6℃(秦大河等，2002 年)，青藏高原气温上升的直接结果就是多年冻土的年平均地温升高，多年冻土上限下降，改变了多年冻土的平面分布与垂直分布，致使多年冻土呈退化趋势。近 15 ~ 20 年以来，岛状冻土区年平均地温升高 0.3 ~ 0.5℃，连续多年冻土区内年平均地温上升 0.1 ~ 0.3℃(金会军等，2000 年)。多年冻土的退化严重影响了路基的热稳定性，影响了路基温度场的分布状况，导致道路病害的出现。路基的阴阳坡效应与外部气温环境及季节周期变化密切相关。一般来说，夏季阴阳坡效应较弱，冬季阴阳坡效应较强；随着全球气温升高，阴阳坡效应有增强的趋势。

(三)降水、降雪和蒸发及植被

降水和蒸发是季节融化层温度状况的直接影响因素。雨期时，季节融化层尤其浅层湿度急剧增大，从而改变了原土体的导热系数、比热等热物理参数，使温度场分布受到影响。当降雨量较大并未及时排出时则形成路侧积水，路侧积水是导致多年冻土退化及浅层土体冻融变化的直接原因。路基下多年冻土的变化，特别是冻土上限的变化会直接影响地基土的压缩沉降变形，带来地基中水、热状态的变化，进而引起路基受力状态的改变。道路所在地形低洼处，路基两侧或单侧积水严重地段是路基纵向裂缝频发的地段。

间雨期时蒸发强烈，使融化层的水分疏干。这种补给与疏干作用交替进行：补给时，水分下渗有加速地下冻土融化的趋势；疏干时，蒸发耗热，降低地表温度，有延缓冻土融化的趋势。蒸发耗热是路基边界表层的水分在外界辐射、气温、风速、湿度状况等综合因素下汽化而消耗的热量，是调节地表温度的重要因素。蒸发耗热量的大小与蒸发量密切相关，而蒸发量又与下垫面类型、颗粒组成、湿度状况、植被覆盖状况、雪盖等因素有关。青藏高原蒸发最强烈的月份在 5 ~ 7 月，其蒸发量为最小月份 12、1 月蒸发量的 3 ~ 4 倍。在蒸发强烈的月份，路基边界将消耗大量的蒸发潜热，大量的热量从路基边界进入大气，从这一角度考虑，路面蒸发有利于保持路基稳定性。

降雪对冻土路基温度场的影响有正负两方面：①边坡覆雪的存在，使地表辐射反射率增大，减小了进入路基内部的辐射能，有利于路基稳定。②由于雪的热传导系数很小，若降雪后路基边坡上的覆雪较厚则会阻止路基与外界大气的对流热交换，路基在冬季不能储蓄较多的冷能,易使来年路基升温,不利于路基稳定。植被有降温作用,可以保护多年冻土路基的稳定。

(四)风速和风向

风力风速影响了冻土层和冻土工程结构与大气环境之间的热交换效率,是冻土和冻土工程热交换条件分子中不可忽略的因素。尤其是对一些特殊的路基工程而言,它冷却地基土体的功能发挥是和空气流动即风力风速相关的。青藏高原海拔高,易受高空气流的影响,地势平坦开阔,建筑物和地面植物稀少,风速较大。风速的大小直接影响到路基边界与大气的对流热交换系数,影响路基边界处的热交换效率与状况,从而影响到路基内部及基底下多年冻土的温度场分布状况。青藏公路、铁路总体呈北北东—南南西走向,高空受西风带的控制,西风为本区的主导风向。西风导致路基西侧边坡在冬季更加容易冷却,温度比东侧边坡低。同时,在冬季,东南侧边坡(阳坡)的日照时间比西北侧边坡(阴坡)的日照时间长,阳坡的温度比阴坡的高。这两方面的叠加导致青藏公路、铁路路基阴阳坡热差异在冬季十分明显,路基的不均匀变形及路基纵向裂缝等病害也多在冬季发育。

冻土区风力风速日变化较大,一天当中清晨风速最小,一般午后起风,并逐渐增大,到晚上逐渐停止。这种现象在寒季尤为明显。青藏铁路多年冻土区典型区域风速见表2-5。表中区域平均风速达到4.4m/s,非常利于以冷却地基土体为目的的冻土工程结构的降温散热功能的发挥。

青藏铁路多年冻土区典型区域风速(m/s)(张鲁新等,2011年) 表2-5

气象站	平均风速	气象站	平均风速
五道梁气象站	4.1	沱沱河气象站	1.7
北麓河试验段	4.1	清水河试验段	4.5
安多气象站	4.8	昆仑山区	5.4

二、冻土内在因素

(一)多年冻土类型

多年冻土是一种对温度和周围环境变化异常敏感的特殊地质体,与其他土类相比较,最大的特点就是水、热、力等性质不稳定。由于外界环境的多变性(比如全球变暖、工程扰动),导致冻土环境长期处于不稳定状态,所以在多年冻土区筑路是一项世界性难题。路基下伏多年冻土的热稳定性直接决定了路基的变形稳定性和结构稳定性。

经过对青藏公路多年的地温观测资料进行分析后发现,在融区基本上不存在路堤纵向裂缝病害。在冻土区,当冻土年平均地温低于-1.5℃时,纵向开裂与路基沉降极少,而当冻土年平均地温高于-1.5℃时,纵向开裂与沉降路段则很多。这种现象表明,冻土年平均地温与路基产生病害有着十分密切的关系。在少冰冻土区,路堤纵向裂缝病害发生较少,则说明冻土含冰率是影响路基纵向裂缝是否发育的一个重要因素。在高温—高含冰率冻土区,高路基段的沉降变形主要来源于道路修筑使路基下高温—高含冰率冻土温度升高、弹性模量减小引起较大的沉降变形和冻土蠕变变形,所以该路段的纵向裂缝分布较多、产生规模较大。例如,青藏公路19处发生严重纵向裂缝的路段中,绝大部分处于不稳定和极不稳定多年冻土区;国道214线上3处纵向裂缝严重路段均位于不稳定多年冻土区。据2001年调查统计,青藏公路路基严重变形与纵向开裂病害路段主要分布于青藏高原的高温、高含冰率多年冻土区，路基累计病害长度约60km。青藏公路全线长度大于10m的纵向裂缝在各类多年冻土区段的分布情况见表2-6～表2-8。

青藏公路稳定多年冻土段纵向裂缝统计（毛雪松等，2011年）　表2-6

区间	条数	密度（条/km）	平均密度（条/km）
K2886～K2910	41	0.58	0.98
K3055～K3100	15	0.33	—
K3312～K3385	84	1.15	—

青藏公路亚稳定多年冻土段纵向裂缝统计（毛雪松等，2011年）　表2-7

区间	条数	密度（条/km）	八五改建工程			一期、二期工程纵裂密度（条/km）
			区间	条数	密度（条/km）	
K2910～K3055	346	2.39	5	1	0.2	2.46
K3165～K3195	56	1.87	2	0	0	2.0

青藏公路退化型和融区路段纵向裂缝统计（毛雪松等，2011年）　表2-8

区间	退化型			融区	
	条数	密度（条/km）	长度（km）	条数	纵裂密度（条/km）
K2879～K2885	0	0.0	—	—	—
K3101～K3164	30	0.48	25.5	5	0.20
K3196～K3311	27	0.23	63.5	10	0.16
K3386～K3515	137	1.07	—	—	—

陈继（2007年）通过对青藏公路路基病害分析指出，多年冻土地区最主要的路堤病害就是沉陷，其典型表现类型就是路堤波浪和路堤纵向裂缝病害，并给出了路堤纵向裂缝与冻土特征之间的关系（图2-3）。从该图可以看出，在融区基本上不存在路堤纵向裂缝病害，这说明纵向裂缝的发育与路堤下的多年冻土是密切相关的；在冻土区，路堤纵向裂缝的病害率随着冻土温度的降低而降低，高温冻土区的路堤纵向裂缝病害率要高于稳定多年冻土地区的纵向裂缝病害率［图2-3a）］；亚稳定多年冻土地区较高的病害率则表明路基纵向裂缝不仅仅取决于冻土的地温，还取决于冻土的含冰率［图2-3b）］。在少冰冻土区，无一例路堤纵向裂缝病害发生，则说明冻土含冰率是影响路基纵向裂缝是否发育的一个重要因素。多冰冻土区的纵向裂缝病害也比较小，当含冰率达到富冰冻土阶段以后，路堤纵向裂缝病害急剧增加，达到约25%，并且随着含冰率的进一步增加，路堤纵向裂缝病害率基本不再增加。

（二）季节融化层的土质和表面性状

土骨架的粒度成分、矿物成分、有机质成分的不同，形成不同的孔隙率、密度、含水率，这些差异将直接影响土层的容积热容量、导热系数、导温系数、相变热、导湿系数等。容积热容量与含水率、密度的关系：$C = 0.2d + w/100$，d为干容量，w为体积含水率。这些参数将直接参与热稳定性的评价。

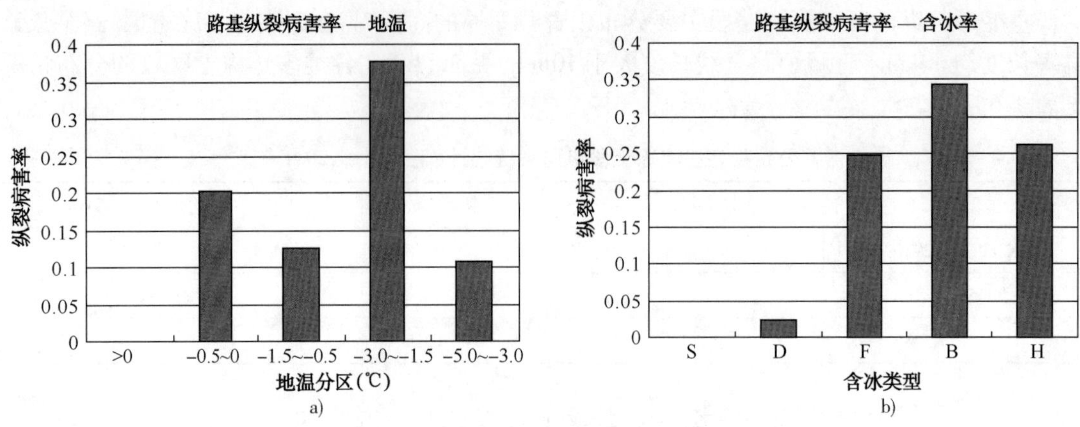

图 2-3　路堤纵裂缝与冻土特征之间的关系(陈继,2007 年)

S－少冰冻土;D－多冰冻土;F－富冰冻土;B－饱冰冻土;H－含土冰层

土层表面性状,既有土面对太阳直接辐射能吸收的正影响(吸收热量),也有消耗蒸发汽化热的负影响(消耗热量),它的差异取决于干湿程度及颜色深浅。干燥砂砾对太阳直接辐射吸收率在 0.72 ~0.80,但蒸发耗热小,故对地下冻土融化影响较强。湿润的细粒亚黏土或稀疏的草地面,吸收率约在 0.80,但通过毛细补给的水分蒸发作用强烈,融化热影响较差。浓密草地及沼泽化湿地,吸收率只有 0.70,同时表面水分蒸发最强烈,因此对冻土热容影响最小。

(三)地貌位置及冻结层上水

地貌位置主要指高地、坡地及谷地等差异的影响,其中除了坡地中阴阳坡之差与太阳辐射密切相关外,地貌位置的高低与冻结层上水的赋存状况直接关联。

台地区及坡顶,系粗颗粒土(岩),冻结层上水位埋深较大,季节融深大,主要受气候因素影响而波动,受地下水影响微弱。斜坡地区,分为坡脚与坡面。坡面段是粗粒为主的坡积层,厚度小,季节冻结层上水以水平渗流为主,渗流过程中冻结层上水同时向水平方向携带一部分热量,故季节融深受流量与坡度的影响一般较台地区小。坡脚段坡积物加厚,粒度变细,坡度变缓,季节性冻结层上水常在该段局部地点形成季节性下降泉出露地面,暖季形成沼泽或池塘,寒季形成冰锥、冰丘等,不仅强烈影响其热稳定性,同时也是工程病害的易发地段。

(四)地下冰含率

地下冰含率的多少影响冻土内部相变热能的储蓄,影响到冻土的传热、储热能力,进而影响到冻土温度场的分布状况。冰含率也会影响到路基内部水分的迁移速率与迁移量,从而影响路基内部水分场的重新分布。同时冰含率也是冻土的强度、模量及流变特性的影响因素,其数量多少会影响到路基应力场的状况。倘若高含冰冻土地段的冻土融化,则造成热融滑塌、热融沉陷、热融湖塘等不良地质现象,从而造成路基下沉、不均匀沉降、路面开裂等工程病害,严重影响路基热稳定性。前人的研究表明,多年冻土路基纵向裂缝是高含冰率高温冻土地段的典型病害,青藏公路纵向裂缝发育严重路段的冻土含冰类型统计数据见第 6 章表 6-8。

三、工程因素

(一)施工及荷载

在多年冻土区和在一般地区(非冻土地区)一样,施工不合理也会引起路基裂缝。主要影响因素有:路基填料压实程度、路基填土的高度、天然地基处理不到位致使沉降不均匀、天然地基横断面地形存在陡坡时处理不当、半填半挖或路基两侧填筑高度相差甚大时不均匀沉降、施工不规范等,还包括设计考虑不周、地基加固处理不到位、路基填料选择不当、施工安排(工期、工序、施工方法等)不科学、养护管理不到位等。产生高路堤纵向不均匀变形裂缝的内在因素是路堤填土变形稳定性较差,外在因素是高路堤自重较大及动荷载的影响。路基承受荷载过大或横向上承受不均匀荷载,引起总变形、差异变形超出规范允许值,将会造成不对称变形、纵向裂缝。高填方路段由于防护措施不当或施工的原因,出现边坡受雨水冲刷,下渗地基,引起路基土体强度降低,从而导致路基路面纵向裂缝和沉陷。如在青藏公路 K2897 +150 处和 K2897 +010 处的纵裂是由于路基施工时,两边路肩压实不足,造成自上而下两侧路肩土比较松散。而且路面排水为散排,在降水后,两边路肩含水率增大,在冷季产生的冻胀形成纵裂。在 K3190 +250 处的纵裂原因可能为新路基与老路基压实不均匀,造成的路基失稳。工程建设历史的影响来自两个方面:①整治工程路基加高,新老路基连接部位,因新填部分自然沉降较大,造成路基路面连接带出现纵向开裂,此类主要出现在路肩或路面边缘带。②加高路堤造成水热平衡状态改变,路基路面产生过大附加拉应力,导致纵向开裂,此类多发生在路面中央部位或附近,而且规模很大。八五改建工程中此类纵裂极少,一期整治工程中则较多。

(二)路堤填料性质

路堤填料性质和季节融化层的土质影响土层的热学性质和持水性能。路堤填料是路基设计中可供选择的要素之一,实践中主要有下列几种情况:①用与天然建筑场同样的土质。②外运路基填土。③就近取各种混杂土填筑。④路基中铺筑保温材料。这些方案的选择都是以保护天然多年冻土为出发点,从技术的安全可靠及经济和效率上的合理性作比后的最优方案。方案比较的理论基础是填料的热学性质和持水性能,有点类似于季节融化层的土质,但仍有特殊之点,这就是路堤堤体处于疏干水分的条件。由于粗粒土,尤其是经过筛分、合成的人工级配填料,通过施工压密,能够比较快地(2 ~3 年)达到最佳结构。然而细粒土填料,在降水及天然地面毛细水渗透作用下,它的疏干颇不容易,往往需 5 ~8 年,甚至更长才能稳定,亦受运行荷载及频度影响。作为一般规律,实践应用中总是先考虑粗粒料,若当地粗粒料严重缺乏时,才谨慎考虑用当地细粒料填筑路堤的可行性。

填筑后,路基在使用过程中暴露在大气环境中,经冻融循环作用,改变了路基填筑初期土体的结构性(不同填料受冻融作用后结构改变不同),从而改变了土体的强度特性和变形特性。经调查发现,纵向裂缝路段的路基边坡比未发生纵向裂缝的路段松软。冻融疏松后的路基土体经过车辆荷载反复作用、雨水入渗等影响,路基纵向裂缝不断扩展和增大。

(三)路面类型

路面性状对路顶表面的热量平衡有直接影响,以代表性的黑色沥青混凝土路面和浅色混凝土路面、砂砾石路面比较,沥青路面对太阳辐射的吸收率高达 0.95,水泥混凝土和砂砾路面相近约 0.8,沥青路面和混凝土路面阻水能力强。路表干燥,故蒸发耗热可以不计。但砂砾路面由于相对于前两者,受降水入渗和蒸发疏干的影响大,吸收的太阳辐射热部分消耗于水分蒸发。另一方面,若路堤填料为细粒土或混杂料时,需要加速填料在施工期持有水分的疏干,则砂砾路面较混凝土路面均优。从保护多年冻土的堤体热稳定性条件来评价路面性状,显然砂砾路面优于浅色混凝土路面,而黑色沥青路面最差。对于具有阴阳坡的路基而言,沥青路面对人为上限形态的偏移有抑制作用,但由于其强吸热性急剧增大了路基在阳坡一侧的融化深度,从而加大了纵向裂缝发育的可能性。

总之,与砂砾路面相比,黑色路面的铺设虽然提高了道路的等级,为行车提供了更舒适的路面,其热扰动在整个路堤断面范围内所占比重较大,对上限形态的偏移有抑制作用,但同时由于其强烈的吸热作用,且隔绝了路面下的水分蒸发,导致路基下部的多年冻土退化而使路基失稳。

(四)路基高度

路基纵向裂缝既与路基下部地质构造及地形地貌特点有关,也与路基高度有关。当地质构造比较复杂,地形起伏差异较大时,容易造成纵向裂缝。同时随着路堤增高,路基中温度场在横断面上分布的不对称性增强,导致路基横向差异沉降增大,最终导致路基纵向裂缝的形成与发展。从保护冻土出发,单纯考虑路堤高度时,热稳定的影响是比较简单的,因为路堤越高,意味着从地表面流向地中的热量传递过程中,热阻增大,有利于热稳定性。路基高度的作用在于加大路面与下伏土层之间的热阻,减少热量向下传递。路基高度一直是青藏公路研究的核心问题,原因是不同高度的路基对下伏冻土的影响各不相同。低填路基地表植被层被压缩,保温性能减弱,导热性能加大,太阳辐射热和行车荷载的影响都容易向下传递。加高路基可以提高热阻,但路基过高,在冬季路堤土体的储热量超过了环境气候提供的冷量,使夏季施工赋予路基的总储热量不能在当年冬季全部消除,在路堤内形成残留融化区。

高路堤成型后多年冻土的上限可能发生上移,在路堤内部形成冻土核,路基土体可能沿冻土核表面产生滑移,以致路基产生纵向裂缝问题。另外,对于具有阴阳坡的路基,路堤愈高,边坡面积愈大,阴阳坡面热效应差距愈大,也就是说,阴阳坡效应随着路基高度的增加而加剧。

根据长安大学青藏公路纵向裂缝课题组 2001 年实地调查资料可以看出,纵向裂缝出现的比率与路基高度密切相关,当路基高度达到 3 ~3.5m 时,无论是裂缝发育长度、宽度还是密度均明显增大。路基高度过低沉陷变形病害普遍,过高则纵向裂缝和边坡冲刷严重(胡长顺等,2000 年,2003 年;窦明健等,2002 年)。

野外调查结果表明,纵向裂缝,尤其是规模较大的裂缝主要发生在高路堤。路基高度小于1.5m 时,纵向裂缝的分布率较低,不到5%;高度在1.5 ~3.0m 时,纵向裂缝条数和比率均有所增加,约为 15%;路基高度大于 3.0m 时,纵向裂缝的分布率急剧增加,裂缝总数占总量的 66.2%、长度占总量的 70.6%。另一方面,纵向裂缝的规模也随路基高度增加而增大。较大规模的纵向裂缝主要分布在高度大于2m 的路基内,路基高度大于 3m 后则纵向裂缝的长度平均超过 50m。根据青藏公路实测数据,图 2-4 给出了路堤沉陷病害和路堤纵向裂缝病害与路堤高度之间的柱形关系图。随着路堤高度的增加,路堤沉陷病害稳定减少[图 2-4a)],而路堤纵向裂缝病害却不断增加[图 2-4b)]。沉陷病害的减少说明加高路堤以后路堤不均匀沉降变形得到了有效遏制,由于融沉变形是路堤沉降变形的主要来源,因此可以推断路堤融沉变形也在减小。路堤融沉变形的较少间接说明了加高路堤在减缓冻土退化、提高冻土上限方面有积极作用。青藏铁路清水河段的路堤试验工程尽管采用了多种保护冻土措施,但是由于路堤高度普遍超过 4m,部分约达到 6m,路堤纵向裂缝病害仍非常严重,路堤纵向裂缝病害率约达到 50%。

(五)线路走向及路堤断面形状

不同坡向、坡度的山坡接受的太阳辐射的差异极大,因而造成相同海拔高度上,不同坡向、坡度山坡上多年冻土的分布明显不同。在天山进行的观测表明,在海拔高度相近的情况下,阴坡和阳坡处年平均地温的差值可达 4.6℃(表 2-9)。如果气温递减率按 0.5℃/100m 计,则坡向的影响相当于 920m 高差产生的结果。

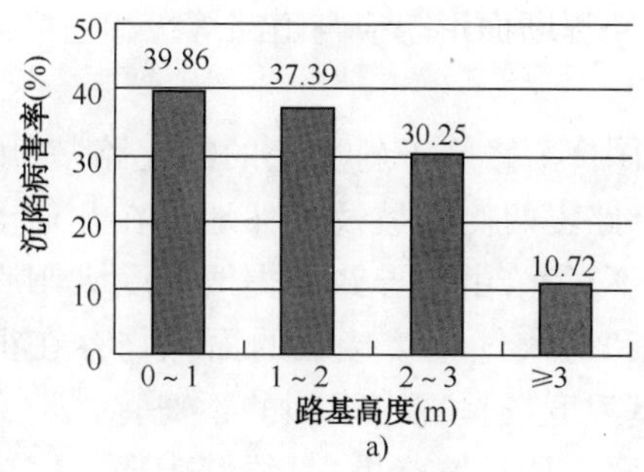

a)

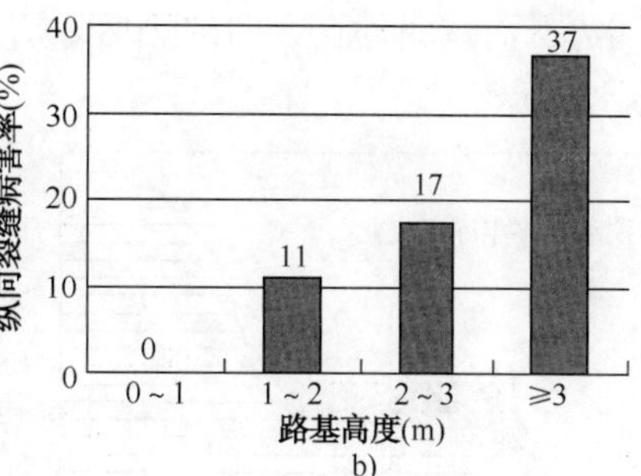

b)

图2-4　路堤典型病害与路堤高度的柱状关系图(陈继,2007年)

坡向对地温的影响(南疆铁路乌斯特车站附近)(周幼吾等,2000年)　　表2-9

孔号	坡向	海拔高度(m)	年平均地温(℃)	多年冻土厚度(m)
D202	阴坡	2987.5	-2.4	100
冻5	西坡	2990.0	-0.2	< 20
冻9	阳坡	2927.0	+2.2	0

热不对称型路基主要有:①线路走向不对称路基(路基横断面几何形状对称)。②路基横断面几何形状不对称(线路走向对称路基)。③线路走向、路基横断面几何形状均不对称的路基。线路走向决定了路基坡面的朝向,向阳坡与背阴坡所受太阳辐射和吸收热量不一致,导致路基两侧边坡不同的热边界条件,引起路基中的温度场横向分布的非对称性。由于冻土的强度、应力、应变等特性与温度有密切的关系,当路基下多年冻土基本上达到最大融化深度时,路基内融化深度表现为阳坡深、阴坡浅。两侧边坡融化深度的不相同,造成人为上限不对称,这是引起路基面纵向裂缝的重要因素之一。

此外,线路走向决定了路基两侧坡面的朝向及临风面。青藏高原海拔高,易受高空气流的影响,地势平坦开阔,建筑物和地面植物稀少,风速较大。风速的大小直接影响到路基边界与大气的对流热交换系数,影响路基边界处的热交换效率与状况,从而影响到路基内部及基低下多年冻土的温度场分布状况。青藏公路、铁路总体呈北北东—南南西走向,高原上常年的冬季西风导致路基西侧边坡在冬季更加容易冷却,温度比东侧边坡低。太阳辐射热是影响多年冻土的主要热源。因为纬度越偏北,日照角度受限,阳坡和阴坡在日照强度和时间上相差越大。阳坡日照时间长,阴坡日照时间短,阴阳坡这种日照时间和强度的差异尤其在冬季显著。当线路走向近南北,两侧坡面受日照、雪盖和风的影响差别小,路基两侧地温比较接近。路线走向是影响多年冻土地区路基温度场的一个重要因素,主要决定了路基的热边界条件。以往在计算路基温度场时常将路基简化为以路基中轴线为对称轴的平面对称问题,这种方法并不能反映真实情况。路基两侧边坡因路线走向不同其日照时长、太阳辐射吸收量、积雪厚度与覆雪时长均有所差异。当路线走向与当地主导风向不一致时,其左右边坡表面的对流换热状况也不相同,这就造成了路基温度场明显的不对称性。严格来说,完全对称的路基温度场是不存在的。

修筑路基时,由于受地形所限及填、挖等人为作用,形成了一定尺寸的几何横断面,从而改变了本身的受热条件,使多年冻土人为上限呈现出不等量、不对称的特征,从而影响了其局部或整体的稳定。路堤断面外形包括路堤顶宽、边坡坡度和有否护道等。路面吸热量一般大于天然地面,所以路堤越宽,对路堤中心下的热增量影响越大。边坡越缓越有利于热增量在水平方向的扩散，从而减弱垂直方向的热增量。当然，路堤断面形态应与道路等级相适应而具有相对固定的比例。

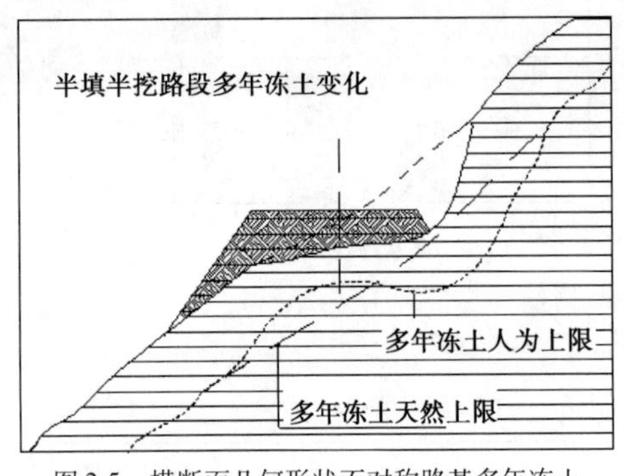

图 2-5　横断面几何形状不对称路基多年冻土上限形状

如图 2-5 修筑于斜坡上的冻土路基，由于地势的限制，路堤两侧边坡及天然地表在几何上表现为强烈的不对称，由此导致路堤两侧受太阳直接辐射的面积和与大气直接接触的面积均存在很大的差异，路基温度场呈现出强烈的不对称性。青藏铁路存在许多这种斜坡路堤，且线路走向大多为北东—南西走向，其路基温度场的不对称状态十分典型。路堤在上坡侧的冻土人为上限埋深小于路面中轴线上的人为上限埋深，而路堤在下坡侧的冻土人为上限埋深大于路面中轴线上的人为上限埋深。融化季节路堤下冻融分界面为一倾斜的滑动面，融化形态持续的时间较长，这很容易引起路堤滑动或突陷。根据过去的研究，在年平均气温低于 -4.5℃ 的冻土区，若忽略气候持续变暖对地表及冻土地温场的影响，则根据计算所得的斜坡路基温度场不对称逐年变化很小。但当气候变暖时这种变化将加大，需要通过增加地基冷储量的方式[如使用遮阳棚、块碎石(护坡)路基或热棒路基等，并调整其结构设计参数]来抵御和防治可能会出现的病害。

线路走向和路基断面形状主要影响冻土路基融化形态的对称性。野外调查显示，具有明显非对称融化形态的路基，发育纵向裂缝的数量较大，阳坡面纵向裂缝数量大于阴坡面及中间路幅带，前者数量大概是后者数量的 3 倍，并且规模也较大。而南北走向路基无明显阴阳坡坡向差异，纵向裂缝数量较少，且在路基的左、中、右分布差异不大。

(六)边坡坡度

边坡坡度直接影响路基的融化深度和融化形态。在同一区域内、相同下垫面条件下，太阳辐射差异主要是由于地形因子中的坡度和坡向的不同引起。表 2-10 给出了 20°N ~ 50°N 南、北坡不同坡度可能年辐射总量(张鲁新等，2011 年)，可看出：在南坡上，可能的太阳直接辐射年总量随纬度的升高而减小，同纬度上可能的太阳直接辐射年总量的最大值所在的坡度随着纬度的升高而增大；在北坡上，对任何纬度和坡度可能的太阳直接辐射年总量都随坡度的增大和纬度的升高而减小。

20°N ~ 50°N 南、北坡不同坡度上可能的太阳直接辐射年总量

(kJ/cm^2)(张鲁新等，2011 年)　　表 2-10

纬度	坡度											
	南坡						北坡					
	5°	10°	20°	30°	40°	50°	5°	10°	20°	30°	40°	50°
20°N	1301.7	1324.6	1339.7	1317.1	1256.5	1159.1	1228.9	1179.2	1055.5	904.6	734.0	566.4
30°N	1288.9	1269.0	1320.9	1333.4	1309.6	1247.3	1124.4	1058.8	910.0	741.5	575.6	434.3
40°N	1123.6	1179.1	1264.5	1313.4	1323.8	1297.1	988.6	914.2	748.6	585.6	446.4	325.6
50°N	990.2	1058.0	1171.7	1252.3	1297.1	1303.7	838.1	755.7	597.3	462.3	345.2	250.0

王可丽等(2004 年)研究了青藏高原安多不同朝向的 15°、30°、45°、60°坡度的坡面温度变化规律,指出:在夏季,由于太阳天顶角很小,阳光直射地面,任意坡向的坡面温度随坡度增大而降低;春秋季,由于太阳高度较低,平面得到的辐射已经变小,偏南方向的 30°坡度的坡面温度最高;冬季,太阳高度最低,偏南方向的坡面由于能获得较多的太阳辐射能,坡面温度比平面高许多,其中 60°的南坡坡面温度最高,可高出 18℃。

若路基两边边坡坡度一样,可推出阴阳坡辐射差的计算式为(丑亚玲等,2008 年):

$$\Delta Q = 2R\coth \cdot \sin\alpha \cdot \cos|(\beta - \eta)| \tag{2-11}$$

式中:α——边坡坡度;

h——太阳高度角;

β——太阳方位角,是太阳光线在水平面上的投影与当地子午线的夹角;

η——线路方位角。

由式(2-11)可以看出,对于同一线路走向,夏季太阳高度角较大,边坡坡度对两坡面的辐射差值影响不是很大;冬季太阳高度角较小,边坡坡度越大阴阳坡的辐射差越大,从而导致路基融化形态的非对称性加强。

(七)工程措施

道路的修建势必会改变原有多年冻土的热稳定性,一方面工程作用扰动了冻土的热稳定性,另一方面采取相应的工程措施减小其对路基热稳定性的影响。采取的措施可分为 3 类:调控辐射类、调控对流类、调控热传导类。调控辐射类主要是通过铺设浅色路面和安置遮阳棚来减少路基本体吸收的太阳辐射,同样通过在路基边坡上采取类似的工程措施可以抑制阴阳坡现象;调控对流类主要是通过采用通风管路堤、块石路堤、抛石(碎石)护坡、热棒等来改善路基边界及路基体内的对流换热状况以保持冻土路基的热稳定性,其中抛石护坡不但对保护冻土有明显的效果,而且对调整路基阴阳坡温度场的不对称分布有良好的作用(通过在阴阳坡布设不同厚度的块石护坡来消除阴阳坡现象);调控热传导类主要是通过铺设保温板、泥炭层来调整路基材料的导热系数以维护路基的热稳定性,比如可以通过在阳坡面上铺设草皮、硅藻土等来降低阳坡一侧温度。

工程措施的采取会强烈影响到路堤温度场,如在青藏铁路清水河热棒试验段,路基暖季所产生的纵向裂缝主要是由于热棒路堤下多年冻土最大融化深度在横断面上呈现一规则的驼峰形状,即路堤两侧坡脚融化深度较大,路肩处融化深度较小,路堤中心处融化深度较大,路堤融化土体在最大融化深度以上的差异沉降,使填土中出现拉应力,从而在路堤表面产生纵向裂缝。

(八)路基变形形态

路基横向上不均匀的变形形态是导致纵向裂缝的直接原因。路基变形形态决定于路基融化盘的形状,反过来路基变形形态影响着路基的融化形态。这里讨论路基的横断面方向,主要考虑受坡向、路基高度的影响(吴紫汪等,1988 年)。路基变形形态主要分为:①锥状(凸)变形,一般路基高度大于临界高度,冻土上限上升,有冻土核存在,锥形通常是向阳坡一侧倾斜,此类一般属稳定路基。②平缓锥倾斜变形,路基高度等于临界高度,其路基中心人为上限基本保持在原天然上限的位置(变形有随时间衰减的趋向),路基阳侧路肩融深大于天然上限,阴侧路肩融深小于天然上限,融化盘与变形形态相似,阳侧大阴侧小,此类一般属较稳定路基。③盘状变形,路基高度低于临界高度,路基下均有低于天然上限的融化盘分布,盘的深度随路基高度降低而增加,路基最大变形出现在路基中心的阳坡一侧,此类属不稳定路基。④盘状倾斜或盘状变形,通常属零填、挖方或超低路堤,路基下的融化盘不论中心或路肩均深于天然上限,属不稳定路基。

(九)路基排水状况

和普通地区一样,如果路基内积水不能及时排出、下渗地基,引起路基土体强度降低,从而导致路基路面纵向裂缝和沉陷病害。在冻土区,由于热融湖塘的水热侵蚀作用造成路基处于其融化盘内,在土层自重下压密下沉,造成路基严重开裂。对封闭的热融湖塘,当冬天湖水结冰达不到湖底时,其下往往存在融区。路侧积水是导致多年冻土退化及浅层土体冻融变化的直接原因。所以,当边沟排水条件较差,冻土路基两侧滞留积水时,就可能导致路基下多年冻土的局部融化,造成局部下沉产生纵向裂缝。

野外调查发现,道路所在地形低洼,路基两侧或单侧积水严重地段是纵向裂缝频发路段。很多大规模的纵向裂缝在路基一侧、甚至两侧均有不同程度的积水,这些积水大多是因为施工时路基填筑过程中直接在路基两侧取土所致,形成人为积水。在青藏公路 K2944 处,路基高度约 2m,纵裂在长约 100m 的范围内分布且都位于路基左侧。同时发现在路基左侧 20m 处有一热融湖塘。

第三章　多年冻土区路基浅层地温

道路走向不同,两边坡接受的太阳辐射量不同,从而导致路基温度场的不对称以及两边坡下冻土融化和季节冻融时间的不一致。多年冻土是地气间热交换的产物,地表与大气之间的热交换、冻土深部的地热流是决定土层一定深度内温度状况的热边界条件。东西走向(或接近东西走向)路基修筑后容易形成两侧明显的太阳辐射差异,形成路基两侧不同的热边界条件,导致阳坡一侧多年冻土人为上限低于阴坡一侧多年冻土人为上限;而冻融状态对地基土的物理力学性质影响巨大,最终造成路基在横向上会产生差异沉降。一般而言,路基阳面的沉降普遍大于阴面的沉降。野外现场观测与调查结果表明,路基纵向裂缝的发育和路基两侧接受的太阳辐射差异密切相关。

第一节　太阳辐射基本原理

太阳辐射是地球上一切存在着的万物之源,是大气热过程和地表热量的主要来源,是影响多年冻土发育及热状况的主要外部因素。地表面辐射——热量平衡的结构对多年冻土的形成和动态变化有着决定性作用。通过太阳辐射和地表能量平衡观测,可比较准确地判定、评价多年冻土的发展趋势。太阳辐射是指太阳向宇宙空间发射的电磁波和粒子流。习惯上,把太阳辐射称为短波辐射,把地球和大气圈的能量辐射称为长波辐射。在气象观测上,太阳辐射是指通常要测量的太阳直接辐射和总辐射。太阳照射到地平面上的辐射由两部分组成——直接辐射和散射辐射。太阳辐射穿过大气层到达地面时,由于大气中空气分子、水蒸气和尘埃等对太阳辐射的吸收、反射和散射,不仅使辐射强度减弱,还会改变辐射的方向和辐射的光谱分布。因此实际到达地面的太阳辐射通常是由直接辐射、散射辐射两部分组成。直接辐射是指直接来自太阳其辐射方向不发生改变的辐射;散射辐射则是被大气反射和散射后方向发生了改变的太阳辐射,由3部分组成:太阳周围的散射(太阳表面周围的天空亮光)、地平圈散射(地平圈周围的天空亮光或暗光)及其他的天空散射辐射。因而到达地面的总辐射由太阳直接辐射、天空散射辐射两项组成,到达地面的太阳辐射各分量之间的关系可表示为:

$$Q = Q_i + Q_s \tag{3-1}$$

式中:Q——总辐射量;

Q_i——太阳直接辐射;

Q_s——天空散射辐射。

其中,Q_i 可用下式表示:

$$Q_i = \int_{t_1}^{t_2} S_0 \cdot P^m \cdot \sin h \cdot \mathrm{d}t \tag{3-2}$$

式中:t_1——太阳日出时刻;

t_2——太阳日落时刻;

P——大气透明系数；

S_0——太阳常数，在不考虑大气影响的条件下，$S_0 = 1353.3\text{W}\cdot\text{m}^{-2}$；

h——太阳高度角；

m——大气光学质量，$m = \csc(h)$。

地面一方面吸收太阳短波辐射获得能量，同时又以长波辐射向大气发射辐射失去能量。大气接受地面长波辐射后，大气中的水汽吸收长波辐射的大部分，并以大气逆辐射的形式射向地面。地面长波辐射与地面吸收的大气逆辐射之差称为地面有效辐射。它反映地面发射辐射能力的大小，表示为：

$$Q_e = E_j - \varepsilon E_d \tag{3-3}$$

式中：Q_e——地面长波有效辐射；

E_j——地面长波辐射；

E_d——大气逆辐射指向地面部分；

ε——地面对大气辐射的吸收率。

任何一个物体都能不断地以辐射方式进行着热量交换。地面和大气与其他物体一样，都在不断地进行着这种热量交换。在某段时间内，物体的辐射收支差值称为辐射差额。当收入大于支出时，辐射差额为正值；反之，为负值；若收支相等，则称为辐射平衡。差额为正时，物体有热量盈余，温度将升高；反之，则温度降低。季节冻土和多年冻土的形成与地表面的辐射——热量变换有关。对于有冰雪存在的寒冷地区，年内辐射——热量平衡方程一般以公式表示为：

$$Q_d = (Q_i + Q_s)(1 - \alpha) - Q_e = LE + P + \Delta W + A \tag{3-4}$$

式中：Q_d——地面辐射差额，即地表净辐射或辐射平衡；

Q_i——太阳直接辐射；

Q_s——太阳散射辐射；

α——地面对总辐射的反射率，$(1-\alpha)$为地面的吸收率；

Q_e——地面的有效长波辐射，也即地面长波辐射和大气逆辐射之差；

LE——蒸发耗热；

P——湍流交换耗热；

ΔW——融雪耗热；

A——通过地面的热流（热通量）。

可见，地表获得的净太阳辐射能量等于到达地表的太阳总辐射（直接辐射和散射辐射之和）与反射辐射和有效长波辐射之差。到达地表的太阳总辐射由直接辐射和散射辐射组成，当地面收入的热量多于支出的热量，则地面温度不断升高；反之，则地温不断下降。一般最高温度出现在从升温转为降温的转折点上，最低温度出现在从降温转为升温的转折点。因此，晴朗无云的天气里，地面温度最高值并不出现在太阳高度角最高的正午，而是约在午后一点钟；最低温度出现稍迟于日出时刻。由于地面热量传输给大气，需要有一定时间，所以气温日变化的最高值、最低值稍滞后于地温日变化的最高最低值，这就是地面辐射差额的日变化情况。地面辐射差额年变化因纬度而异，纬度越低辐射差额正值的月份越多；纬度越高，辐射差额保持正值的月份就越少。

在暖季，有效长波辐射 Q_e 远远小于吸收辐射 $(Q_i + Q_s)(1 - \alpha)$，所以地面获得的净辐射

Q_d 为正值,地面吸热;而在寒季,太阳总辐射减弱,加之雪盖和冻结地表的反射率较大,地表的吸收辐射 $(Q_i + Q_s)(1 - \alpha)$ 小于有效长波辐射 Q_e ,Q_d 为负值,地面放热。暖季的地面辐射盈余 Q_d 主要用于消耗蒸发耗热、湍流交换耗热和融雪耗热;寒季时,地面温度降低到0℃以下,水由液态变为固态,蒸发耗热 LE 和湍流交换耗热 P 之和就接近于0, Q_d 就接近于通过地面与下卧地层的热交换 A ,式(3-4)变为:

$$Q_d = (Q_i + Q_s)(1 - \alpha) - Q_e = A \tag{3-5}$$

由此可见,蒸发耗热 LE 和湍流交换耗热 P 主要影响地面温度0℃以上的地面辐射平衡, A 主要影响地面温度0℃以下的地面辐射平衡。土的冻结就发生在 Q_d 具有稳定负值的时期,因此, Q_d 负值存在时间的长短,对多年冻土的形成具有十分重要的意义。多年冻土的形成与发展主要决定于夏半年地面与下卧地层的换热量 A_s 和冬半年地面与下卧地层的换热量 A_w 的对比关系。当 $A_s = A_w$ 时,多年冻土处于稳定状态;当 $A_s > A_w$ 时,多年冻土年平均温度升高,发生自上而下的退化;当 $A_s < A_w$ 时,多年冻土年平均温度降低,有利于多年冻土发育。

我国太阳辐射年总量,具有东部小、西部大的特点。东北多年冻土区,年总辐射量在4100~5400MJ/m²;西北高山多年冻土区,年总辐射量在5400~5800MJ/m²;青藏高原多年冻土区,由于海拔高、空气稀薄、大气中水汽和气溶胶含量低(因而大气透明度高),大气对太阳辐射的削弱作用较小,加上晴天较多,日照时间较长,太阳年总辐射量在6700~9200MJ/m²,并且年总辐射量具有随海拔高度增加而增加的特点。以那曲为例,该地区夏季大气透明系数比纬度相近的上海、南京和杭州大10%以上,比成都约大25%,比长江中上游的宜昌大8%。该地区的大气透明系数日变化较小,从8:00到16:00,大气透明系数仅变化0.07;再加上纬度较低,使得那曲成为全国总辐射最多的地区,年总辐射量达到7000~9000MJ/m²。又例如,青藏高原多年冻土腹部地区的风火山(海拔4750m),2000年的太阳辐射总量就达到7137.53MJ/m²,是东部同纬度郑州地区的1.5倍。表3-1为30°N~35°N地区2000年1月1日到2000年12月31日间青藏高原与我国东部地区各城市辐射分量(总辐射、反射辐射和净辐射通量)的大小比较。从表中可以看出,那曲的年总辐射量达到8793MJ/m²,而纬度相近的我国东部地区的年辐射总量仅在6000~7000MJ/m²波动。

青藏高原地区与相邻中国东部地区的辐射通量比较(MJ/m²)(陈继等,2006年)　　表3-1

辐射分量	台站名											
	格尔木	那曲	拉萨	玉树	上海	南京	杭州	郑州	合肥	武汉	成都	西安
总辐射	9143	8793	9099	8009	7122	6399	6948	6599	6353	6278	4949	6102
反射辐射	3744	—	3368	—	3283	—	—	2645	—	—	2383	—
净辐射	4725	—	4828	—	—	3959	—	4093	3834	—	3214	3690

注:"—"表示数值空缺;数据来源于中国气象科学数据共享服务网(http://cdc.cma.gov.cn/index.jsp)。

高原的暖季(4~9月),总辐射量一般约在4200MJ/m²。月总辐射量的最大值出现在6月,大、小兴安岭多年冻土区,月总辐射量在540~590MJ/m²;西部高山多年冻土区,月总辐射量在670~690MJ/m²;青藏高原多年冻土区,月总辐射量在800~920MJ/m²。月总辐射量的最小值出现在12月,大、小兴安岭多年冻土区,月总辐射量在125MJ/m²以下;西部高山多年冻土区,月总辐射量在170MJ/m²以下;青藏高原多年冻土区,月总辐射量在500MJ/m²以下。例如,风火山地区2000年12月的月总辐射量为408.35MJ/m²。

同一区域内相同下垫面条件的太阳辐射差异主要是由于地形因子中的坡度和坡向不同引起的。不同坡度接受的太阳辐射的差异直接影响地面热量平衡中地中热流分量的强度，造成相同纬度、相同海拔高程、不同坡度坡向上多年冻土分布迥然不同(程国栋,2003 年)。随着海拔高度的增加,大气中的水汽、气溶胶等含量减少,大气透明系数增大,大气浑浊度系数减少,青藏高原太阳直接辐射呈指数增加;散射辐射随海拔高程的变化比较复杂,在晴空条件下,散射辐射随着海拔高度增加而递减,在有云条件下,散射辐射日总量随着海拔高度的增加而增大,这种情况在夏季特别显著(张鲁新等,2011 年)。

我国太阳辐射平衡(净辐射)年总量,亦具有东部小、西部大的特点。东部大兴安岭多年冻土区,净辐射年总量约在 1600～2000MJ/m^2;西部高山多年冻土区,净辐射年总量约在1700～2500MJ/m^2;青藏高原的太阳辐射在空间分布上自西南向东北减少(曾群柱等,1982 年),表现出随着纬度增大而减小,随着海拔、日照百分率的增大而增大的规律,其中日照对总辐射起着主导作用。青藏高原多年冻土区,净辐射年总量约在 1700～3300MJ/m^2,和总辐射一样为全国最大,且全年均为正值。例如,风火山地区 2001 年净辐射值为 2077.38MJ/m^2,月最大净辐射出现在 7 月,达 370MJ/m^2,月最小净辐射出现在 12 月,仅为 4.0MJ/m^2。暖季的净辐射值占全年净辐射值的 89%。青藏高原的热力作用主要源于强烈的太阳辐射对下垫面的加热,如此之大的太阳辐射总量和多年冻土表面相对较低的地表反射率,使得高原多年冻土的表面在全年绝大部分时间地面净辐射为正值,处于吸热状态,从而对多年冻土的热状况造成重大影响。

第二节　太阳辐射量计算

青藏铁路穿越多年冻土区 550km,路基下伏冻土的温度状况直接决定着铁路能否正常运营及其使用寿命。在多年冻土区修筑道路工程后,由于工程的扰动作用,改变了外界与地表的热交换条件,打破了原有的热平衡状态,发生了地表与外界之间能量的重新响应过程。这一响应的结果,不仅改变了局部多年冻土的自然环境,而且也改变了路面下卧多年冻土的温度状况,使冻土路基温度场变化十分复杂。多年冻土区地表和路基表面温度一直备受国内外学者的关注。朱林楠等(1988 年)根据青藏高原几十年的观测资料和附面层原理得出冻土路基固定边界上的温度可表达为三角函数形式。胡泽勇等(2002 年)根据西藏安多实测资料给出了可反演地表温度的经验公式。王铁行等(2004 年)直接实测出青藏高原一些具体位置的地表温度值。王可丽等(2002 年)建立针对青藏铁路沿线地表、路基表面的普适性热力学数值模式(RSTM),该模式用于高海拔青藏铁路全线的任意坡度和走向的路基表面热状况的定量化研究与应用。李祝龙等(2000 年)根据热学分析,给出了地表及路基表面温度的计算公式。Goering(1996 年)用气温资料及 n 因子法回归出年平均地表温度的函数式。

以上方法从不同角度给出了地表和路基表面温度,相比较而言实测值能很好地反映实际温度,但由于受青藏高原独特的自然地理环境的制约,野外实测地温资料及实测气象数据采集有限,尤其是缺乏长周期的观测数据。另外,实测值缺乏普遍性和预测性。

此外,盛煜等(2005 年)的实测数据结果表明,青藏铁路 DK1139+670(线路走向 NW40°)阴阳坡面下 0.5m 处年平均温差为 3℃以上。214 国道 K369+100(线路走向 WN24°)阴阳坡面下 0.3m 处年平均温差达 4.22℃(丑亚玲等,2009 年)。事实上,任意走向的冻土路基两侧表面温度均存在一定差异，严格意义上的对称路基是不存在的。吴紫汪等（1988 年）根据风火山实测资料指出，即使南北走向的路基东、西坡面之间平均温差达 2.4℃。我国青藏公路、青康公路均近似呈南北走向，但这两条道路在多年冻土区的路基温度场均是不对称的。这种由于路基横向温度场不对称导致的纵向裂缝问题已引起众多科研人员的关注，但目前较多的多年冻土区路基温度场数值计算研究并未考虑路基两边坡表面的温差，而仍以考虑热对称为主，其主要原因是缺乏相关资料。由于路基越高，阴阳坡效应越强烈，因此仍以对称边界条件分析多年冻土融化形态显然是不合理、不安全的。

影响冻土路基温度场的因素（如云、降水、风等）很复杂，而太阳辐射是导致地、气温变化最直接的因子。地球表层 99.8% 的能量来源于太阳，太阳辐射中包含有直射辐射和漫射辐射，在晴天到达地面的太阳辐射中的直射辐射约占 90%，漫射辐射仅占 10%；而在阴天到达地面的太阳辐射可能都是漫射辐射。太阳直接辐射是地面升温的直接热源，也是影响多年冻土及路基稳定性的重要因素。青藏高原海拔高，空气稀薄干洁，太阳辐射通过的大气路程较短，透明系数大，日照时数长，太阳辐射被削弱的少。实测资料和相关研究结果表明，阴阳坡温度差异主要是由于阴阳坡面接受太阳直接辐射差所致。

鉴于以上的分析及野外观测表明青藏高原浅层（0.5m）地温对云、风等随机因素变化的影响已很微弱，其变化主要由太阳辐射决定。因此，在此只考虑太阳辐射，利用青藏铁路路段 DK1139 + 618 ~ DK1139 + 950（所在地理位置：北麓河）处的实测浅层（0.5m）地温数据，建立该地理坐标下路基水平表面浅层地温简单的近似计算关系式及不同道路走向路基两边坡表面浅层地温差的简单计算关系式，以便为高原多年冻土区的道路建设和维护提供可靠的科学依据及保障。为了描述的方便与一致，以下所有左侧表示阳坡一侧，右侧表示阴坡一侧，比如：左坡面表示阳坡面，左路肩表示阳侧路肩。

一、观测场地及观测方法

北麓河地理坐标为：34.85°N、92.94°E，海拔高度为 4637m。试验路段 DK1139 + 618 ~ DK1139 + 950 处孤山山脚的残坡积地带，地表纵向呈拱形，横向呈斜坡，地面高程为 4635 ~ 4639m，路基填土高度为 2.5 ~ 4.5m（中心部位），路基填料为砾碎石土。试验路段地表植被稀疏，覆盖率不足 20%。该路段地表为厚约 1m 的细砂加残坡积砂岩片石，下部至 2.5m 范围以黄棕色粉质黏土为主，多年冻土上限约为 2.5m，上限以下普遍存在 1 ~ 4m 厚的含土冰层，含土冰层呈悬浮状构造。含土冰层以下以全风化棕红色泥岩为主，局部夹有灰色强风化砂岩。岩芯裂隙发育，裂隙中常常被纯冰充填，在局部形成饱冰、富冰冻土。试验段多年冻土年平均地温从路段 DK1139 + 670 的 -0.28℃ 逐渐降低至路段 DK1139 + 940 的 -0.69℃，属于高温极不稳定和高温不稳定多年冻土区。

该试验路段纵向走向（拉萨向）为 SW40°，边坡坡度为 1∶1.5，路基填料为砂砾土，路基修筑后左右边坡形成较为明显的阴阳坡（左侧为阳面，右侧为阴面）。路基完成 0.5 年以后（2002 年 6 月），在路段 DK1139 + 670、DK1139 + 820 和 DK1139 + 940 沿路基周边 0.5m 深度布设了测温探头，测温探头间隔 0.5m。图 3-1 为试验断面探头布设示意图。探头采用中国科学院冻土工程国家重点实验室自制组装的热敏电阻观测，人工观测电阻时采用欧姆分辨率为 0.1 Ω的 FlukeIV 多功能万用表测试，通过实验室标定的参数将电阻值换算为温度，其精确度达 0.02℃。测温孔的布设采用人工观测，观测频率为 1 次/（10d）。截至 2004 年

6 月 29 日的观测资料表明,3 个断面的路基周边温度值及变化过程相差不大。因此,本文以路段DK1139 +670的观测资料为研究对象,寻求边坡浅层地温差与太阳辐射间的关系。分析数据时将坡面下 0.5m 处监测的温度值进行平均,代表路基阴阳坡面上的浅层地温。

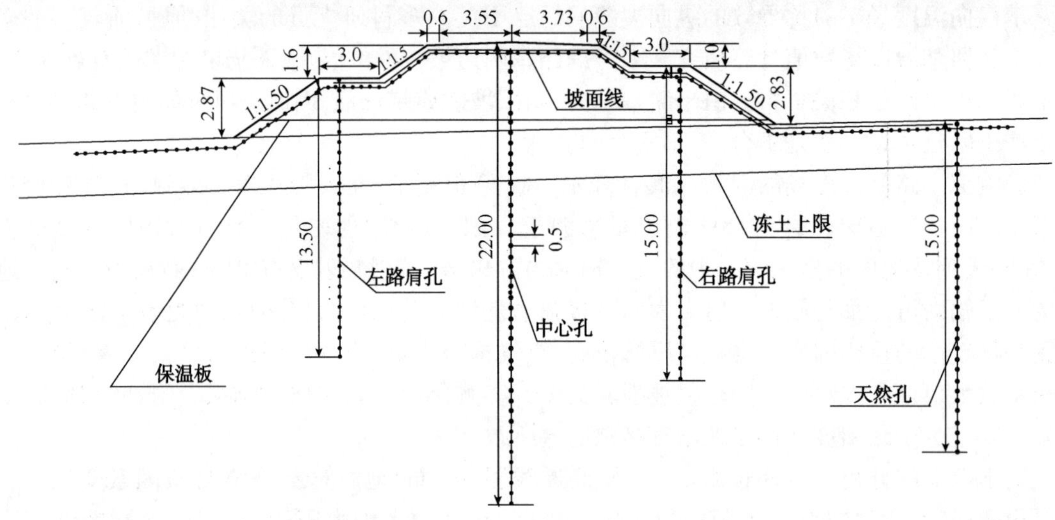

图 3-1　观测断面探头布设示意图(尺寸单位:m)

二、路基表面太阳辐射

影响地表温度的因素主要有:由太阳而来的短波辐射,陆面反射率,陆面及大气长波辐射,空气传导散热,蒸发耗热量等。在这里,我们假设海拔、大气透明度在青藏高原某一区域是不变的,忽略其对太阳辐射的影响,也不考虑气温的影响,从而计算纯理论上(晴天无云无风条件下、不考虑周围地形遮蔽对太阳辐射的影响)太阳直接辐射对路基温度场的影响。

(一)水平地面的直接太阳辐射量

在不考虑大气(包括大气光学质量)影响的情况下,水平地面上吸收的太阳辐射日总量可写为:

$$R = \int_{t_1}^{t_2} S_0 \cdot \sin h \cdot \mathrm{d}t \tag{3-6}$$

式中:t_1 ——日出时刻;

t_2 ——日落时刻;

S_0 ——太阳常数,在不考虑大气影响的条件下,$S_0 = 1353.3\mathrm{W} \cdot \mathrm{m}^{-2}$;

h ——太阳高度角。

(二)斜面上的直接太阳辐射量

倾斜地面上吸收的直接太阳辐射能可以表达为:

$$R_{\mathrm{s|slope}} = R\cos i / \sin h \tag{3-7}$$

式中:$R_{\mathrm{s|slope}}$ ——坡面每 m^2受到的太阳辐射量;

R ——水平地面每 m^2受到的太阳辐射量;

i ——太阳光线在斜面上的入射角,受坡度、坡向、纬度、赤纬和时角的控制;

h ——太阳高度角,是太阳光线与水平面的夹角。

其中

$$\begin{aligned}\cos i &= \cos\alpha\sin h + \sin\alpha\cos h\cos(\beta - \eta)\\ \sin h &= \sin\varphi\sin\delta + \cos\varphi\cos\delta\cos\theta\end{aligned} \tag{3-8}$$

式中：α——边坡坡度；

h——太阳高度角；

β——太阳方位角，是太阳光线在水平面上的投影与当地子午线的夹角；

η——线路方位角；

φ——地理纬度；

δ——太阳赤纬；

θ——时角。

其中

$$\sin\beta = \frac{\cos\delta\sin\theta}{\cos h} \tag{3-9}$$

当 $\sin\beta$ 的计算值大于 1 时，改用下式进行计算：

$$\cos\beta = \frac{\sin h\sin\varphi - \sin\delta}{\cos h\cos\varphi} \tag{3-10}$$

式中各符号的含义与以上几式相同。

（三）赤纬和时角

赤纬（δ）是在赤道坐标系中，从天赤道起沿太阳的赤经圈到太阳的角距离，太阳在天赤道以北为正，以南为负，变化范围为 $-23.45° \sim +23.45°$。计算公式为：

$$\delta = 23.45\sin[360 \times (284 + N)/365] \tag{3-11}$$

式中：N——日序，1 月 1 日为 1，12 月 31 日为 365。

时角描述太阳在 24 小时内的运动情况，以当地真太阳时正午为零度，下午为正，上午为负，每一小时为 15 度。即：

$$\theta = 15 \times (t - 12) \tag{3-12}$$

日出和日落之间的时间间隔为日长，在日出和日落时刻太阳高度角为 0。即：

$$\begin{aligned}\sin h = 0 &= \sin\varphi\sin\delta + \cos\varphi\cos\delta\cos\theta_r\\ \theta_r &= \cos^{-1}(-\tan h\tan\delta)\\ \theta_r &= -\theta_s\end{aligned} \tag{3-13}$$

式中：θ_r、θ_s——分别为日出、日落时刻。

（四）路基阴阳坡上的太阳辐射量

根据以上理论及相关研究结果，路基阴阳坡上接受的太阳辐射量为：

$$\begin{aligned}R_{r|\,slope} &= R\cos i_r/\sin h\\ R_{l|\,slope} &= R\cos i_l/\sin h\end{aligned} \tag{3-14}$$

其中

$$\left.\begin{aligned}\cos i_r &= \cos\alpha_r\sin h + \sin\alpha_r\cos h\cos(\beta - \eta_r)\\ \cos i_l &= \cos\alpha_l\sin h + \sin\alpha_l\cos h\cos(\beta - \eta_l)\end{aligned}\right\}$$

$$\eta_r = \eta_l + \pi \tag{3-15}$$

式中：i_r——太阳光线在阴坡面上的入射角；

α_r ——阴坡面边坡坡度；

i_1 ——太阳光线在阳坡面上的入射角；

α_1 ——阳坡面边坡坡度；

η_1 ——路基纵向与正东方向的夹角，偏北为正，对东西走向路基，取 $\eta_1 = 0°$，对南北走向路基，取 $\eta_1 = 90°$；

$R_{r|slope}$ ——阴坡面获得的太阳辐射；

$R_{1|slope}$ ——阳坡面获得的太阳辐射。

严格而言，以上关于斜坡上太阳辐射的计算公式只适用于坡面太阳直接辐射或小坡度坡面上太阳总辐射的计算。当坡面坡度较大时，边坡太阳辐射修正值写为式(2-7)(胡泽勇，2006 年)。

若路基两边边坡坡度一样，且坡度较小时，由以上公式可推出阴阳坡辐射差的计算式为：

$$\Delta Q = 2R\coth \cdot \sin\alpha \cdot |\cos(\beta - \eta)| \tag{3-16}$$

式中各符号的含义与以上几式相同。

(五)青藏高原北麓河太阳辐射量计算

北麓河的地理坐标：34.85°N，92.94°E，海拔高度为 4637m。应用以上公式计算青藏高原北麓河直接太阳辐射通量，列于表 3-2。同理，应用以上的理论可分别计算出不同路基走向及不同边坡坡度的阴阳坡面的辐射量。

北麓河直接太阳辐射通量($MJ \cdot m^{-2} \cdot d^{-1}$)　　表 3-2

日期(m·d)	1-09	1-19	1-29	2-09	2-19	3-01	3-09	3-19	3-29	4-09	4-19	4-29
辐射量	16.71	17.88	19.40	21.50	23.69	25.99	27.76	29.98	32.39	34.84	36.73	38.36
日期(m·d)	5-09	5-19	5-29	6-09	6-19	6-29	7-09	7-19	7-29	8-09	8-19	8-29
辐射量	39.86	40.81	41.76	42.46	42.71	42.53	42.17	41.45	40.41	39.13	37.67	35.90
日期(m·d)	9-09	9-19	9-29	10-09	10-19	10-29	11-09	11-19	11-29	12-09	12-19	12-29
辐射量	33.69	31.36	29.13	26.87	24.65	22.50	20.29	18.50	17.13	16.35	16.00	16.08

第三节　路基水平表面浅层地温与太阳辐射量的关系

一、关系的建立

太阳直接辐射强度的变化与地表及浅层地温的变化关系十分密切。太阳辐射是导致地气温度变化最直接的因子，因此辐射可以看成是影响浅地层温度的主要原因。于是我们可以把辐射与地温用函数形式表示：

$$T = f(Q) \tag{3-17}$$

式中：T ——浅地层(0.5m)实测温度(℃)；

Q ——根据以上公式理论上计算的日太阳辐射通量($MJ \cdot m^{-2} \cdot d^{-1}$)。

现在我们来寻找上述函数关系式，把 2002 年 6 月 30 日—2004 年 9 月 29 日之间的实测地温与当日太阳直接辐射通量结合起来,分析两者间的关系。图 3-2 给出了断面 DK1139 + 670 不同测温位置浅层地温(0.5m)随时间的变化。图 3-3 给出了路基水平浅层温度和实测净辐射(按照地温波衰减规律消除相位差)之间的关系,可以看出,路基表面浅层地温和消除相位差后的净辐射之间存在较好的线性相关性,相关系数 R^2 为 0.9663,相关性方程为:

$$T = 1.7854Q - 9.4079 \tag{3-18}$$

式中:T——路基表面浅层(0.5m)地温(°C);

Q——消除相位差的净辐射($W \cdot m^{-2}$)。

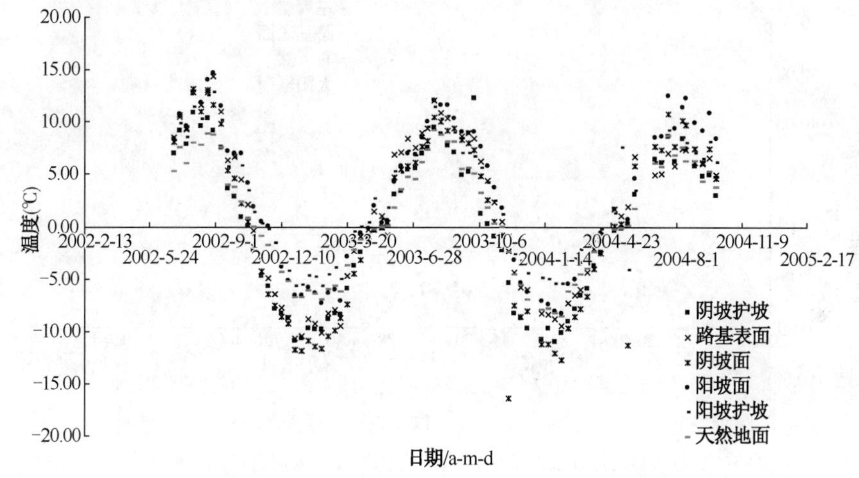

图 3-2　路基周边浅层(0.5m)温度变化过程

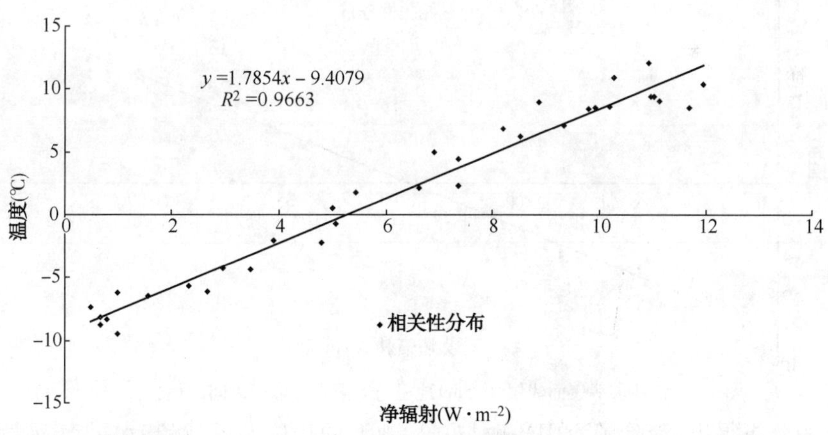

图 3-3　路基水平表面浅层(0.5m)地温与实测净辐射之间的相关性分布

基于实测数据,众多科研人员认为地面净辐射和地面吸收的太阳总辐射能之间存在较好的线性关系(Fleischer,1953 年;Shaw,1956 年;Davies,1967 年;Granger et al,1990 年;Saunders et al,1994 年)。鉴于此,我们可以假设太阳直接辐射和地温之间同样存在线性关系。图 3-4 给出了断面 DK1139 + 670 路面和天然地表浅地层(0.5m)实测温度与太阳直接辐射随时间的变化。从图可看出:温度随时间的变化趋势与太阳辐射随时间的变化趋势基本一致,温度的变化略滞后于太阳辐射的变化。按地温波衰减规律(Kydeliaftref,1992 年),地面温度波向地面下传播过程中,在年周期内地温振幅随深度增加按指数规律衰减,温度波的相位随深度的增加而滞后，其中深度每增加 0.5m，温度波的相位约滞后 5π/36。那么，为了寻求辐射与温度间的关系，我们将辐射推后约 5π/36，也就是在年周期内推后约 26 天，然后做两者间的相关分布图，如图 3-5 所示。可以看出，路基表面浅层地温和消除相位差后的太阳直接辐射之间存在较好的线性相关性，相关系数 R^2 为 0.9321，相关性方程为：

$$T = 0.5552Q - 16.549 \tag{3-19}$$

式中：T——路基表面浅层(0.5m)地温(°C)；

Q——消除相位差的太阳直接辐射($W \cdot m^{-2}$)。

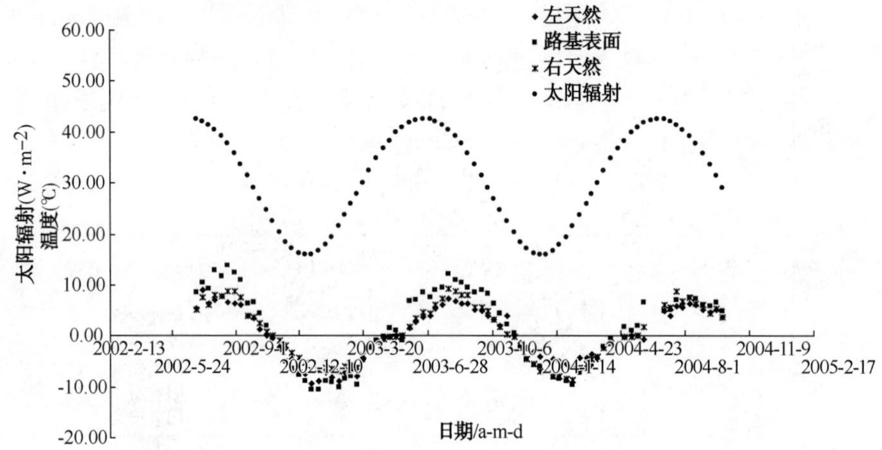

图 3-4　路面和天然地表浅地层(0.5m)实测温度与太阳直接辐射变化过程

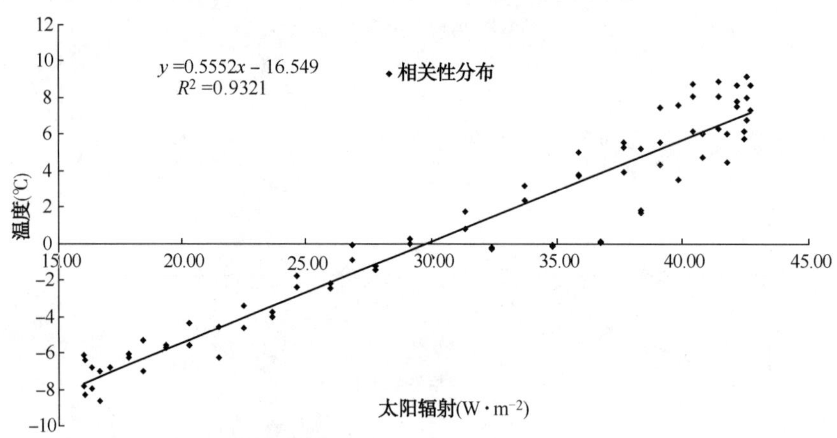

图 3-5　路基水平表面浅层(0.5m)地温与太阳直接辐射之间的相关性分布

由以上的分析得出：消除了太阳辐射与浅层地温的相位差后，路基水平表面浅层地温与太阳直接辐射、净辐射间均呈较好的线性关系。于是，我们将温度可近似表示为：

$$T = f(Q) = aQ - b \tag{3-20}$$

式中：T——浅地层(0.5m)实测温度(℃)；

Q——消除了相位差后的太阳直接辐射或净辐射($MJ \cdot m^{-2} \cdot d^{-1}$)；

a、b——常数，由当地的气候因素和环境因素决定。

二、验证

为了检验上述回归方程的有效性，图 3-6 给出了断面 DK1139 +670 观测值与计算值对比曲线,可看出除了在极端高温和极端低温外两者间可较好地吻合。这点可以从图3-5上给出解释,在进行回归时低温和高温的数据离散性较大。这是因为一般最高温度出现在从升温转为降温的转折点上,最低温度出现在从降温转为升温的转折点,浅层地温的积累或衰退是有个过程的,极端高温和极端低温并未正好分别出现在辐射量最大和最小之时,浅层地温达到最高值前太阳辐射在衰减,浅层地温达到最低值前太阳辐射在增长。浅层地温和太阳辐射之间的相位差导致了极端高温和极端低温前后温度与太阳辐射不一致的变化趋势,因此在极端高温和极端低温处观测值与计算值间有一定出入。

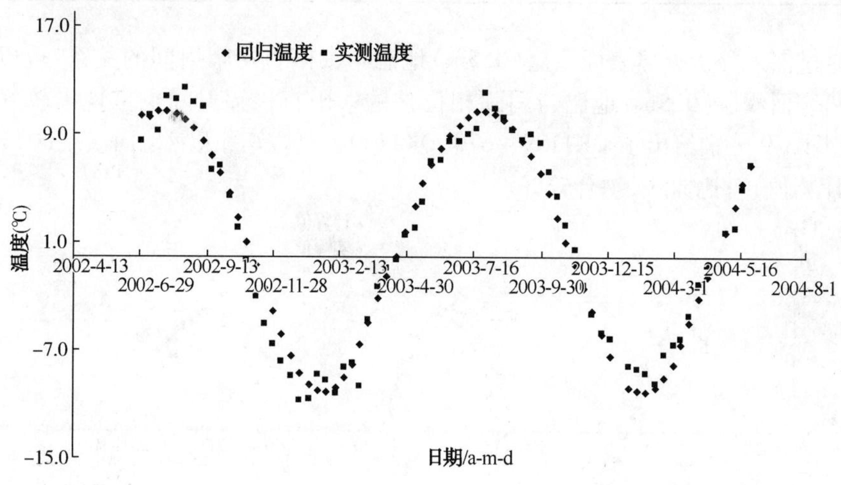

图3-6　DK1139 +670路面实测浅层(0.5m)温度与回归温度对比图

为了检验拟合公式(3-19)计算浅地层温度的合理性,我们采用DK1139 +940段2002年6月30日—2004年6月29日之间的实测地温,对其做了外延检验,检验结果如图3-7所示,可看出计算值能较好地反映实测温度。表3-3给出了回归温度与监测断面DK1139 +670、DK1139 +820及DK1139 +940实测地温值,可看出3个断面在监测期间最高温度、最低温度及年平均温度均能与回归温度吻合较好,从而验证了回归公式的可行性。

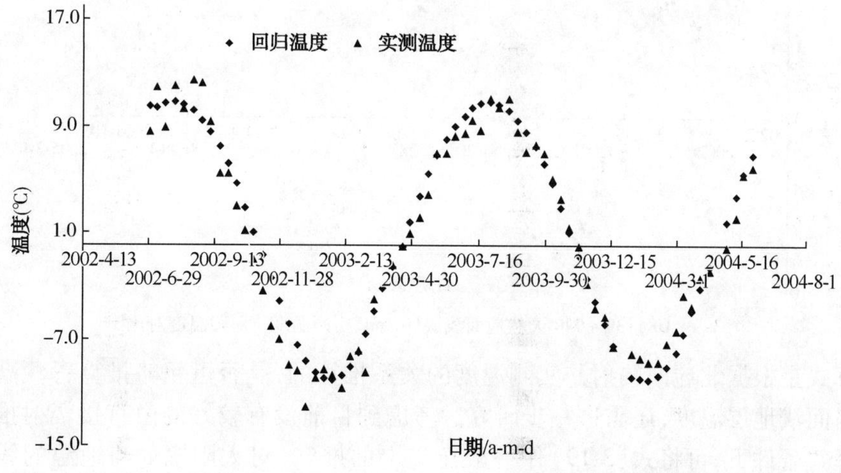

图3-7　DK1139 +940路面实测浅层(0.5m)温度与回归温度对比图

监测断面浅层(0.5m)实测温度与回归温度比较　　表3-3

温度分项	最高温度(℃)	最低温度(℃)	年平均温度(℃)
回归温度	10.75	-10.05	0.87
DK1139 +670	12.06	-10.27	0.74
DK1139 +820	12.29	-9.84	0.92
DK1139 +940	11.84	-12.05	0.53

此外,通过深入分析天然表面浅层(0.5m)地温与太阳直接辐射间的关系,可以得到同样的结论:天然表面浅层(0.5m)地温与消除相位差的太阳直接辐射间也呈现出较好的线性关系。图3-8、图3-9分别给出了DK1139 +670、DK1139 +940实测天然地面浅层(0.5m)地温与回归温度(计算值)对比曲线,吻合较好。

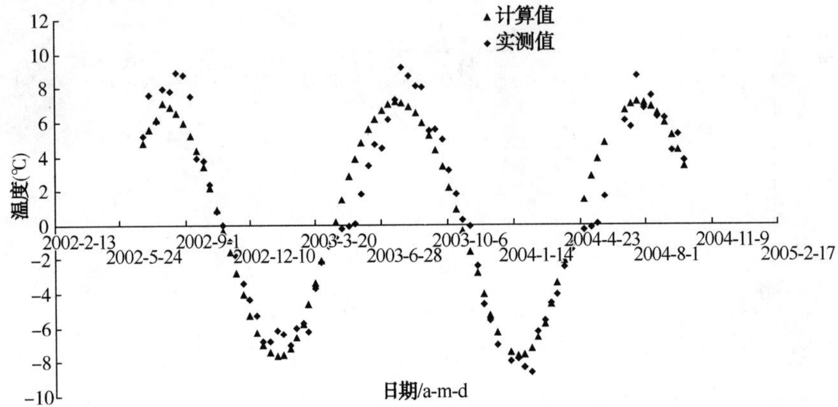

图3-8　DK1139 +670天然地面浅层(0.5m)实测温度与回归温度对比图

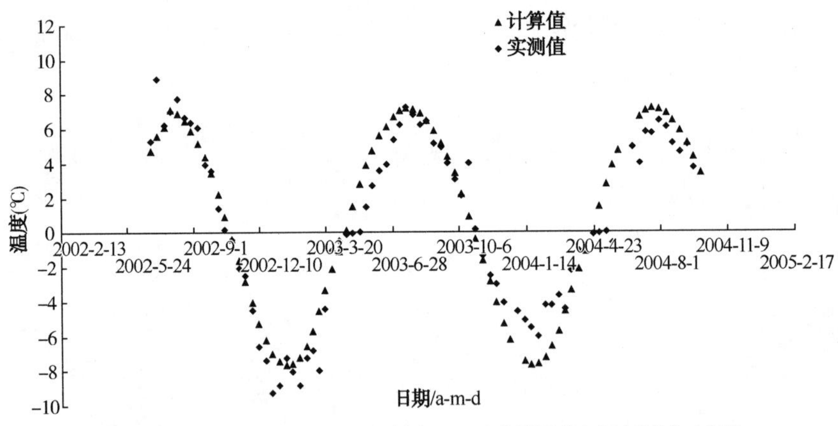

图3-9　DK1139 +940天然地面浅层(0.5m)实测温度与回归温度对比图

以上算式是根据北麓河辐射与实测温度的关系推算的,是否可粗略推算青藏高原不同地理位置的路面浅地层温度,还需进一步研究。考虑到目前没有较好的由直接辐射推算浅地层温度的计算式条件下,可将式(3-19)作一般意义上的推广(对太阳辐射与地温的线性关系进行推广)或假设 $T = f(Q) = aQ - b$ 简单易行,忽略一些次要因素对浅地层温度的影响,计算时减少了不必要的误差。可以通过某一地理位置实测地温来标定不同条件下(考虑植被覆盖、雪盖、风的作用等)a、b的值。所以简单地来讲,应该适合不同的地区。但影响地温的因素很复杂,仅靠这样一个公式是远远不够的,为方便只能做简单的粗略的推算。

第四节　阴阳坡浅层地温与太阳辐射的关系

一、坡面浅层温度与太阳辐射的关系

以上的分析指出了平面上浅层地温与太阳辐射存在较好的线性关系,以下来探讨路基边坡浅层地温与辐射的关系。图3-10和图3-11分别给出断面DK1139+670左(阳坡)、右(阴坡)坡面实测浅层(0.5m)地温与太阳直接辐射随时间的变化,可看出温度的变化趋势与辐射的变化趋势基本一致,在时间上滞后于辐射的变化。但消除温度与辐射的相位差后发现两者间线性关系较差(图3-12),以下的分析可大致解释这一现象。

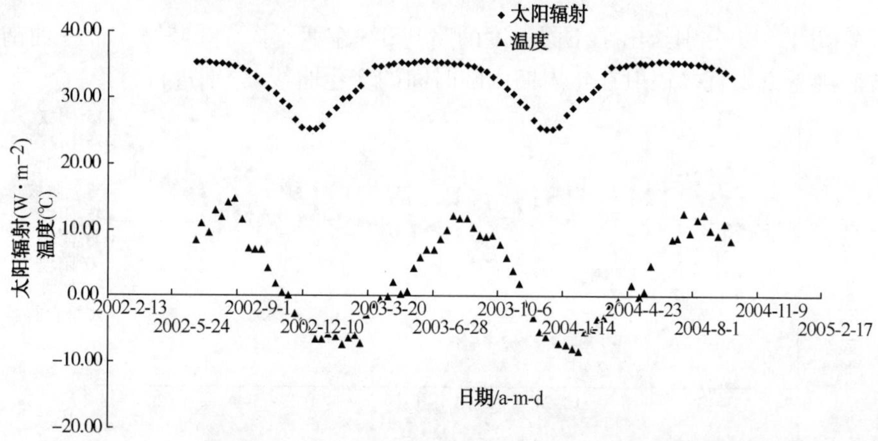

图3-10　阳坡坡面浅地层(0.5m)实测温度与太阳直接辐射变化过程

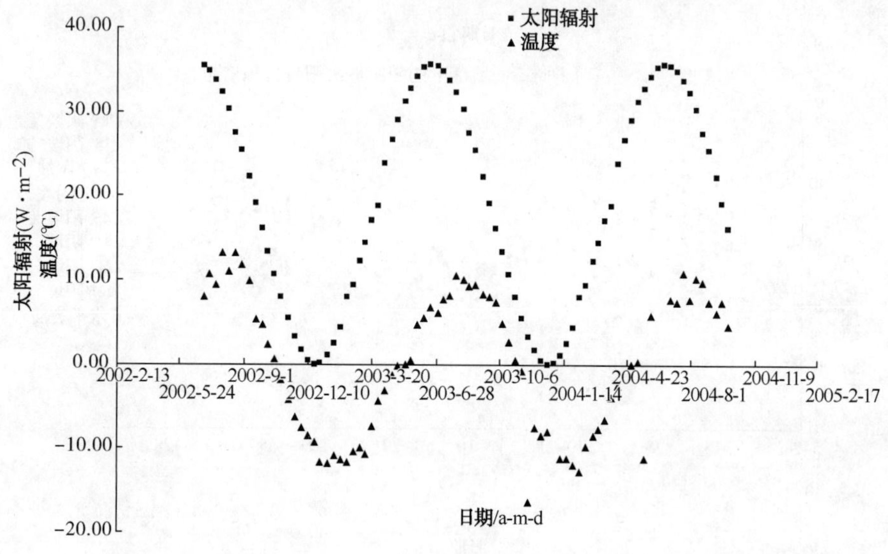

图3-11　阴坡坡面浅地层(0.5m)实测温度与太阳直接辐射变化过程

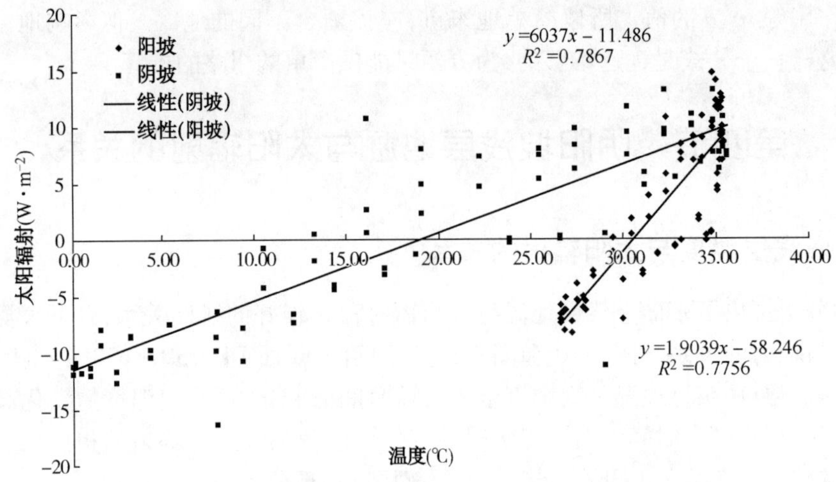

图 3-12　阴、阳坡坡面浅层(0.5m)地温与太阳直接辐射之间的相关性分布

图 3-13 和图 3-14 分别给出了不同坡度的路基 0°(东西走向)和 45°(东北—西南)走向的阴、阳坡坡面接受太阳直接辐射在年周期内随时间的变化曲线,分别进行讨论。

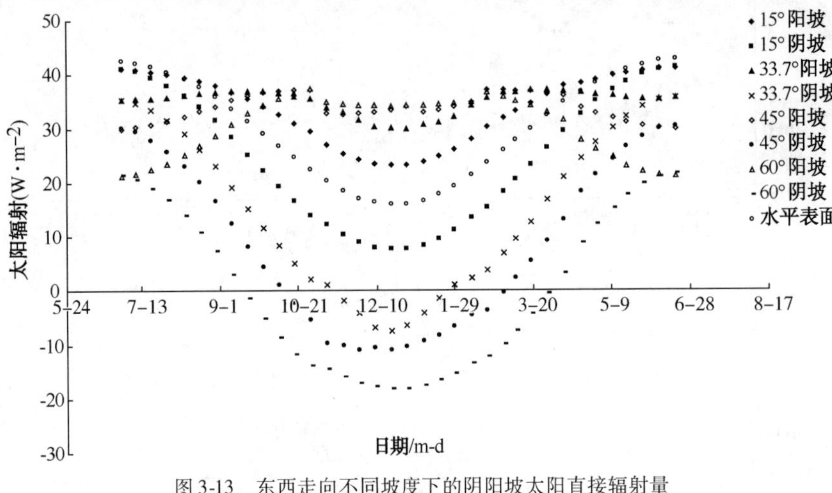

图 3-13　东西走向不同坡度下的阴阳坡太阳直接辐射量

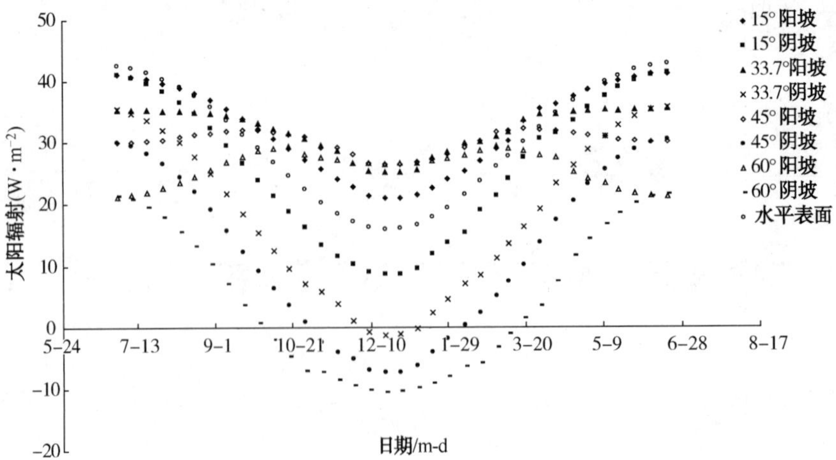

图 3-14　东北—西南走向不同坡度下的阴阳坡太阳直接辐射量

东西走向时：

(1)在阴坡上，无论什么季节，随着坡度的增大，太阳直接辐射减小。随着冷季的到来，辐射越来越小；12 月除 15°的阴坡外，其他坡度阴坡面接受的太阳辐射均为负值，说明此时阴坡整天不会受到太阳直接辐射。

(2)在阳坡上：

①夏季，随着坡度的减小坡面上的太阳辐射增强。

②春秋季，各坡度的辐射出现交叉。4、9 月初，33.7°坡面接受太阳直接辐射最高，15°、45°、60°接受太阳直接辐射依次降低；10 月，45°阳坡接受太阳辐射最强，33.7°次之，15°、60°最小；11 月初，45°、60°、33.7°、15°阳坡接受太阳辐射依次减小。

③冬季，11 月底到 12 月初，60°、45°、33.7°、15°阳坡接受太阳辐射依次减小；在阳坡面上 12 月 60°坡面得到的辐射最大，45°、33.7°坡面得到的辐射次之，15°坡面得到的辐射最小。

④从秋季开始，各坡度阳坡坡面接受的太阳直接辐射均比路面接受的太阳直接辐射高。

(3)15°坡坡面(无论是阴坡还是阳坡)随着季节的周期变化，从夏季到冬季接受的太阳直接辐射逐渐减小。也就是说，边坡越平缓，阴阳坡效应越不明显。

45°走向时：

(1)在阴坡上，无论什么季节，随着坡度的增大，太阳直接辐射减小。随着冷季的到来，辐射越来越小；12 月除 15°的阴坡外，其他坡度阴坡面接受的太阳辐射均为负值，说明此时阴坡整天不会受到太阳直接辐射。

(2)在阳坡上：

①夏季，随着坡度的减小坡面上的太阳辐射增强。

②春秋季，各坡度的辐射出现交叉。4、9 月初，随着坡度的减小坡面上接受的太阳直接辐射增强；10 月上旬，33.7°阳坡坡面接受的太阳直接辐射最强，45°次之，15°、60°最小。

③冬季，11 月，45°、33.7°、60°、15°坡面上接受的太阳直接辐射依次减小；在阳坡面上 12 月 60°坡面得到的辐射略微比 45°的大，33.7°的次之，15°的最小。

④从秋季开始，各坡度阳坡坡面接受的太阳直接辐射均比路面接受的太阳直接辐射高。

(3)15°、33.7°坡坡面(无论是阴坡还是阳坡)随着季节的周期变化，从夏季到冬季接受的太阳直接辐射逐渐减小。也就是说，边坡越平缓，阴阳坡效应越不明显。

以上关于两种走向各季节坡面辐射随坡度和坡向的变化讨论结果与王可丽等(2004 年)的各季节坡面温度随坡度和坡向的变化趋势一致，但阳坡的辐射年变化趋势有所不同：①东西走向时，随着季节经历夏—秋—冬变化，33.7°、45°、60°坡度阳坡接受的太阳直接辐射首先逐渐增强然后慢慢降低，尤其 60°阳坡在秋季接受的太阳辐射达到最大，且 45°、60°阳坡获取的直接辐射在冬季均大于夏季。②45°走向时，随着季节经历夏—秋—冬变化，45°、60°坡度阳坡接受的太阳直接辐射首先逐渐增强然后慢慢降低，60°阳坡也在秋季接受的太阳辐射达到最大，且 60°阳坡在冬季获取的直接辐射大于夏季。王可丽等(2004 年)在大气无云条件下，将安多站的实测资料输入 RSTM，针对梯形路基下不同坡度和坡向的两侧边坡温度及温差变化进行了模拟分析。其研究结果表明：仅仅在东西走向时 60°阳坡温度在秋季达到年季最大，其他坡度坡向阳坡温度均随着季节的变冷而温度降低。本研究结果与 RSTM 模拟结果有所出入的原因主要有：①本研究未单独考虑气温、风速、气压等各因素对地温的定量影响，而是把影响浅层地温的所有因素进行了综合考虑。②北麓河地理坐标为:34.85°N,92.94°E,海拔高度为4637m。安多站地理坐标为:32.66°N,91.01°E,海拔高度为4801m。地理位置的不同是另外一个原因,尤其是纬度的不同对阴阳坡温度影响较大。

从两图(图3-13及图3-14)可以分析出:

(1)在暖季由于太阳直射,所以路面辐射最强,阴坡阳坡均随着坡度的增加接受太阳直接辐射减小。

(2)同一坡度随着季节变冷,阴阳坡辐射差增大,到冬至前后达到最大。

(3)在夏至前后,不同坡度基本不存在阴阳坡辐射差。其他季节,随着坡度的增大阴阳坡的辐射差增大,冬至前后辐射差值达到最大。

(4)大坡度的坡面尽管夏季接受太阳直接辐射可能小于冬季,但由于散射辐射、夏季周围气温及路面温度高,所以坡面实际温度还是比冬季高。

(5)以上的太阳直接辐射量仅仅是单位面积上的数值,那么在冻土路基工程中,高路基其阴阳坡效应会更加显著。

(6)边坡坡度和路基走向交错影响着阴阳坡效应。即使东北—西南走向的路基,边坡坡度较高时,在冬季阳坡坡面单位面积上获取的太阳直接辐射远远大于阴坡坡面接受的太阳直接辐射。

由以上的分析可得出结论:

(1)坡面上直接太阳辐射与浅层地温之间线性关系较差的原因:斜坡上太阳辐射的计算公式只适用于坡面太阳直接辐射或小坡度坡面上太阳辐射的计算。而铁路路基的边坡坡度较大,所以引起的误差较大。例如:对东西走向45°、60°的阳坡而言,用上述公式计算的冬季辐射值均大于夏季,而实际情况是边坡的夏季温度总是高于冬季。另外,由于天空散射辐射的存在,当计算值为零时,边坡的实际辐射并不为零。

(2)阴阳坡辐射差值随季节的变化趋势与阴阳坡实测温差随季节的变化趋势大体一致,可以设想阴阳坡面的辐射差消除了非直接辐射对坡面上浅层地温差的影响(这一解释需进一步研究),从而我们下一步的工作:尝试寻求阴阳坡实测温差与阴阳坡辐射差值之间的简单函数关系。

二、阴阳坡温差与太阳辐射差的关系

依据上面的分析可知,坡面上太阳直接辐射和温度的线性拟合关系相关性系数较小,在此寻求阴阳坡实测温差与阴阳坡辐射差值之间的简单函数关系。

图3-15给出了2002年6月30日—2004年6月29日路基实测阴、阳坡面温差与太阳辐射差随时间变化关系。可以看出,温度差的变化趋势与辐射差的变化趋势基本一致,温差大的季节阴阳坡面辐射差也大,而且温差与太阳辐射差大的季节均在冬季。这一点与实测结果是一致的,更进一步说明了太阳辐射差异是导致两边坡温度差异的主要原因。因此,可以把阴阳坡温差与太阳辐射差用函数形式表示为:

$$\Delta T = f(\Delta Q) \tag{3-21}$$

式中:ΔT——阴阳坡浅地层实测温差(℃);

ΔQ——阴阳坡太阳辐射差($\mathrm{MJ \cdot m^{-2} \cdot d^{-1}}$)。

图3-16给出了青藏铁路路段DK1139+670实测阴阳坡温差与太阳辐射差相关性分布图。

从图中数据的分布可以看出,阴阳坡温差与太阳辐射差之间呈较好的线性关系 $R^2=0.79377$,拟合的回归方程为:

$$\Delta T = 0.01428\Delta Q + 0.34756 \tag{3-22}$$

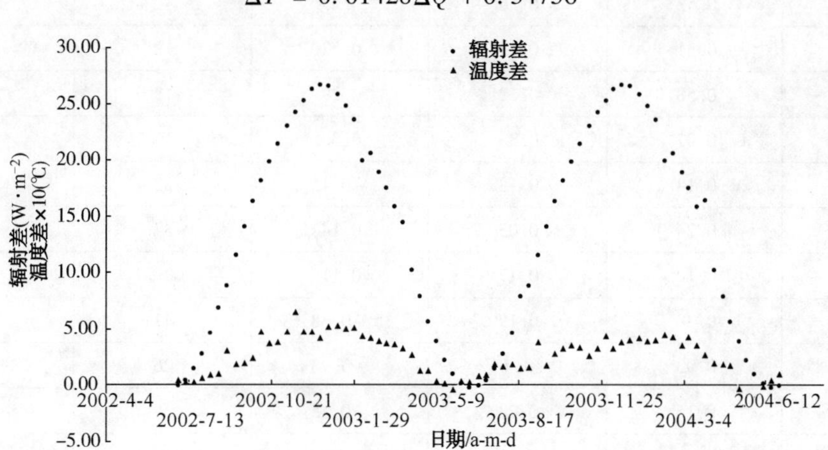

图 3-15　阴阳坡面实测温差与太阳辐射差随时间的变化

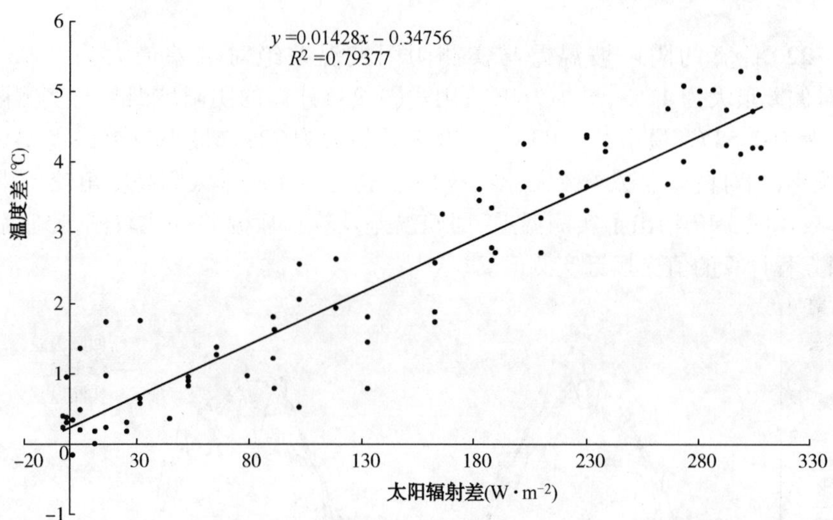

图 3-16　阴阳坡面实测温差与太阳辐射差相关性分布

式(3-22)能否较好地反映阴阳坡温差与太阳辐射差之间的关系,还需用实际观测数据来验证。考虑到计算值与实测值间有一定偏差,故对式(3-22)加一修正项,于是阴阳坡温差可表示为:

$$\Delta T = 0.01428\Delta Q + 0.34756 + \Delta E \tag{3-23}$$

式中:ΔE——修正项,该项为由式(3-22)的计算值与实测值的偏差按相同月份求的平均值。

表 3-4 给出了阴阳坡温差计算值的月平均偏差。其中,E_{rr1} 为用回归方程式(3-22)求出的阴阳坡温差对实测值的绝对偏差;E_{rr2} 为用修正过的回归方程式(3-23)求出的阴阳坡温差对实测值的绝对偏差;P_{er1} 为回归方程式(3-22)计算结果的相对偏差,P_{er2} 为回归方程式(3-23)计算结果的相对偏差。

阴阳坡温差计算值的月平均偏差　　表 3-4

月份	E_{rr1}(℃)	E_{rr2}(℃)	ΔE	P_{er1}(%)	P_{er2}(%)
1	0.52	0.56	0.23	12	10
2	0.51	0.18	0.52	12	4
3	0.58	0.32	0.29	12	9
4	0.27	0.33	0.38	19	22
5	0.14	0.18	-0.15	33	18
6	0.24	0.03	0.14	37	11
7	0.10	0.17	0.11	37	16
8	0.38	0.19	-0.38	41	21
9	0.93	0.4	-0.93	26	20
10	0.15	0.28	-0.15	9	8
11	0.44	0.38	0.39	9	8
12	0.61	0.58	-0.61	16	15

用式(3-22)计算的阴阳坡温差与实测阴阳坡温差绝对偏差最大为0.93℃,最小为0.10℃,相对偏差最大为41%,最小为9%;用式(3-23)计算的阴阳坡温差与实测阴阳坡温差绝对偏差最大为0.58℃,最小为0.03℃,相对偏差最大为22%,最小为4%;绝对偏差在冷季较大,暖季较小;相对偏差在暖季较大,冷季较小。这是由于暖季太阳高度角较高,阴阳坡实际温差小的缘故。图3-17给出了实测温差、回归温差及修正后温差的比较图,修正后的拟合式相对比回归方程计算的值更接近实测值。

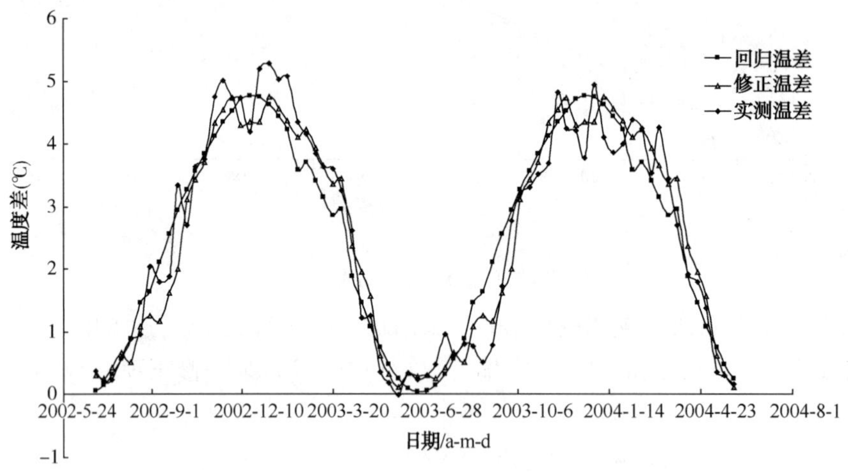

图3-17　计算值与实测值的比较

当计算年平均温差时,ΔE 所起作用相对微弱可以忽略不计。所以,当阴阳坡坡度相等时,可以将式(3-22)进行推广用来计算阴阳坡年平均温差,得出不同走向路基阴阳坡表面浅层地温差与太阳辐射差的关系为:

$$\Delta T = f(\Delta Q) = 2aR \cdot \coth \cdot \sin\alpha_r \left|\cos(\beta - \eta_r)\right| + b \tag{3-24}$$

式中：ΔT——路堤两边坡表面的浅层温差（℃）；

ΔQ——路堤两边坡接受的太阳辐射差（$MJ \cdot m^{-2} \cdot d^{-1}$）；

R——水平地面每平方米接受到的太阳辐射量；

h——太阳高度角；

α_r——边坡坡度；

η_r——线路方位角；

β——太阳方位角；

a、b——常数，分别取为0.01428和0.34756。

结合以上讨论及地表太阳辐射的变化规律，并考虑到计算值与实测值间有一定偏差，故对式(3-24)加一修正项 ΔE，推广建立不同走向、不同坡度的路堤两侧边坡表面浅层温差与太阳高度角和太阳方位角之间的普遍关系。

阴阳坡温差可表示为：

$$\Delta T = 2aR \cdot \coth \cdot \sin\alpha_r \left| \cos(\beta - \eta_r) \right| + b + \Delta E \tag{3-25}$$

式中各符号与上面所述相同。

三、验证

根据式(3-24)计算出不同路基走向两边坡表面的年平均温差，然后通过程国栋等(2003年)根据王可丽等(2004年)建立的数值模式(RSTM)计算结果来验证。表3-5给出了用式(3-24)计算的北麓河不同路基走向阴阳坡面0.5m深度处的年平均温差(0°指EW走向，90°指SN走向)。利用傅立叶第一定律计算出不同路基走向的阴阳坡面年平均温差见表3-6，式(3-24)计算温差与数值模式计算温差对比情况如图3-18所示。由图可知，两者吻合较好。

不同走向路基的阴阳坡面0.5m深度处年平均温差 表3-5

路基走向(°)	温差(℃)	路基走向(°)	温差(℃)
0	3.70	60	1.95
15	3.47	75	1.16
30	3.14	90	0.36
45	2.61		

不同走向路基阴阳坡坡面年平均温差 表3-6

路基走向(°)	温差(℃)	路基走向(°)	温差(℃)
0	4.09	60	2.15
15	3.83	75	1.28
30	3.47	90	0.40
45	2.88		

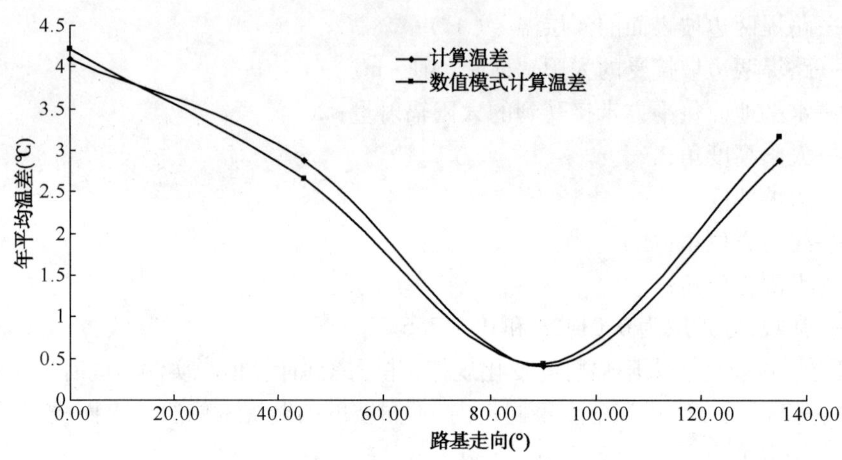

图 3-18 计算温差与数值模式(RSTM)计算温差对比

第五节 阴阳坡问题的辐射机制探讨

在融区和季节冻土区,在近乎南北走向道路上出现的阴阳坡现象并不会给路基的稳定性带来明显危害。但是,在多年冻土区,尤其是高含冰率冻土区,阴阳坡问题将给路基的稳定性带来巨大隐患。所以,阴阳坡现象及其带来的路基病害,是多年冻土区道路工程所特有的,需要作为专门的课题进行研究。多年冻土的形成、发展和存在状态与地表能量平衡中各要素的变化特征密切相关,青藏高原地表辐射—热量平衡方程中各要素的变化具有如下特点:①年总净辐射和年总辐射量均比较高。②地表反照率一般较低,绝大多数下垫面类型的反照率在0.4以下。③大部分地区地表的地气热交换总量中,蒸发耗热较小,感热交换量远大于蒸发耗热量,约占辐射平衡总量的70%。④目前大部分多年冻土地区的土壤热通量为正值,导致多年冻土处于退化过程中。因此,充分了解该地区辐射—热量平衡的特点,将有助于在高山多年冻土地区更好地采取有利于保护环境,有利于保护冻土工程稳定性的措施。尤其是对"阴阳坡"问题的辐射机制进行探讨,一方面可以丰富青藏线纵向裂缝等病害机理的研究内容,更为重要的是可以针对辐射机制,为多年冻土区道路建设服务,寻求更加有效的维护热不对称冻土路基稳定性的防治措施。

对于东西走向的路基而言,可以很容易从太阳辐射的机制解释两侧边坡的热状况差异。但是,对近于南北走向的路基而言,是否也可以从太阳辐射的角度去研究这个问题,需要深入探讨。

首先,高原上的太阳辐射很强。由于高原上大气中影响太阳短波辐射吸收的因素都比中国东部甚至西部沙漠地区小很多,而且大气透明度又比黑河沙漠区大,这就使得高原上的太阳辐射非常高,而且还经常出现总辐射量大于太阳常数的现象。以 GAME/TIBET1998 年安多站在整个加强期(IOP)的总辐射资料为例,安多站总辐射 10min 平均值最大可达 1440.62 $W \cdot m^{-2}$,在 IOP 期间共有 3 次辐射超过太阳常数(1376$W \cdot m^{-2}$)的记录。强烈的太阳辐射必然会引起地面温度的升高,结果给其下伏多年冻土带来更大的升温(图 3-19、图 3-20)。因此,对于走向稍微偏离南北方向的路基而言,其两侧边坡也会由于高原上异常高的总辐射产生阴阳坡现象。

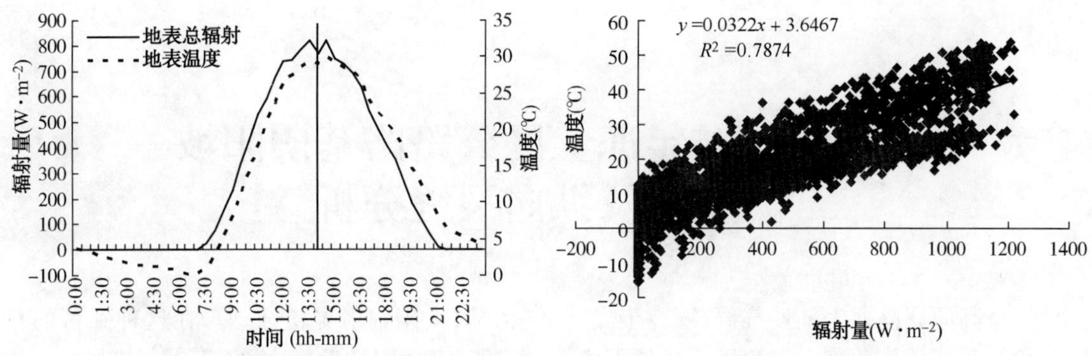

图 3-19　地表总辐射、地表温度的日变化曲线

图 3-20　太阳辐射与地表温度的散点分布图及其线性拟合曲线

其次，高原上地表总辐射具有明显的日变化特点。在青藏高原地区，日出后由于地面迅速增温，约 10:00 对流云开始发展。一天中，对流云出现最多的时间主要集中在 14:00 ~ 20:00（北京时间，相当于当地时间 12:00 ~ 18:00）。因此，高原上云量总的变化规律是上午云量少而稳定，午后急剧增加。一定厚度的云可以阻挡到达地面的太阳直接辐射，导致到达地面的总辐射量减小。与高原上云量的日变化相对应，地表总辐射的日变化也呈现出上午大、下午小的不对称性。安多地区 IOP 期间的辐射观测资料印证了青藏高原太阳总辐射的这一日变化特点（图 3-19）。可以看出，由于对流云的影响，太阳总辐射峰值出现在当地时间正午 12:00（横坐标为北京时间，当地时间之后 1h52min）以前；另外，地面接收太阳辐射的时间在上午和下午基本相同。太阳在上下午的累积日照量可以用辐射强度曲线与时间轴所围成的图形的面积代替。由于辐射峰值出现在上午，显然左半侧图形的面积要大于右半侧，也就是说上午的累积日照量比下午大。实际计算表明，上午的平均累积日照量为 11240kJ · m^{-2}，下午的平均累积日照量为 10532kJ · m^{-2}，上午比下午的日照量多 16.2%。根据青藏公路 D66 道班、沱沱河站、D110 道班、安多气象站和青藏公路 3608km 处的辐射资料，各站上午的总辐射比下午的总辐射分别达 16.2%、22.1%、51.2%、40.4% 和 40.2%。

对于南北走向的青藏线而言，上午太阳辐射主要影响东坡（受到太阳直接照射，入射角较大），而下午太阳辐射主要影响西坡。因此，东坡接受的太阳辐射总量必然大于西坡接受的太阳辐射总量。依据前面对太阳辐射的地表温度之间的关系分析，在青藏公路风火山段（走向为正南正北）出现的路基两侧阴阳坡现象可以用上述的辐射机制来解释。

另外，青藏公路、铁路总体呈北北东—南南西走向，高空受西风带的控制，西风为本区的主导风向。西风导致路基西侧边坡在冬季更加容易冷却，温度比东侧边坡低。由此看来，太阳辐射坡向差异和风向坡向差异的叠加导致青藏公路、铁路路基阴阳坡热差异在冬季十分明显，路基的不均匀变形及路基纵向裂缝等病害也多在冬季发育。

第四章　多年冻土区公路路基阴阳坡现象及纵向裂缝分析

青藏高原属高寒大陆性气候，寒冷干燥，空气稀薄，太阳辐射异常强烈。在这种独特的自然环境及复杂的多年冻土工程地质条件下修筑的道路，其病害的发生、发展及分布与其形成的背景有着密不可分的联系。在多年冻土区修筑道路工程后，由于气候变化和工程作用的热扰动作用，改变了大气与地表的热交换条件，打破了原有的热平衡状态，发生了地—气系统间能量的重新响应过程（马巍等，2005 年；孙增奎等，2004 年；刘永智等，2000 年）。这一响应的结果，不仅改变了局部多年冻土的自然环境，而且也改变了路面下卧多年冻土的温度状况，使路基下冻土吸热而导致其温度升高（章金钊等，2002 年）。温度升高的直接结果可能使冻土中的冰转变为水，路基发生融化下沉，简称融沉。低路基时，吸热面以路面为主，边坡对冻土路基的影响不甚明显，产生的冻土路基下融沉最大深度大多处于路基中心，融化盘的横向形态基本对称于路基中心。而加高路基后，由于边坡两侧的太阳辐射、地表湍流等地表与大气之间热交换条件不同，边坡热交换条件不同引起的路基横向热差异不容忽视。当修筑的路基具有阴阳坡时，坡向受热的差异必然产生，使路基当中的地温分布状态在阴阳坡两侧表现出较大的差异，这一现象无论在高温区还是低温区都同样存在（刘永智等，2000 年）。这种阴阳坡的热差异将会带来路基两侧不平衡的冻融状态，导致纵向裂缝、不均匀沉降等道路病害。在青藏高原海拔高、日照长、太阳辐射强烈、大气透明度高的自然环境下，不同坡向导致路基两侧坡面吸热不对称性十分明显，造成路基两侧基底下冻土上限变化的显著差异，严重影响路基的稳定性（孙永福，2005 年）。

为了研究多年冻土地区，道路工程中的诸多病害问题，在青康公路和青藏公路沿线布设了多个温度场和变形场监测断面，对典型地段冻土路基温度场和变形场进行了现场长期观测试验研究。在多年冻土地区路基病害调查过程中发现青康公路 K369 段发育着严重的路基纵向裂缝，路基路面破坏形式比较典型。后续的地质雷达勘探表明，此段为厚层地下冰多年冻土段，属高温多年冻土，并且路基存在阴阳差异。课题组将此段作为多年冻土地区病害机理的重点剖析点之一，布设了详细的地温、变形监测断面，并对获得的地温、变形监测资料进行了分析。

第一节　试验场地的自然地理环境

青康公路（214 国道）是由青海进入西藏的第二条运输干线。1953 年开始修建，1954 年通车。建设初期基本上是填平原地面，路堤高度一般为 10 ~ 30cm，之后结合治理热融、翻浆而逐年加高。到 20 世纪 80 年代初期，多数路段提高为 20 ~ 70cm，在一些历年发生严重热融、翻浆的富冰区段，路堤被抬高在 80cm 以上，局部地段高于 150cm，基本保证了道路长年畅通，但是热融、翻浆等病害仍然没有得到根治。

214 国道(青康公路)姜路岭至清水河段属寒温带大陆性气候,全年无夏,终年寒冷漫长,昼夜温差大,约达 30℃。根据花石峡野外观测站所设的气象站气象资料(花石峡位于 214 国道 K416 + 300 处)可知:年平均气温 -3.2℃,年极端最高气温达 18.5℃,年极端最低气温达 -32.5℃。此段降水充沛,年降水量达 500 ~ 600mm,全年降水期集中于 7—8 月,终年飘雪,固体降水量占降水量的比重较大,约达 70%。姜路岭至清水河段处于北纬 33.5° ~ 36.0°,东经96.0° ~ 99.0°,公路自然区划为河源山原草甸润湿区,海拔均在 4000m 以上,由于受高海拔和年平均气温低的影响,存在着较大面积的多年冻土。公路穿过多年冻土地区约 300km,其中连续多年冻土路段长约 98km,季节融化层厚度 2 ~ 3m。该区多年冻土总体上处于严重退化趋势,20 世纪 60 年代至今已退化相当范围,今后 30 ~ 40 年仍将继续退化(臧恩穆等,1999 年)。该路段公路穿过多年冻土区约 300km,其中连续多年冻土路段长约 98km,季节融化层厚度 2 ~ 3m。

2003 年在姜路岭至清水河段进行了保温材料、抛碎石护坡、硅藻土护坡、遮阳板和纵向通风管等 5 种类型的公路冻土防护试验路工程。以下主要分析抛碎石护坡实验路段的阴阳坡现象。

抛碎石试验段位于 214 国道醉马滩 K367 + 850 ~ K369 + 150 段,公路纵向走向为西偏南 24°(按公路前进方向),路基修筑后左边坡为阳面,右边坡为阴面。试验段路总长约 2km,护坡抛碎石厚度为 80cm,抛石粒径为 6 ~ 8cm,为抛碎石护坡。该地段属于江河源不连续多年冻土地区,为高温高含冰率多年冻土,年均地温在 -0.5 ~ -1.0℃,冻土类型为含土冰层或饱冰冻土,属于极不稳定冻土工程地质地段。

第二节　地温变化规律

抛碎石试验段在 K369 + 210 和 K369 + 860 段布设了详细的地温观测断面,并在无护坡措施的 K369 + 100 布设对比观测断面,具体铺设方案见表 4-1。该路段地处冲、洪积平原,地表植被稀疏,覆盖率不足 10%,路基南侧取土方后渗出水坑,数量较多,远处山地植被覆盖率不足 10%,路基北侧地表潮湿,有积水坑,较南侧少,细粒土。试验地段地面高程 4180m,路基填土高度 2.4 ~ 2.7m(中心),路基填料为碎石土,路基边坡坡度为 1:1.5,路基横剖面的几何形状大致呈梯形对称。多年冻土天然上限 2.7m,多年冻土年平均地温为 -0.8℃,属高温不稳定多年冻土区。钻孔资料显示,在 K369 + 100 附近从上到下岩性依次为亚砂土夹碎石、含土冰层、碎石亚黏土、碎石土、板岩。

抛碎石护坡试验段设计情况　　表 4-1

里程号	观测断面	试验段描述
K369 + 000 ~ K369 + 150	K369 + 100	普通路基段(沥青路面)
K367 + 850 ~ K369 + 250	K369 + 210	抛碎石护坡试验段(沥青路面)
K369 + 250 ~ K369 + 900	K369 + 860	抛碎石护坡试验段(水泥路面)

K369 + 000 ~ K369 + 150 路段为 2002 年修筑的沥青路面,同时布设了一系列观测场地,其中在 K369 + 100 布设测温断面,确定无护坡措施下的阴阳坡热不对称问题。K369 +

100 测温断面测试元件的布设方案为：分别在路基中心、两侧路肩、两侧坡脚、两侧坡面及天然地表布设 6 个测温孔；另外，在左、右侧坡面 0.3m 深度分别布设浅层测温线，路基截面形式及测温孔的布设示意图如图 4-1 所示。断面 K369 + 210 和 K369 + 860，其观测孔位置分别位于路基左坡脚、左护道中、中心孔、右护道中、右坡脚和天然地面孔 6 个。钻孔深度如下：路基中心孔 20m（天然地面以下 15m），左、右路肩两孔孔深 15m，左、右两坡脚孔孔深 15m，天然地面孔孔深 18m。沿左右护坡基底 0.3m 深度处铺设 2 条坡面测温线。测试断面的测温探头采用热敏电阻，用高精度数字式万用电表现场量测其电阻值，然后根据室内标定的回归方程换算出各测点的温度。采用人工观测，观测频率为 2 次/月。在此采用该试验段测试断面从 2003 年 7 月—2006 年 7 月 3 个冻融循环比较完整的地温观测资料来探讨多年冻土区公路路基横向热状况的不对称性。图 4-2 给出了断面 K369 + 100 修筑路基前后多年冻土上限的变化情况，由于受阴阳坡的影响，阳坡一侧下方多年冻土上限下移，阴坡一侧下方多年冻土上限上移，在整个路基下方人为多年冻土上限呈现"∽"形。

10
4.11
4.25
4.25
3.6
10
2.7
1:1.5
1:1.5
2.4
0.3
0.5
左坡面线
右坡面线
15.0
15.0
15.0
15.0
14.8
15.2
左天然
右坡脚
左坡脚
左路肩
中心孔
右路肩

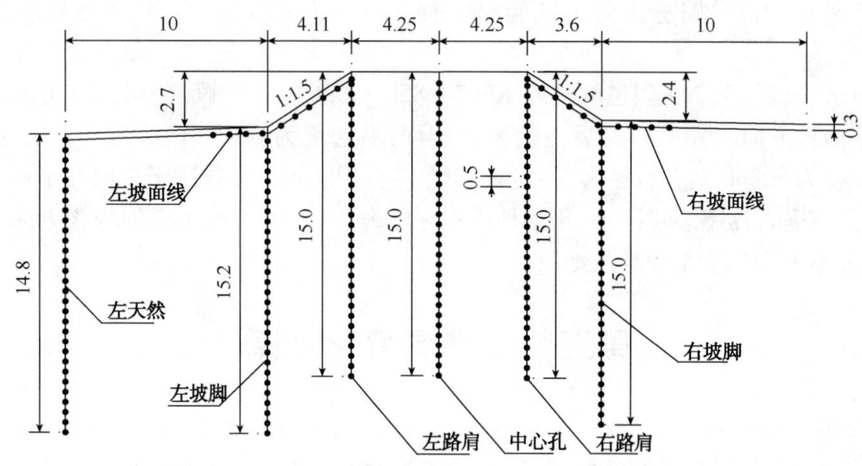

图 4-1　路基横截面形式及测温孔的布置示意图（尺寸单位：m）

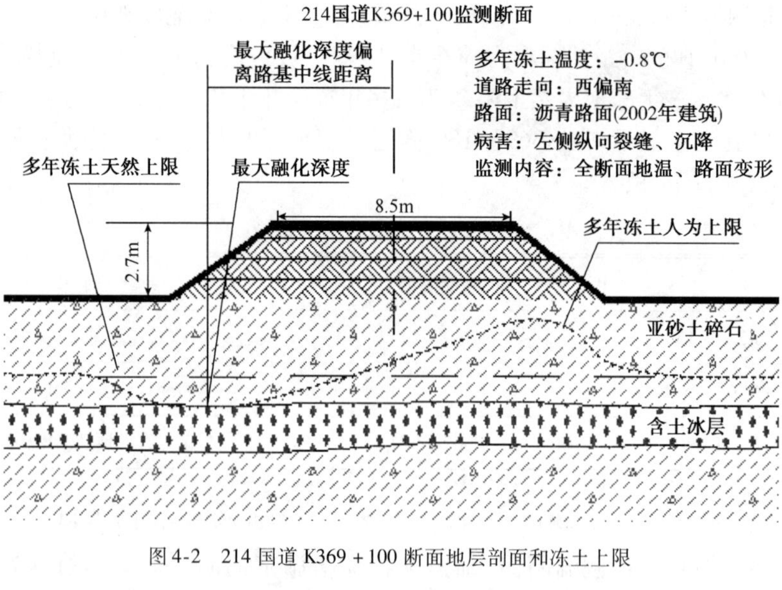

214国道K369+100监测断面
最大融化深度偏
离路基中线距离
多年冻土温度：-0.8℃
道路走向：西偏南
路面：沥青路面(2002年建筑)
病害：左侧纵向裂缝、沉降
监测内容：全断面地温、路面变形
多年冻土天然上限
最大融化深度
8.5m
多年冻土人为上限
2.7m
亚砂土碎石
含土冰层

图 4-2　214 国道 K369 + 100 断面地层剖面和冻土上限

一、边坡浅部地温比较

在多年冻土地区修筑道路以后,改变了地气间的热交换条件和水热输运过程,表面热交换条件改变导致的路基内逐年热积累使下伏土体温度升高、多年冻土融化,由此而引起了青藏高原冻土路基普遍存在的以融沉为主的严重病害。多年冻土地区路基的稳定性,最终取决于路基下伏冻土的地温变化和含冰率状况。路基产生较大变形的地段往往是高温高含冰率的不稳定、极不稳定多年冻土地段。通过路基下伏冻土的地温变化趋势和含冰率情况,基本可以判断路基的稳定性和发生破坏的严重程度。路基下伏多年冻土的温度状况和路基路面的变形紧密相关。

对冻土路堤而言,影响横向热差异问题的最主要表现因素是阴阳坡地表温度的差异。我们将左右坡面上同一浅地层深度(0.3m)不同监测点测得的温度分别进行平均,所得值代表左右坡面上的浅地层温度。图4-3～图4-5分别是各断面路基左坡面、右坡面浅地层温度随时间的变化过程曲线。图4-6、图4-7分别是不同断面的左、右坡面下30cm深度处地温对比图。

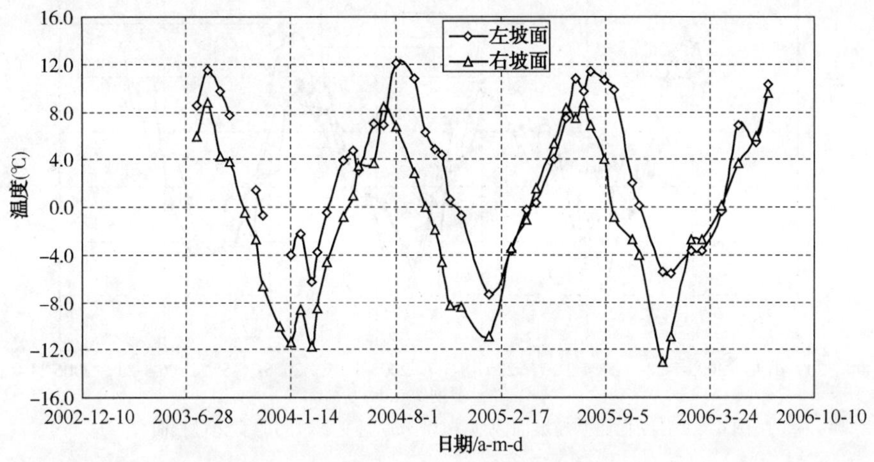

图4-3 K369+100路基左坡面、右坡面浅地层(0.3m)温度随时间的变化过程曲线

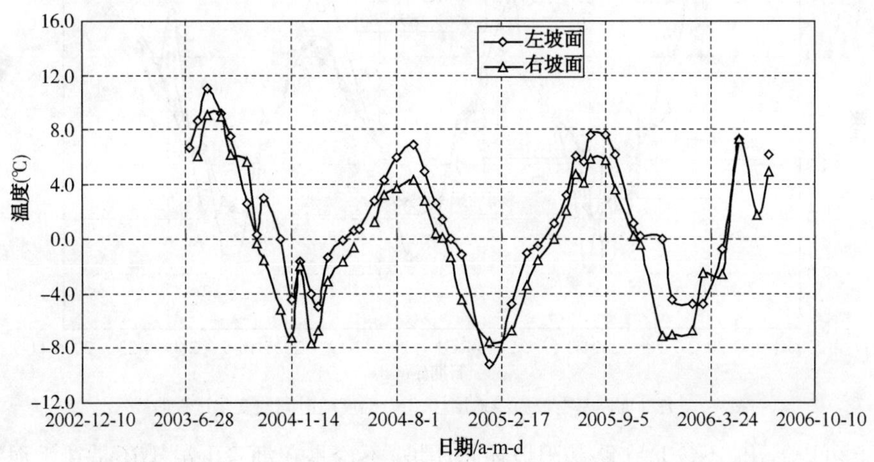

图4-4 K369+210路基左坡面、右坡面浅地层(0.3m)温度随时间的变化过程曲线

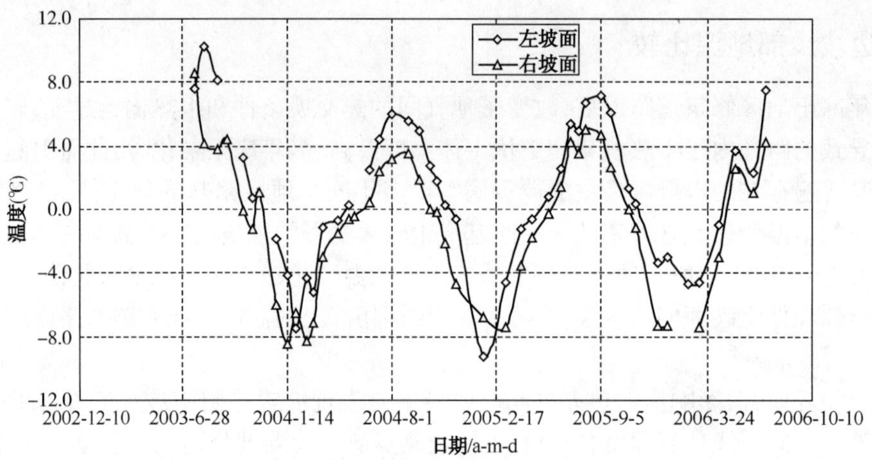

图 4-5　K369 + 860 路基左坡面、右坡面浅地层(0.3m)温度随时间的变化过程曲线

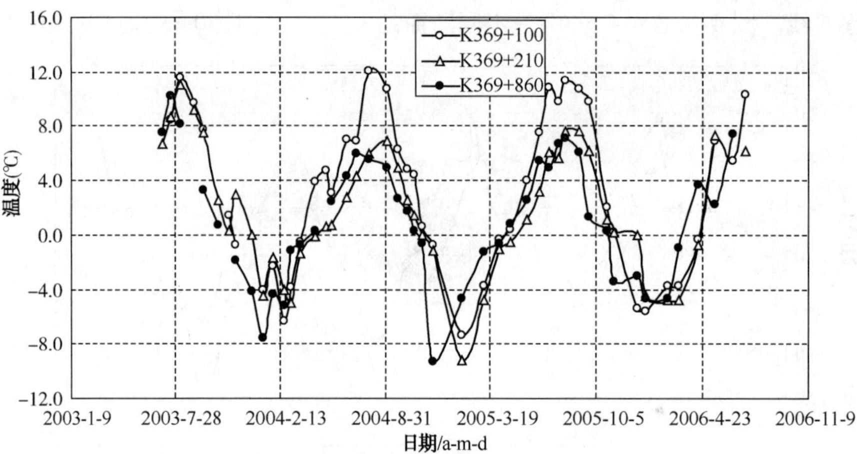

图 4-6　各断面路基左坡面浅地层(0.3m)温度随时间的变化过程曲线

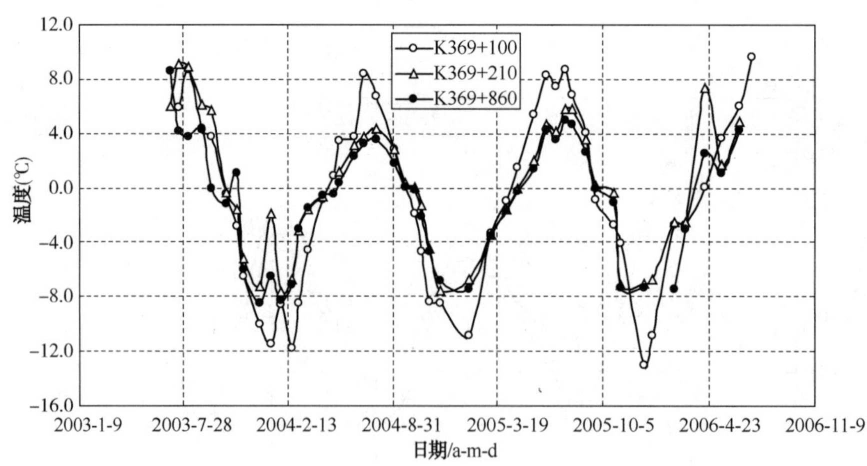

图 4-7　各断面路基右坡面浅地层(0.3m)温度随时间的变化过程曲线

从图上可以看出,不论是在路基阳坡还是阴坡,不论是在沥青混凝土还是在水泥混凝土路面下,暖季碎石护坡下温度明显低于普通路基下的温度,说明暖季碎石层起到了隔热作用。在冷季,阳坡上碎石护坡下温度与普通路基下的温度没有明显区别,而在阴坡上碎石护坡下温度

明显高于普通路基下的温度，说明冷季碎石层起到了不利于路基散热的一面。该现象与青藏高原独特的气候有关，冷季多大风天气，风直接吹到路基坡面上，在阴坡比铺有碎石层的护坡路基更利于散热，而在阳坡由于坡向的原因吸收更多的太阳辐射，碎石护坡起到保温作用而降低阳坡温度，所以冷季阴阳坡表现出不完全相同的变化规律。在暖季太阳辐射较强，通过碎石层的隔热作用，导致碎石层底部的温度明显低于普通路基边坡的温度。

表4-2给出路基周边浅表层不同年份温度特征值统计值。表4-3为各断面边坡下30cm深度处年平均地温比较，数据采用2003年7月—2006年6月3年数据的平均值。从坡面年较差来看，不论是阴坡还是阳坡，普通坡面年较差均明显大于碎石护坡坡面年较差。抛碎石护坡在阳坡下0.3m处地温要比同等深度处对比断面处地温低约2℃，抛碎石护坡路基阴阳坡在0.3m处年平均温差比同等深度处对比断面阴阳坡地温差低约2℃。这说明采取抛碎石护坡措施以后，可以降低路基周边温度，增强路基的热稳定性，有利于保护或延缓多年冻土退化，间接地减小多年冻土区公路路基病害发生，减轻公路路基病害，在一定程度上减缓了路基横向热差异问题。

路基周边浅表层温度特征值统计表(℃)　　表4-2

断　面		K369+100		K369+210		K369+860	
位　置		左坡面	右坡面	左坡面	右坡面	左坡面	右坡面
2003年7月~2004年6月	平均温度	3.01	-1.63	1.99	0.39	1.29	-0.98
	最高温度	11.54	8.72	11.07	9.09	10.24	8.60
	最低温度	-6.31	-11.73	-4.99	-7.63	-7.52	-8.47
	变幅	17.85	20.45	16.06	16.72	17.76	17.07
2004年7月~2005年6月	平均温度	3.72	-0.29	0.49	-1.02	0.42	-1.42
	最高温度	12.06	8.45	6.93	4.33	6.00	3.56
	最低温度	-7.35	-10.89	-9.19	-7.57	-9.30	-7.44
	变幅	19.40	19.34	16.13	11.90	15.30	11.00
2005年7月~2006年6月	平均温度	3.42	-0.02	2.10	0.21	1.31	-1.02
	最高温度	11.37	9.62	7.64	7.34	7.47	5.04
	最低温度	-5.62	-12.99	-4.81	-7.15	-4.65	-7.45
	变幅	16.99	22.61	12.45	14.49	12.11	12.49

各断面边坡下基底30cm深度处3年平均地温比较　　表4-3

观测断面	左坡面(℃)	右坡面(℃)	左右坡面温差(℃)
K369+100	3.39	-0.65	4.03
K369+210	1.53	-0.14	1.67
K369+860	1.01	-1.14	2.14

二、路肩、坡脚地温曲线对比

路基下多年冻土年平均地温对冻土路基稳定性起着至关重要的作用，图4-8~图4-12分别给出了各断面不同测温孔年平均温度随深度的变化曲线。从图中可以看出：①同一深度处的温度，均是左侧明显高于右侧；左右路肩温差大于左右坡脚温差，说明了阴阳坡热差异对路肩热状况的影响比对坡脚热状况的影响大。②左右侧对应位置的温度：上部差异大，下部差异小，且在下部随着深度的增加差异越来越小，说明了阴阳坡热交换的差异导致了阴阳坡面下部多年冻土温度的差异，这种影响由浅至深逐渐减弱。③多年冻土人为上限不在同一水平线上，左路肩多年冻土上限深于右路肩及路基中心。

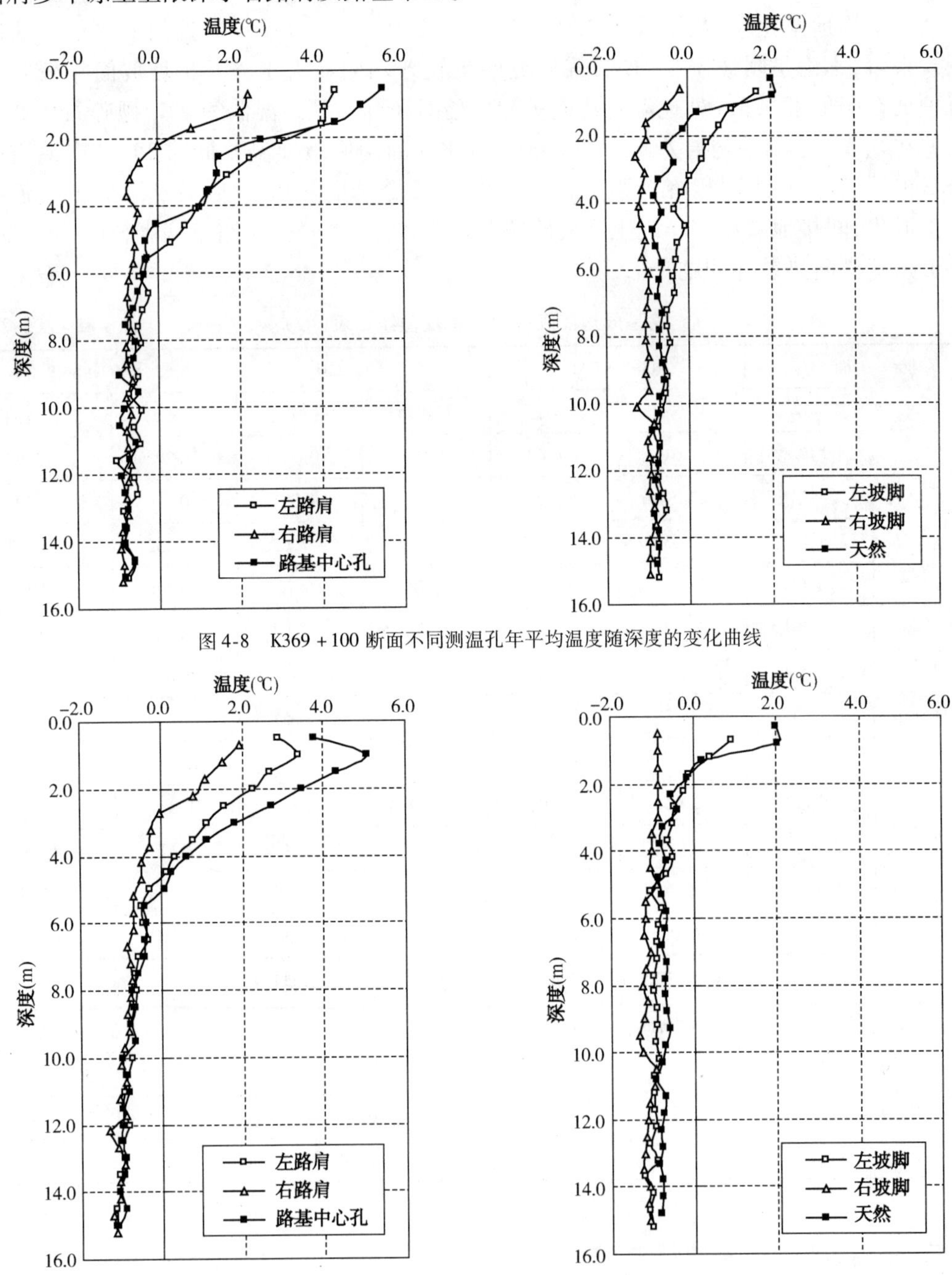

图 4-8　K369 +100 断面不同测温孔年平均温度随深度的变化曲线

图 4-9　K369 +210 断面不同测温孔年平均温度随深度的变化曲线

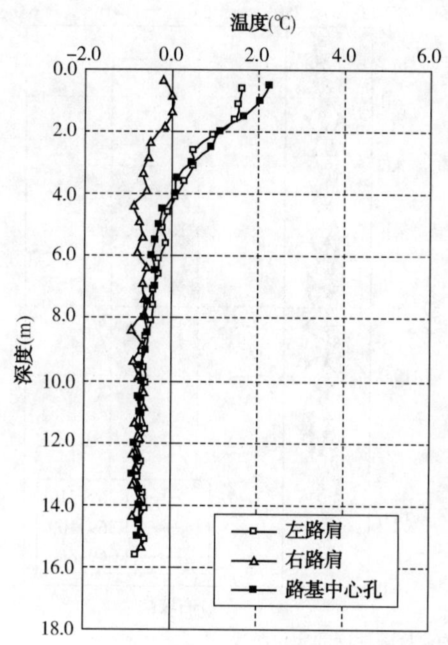

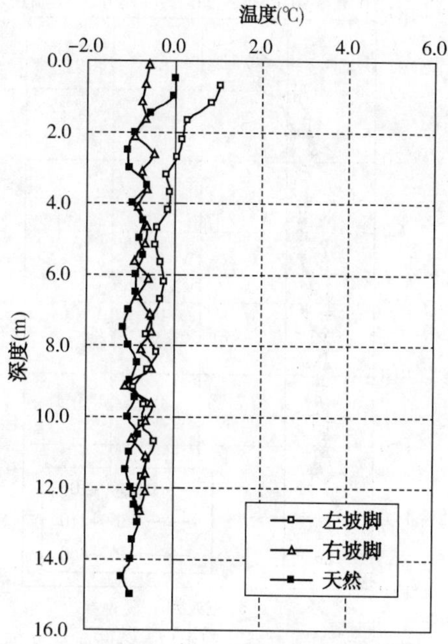

图 4-10　K369 + 860 断面不同测温孔年平均温度随深度的变化曲线

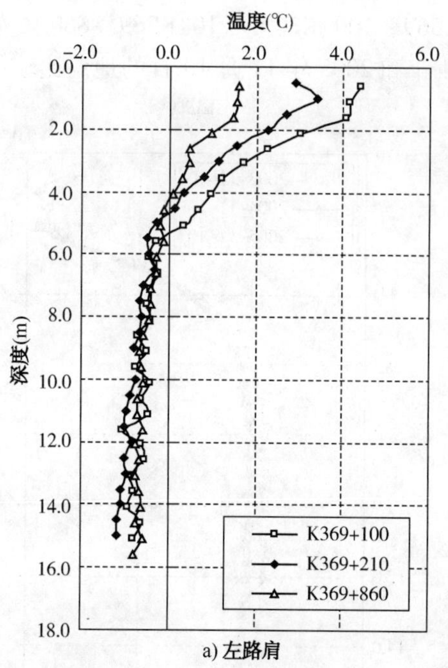

a) 左路肩

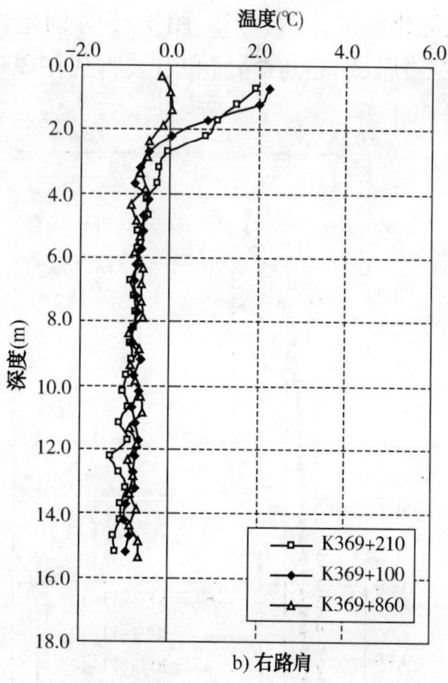

b) 右路肩

图 4-11　各断面左、右路肩年平均温度随深度的变化曲线

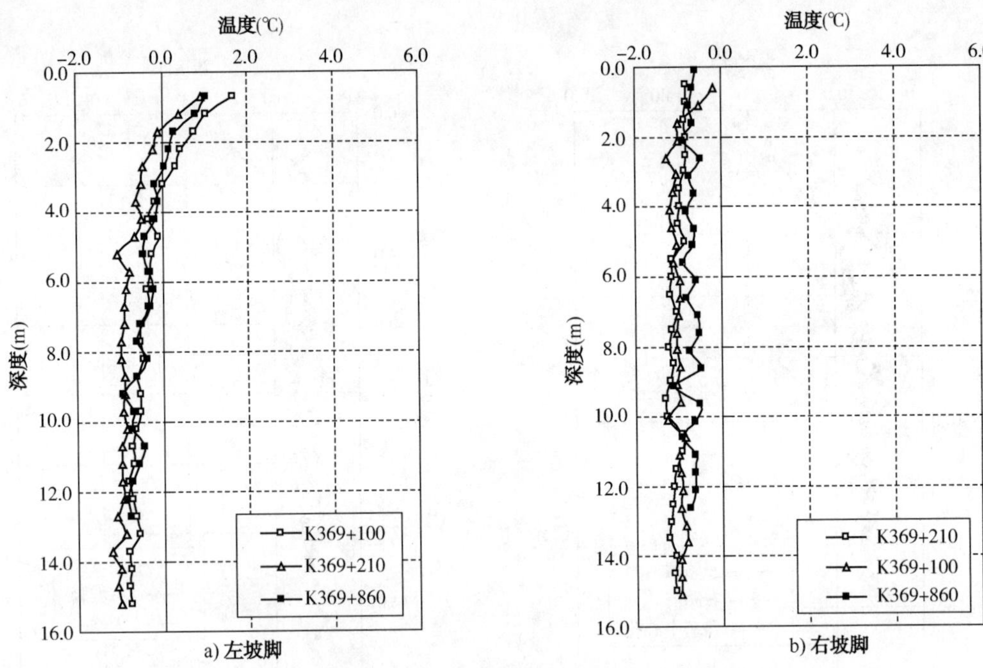

图 4-12　各断面左、右坡脚路肩年平均温度随深度的变化曲线

三、不同时间断面地温曲线对比

通过对野外实测资料分析,发现在 K369 段各断面路基下多年冻土在 11 月 10 日前后达到最大融化深度。图 4-13 ~ 图 4-15 分别是青康公路 K369 + 100、K369 + 210、K369 + 860 段左坡角、左路肩、中心、右路肩和右坡脚孔在 2003 年、2004 年和 2005 年 11 月 10 日的地温比较。

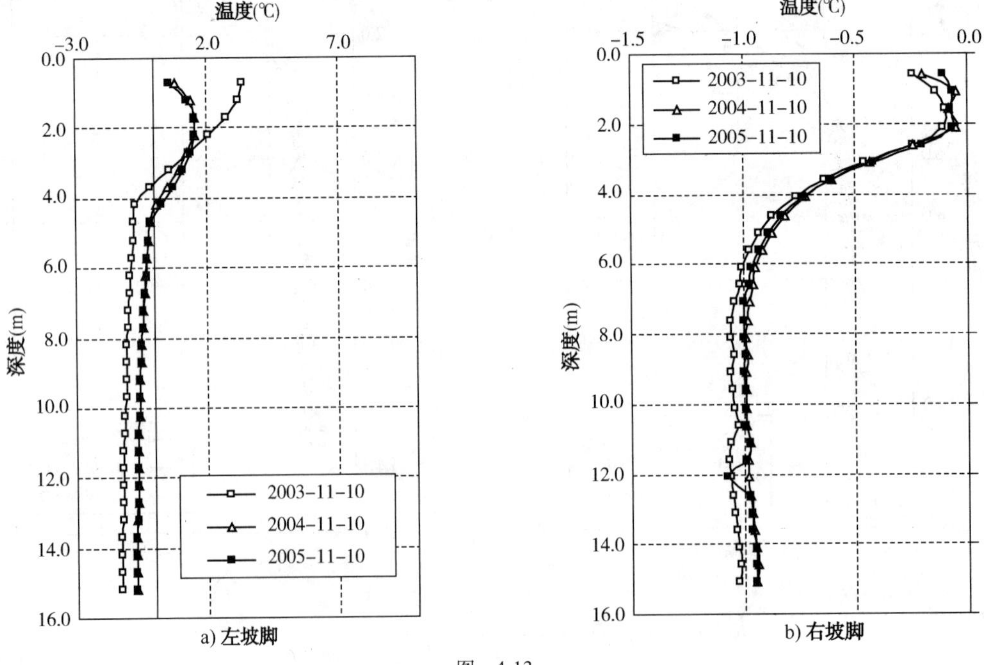

图　4-13

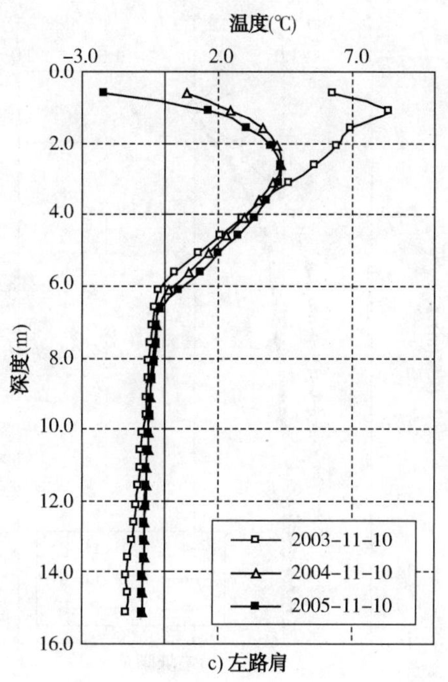

c) 左路肩

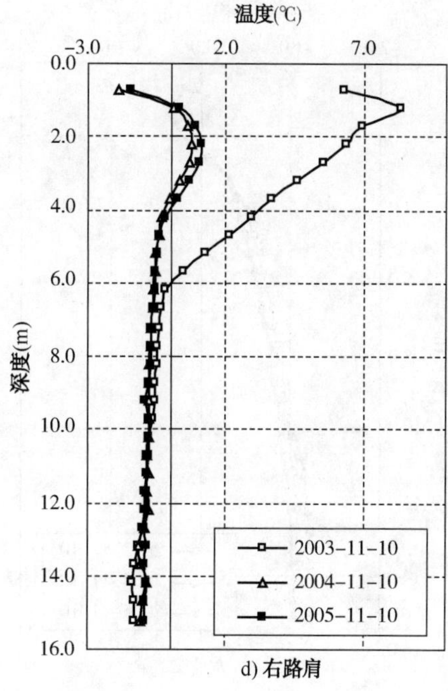

d) 右路肩

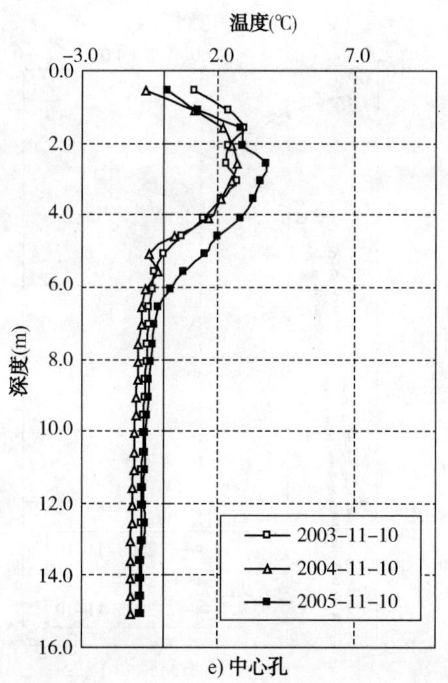

e) 中心孔

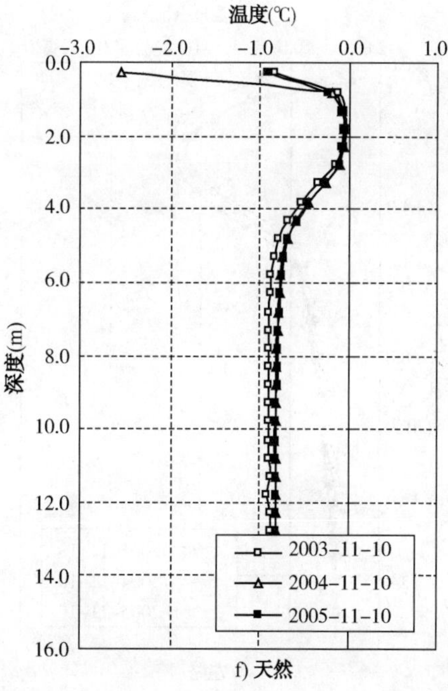

f) 天然

图 4-13　青康公路 K369 + 100 段各测温孔地温年度比较

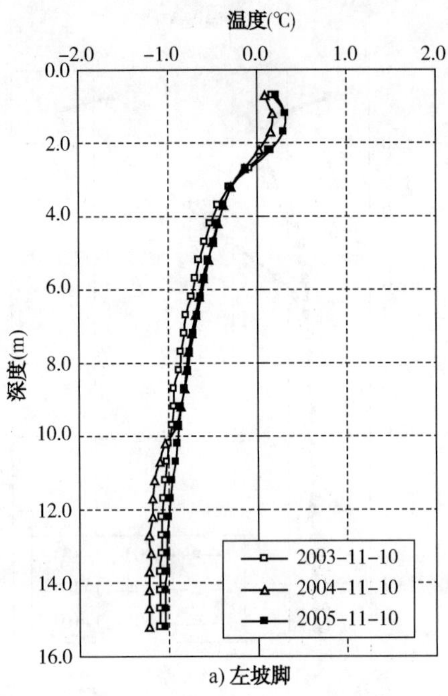

a) 左坡脚

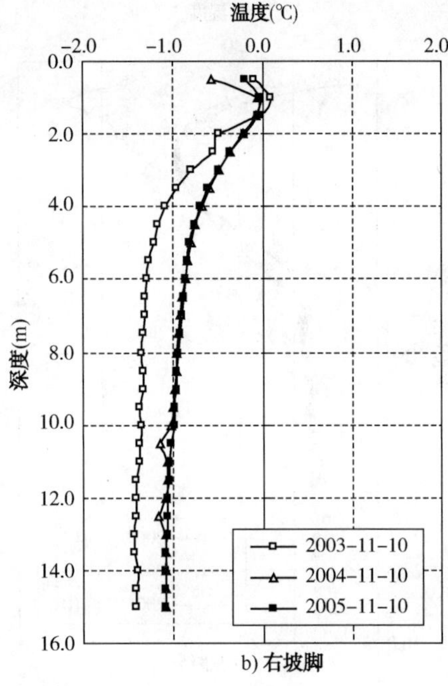

b) 右坡脚

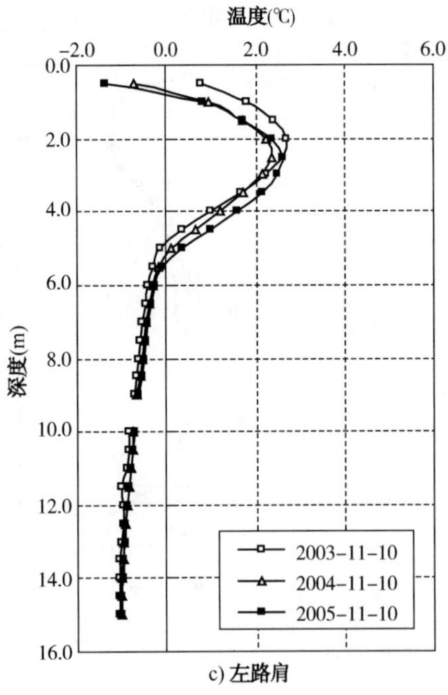

c) 左路肩

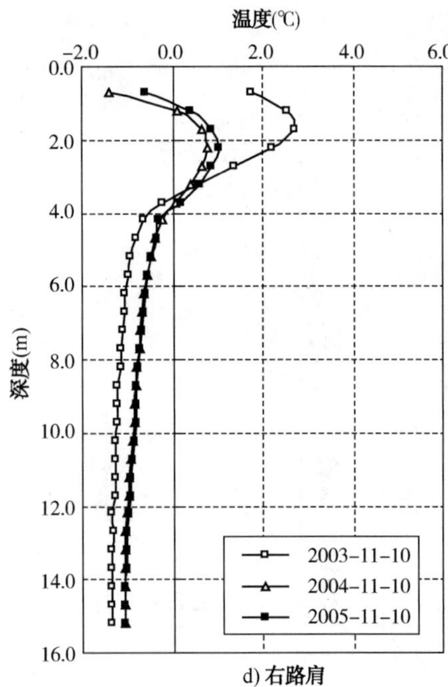

d) 右路肩

图 4-14

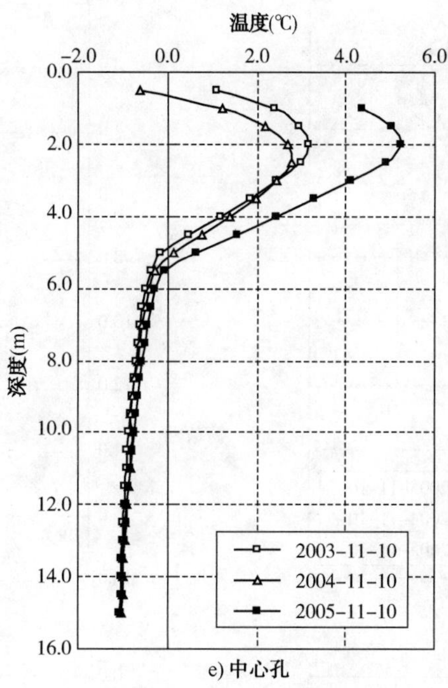

e) 中心孔

图 4-14　青康公路 K369 + 210 段各测温孔地温年度比较

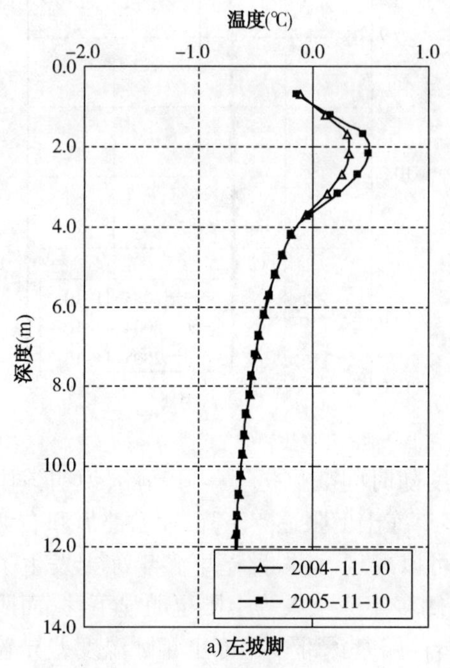

a) 左坡脚

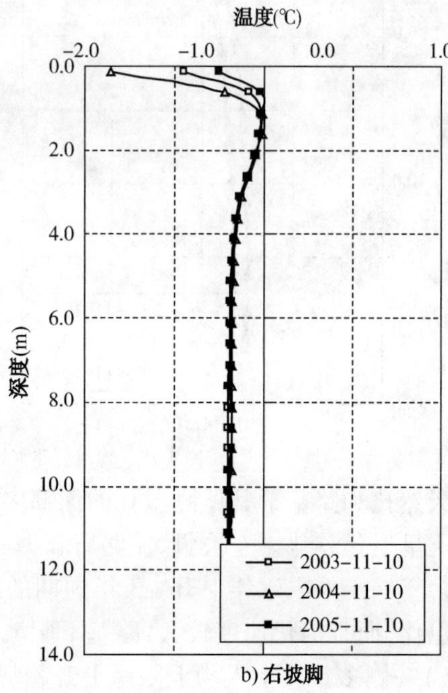

b) 右坡脚

图　4-15

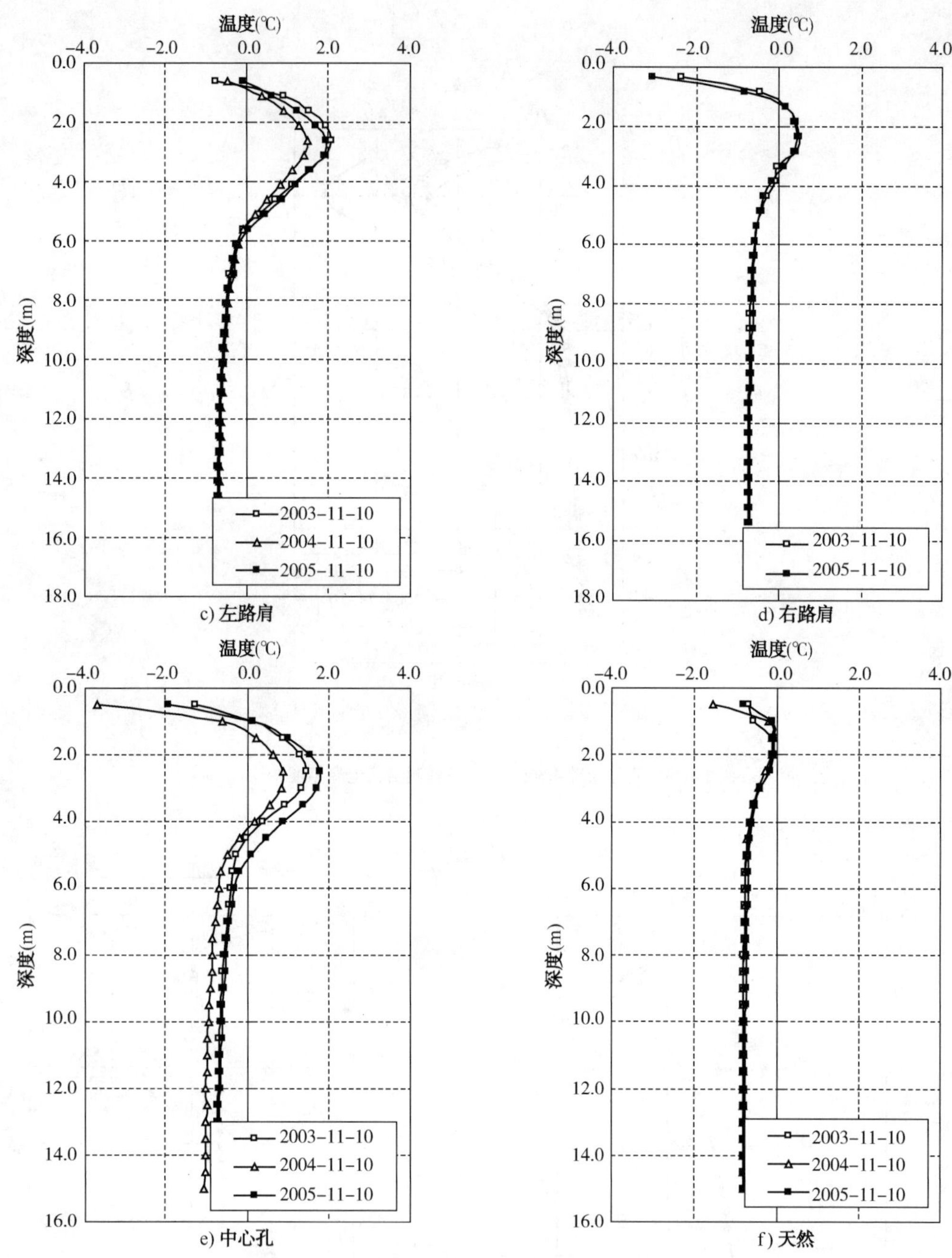

图 4-15　青康公路 K369 + 210 段各测温孔地温年度比较

天然孔和路基下其他测温孔的深部多年冻土温度随时间变化是逐年升高的,说明该段多年冻土呈退化趋势。左坡脚、左路肩和中心孔处的多年冻土上限逐年下降,而右路肩和右坡脚处的多年冻土上限逐年上升。3 年同期的地温比较可以发现,此段路基下多年冻土发生了明显的退化,而且退化速度较大,路基下阳坡(左坡)一侧多年冻土人为上限也明显下移,而阴坡(右坡)一侧多年冻土人为上限呈上升趋势。相比而言,路基深部多年冻土年际温度差异较小或基本没有差距,多年冻土退化首先更多地表现为浅部多年冻土温度上升和上限下降,随着多年冻土退化的进程发展,深部多年冻土的温度也将发生明显变化。K369 + 100 段多年冻土在工程作用和气候变暖双重作用下地温有升高的趋势，且路基的阴阳坡效应加剧，即路基下多年冻土人为上限左侧深、右侧浅的不对称趋势加剧。

图4-14，路基下各测温孔的深部多年冻土温度随时间变化呈逐年升高的趋势，但该段多年冻土退化趋势不如K369+100段显著。由于采用抛碎石护坡措施，断面各孔位多年冻土地温保持稳定，多年冻土人为上限也比较稳定。路基下不同部位处的多年冻土上限随时间略有下降，下降幅度比K369+100段小得多。但比较各孔位的多年冻土人为上限位置，发现其并不在同一水平线上，依旧呈现左侧深、右侧浅的不对称趋势。阴阳坡效应得到了控制，但并没有完全消除。

图4-15，路基下各测温孔的深部多年冻土温度随时间变化呈逐年升高的趋势，但该段多年冻土退化趋势不如K369+100段及K369+210段显著。由于采用抛碎石护坡措施，断面各孔位多年冻土地温保持稳定，多年冻土人为上限也比较稳定。路基下不同部位处的多年冻土上限随时间略有下降（或基本不变），下降幅度均比K369+100段及K369+210段小，这主要是因为水泥路面的吸热性要小于沥青路面的强吸热性，从一定程度上保护了多年冻土的热稳定性。但比较各孔位的多年冻土人为上限位置，发现其并不在同一水平线上，依旧呈现左侧深、右侧浅的不对称趋势。采用抛碎石护坡及水泥路面虽然对阴阳坡效应有了一定的控制，但并没有完全消除阴阳坡效应。

四、地温场曲线对比

图4-16～图4-18分别给出了青康公路K369+100、K369+210、K369+860断面在2003年、2004年和2005年10月29日的地温场图。可以看出，由于路基两侧边坡不同的热边界条件，路基中的温度场分布的非对称性是非常显著的，路基中的温度整体上呈现左高右低的不对称现象，多年冻土上限也表现为左侧深、右侧浅。此时路基下多年冻土基本上达到最大融化深度，路基内融化深度表现为左侧深、右侧浅。从图上可以看出，此段路基温度场具有明显的不对称性，路基内的温度整体上呈现左高右低的不对称分布，抛碎石护坡起到了降低路基边坡温度，可以达到保护路基下伏多年冻土的作用，但并没有完全消除阴阳坡现象。

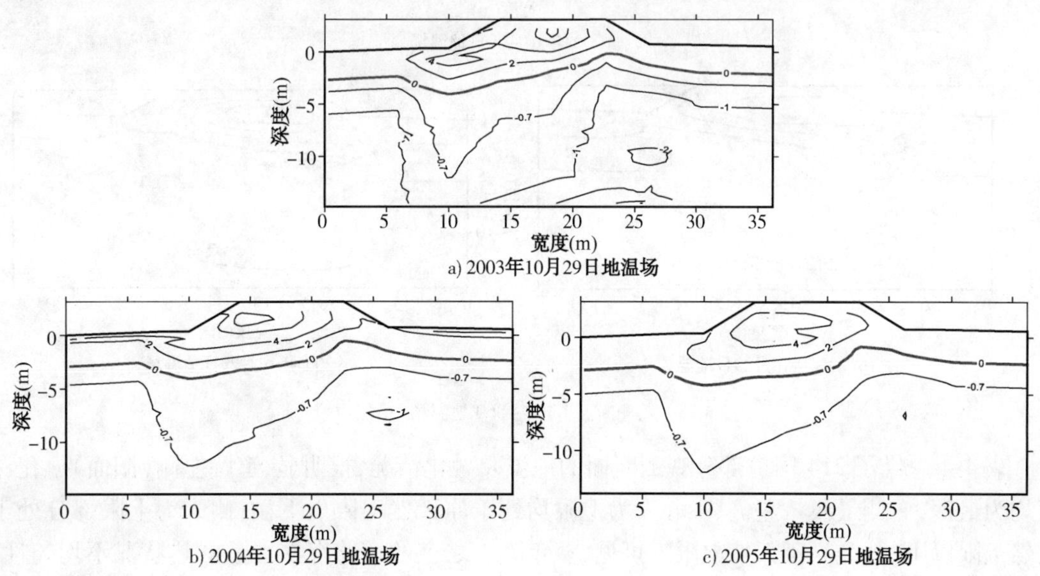

a) 2003年10月29日地温场

b) 2004年10月29日地温场

c) 2005年10月29日地温场

图4-16　监测断面K369+100地温场（单位：℃）

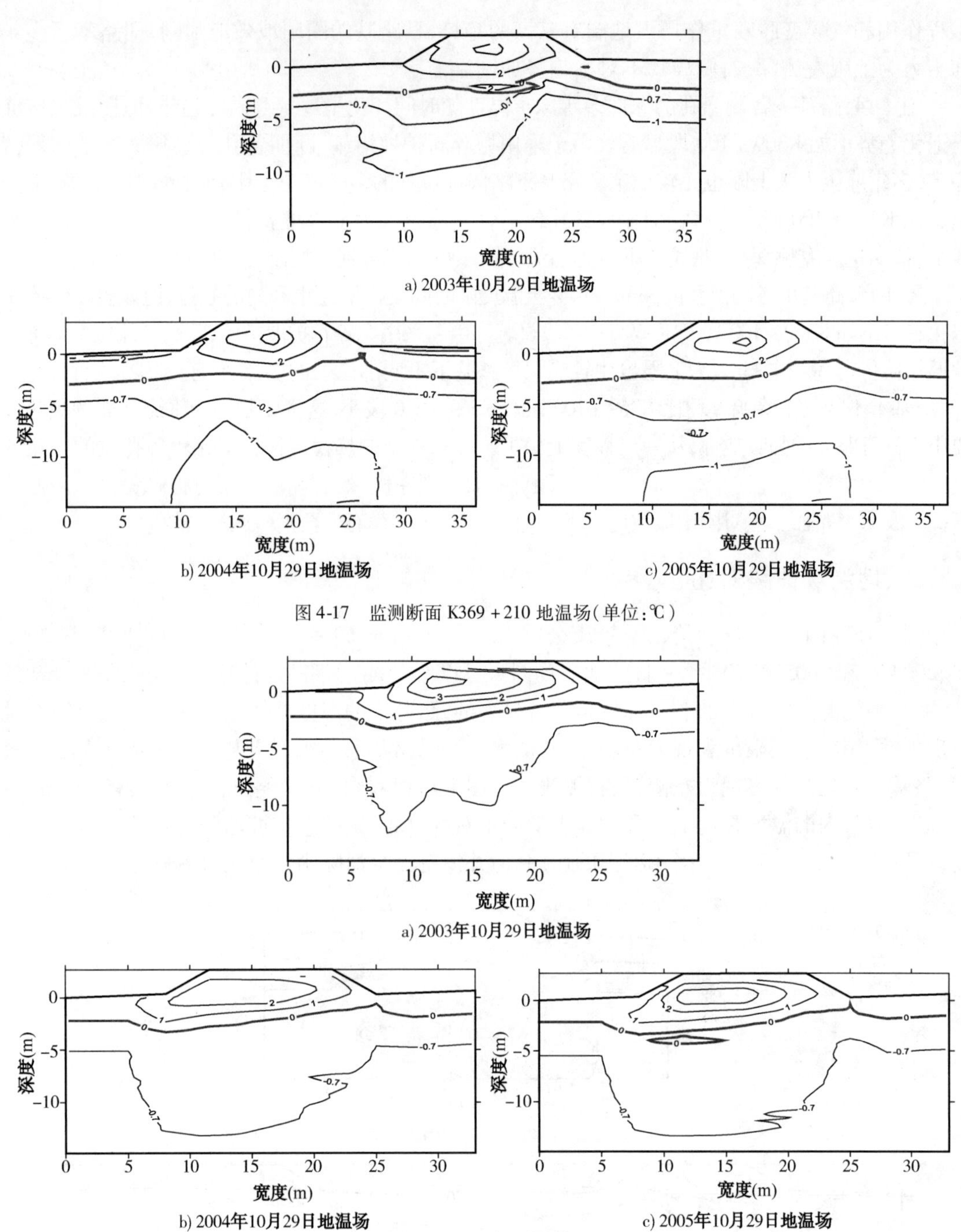

图 4-17　监测断面 K369 +210 地温场(单位:℃)

a) 2003年10月29日地温场

b) 2004年10月29日地温场

c) 2005年10月29日地温场

图 4-18　监测断面 K369 +860 地温场(单位:℃)

表4-4 总结了214 国道部分观测断面的地温及融化情况,很明显,道路左侧(阳面)融化深度均为最深,右侧最浅。左侧、中心人为上限均处于原天然上限以下,右侧人为上限部分处于天然上限以下,部分高于天然上限。可见,多年冻土之上的道路存在严重的热状况不均匀性。对于道路工程,表面热交换条件的改变所引起的路基内的热积累会导致多年冻土上限的下降和冻土年平均地温的升高。

214 国道部分监测断面地温、上限统计(2005 年)　　表 4-4

里程		K369 + 100	K369 + 210	K369 + 860	K391 + 085	K422 + 820
路基走向		WS24°	WS24°	WS24°	SW14°	WS
路面		沥青	沥青	水泥	沥青	水泥
路基中心高度(m)		2.6	2.6	2.5	2.4	3.0
上限深度(m)	天然	2.96	2.96	2.45	2.4	1.5
	左路肩	6.42	5.58	5.65	7.8	6.0
	中心	6.14	5.22	5.25	7.8	4.5
	右路肩	3.93	3.63	3.22	6.5	3.7
上限抬升(m)	左路肩	-1.86	-0.02	-0.7	-3.4	-1.0
	中心	-1.58	0.34	-0.3	-3.0	0.0
	右路肩	1.63	1.93	1.83	-1.4	0.3
地温(℃)	天然	-0.75	-0.75	-0.93	-0.89	-0.36
	左路肩	-0.80	-1.00	-1.01	-0.67	-0.41
	中心	-0.84	-1.02	-1.03	-0.64	-0.40
	右路肩	-0.92	-1.09	-1.12	-0.64	-0.53

五、讨论

根据第三章有关太阳辐射理论的分析,图 4-19、图 4-20 分别给出了各监测断面左、右坡面实测浅层地温与太阳辐射随时间的变化。可以看出,左右坡面获得的太阳辐射日总量随时间的变化趋势与其浅地层(0.3m)温度随时间的变化趋势基本一致,浅地层温度随时间的变化略滞后于太阳辐射日总量随时间的变化,说明太阳辐射强度和时间的不同是导致阴阳坡土体温度场横向不对称的根本原因。由于未考虑大气、风速风向、降雨蒸发、云量多寡及地面反射率等因素的影响,尽管这种推算与实际情况有一定的出入,但作为定性解释结果还较为满意。

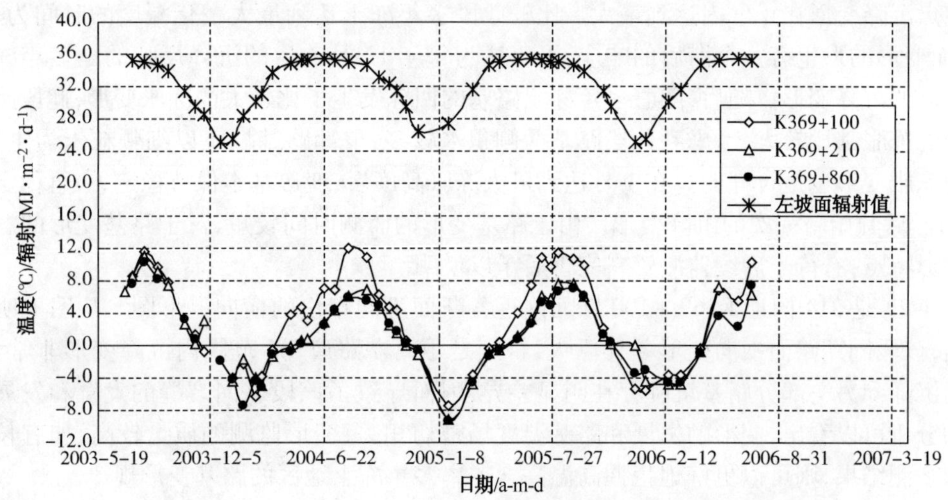

图 4-19　各断面阳坡面实测温度与太阳直接辐射随时间的变化

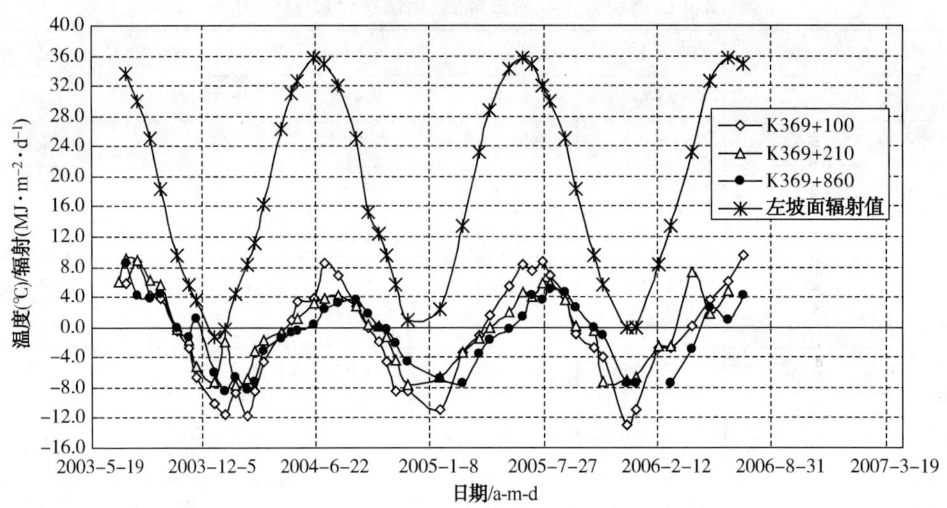

图 4-20 各断面阴坡面实测温度与太阳直接辐射随时间的变化

另外,文献(苏联科学院西伯利亚分院冻土研究所,1988 年)指出:在地球表面积聚的太阳能,随太阳入射角减小而增加。当太阳光线垂直于地表面时,地表积聚的太阳辐射能最大。显然超南坡和太阳入射角等于直射角的山坡,获得的热量大,并将有较高的地面温度。类似的超北坡,一般处于太阳光线的照射范围之外,所以它的表面温度很低。从而更近一步证实了上述推算的合理性。

第三节 变形变化规律及纵向裂缝调查

在 K369 + 100 断面附近每隔 20m 布设变形监测断面(共 4 个),图 4-21 给出变形监测断面平面示意图,各断面从左路肩(阳面)到右路肩(阴面)检测点序号依次为从 1 到 12。图 4-22 分别给出了青康公路 K369 + 100 段附近 A 断面、B 断面、C 断面和 D 断面的路面变形发展过程。4 个变形监测断面各监测点的变形发展规律比较一致,在 2003 年、2004 年 12 月左右各断面各点沉降变形在年度内达到最大。比较此段多年冻土达到最大融化深度的时间为 11 月中旬,而变形的发生有一个滞后的响应,可以认为每年 12 月前后的沉降反映的是多年冻土的融化引起的沉降变形。随后,随着多年冻土路基的回冻发生了比较大的冻胀变形,此段路基各个断面的冻胀都比较大,考虑到此段路基两侧积水较多,下部路基填土以细颗粒土为主,发生较大的冻胀变形也是合理的。在 1 月达到最大冻胀高度后,变形基本保持稳定,一直稳定到约 7、8 月,然后开始新一次的沉降变形。由于路基变形的监测时间较短,对于路基变形的总体规律和变形特点,有待于后续监测资料完善后予以说明。

图 4-23 是 214 国道 K369 + 100 断面附近各断面不同年份的横向变形图。从图上明显可以看出,该段同期路面横向变形差异巨大,特别是距离左路肩 3m 范围内沉降变形非常大,此范围内沉降和另一部分路基沉降存在明显差异,因而导致了该段纵向裂缝的发育和发展。从上面的分析可以看出,变形的发展和路基温度场密切相关,变形监测的质量较高,如有长周期的变形观测结果,则可以更好地把握高温高含冰率多年冻土地区的路基变形规律。

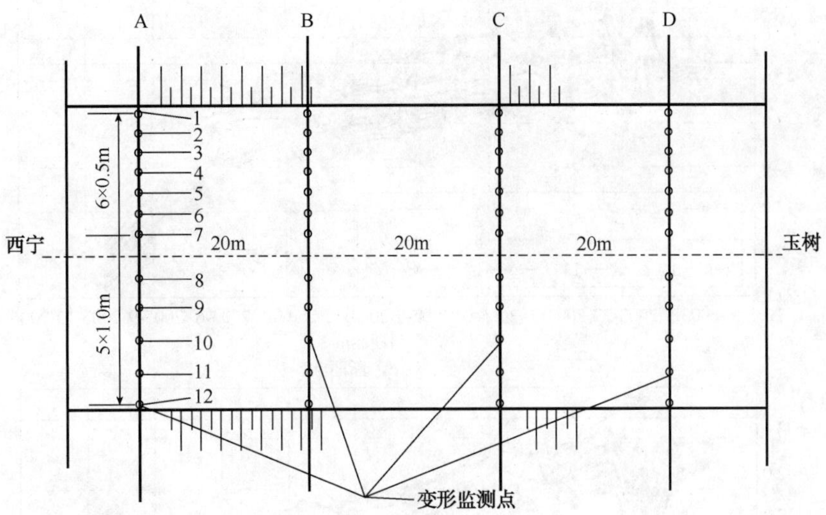

图 4-21　214 国道 K369 + 100 段变形监测断面平面示意图

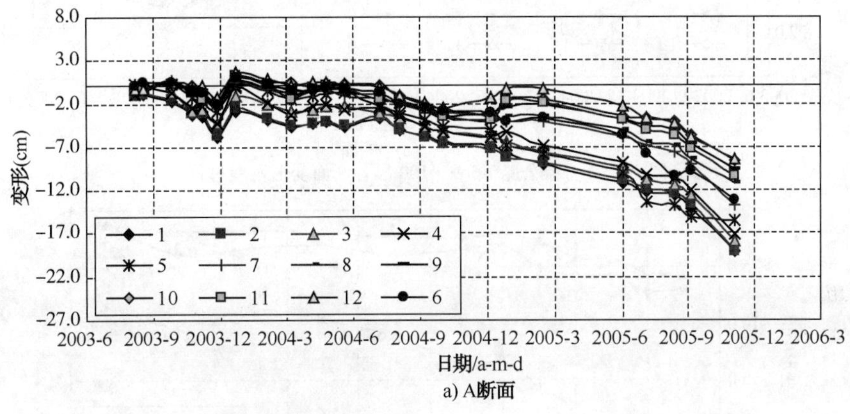

a) A断面

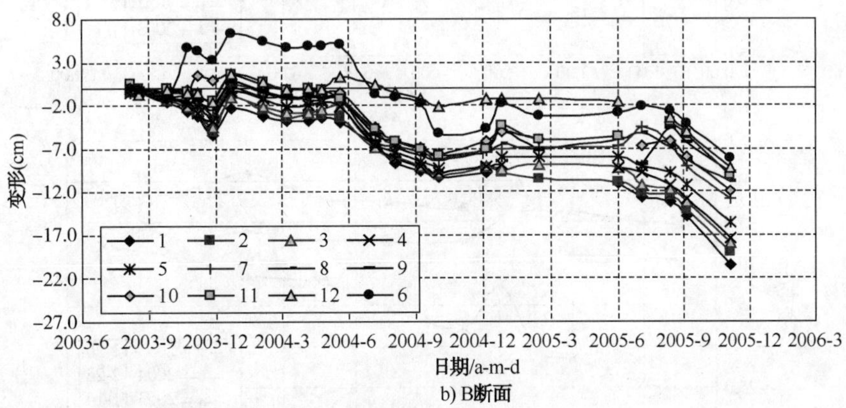

b) B断面

图　4-22

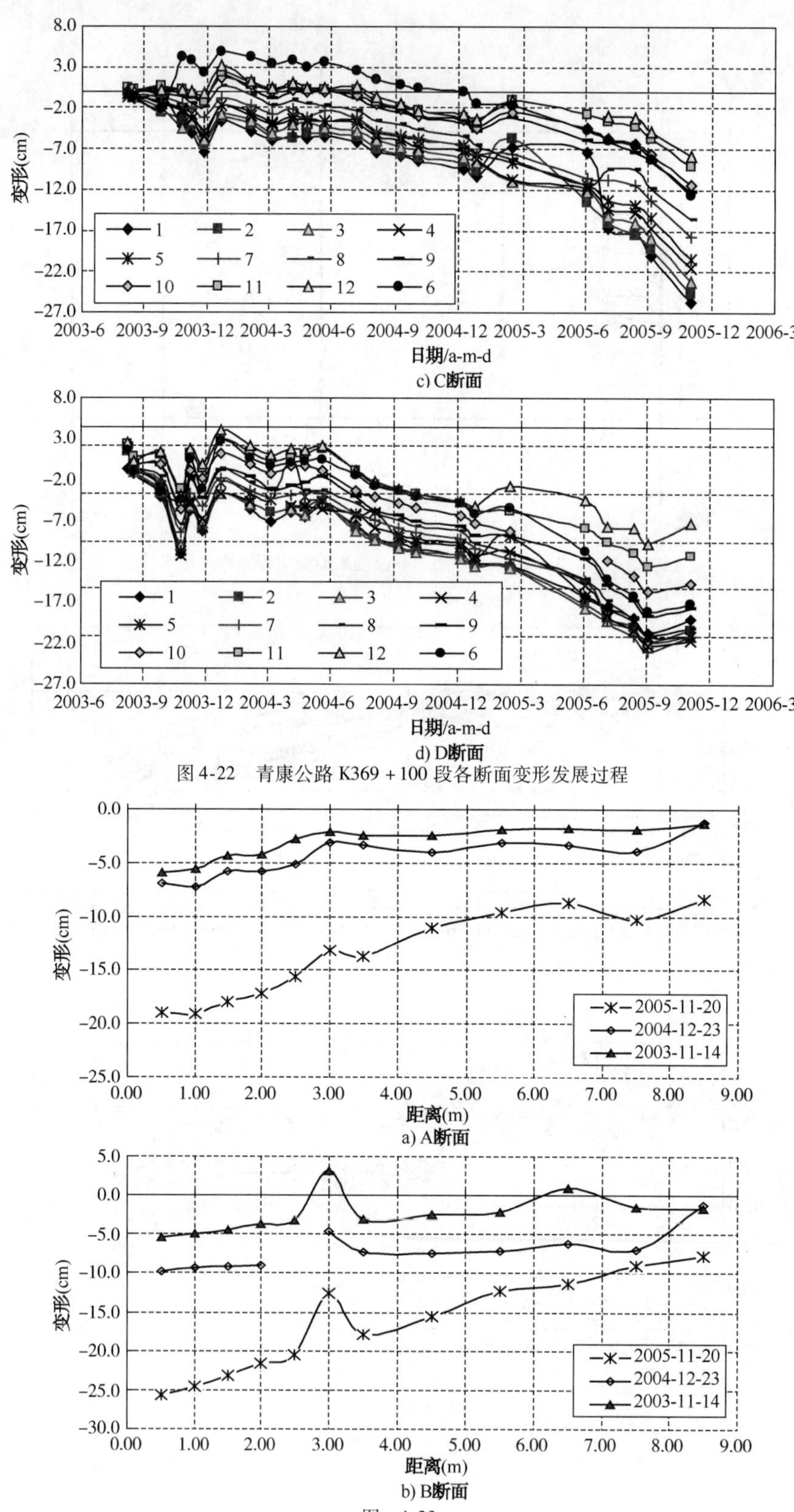

c) C断面

d) D断面

图 4-22　青康公路 K369 + 100 段各断面变形发展过程

a) A断面

b) B断面

图　4-23

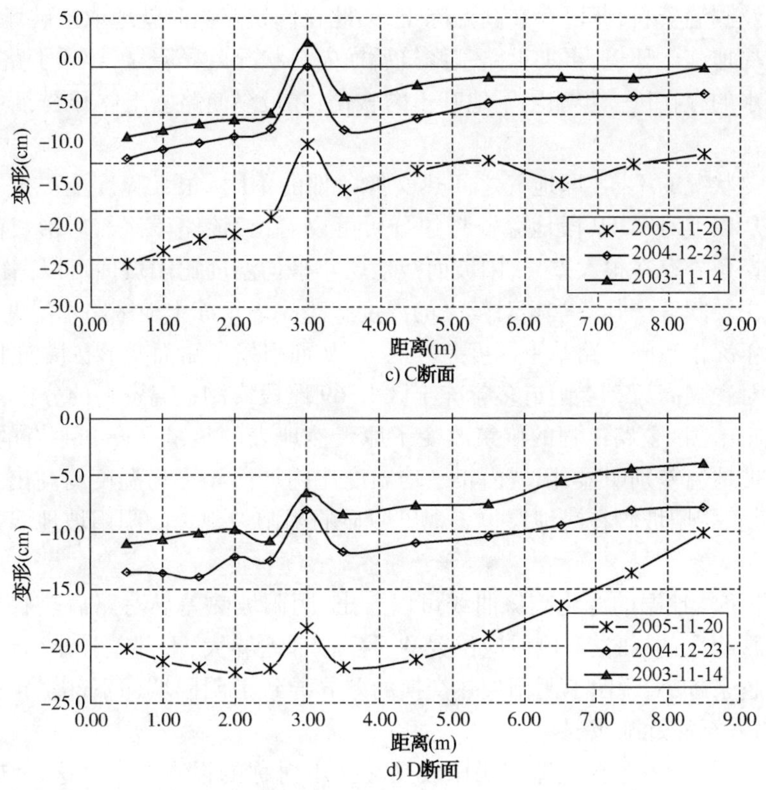

图4-23 214国道K369+100横断面路基不同部位的沉降变形过程

(注:图4-23中的横坐标均指离左路肩的距离,在离左路肩3.00m的部位沉降变形突变上升是因为在该位置有裂缝出现行车绕行,受两侧行车荷载的挤压而上翘,与路基本身的沉降变形无关。)

多年冻土地区修建公路以后,穿越多年冻土的路段变形病害十分严重,其主要原因在于路基下伏多年冻土持续发生着融化、地温升高、上限下移等显著的退化现象。整体而言,路基阳面的沉降变形普遍大于路基阴面,预示着阳面多年冻土的融化更为剧烈。换言之,路基阳面地气之间的热交换条件更加可能促使下部土层形成热量积累。路基下不同部位多年冻土积累的热量有差异,这种差异达到一定程度路基就会出现病害甚至完全丧失其稳定性。野外调查显示,214国道K369段修筑后不久其附近约1km路面纵向裂缝破坏十分严重,发育纵向裂缝的区段占此一公里范围的24.0%。图4-24是214国道K369+100断面路面纵向裂缝。从图上可以看出,路基纵向裂缝明显发育在路基的左幅,而且纵向裂缝的长度延续较长,约一公里、裂缝宽度也较宽。

图4-24 214国道K369+100断面纵向裂缝

此路段路基走向阴阳坡差异突出,新修路基为在原旧砂砾路面上重新加高加宽路基,路基两侧土体为含砂粉土,并存在大量因就地取土所致的积水坑。2002年多年冻土地区公路病害调查时发现此段为一个典型的路基病害点,路基沉降变形明显,并且阴阳坡面差异较大。根据钻探及测温资料,此段存在高温冻土,因此在修筑路基时就地取土破坏了冻土发育的原地表状况及局地冻土环境,再加上路基修筑后横向热状况差异明显,导致了路基下冻土的融化、下沉,而积水的存在进一步加剧了地基土的软化,并最终使路基土体开裂、路面产生严重的纵向裂缝。

路基周边热状况的不同(即地气之间热交换条件的不同)很大程度上决定了下伏土层热状况的差异。从以上对K369段地温资料的分析可以看出,该路段修筑后形成的路基阴阳坡面的地气热交换条件存在很大差异,阳坡面浅地层年平均温度比阴坡面可以高出约4℃,而且阳坡面温度高主要归咎于其冬季相对较高的温度状态。多年冻土地区路基温度场的不对称性导致路基下多年冻土上限在路基下深度差异巨大,从而引发了路面变形在横向上的差异。

根据以上对青藏高原214国道多年冻土区K369路段实测地温资料的分析,可以看出:

(1)多年冻土地区公路工程的修筑改变了原天然地表的热量平衡和原有的地温分布,在该处路基阴阳坡地温差别明显,阳坡面年平均温度比阴坡面年平均温度约高出4.03℃(0.3m深度);阴阳路肩、阴阳坡脚在浅地层也表现出明显的阴阳坡现象。阴阳坡地温差别在冷季比暖季明显。

(2)根据年平均地温的变化趋势曲线可以看出:阴阳坡热差异对路肩热状况的影响比对坡脚热状况的影响大;坡面左右侧对应位置的温度上部差异大、下部差异小,且在下部随着深度的增加差异越来越小,说明了阴阳坡热交换的差异导致了阴阳坡面下部多年冻土温度的差异,这种影响由浅至深逐渐减弱。

(3)太阳辐射能量的差异是造成阴阳坡热交换不对称的根本原因。这一结果,只是在理想情况下(不考虑气温、云、风和降水等的影响)对影响公路路基两侧坡面热状况的太阳辐射因子产生的影响进行了较为详细的研究,但我们还应当看到,高原上其他天气气候特征(如气温、云、风和降水等)对公路路基两侧坡面热状况的不对称性也有较大的影响。此外,决定地表面能量收支及地温变化的是辐射平衡,而后者不仅决定于太阳总辐射量,还与地面反射率和有效辐射有关。因此,需要更进一步深入分析研究各因素对路基温度状况的交错影响。

(4)阴阳坡效应会随着冻土的退化而加剧,采用抛碎石护坡在一定程度上保护了冻土,但并未完全消除阴阳坡现象,建议重新设计抛碎石护坡各参数。

(5)多年冻土地区路基温度场的不对称性导致路基下多年冻土上限在路基下深度差异巨大,从而引发了路面变形在横向上的差异,最终导致了纵向裂缝的发育。

第五章　青藏铁路路基的阴阳坡效应及数值模拟

冻土路堤本体横向热差异是由各外界因素的横向差异引起的。多年冻土具有区别于一般土类的特殊的道路工程性质,其特殊性主要表现在它的性质与温度密切相关。常规土类性质主要受颗粒的矿物、组构、密度和含水率控制,多半表现为静态特性。多年冻土的性质除受上述因素控制以外,同时它的性质随温度和时间都在变化,表现为动态特性,且不同类型的多年冻土表现出不同力学性能。随着全球气候的逐渐变暖和人类工程活动的加剧,多年冻土上限呈现出下降的趋势,多年冻土也在不断地退化,对路基路面的热稳定性也造成了极大威胁。本章以青藏铁路北麓河保温试验段的实测数据为例,分析阴阳坡现象,并通过数值模拟来预测在气候持续变暖条件下,阴阳坡效应的发展趋势。

第一节　自然地理概况及观测方法

北麓河试验段地理坐标为:34.85°N,92.94°E,位于青藏高原可可西里与风火山之间,北麓河盆地南部,属北麓河冲洪积高平原地貌,地势平阔,北低南高,地势略有起伏,其间小冲沟发育,局部有半固定沙丘。该段属青藏高原干旱气候区,寒冷干燥,四季不明,空气稀薄,气压较低,一年内冻结期长达7~8个月,蒸发量远大于降水量。本段年平均气温为-5.2℃,极端最高气温23.2℃,极端最低气温-37.7℃,年平均降雨量290.9mm,年平均蒸发量1316.9mm。

保温试验路段DK1139+618~DK1139+950处孤山山脚的残坡积地带,地表纵向呈拱形,横向呈斜坡,地面高程为4635~4639m,路基填土高度为2.5~4.5m(中心部位),路基填料为砾碎石土。试验路段地表植被稀疏,覆盖率不足20%。该路段地表为厚约1m的细砂加残破积砂岩片石,下部至2.5m范围以黄棕色粉质黏土为主,多年冻土上限约为2.5m,上限以下普遍存在1~4m厚的含土冰层,含土冰层呈悬浮状构造。含土冰层以下以全风化棕红色泥岩为主,局部夹有灰色强风化砂岩。岩芯裂隙发育,裂隙中常常被纯冰充填,在局部形成饱冰、富冰冻土。试验段多年冻土年平均地温从路段DK1139+670的-0.28℃逐渐降低至路段DK1139+940的-0.69℃,属于高温极不稳定和高温不稳定多年冻土区。该试验路段纵向走向(拉萨向)为SW40°,边坡坡度为1:1.5,路基填料为砂砾土,路基修筑后左右边坡形成较为明显的阴阳坡(左侧为阳面,右侧为阴面)。路基完成0.5年以后(2002年6月),在断面DK1139+670、DK1139+820、DK1139+940、DK1139+740和DK1139+900布设了测温探头。其中,在断面DK1139+670和DK1139+940沿整个路基表面下0.5m深度处布设了测温探头,以用来确定阴阳坡面上的温度状况。在断面DK1139+940未铺设保温层,以该断面作为普通路基进行对比。图5-1~图5-5分别为试验断面DK1139+670、DK1139+820、DK1139+940、DK1139+740和DK1139+900探头布设示意图。探头采用中国科学院冻土工程国家重点实验室自制组装的热敏电阻观测,人工观测电阻时采用0.1欧姆分辨率的FlukeIV多功能万用表测试,通过实验室标定的参数将电阻值换算为温度,其精确度达0.02℃。测温孔的布设采用人工观测，观测频率为 1 次/(10d)。测温探头间的距离为 0.5m。

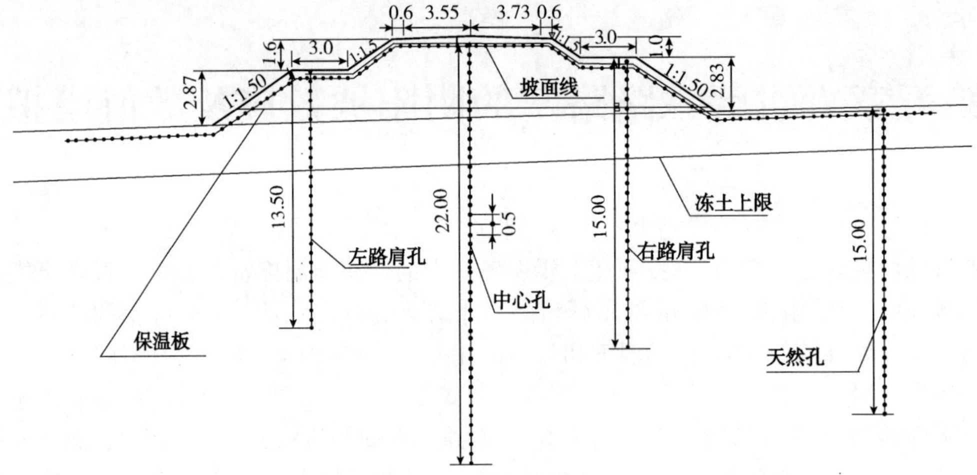

图 5-1　断面 DK1139 +670 探头布设示意图(尺寸单位:m)

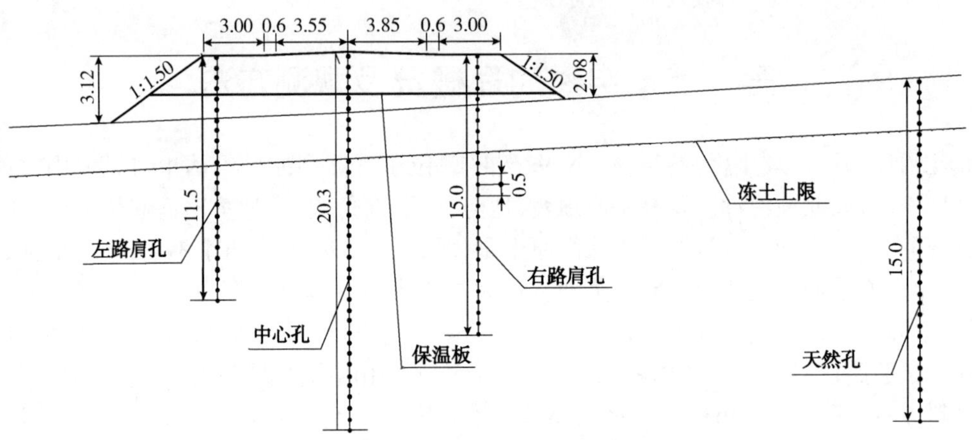

图 5-2　断面 DK1139 +820 探头布设示意图(尺寸单位:m)

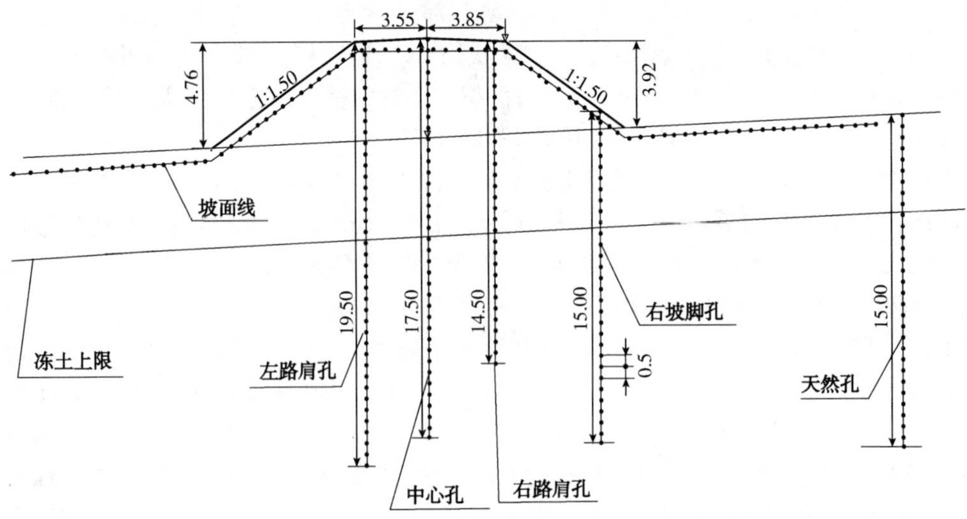

图 5-3　断面 DK1139 +940 探头布设示意图(尺寸单位:m)(该断面无保温板)

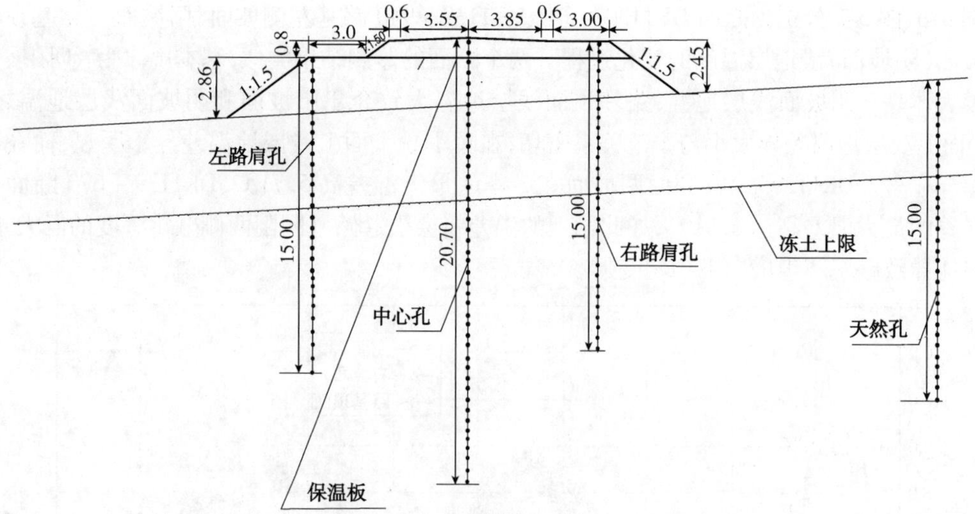

图 5-4　断面 DK1139 +740 探头布设示意图(尺寸单位:m)

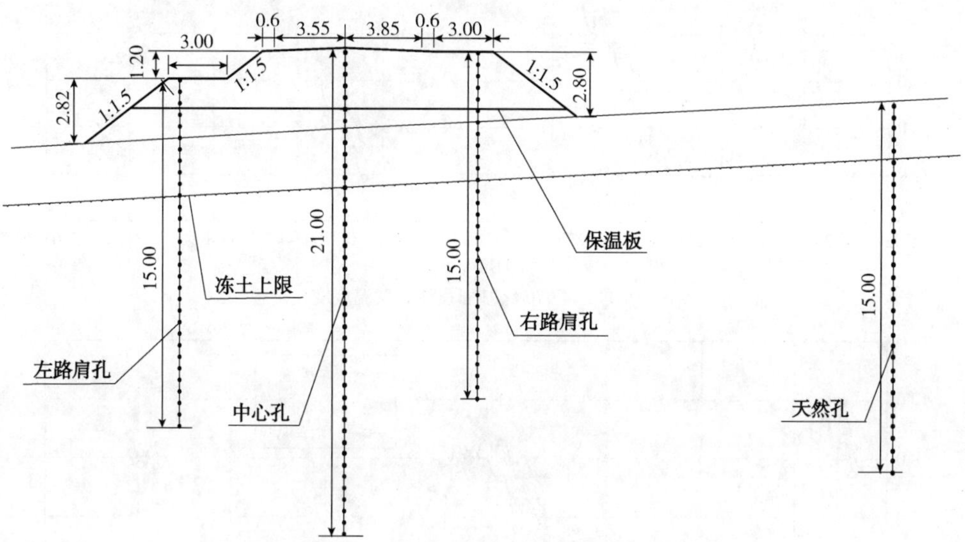

图 5-5　断面 DK1139 +900 探头布设示意图(尺寸单位:m)

第二节　温度监测结果

一、路基温度变化特征

北麓河保温材料试验段路基接近东西走向,因而路基阴阳坡现象比较显著。如前所述,路基左右路肩下地温表现出阳面(左路肩)上升,阴面(右路肩)降温的特点,多年冻土人为上限也相应表现出在阳坡面下降,在路基中心及阳坡面上升的趋势。这种状况一方面说明路基阴阳面热交换存在较大差异,另一方面也说明路基两侧下部地温很大程度上受到边坡热交换的控制。试验段 DK1139 +670 和 DK1139 +940 两个断面沿着路基周边 0.5m 埋深布设有表层温度监测探头,分析数据时将路基各表面下 0.5m 处监测的温度值进行平均分别代表路基水平表面、阴坡面及阳坡面上的浅层地温。

图 5-6、图 5-7 分别为断面 DK1139 +670、DK1139 +940 路基左侧坡面(阳坡面)、路基顶面和右侧坡面(阴坡面)浅地层温度的变化过程。两个断面的监测结果类似,基本规律为:①阳坡面浅层地温大体高于阴坡面浅层地温,路基顶面浅层地温大致介于阳坡面和阴坡面浅层地温之间;②3 个面上浅层地温差异大小与季节关系密切,在暖季 3 个面上浅层地温差异不明显,而在冷季地温差异显著。DK1139 +940 断面两坡面在冬季的最大温差高 5.71℃,DK1139 +670 断面两坡面在冬季的最大温差高达 6.51℃,如此剧烈的温差将会引起路基阴阳两侧融化深度的巨大差异,而很可能导致路基产生横向不均匀变形。

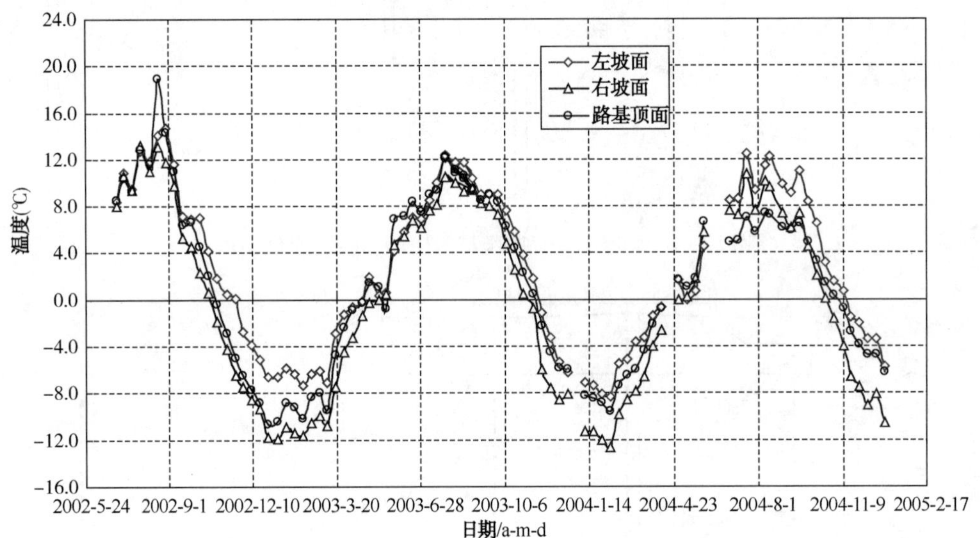

图 5-6　DK1139 +670 路基周边浅表层温度变化过程

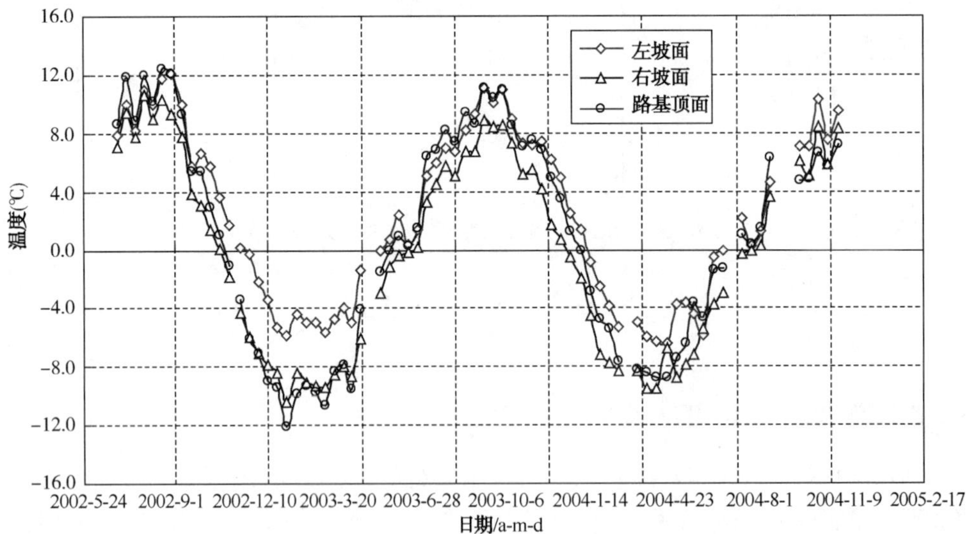

图 5-7　DK1139 +940 路基周边浅表层温度变化过程

表 5-1 列出了 2002 年 7 月—2004 年 6 月两个完整的年度循环期内路基周边浅表层温度基本特征值。最高温度 3 个面差异不大,最低温度差异非常明显。左坡面年平均温度最高,年变化幅度最小,两坡面较高的年平均温差主要原因是在冷季两坡获得太阳辐射的巨大差异,这一点在第三章已作过详细的讨论。在本试验段路基走向条件下,左坡面年平均温度比右坡面

高 2 ~ 3℃，比路基顶面约高 1 ~ 2℃。

路基周边浅表层温度指标统计结果(℃)　　表 5-1

断　　面		DK1139 + 670			DK1139 + 940		
位置		左坡面	路基顶面	右坡面	左坡面	路基顶面	右坡面
2002 年 7 月 ~ 2003 年 6 月	平均温度	2.02	0.73	-0.74	1.89	-0.29	-1.06
	最高温度	14.72	18.89	13.19	12.07	12.45	10.63
	最低温度	-7.36	-10.62	-11.87	-5.85	-12.05	-10.42
	年较差	22.07	29.52	25.06	17.92	24.50	21.05
2003 年 7 月 ~ 2004 年 6 月	平均温度	2.89	2.29	0.61	2.29	1.49	-0.67
	最高温度	12.40	12.24	10.53	11.08	11.05	8.82
	最低温度	-8.32	-9.53	-12.71	-6.39	-8.76	-9.52
	年较差	20.72	21.76	23.23	17.47	19.81	18.33

二、路基温度场的不对称性

路基周边地气热交换的差异性很大程度上决定了路基下部地温场的不对称性。图 5-8 ~ 图 5-12 分别为断面 DK1139 + 670、DK1139 + 820、DK1139 + 940、DK1139 + 740 和 DK1139 + 900 在 2002 年 10 月 29 日的地温场。由于路基两侧边坡不同的热边界条件，路基中的温度场分布的非对称性是非常显著的，路基中的温度整体上呈左高右低的不对称现象。此时，路基下多年冻土基本上达到最大融化深度，路基内融化深度表现为左侧（阳坡）深、右侧（阴坡）浅。

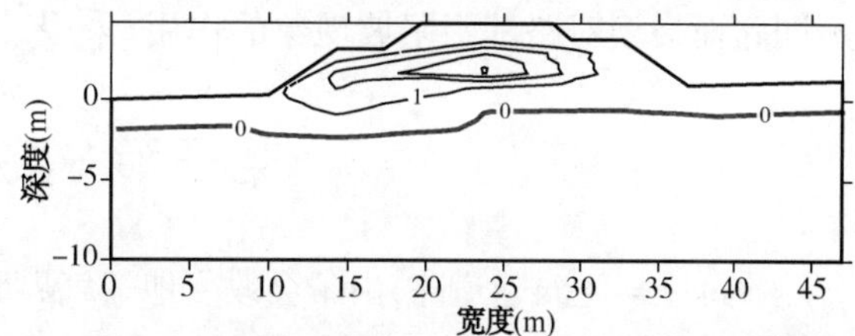

图 5-8　DK1139 + 670 断面 2002 - 10 - 29 地温场（单位：℃）

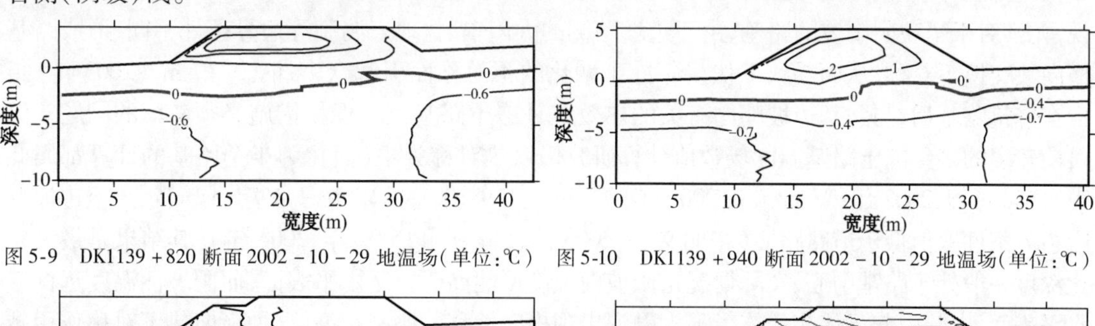

图 5-9　DK1139 + 820 断面 2002 - 10 - 29 地温场（单位：℃）　图 5-10　DK1139 + 940 断面 2002 - 10 - 29 地温场（单位：℃）

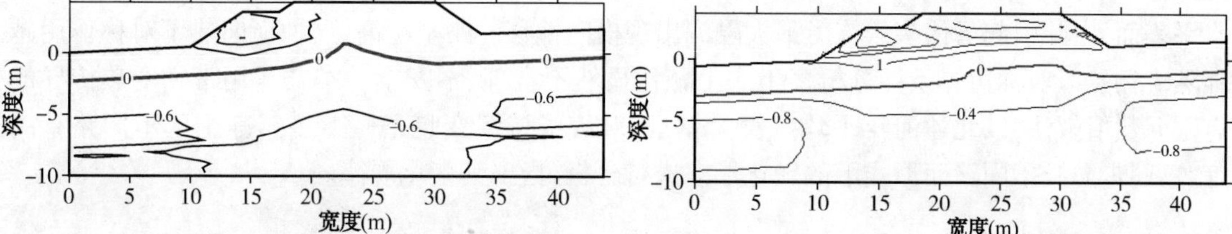

图 5-11　DK1139 + 740 断面 2002 - 10 - 29 地温场（单位：℃）　图 5-12　DK1139 + 900 断面 2002 - 10 - 29 地温场（单位：℃）

地温场表现出横向明显的热不对称，路基左侧融化土层明显较厚，路基右侧融化土层较薄。在路基左侧温度梯度较右侧大，整个路基内的最高温度出现在路基左侧。在原多年冻土天然上限以下地温场横向不对称性相对较弱，一方面说明上部热交换的差异引起的下部土层热差异随着深度的增加相应地逐渐减弱（热周转减弱）。以 DK1139 + 940 断面与其他断面进行对比，发现 5 个断面温度场的分布状态相似，保温层的设置并没有完全改变这种热不对称性，说明在路基下铺设保温板对平衡温度场的横向热差异贡献不大。

从温度观测结果可以得到以下结论：①阴阳坡现象不仅存在于普通路基内，在保温路基内同样存在。通过保温路基温度监测结果可以看出，试验段路基两侧存在明显热交换不对称现象，由此决定了路基左侧（阳面）下部呈热积累发展趋势，路基右侧下部呈放热趋势发展，路基中部尽管呈吸热趋势，但是吸热量明显小于左路肩下部土层。由于路基中部、右侧下部多年冻土温度呈现逐渐平衡降温的迹象，多年冻土人为上限略呈抬升趋势，因此路基左侧的热状况变化对路基的稳定性影响颇大。②受该处地形所限，修筑路基后，其横断面形状不对称，且左侧（阳坡一侧）的面积大于右侧（阴坡一侧），路基左侧受“双重阳坡效应”（坡面朝阳且面积较大，吸收更多的热量）影响。

北麓河保温试验段的路基属于线路走向、路基横断面几何形状均不对称的阴阳坡路基。建议在路基阳坡一侧设置遮阳板、泥炭层、热棒或抛碎石护坡等措施来消除温度场的不对称，从而预防路基产生横向不均匀变形所带来的隐患。

由于测温探头的损坏及其他原因，近几年的各断面、各测温孔的监测数据不齐全，无法得出完整的地温资料，再加上无法得知目前的阴阳坡现状发展到几十年后的情况，所以下面将应用数值计算的方法，预测北麓河地区不同走向、不同高度普通路基未来的热稳定性。为了分析不同路面类型对路基阴阳坡现象的作用，采用了沥青和砂砾两种路面形式。

第三节　数 值 模 拟

在冻土层上筑建道路，由于会改变地—气界面的热物理特性，进而会影响冻土层的热力→动力稳定性，故而修筑一定高度的路基成为保护冻土层所采取的一种常规措施（程国栋等，2003 年）。但随着路基的加高，边坡面积加大吸热加剧，其热交换对其下伏多年冻土的热影响不容忽视，尤其对于呈现阴阳坡的路基，由于边坡两侧的太阳辐射、地表湍流等边界条件不同，形成路基横向热交换不对称，从而导致下伏多年冻土融化的不对称而引起众多病害。Cheng（2003 年）指出在修筑路基后，与路基边坡朝向有关的热效应是冻土路基工程保护措施必须考虑的问题。但目前较多的多年冻土路基温度场数值计算研究仍以热对称为主（简化为半个路基的计算都属此类）（Liu et al，2002 年；Wen et al，2005 年； Li et al，1998 年），并未考虑路基走向问题甚至边坡温度边界条件取值低于道路路面（张明义等，2006 年；Liu et al，2002 年，2004 年），其结果是最大融化深度一般处于路基中心，实际情况是阳坡面温度可能高于路基水平表面，而阴坡面温度远低于水平表面，由此引起下伏多年冻土最大融深出现横向偏移。路基越高，这种横向热不对称作用越强烈。仍然以对称边界条件分析多年冻土融化显然不合理、不安全。本文运用带相变热传导的有限元数值解法，以北麓河年平均气温为基准，对气候持续变暖条件下多年冻土区不同路基高度、不同走向及不同路面形式下的融化形态进行分析，指出其变化规律。

一、计算模型

（一）控制微分方程及有限元公式

计算中忽略对流、质量迁移等其他作用，只考虑热传导及相变，土体的热传导方程：

$$\frac{\partial}{\partial x}\left(\lambda\frac{\partial T}{\partial x}\right)+\frac{\partial}{\partial y}\left(\lambda\frac{\partial T}{\partial y}\right)=\rho c\frac{\partial T}{\partial t} \tag{5-1}$$

式中：T——温度；

c——土体容积热容量；

λ——导热系数；

t——时间；

ρ——土体密度。

在移动边界上，必须满足连续条件和守恒条件，即

$$T_{\mathrm{f}}[s(t),t] = T_{\mathrm{u}}[s(T),T] = T_{\mathrm{m}} \tag{5-2}$$

$$\lambda_{\mathrm{f}}\frac{\partial T_{\mathrm{f}}}{\partial n} - \lambda_{\mathrm{u}}\frac{\partial T_{\mathrm{u}}}{\partial n} = L\rho w_0\frac{\mathrm{d}s(t)}{\mathrm{d}t} \tag{5-3}$$

式中：f、u——分别代表冻结和融化状态；

T——温度；

w_0——初始含水率；

L——水的相变潜热；

s——冻融界面；

T_{m}——冻结峰面的温度；

n——冻结峰面的发展方向。

相变热的计算

$$Q = L\rho_{\mathrm{d}}(w - w_{\mathrm{u}}) \tag{5-4}$$

式中：Q——相变热；

L——水的结晶或融化潜热；

w_{u}——冻土中的未冻水含率；

ρ_{d}——土体的干密度。

未冻水含率的计算

$$w_{\mathrm{u}} = aT^{-\mathrm{b}} \tag{5-5}$$

$$b = \frac{\ln w_0 - \ln w_{\mathrm{u}}}{\ln T - \ln T_{\mathrm{f}}} \tag{5-6}$$

$$a = w_0 T_{\mathrm{f}}^{\mathrm{b}} \tag{5-7}$$

式中：T、T_{f}——分别为初始含水率为 w_{u} 和 w_0 时的冻结温度。

有限元方程

$$[M]\left\{\frac{\partial T}{\partial t}\right\}+[K]\{T\} = -\{q\} \tag{5-8}$$

$$M_{ij} = \sum\int_{\Omega^e}\rho c N_i N_j \mathrm{d}\Omega \tag{5-9}$$

$$K_{ij} = \sum\int_{\Omega^e}\lambda\left(\frac{\partial N_i}{\partial x}\frac{\partial N_j}{\partial x}+\frac{\partial N_i}{\partial y}\frac{\partial N_j}{\partial y}\right)\mathrm{d}\Omega \tag{5-10}$$

$$q_i = \sum\int_{\Gamma_2^e} qN_i\mathrm{d}\Gamma \tag{5-11}$$

（二）模型计算区域及土体物理参数

计算区域在几何形状上关于路堤中线是对称的，但考虑到阴阳坡问题即热边界条件不对

称,不能简化为半个路基来计算,需取整个路堤横断面进行计算。计算中路基高度分别取 0.0m、0.5m、1.0m、1.5m、2.0m、2.5m、3.0m、3.5m、4.0m、4.5m、5m,路基顶面宽 7.5m,天然地面下深 30m,两侧边坡外各取 20m,边坡坡度 1∶1.5。计算模型如图 5-13 所示,A 为砂砾填土,B 为亚黏土,C 为含土冰层,D 为多年冻土。

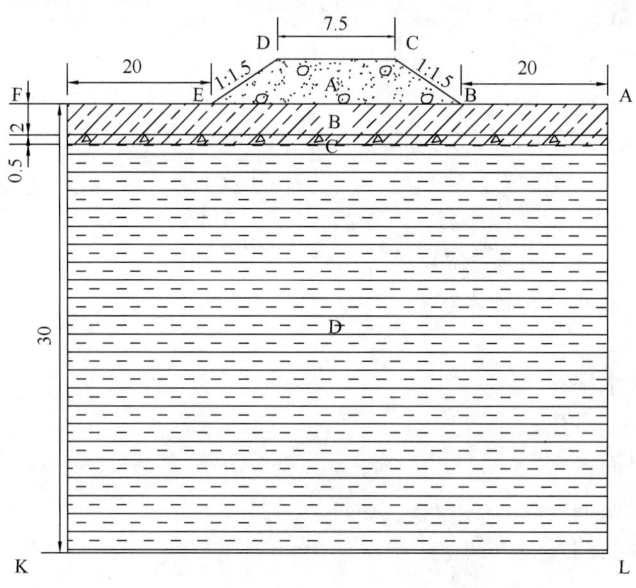

图 5-13 计算模型(尺寸单位:m)

土层物理参数:在计算过程中,土体的热容只取其冻、融两种状态的容积热容量。另外,导热系数取值只考虑冻融状态而忽视温度的影响。根据青藏铁路北麓河实测钻孔资料,表 5-2 给出了土层物理参数。

路基中各介质的热力学参数 表 5-2

土层类型	ρ (kg·m^{-3})	λ_f (J·h^{-1}·m^{-1}·K^{-1})	λ_u (J·h^{-1}·m^{-1}·K^{-1})	C_f (kJ·m^{-3}·℃$^{-1}$)	C_u (kJ·m^{-3}·℃$^{-1}$)	含水率
砂砾填土	2100	5400	5040	1827	2226	0.08
亚黏土	1920	6480	5400	2188	2438	0.20
碎石亚黏土	1500	7920	3600	2055	2865	0.50
弱风化泥岩	2200	9005	7200	2640	2970	0.32

(三)边界条件及初始条件

根据文献(程国栋等,2003 年)给出的年平均气温为 -3.82℃的北麓河多年冻土区,不同走向的路基各表面年平均温度及温度振幅,温度变化简化为如下三角函数形式

$$T(x,y,t) = T + g(t) + A\sin\left(\frac{2\pi t}{8760} + \frac{\pi}{2}\right) \tag{5-12}$$

$$(x,y) \in \overline{AB}, \overline{BC}, \overline{CD}, \overline{DE} \text{ 和} \overline{EF}$$

式中:T ——路基各表面年平均温度;

A ——各边界年温度变化振幅;

t——时间；

$\frac{\pi}{2}$——初始计算相位；$g(t)=R_0 t$，R_0 为全球变暖增温率，$R_0=0.022℃/8760h$。

T、A 的取值列于表 5-3。

各边界年平均温度及温度振幅　　表 5-3

路基走向	各边界	年平均温度 T(℃)	振幅 A(℃)
—	气温	-3.82	11.5
	天然地面	-1.32	12
	砂砾路面	0.38	14.5
	沥青路面	2.88	15
东西走向	S 坡	1.96	12.6
	N 坡	-2.26	15.5
45°走向	SE 坡	1.43	13.2
	NW 坡	-1.23	15
南北走向	W 坡	0.54	13.8
	E 坡	0.1	14
对称路基	坡面	0.32	13.9

注：对称路基指路基两边坡不存在温差。

下边界条件$\overline{KL}$，取 30m 深度处地温梯度为 $0.038℃\cdot m^{-1}$（张明义等，2004 年），故求得定热流边界的热流值为 $q=0.3079kJ\cdot h^{-1}$

即

$$\lambda\frac{\partial T}{\partial n}=-q \tag{5-13}$$

两侧$\overline{FK}$和$\overline{AL}$取绝热边界条件，即

$$\lambda\frac{\partial T}{\partial n}=0 \tag{5-14}$$

初始条件 $T=T_0$，以北麓河 DK1139+670 段最高气温时的天然地面下实测值作为计算区域温度场的估计值，按式(5-12)取 $g(t)=0$ 时的天然地表温度作为上边界条件反复计算，直至得到稳定的温度场为止，以此时的温度场作为天然地面下的初始温度，以初始温度得到的最大融化深度作为天然冻土上限。路基填土的初始温度以最高气温时天然地面下 0.5m 内的平均温度计。

二、计算结果分析

对于不同走向的路基其最大融化深度在竖直方向和水平方向均存在着差异，水平方向用最大融化深度偏离路基中线的距离（以下简称最大融深位置）、竖直方向用最大融化深度（以天然地面作为基准面）来衡量路基下多年冻土的横向热不对称性。热对称路基以路基中心处的最大融深来分析，所以其最大融深位置在路基中线上。以下把东北—西南走向简称 45°

走向。

(一)最大融深位置的变化规律

(1)最大融深位置随时间的变化。

图 5-14 给出了路基高度 $h=3.0$m、砂砾路面和沥青路面下最大融深位置随时间的变化图,可以看出最大融深位置随时间基本不发生变化,与线路走向、路面类型关系密切。对比两图,在呈阴阳坡的路基中,砂砾路面下最大融深位置总是大于沥青路面下最大融深位置。通过对计算结果的分析发现,其他高度路基的最大融深位置随时间的变化规律与图 5-14 所示结果一致。

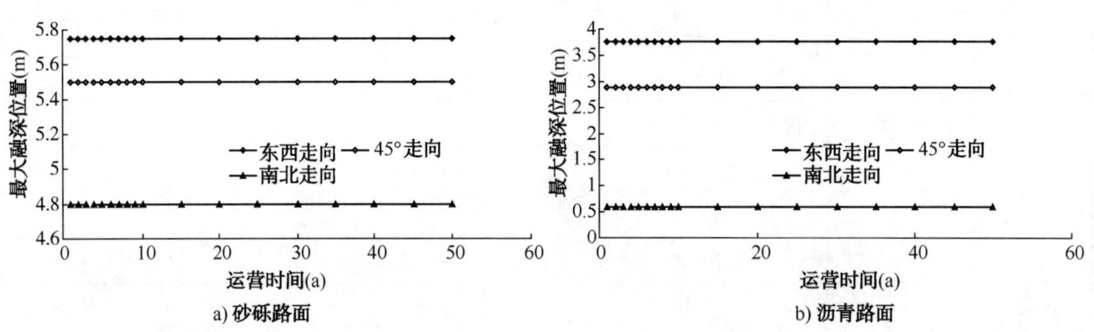

图 5-14 $h=3.0$m 最大融深位置随运营时间的变化

(2)最大融深位置随路基高度的变化。

图 5-15 给出了最大融深位置随路基高度的变化。可看出,各路基走向下最大融深位置均随路基高度的增加而呈线性增大。对于砂砾路面,路基较低时,东西走向及 45°走向的最大融深位置偏离路基中心的程度远远大于南北走向,但随着路基高度的增加南北走向的最大融深位置的发展趋势逐渐靠近东西走向的最大融深位置,当路基高度增加到 4.5m 时,3 种走向的最大融深位置趋于一点,尽管南北走向两边坡年平均温差仅为 0.44℃,但随着路基高度增加,这种横向偏移是逐渐加剧的。对于沥青路面,低路基时各走向的最大融深位置比较接近,但随着路基高度的增加,东西走向与 45°走向最大融深位置随路基高度的变化曲线接近平行,南北走向的最大融深位置发展趋势越来越偏离东西走向的最大融深位置。这可能是因为南北走向两边坡温差不大,沥青路面强吸热性使其最大融深基本接近于路基中心,因此最大融深位置随着路基高度的增长变化并不大。表 5-4 给出了两种路面下、不同走向的路基最大融深位置随路基高度的变化方程。可以看出,最大融深位置与路基高度之间呈较好的线性相关性。

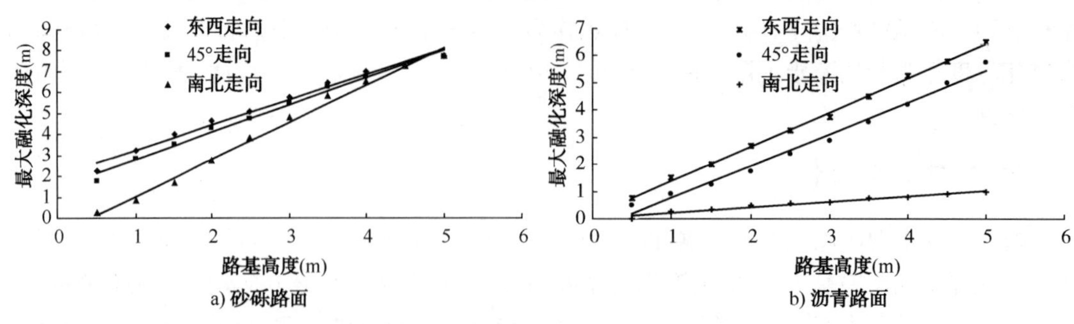

图 5-15 最大融深位置随路基高度的变化

最大融深位置与路基高度的回归方程　　表 5-4

路面形式	路基走向	回归方程	相关系数 R^2
砂砾	东西走向	$y=1.203x+2.0467$	0.9869
	45°走向	$y=1.3048x+1.4767$	0.9907
	南北走向	$y=1.7807x-0.76$	0.9929
沥青	东西走向	$y=1.2598x+0.1347$	0.9983
	45°走向	$y=1.1708x-0.4007$	0.9873
	南北走向	$y=0.2012x+0.0167$	0.9698

(二)最大融化深度的变化规律

(1)最大融深随时间的变化。

图 5-16 ~ 图 5-18 分别给出了砂砾路面和沥青路面下路基高度分别为 0.5m、3.0m、5.0m各走向最大融化深度随运营时间的变化曲线,最大融化深度以天然地面为基准点。从图 5-16 可看出,当路基高度较低时($h=0.5$m),两种路面下的最大融化深度均随运营时间的增长而增大,即使在筑路初期也未抬高多年冻土上限,无论哪种走向的路基都未起到保护冻土的作用。比较图 5-16a)、图 5-16b)发现,沥青路面从第 5 年开始各走向路基的最大融化深度大于砂砾路面各走向任何年份的最大融化深度,沥青路面的强吸热性使其最大融化深度随着运营时间的增长基本上呈线性增大趋势,且两种路面下的最大融化深度与路基走向关系不大,说明低路基($h=0.5$m)阴阳坡效应不显著。从图 5-17 可看出,当路基高度 $h=3.0$m,两种路面下的最大融化深度随时间的变化曲线呈现明显的不同。图 5-17a),东西走向、45°走向路基在 50 年内最大融化深度随运营时间的增长而增大,南北走向路基在运营初期(10a)内最大融化深度基本维持在原天然上限(-1.80m)附近,随后逐年加大。对称路基在运营初期(10a)多年冻土人为上限明显的抬升,随后逐年下降,到第 35 年为-1.64m,第 40 年为-1.9m(低于原天然上限)。对于 3m 高度的砂砾路面,若按对称考虑路基运营 35 年是安全的,而对呈现阴阳坡的路基则在阳坡侧出现问题,即使南北走向的路基人为多年冻土上限已下降到原天然多年冻土上限以下。图 5-17b),除了对称路基在前 3 年冻土上限略有升高外,各走向多年冻土人为上限均随时间线性降低。比较图 5-17a)、图 5-17b),$h=3.0$m 时,砂砾路面最大融化深度与路基走向关系密切,沥青路面下的最大融化深度与路基走向关系不大,这可能是由于沥青路面的强吸热性在一定程度上部分抵消了阴阳坡效应,但加剧了融化深度。从图 5-18 可看出,对于 $h=5$m 的路基,两种路面下阴阳坡效应都特别显著。图 5-18a),东西走向多年冻土人为上限随时间线性下降,45°走向在运营初期(8a)人为上限维持在原天然上限附近,后随时间下降,南北走向路基在筑路初期(10a)比原天然上限略有上升,随后缓慢下降,到第 30 年急剧下降。对称路基在整个运营年限内则是安全的,且第 3 年到第 20 年冻土上限上升到天然地面以上,其他走向路基在阳坡一侧人为多年冻土上限明显低于原天然多年冻土上限。图 5-18b),东西走向及 45°走向多年冻土人为上限随时间线性下降,南北走向及对称路基在运营初期(10a)抬升了冻土上限,随后冻土上限线性降低。沥青路面下南北走向、对称路基最大融化深度随时间的变化曲线基本重合,这可能是由于沥青路面的强吸热性对路基下卧多年冻土的热状况贡献较大,且导致

南北走向时最大融深接近路基中线处。

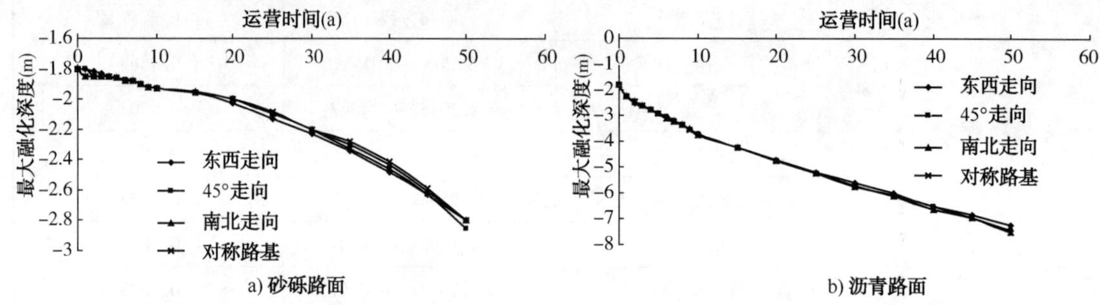

图 5-16　$h=0.5\text{m}$ 不同走向最大融化深度随时间的变化

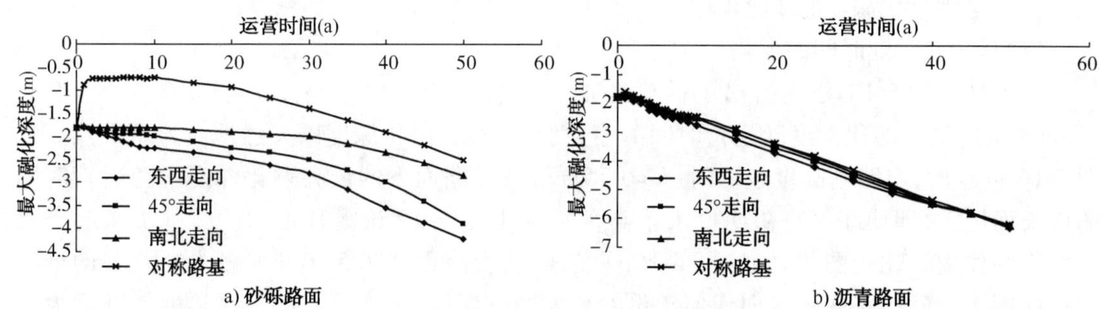

图 5-17　$h=3.0\text{m}$ 不同走向最大融化深度随时间的变化

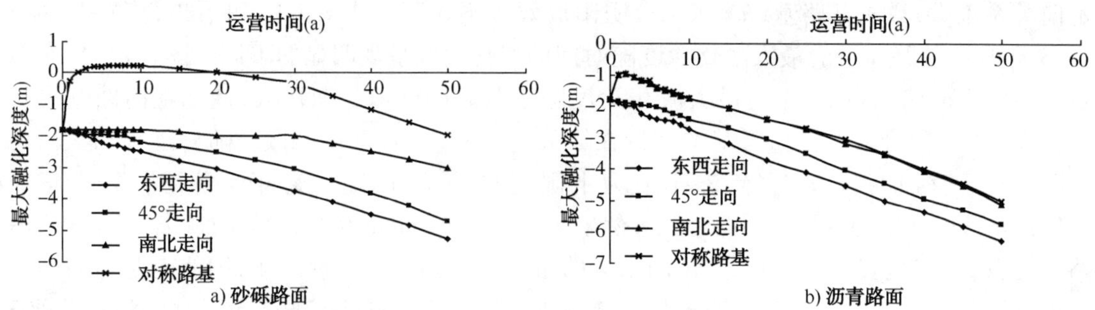

图 5-18　$h=5.0\text{m}$ 不同走向最大融化深度随时间的变化

(2)最大融深随路基高度的变化。

图 5-19、图 5-20 分别给出了第 20、50 年最大融深随路基高度的变化规律图,可看出,砂砾路面和沥青路面下最大融深随路基高度的变化规律明显不同。从图 5-19 可看出,当运营时间为 20 年时,砂砾路面,$h\leqslant 1.0\text{m}$,各走向的最大融深随路基高度的增加而减小。对于东西走向,$h>1.0\text{m}$,最大融深随路基高度的增加而急剧增大。对于 45°走向,$h>2.0\text{m}$,最大融深随路基高度的增加而增大。对于南北走向,最大融深随路基高度的增加而略微减小。对于对称路基,最大融深随路基高度的增加而大幅度减小,当 $h=5.0\text{m}$ 时多年冻土上限已上升至天然地面。沥青路面,各走向最大融深随路基高度的增加而减小,但当 $h>2.5\text{m}$ 时对于不同高度的路基、各走向最大融深随路基高度的增加而减小的幅度有所不同,阴阳坡显著的路基其最大融深随路基高度的增加而减小的幅度较小,当 $h>4.0\text{m}$ 时南北走向最大融深随路基高度的增加而减小的幅度小于对称路基。

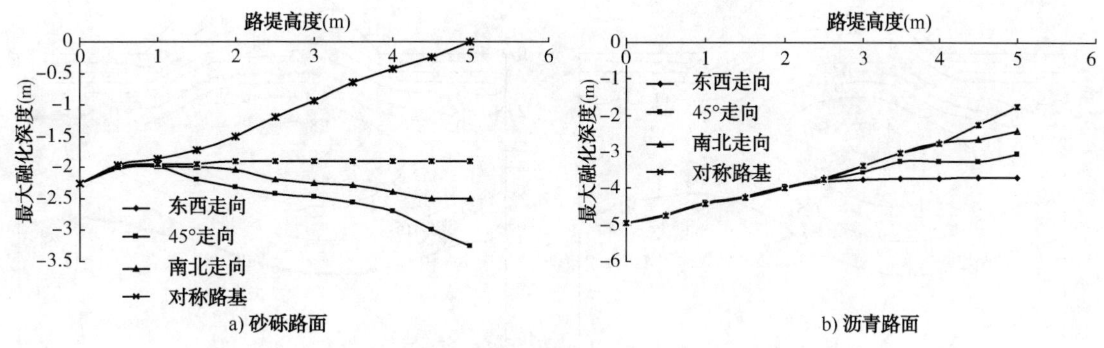

图 5-19　最大融化深度随路基高度的变化(20a)

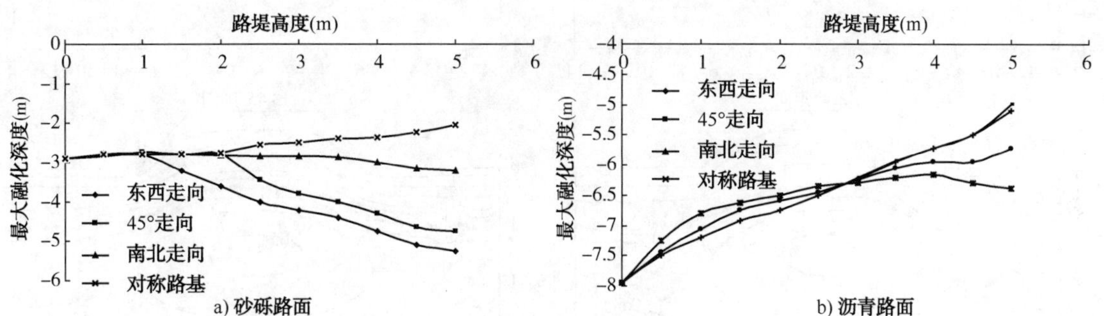

图 5-20　最大融化深度随路基高度的变化(50a)

从图 5-20 可看出，当运营时间为 50a 时，砂砾路面，$h \leqslant 1.0\mathrm{m}$，各走向的最大融深随路基高度的增加而略微减小。对于东西走向，$h > 1.0\mathrm{m}$，最大融深随路基高度的增加而急剧增大。对于 45°走向，$h > 2.0\mathrm{m}$，最大融深随路基高度的增加而急剧增大。对于南北走向，$h > 3.5\mathrm{m}$，最大融深随路基高度的增加而增大。对于对称路基，最大融深随路基高度的增加而略微减小。路基越高，边坡面积越大，吸热就越多，尤其对于阴阳坡效应比较显著的路基，其最大融深一般位于阳坡正下方，所以路基越高其最大融深越大。沥青路面，$h < 3.0\mathrm{m}$，随着路基从东西走向逐渐转向南北走向的过程中，最大融深增大，这可能是因为低路堤边坡的热效应不足以抵抗沥青路面的强吸热性。$h > 3.0\mathrm{m}$，随着路基从东西走向逐渐转向南北走向的过程中，最大融深减小，这是因为高路基边坡的热效应作用部分抵消了沥青路面的强吸热性。除了东西走向路基当 $h > 4.0\mathrm{m}$，最大融深随路基高度的增加而增大外，其他走向最大融深均随路基高度的增加而减小。对于南北走向和对称路基而言，最大融深随路基高度的增加而增大，且在这两种路基走向下最大融深随路基高度的变化曲线基本趋于重合，说明沥青路面的强吸热性平衡了南北走向下不太显著的阴阳坡效应。综合分析图 5-19、图 5-20，发现阴阳坡效应随着路基高度的增加和气候变暖而加剧。

(3)不同气温增温速率下的最大融化深度变化。

图 5-21、图 5-22 分别给出了气温以 1.0℃/50a，5.6℃/100a 增温时(南卓铜等，2004 年)，路基高度为 2m 的砂砾路面路基在不同走向下第 50 年最大融化深度时的地温场。表 5-5 给出了此时两种增温速率下不同路基的最大融深偏离路基中线的距离(简称最大融深位置)及最大融化深度。从图 5-21、图 5-22 及表 5-5 可看出，增温速率的大小也对最大融化深度有着不同的影响，增温速率越大最大融化深度、最大融深位置均越大，阴阳坡效应越显著。

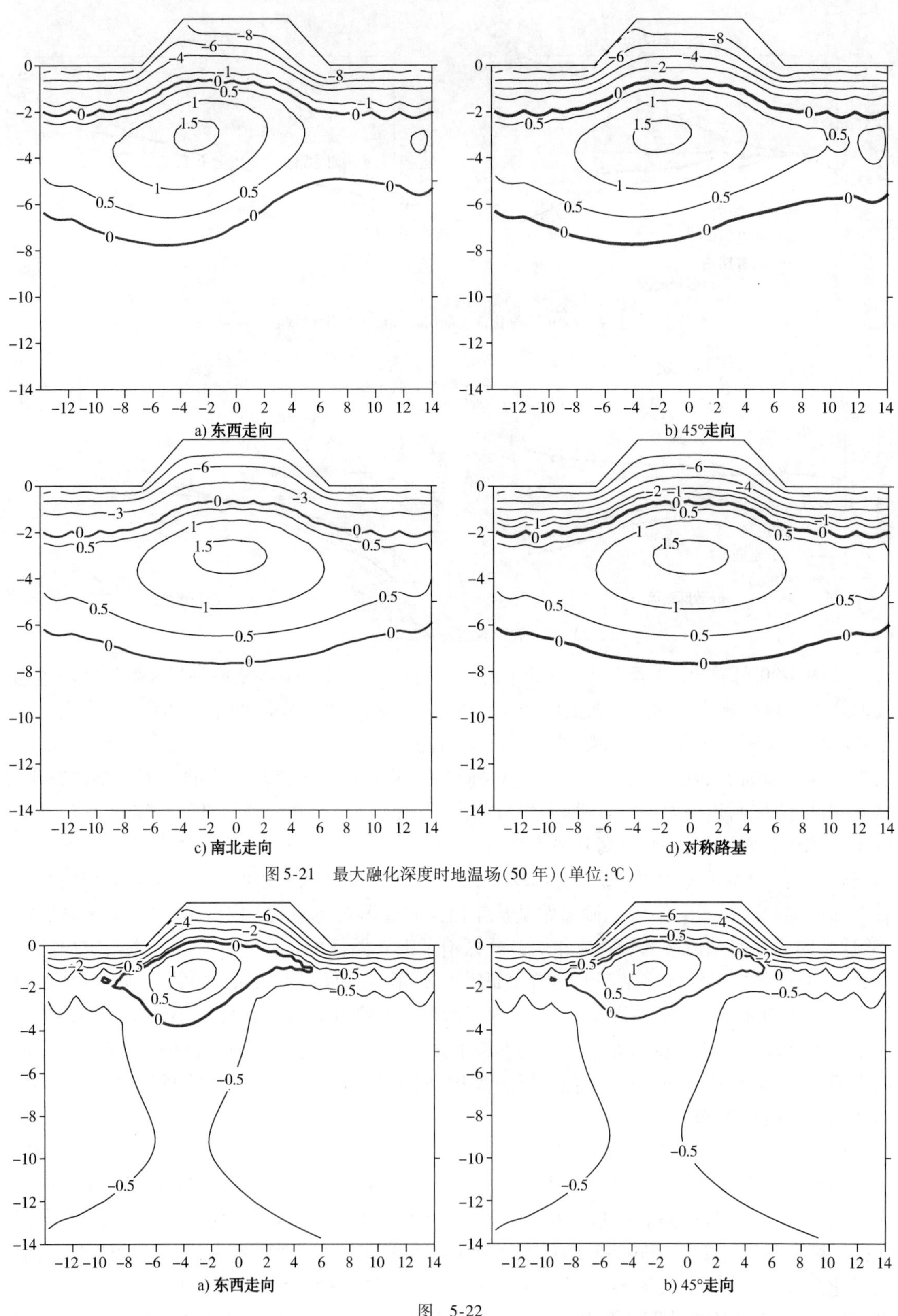

图 5-21　最大融化深度时地温场(50 年)(单位:℃)

图　5-22

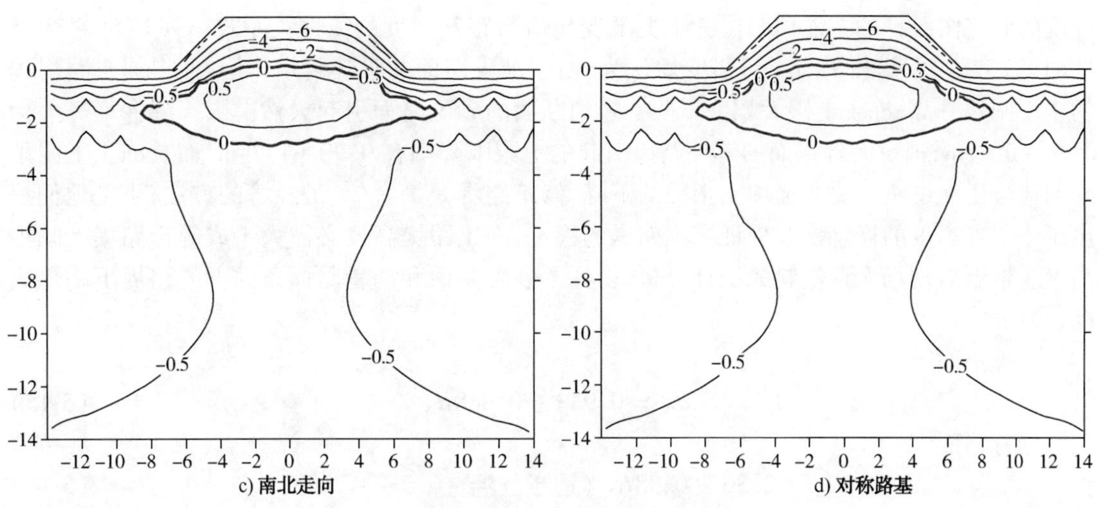

图 5-22　最大融化深度时地温场（50 年）（单位：℃）

不同增温速率下的最大融化深度　　表 5-5

增温速率（℃ · a^{-1}）	0.02				0.056			
路基走向	东西	45°	南北	对称	东西	45°	南北	对称
最大融深（m）	3.78	3.5	2.8	2.72	7.8	7.75	7.7	7.67
最大融深位置（m）	4.5	4	2.25	0	5	4.5	1.5	0

（三）阴阳坡问题对路基临界高度的影响

在多年冻土区修筑道路工程后，由于改变了原天然地面的水热环境条件，因而路基下的多年冻土上限位置将发生变化，影响路基的热稳定性。为了解决路基热稳定性的问题，人们对多年冻土区路堤临界高度进行了大量的研究。根据对青藏公路路堤病害发育规律的调查与研究结果，在公路路堤出现沉降病害的路段，冻土路堤内的热状况均出现了如下特征：①多年冻土上限下降，冻土地基出现融化盘（窦明健等，2002 年；汪双杰等，2004 年）。②冻土路堤内尤其是高填土路基内出现了融化夹层（刘永智等，2000 年；李祝龙，2001 年；盛煜等，2005 年）。为了避免在冻土路堤内部出现这两种不利的现象，有人提出在多年冻土地区筑路应该存在一个合理的路堤高度范围（程国栋等，2003 年），即路堤高度应保持在下临界高度和上临界高度之间。下临界高度指最低路堤高度不致引起天然上限的下降；上临界高度就是在保持路堤下冻土上限不下降的同时，最高路堤高度不会在路堤体或其地基层内形成融化夹层。当在多年冻土地区采取保护冻土原则筑路时，确定路堤的合理高度无疑具有重要的实践意义。朱林楠（1982 年）指出下临界高度和上临界高度构成了评价路基热学稳定性的两个指标。

路基设计原则与路基合理设计高度是长期困扰从事多年冻土区道路稳定性研究及路基勘察设计工作的科研人员及工程师们的关键课题，其不仅影响路基稳定性，且对工程造价也起到一定的控制作用。冻土路堤合理高度的提出和发展是生产实践的需要。20 世纪 70 年代，青藏公路在进行沥青路面改建以后，绝大部分路堤下的冻土上限均出现了下降的趋势，路堤融沉病害严重。青藏公路科研组通过对青藏公路 1979—1980 年沥青路面的现场实测资料分析，发现冻土上限变化值与路基高度呈线性关系。黄小铭通过对青藏高原多年冻土区铁路路基临界高度的研究由统计的方法回归出冻土上限变化值与路基高度的线性关系式(1983年)。朱林楠(1982年)、吴紫汪(1988年)研究后认为,由于沥青路面的吸热封水作用,使得冻土路堤内的土温剧烈升高,冻土上限大幅度下降。零填断面的砂砾路面引起天然上限下降深度一般为0.20~0.97m,铺设沥青路面的零填路段引起的上限下降则在0.90~1.74m,而且冻土上限下降的趋势还在继续。要防治冻土上限的下降,修筑路堤是最有效、最经济的方法,于是他们提出了下临界高度的概念。要保证冻土路堤的稳定,冻土路堤高度必需大于或等于路堤下临界高度。根据对现场大量资料的统计分析,得到了砂砾路面和沥青路面条件下的路堤下临界高度计算公式:

砂砾路面

$$H_0 = 0.933 - 0.088H_N \tag{5-15}$$

沥青路面

$$H_0 = 2.36 - 0.38H_N\ (\text{适于气温} -6.0 \sim -7.5℃) \tag{5-16}$$

$$H_0 = 2.87 - 0.44H_N\ (\text{适于气温} -4.5 \sim -5.5℃) \tag{5-17}$$

式中:H_0——路堤下临界高度(m);

H_N——多年冻土天然上限深度(m)。

除了气温对路堤下临界高度的控制性影响以外,季节融化层的工程性质、多年冻土的工程地质性质、气温突发事件都可能增加路堤的下临界高度,综合考虑上述因素之后,他们对沥青路面的路堤临界设计高度给出了自己的建议值,见表5-6。

沥青路面下临界设计高度 表5-6

地基土类型	沼泽植被含土冰层	植被分布含土冰层	含土冰层	饱冰冻土	富冰冻土	多冰冻土
路基设计高度	$1.4H_0$	$1.3H_0$	$1.2H_0$	$1.15H_0$	$1.1H_0$	$1.0H_0$

喻文学(1986年)也根据对现场资料的统计分析,给出了经验计算公式,并提出了具体的临界高度参考指标,为工程实践提供了有益参考。除了现场观测研究路堤的下临界高度以外,还进行了大量的数值研究工作。袁筱琳(1986年)采用差分法计算了不同融化指数条件下两种典型地基土上路堤的下临界高度,砂砾土路段的路堤下临界高度在1.4~1.9m(融化指数1600~3150℃·d),黏性土路段的路堤临界高度在1.3~2.5m(融化指数1400~3000℃·d)。安维东(1989年)对沥青路面下双重介质二维相变路堤的临界高度进行了数值模拟,得出了不同填料和不同地基土类型条件下的路堤下临界高度。Li et al(1998,2000年)考虑了路堤修筑后的运行时间对冻土上限变化的影响,对年平均气温为-4.5℃的退化性多年冻土地区的路堤下临界高度进行了数值分析。结果表明,在设计使用年限分别为20年和30年时,沥青、水泥、砂砾三种路面条件下的路堤临界高度分别为4.3m、1.4m、1.0m及4.5m、1.6m、1.0m。李东庆等分别通过对青藏高原低温、高温多年冻土的数值模拟,得出在沥青、混凝土、砂砾路面下冻土上限的变化与路基高度在一定范围内均为线性关系的结论(1998;2005年)。基于多年冻土路基热稳定性是指修筑路基后人为上限相对于天然冻土上限不下降(吴紫汪等,1988年)这一原则,目前冻土路基下临界高度的确定方法基本上都是通过冻土上限变化值与路堤高度之间的线性回归方程,令方程等于零时的路基高度为下临界高度。

路堤下临界高度的思路在工程实践中被广泛采用,在以后的道路改建过程中,路堤高度不断增加。然而路堤的不断加高和高路堤的采用并没有根治多年冻土段路堤的沉陷病害，随着高路堤运行时间的增加，路堤下的冻土上限在下降，高温冻土区尤其明显（汪双杰，2004 年），高填路堤上的纵向裂缝病害也日益严重（窦明健，2002 年）。针对这一现象，有人开始提出了上临界高度的概念，并对上临界高度进行探讨。朱林楠（1982 年）从能量平衡的原理出发，建立了上临界高度的近似计算方法，并对风火山（年平均地温 -4.1℃）和青海热水（-0.6℃）的路堤上临界高度进行了试算，得到的上临界高度分别为 4.4m 和 2.87m。朱林楠（1989 年）根据简化二维路堤解析解后建立的一维模型，对 2 种路面（沥青路面和砂砾路面）、2 种地基土类型（粗颗粒土和黏性土）、4 种路堤填料以及青藏公路沿线对应的各区段气温组合条件下的路堤中心下的融化深度进行了计算，给出了不同条件下的路堤合理高度诺模图。王铁行（2003 年）将路堤临界高度的概念拓宽为保证路基处于安全状态的填土高度，采用有限单元法计算了砂砾路面和沥青路面条件下路堤的上下临界高度，并给出了计算表达式。对于年平均气温为 -4.0℃、10m 深度处的土温常年处于负温的稳定型冻土，下临界高度计算式为：

$$砂砾路面\quad H_L = 1.41 - 0.31H_N \tag{5-18}$$

$$沥青路面\quad H_L = 2.88 - 0.42H_N \tag{5-19}$$

式中：H_L ——路堤下临界高度（m）；

H_N ——多年冻土天然上限深度（m）。

路基修筑后，只要一定的路基高度能保证路基中融土核存在的时间短、规模小且使路基不出现病害，就可将满足此条件的最大路基高度作为上临界高度

$$砂砾路面\quad H_U = 7.17 - 1.76H_N \tag{5-20}$$

$$沥青路面\quad H_U = 5.03 - 0.81H_N \tag{5-21}$$

式中：H_U ——路堤上临界高度（m）；

H_N ——多年冻土天然上限深度（m）。

张明义等（2004 年）通过数值计算给出了当年平均气温不高于 -4.0℃时，铁路路堤的下临界高度和上临界高度。考虑全球气温升高的条件下，未来 50a 中冻土上限与原天然上限相比是否出现下移作为路堤下临界高度的判别标准，表 5-7 给出了不同年平均气温条件下路堤下冻土上限变化值与路堤高度的回归方程及路堤的下临界高度。上临界高度以路堤建成后第一个冬令期内能否形成与原天然上限衔接的冻土核作为确定上临界高度的依据，表 5-8 给出了不同年平均气温条件下路堤内融化核厚度与路堤高度的回归方程及路堤的上临界高度。

不同年平均气温条件下路堤下冻土上限变化值与路堤高度的回归方程及路堤的下临界高度（张明义等，2004 年）

表 5-7

年平均气温（℃）	冻土上限随路堤高度变化方程	相关系数 R^2	下临界高度（m）
-4.0	$y = 0.74x - 2.29$	0.97	2.66
-4.5	$y = 0.99x - 1.59$	0.99	1.60
-5.0	$y = 0.98x - 1.15$	0.99	1.18
-5.5	$y = 0.98x - 1.00$	0.98	1.01
-6.0	$y = 0.99x - 0.91$	0.99	0.92
-6.5	$y = 0.98x - 0.84$	0.99	0.85

不同年平均气温条件下路堤内融化核厚度与路堤高度的回归方程及路堤的上临界高度(张明义等,2004 年)　　表 5-8

年平均气温(℃)	路堤内融化核厚度随路堤高度变化方程	相关系数 R^2	上临界高度(m)
-4.0	$y^2=0.96x^2-32.82(y\geq0)$	0.97	5.85
-4.5	$y^2=1.01x^2-42.02(y\geq0)$	0.96	6.45
-5.0	$y^2=1.09x^2-53.90(y\geq0)$	0.99	7.00
-5.5	$y^2=1.05x^2-56.57(y\geq0)$	0.98	7.34
-6.0	$y^2=0.99x^2-56.42(y\geq0)$	0.96	7.55
-6.5	$y^2=1.01^2-59.66(y\geq0)$	0.97	7.68

章金钊(2006 年)就青藏公路多年冻土区路基设计原则与路基设计高度的演进过程进行了深入的探讨,给出了青藏公路在改建过程中不同时期路基高度的建议值。并指出:路基临界高度虽然在高温多年冻土区不再适用,但保持一定的路基设计高度是采取各种主动降温或被动保护工程措施的先决条件,也是提高路基抗灾能力、保护冻土环境的先决条件。随着全球气候的变异与多年冻土的特殊工程特性,多年冻土地区路基设计原则与路基工程技术措施研究将是一个长期的发展过程。

采用修筑路堤的方法来保护冻土从本质上看有两点(程国栋,2003 年):①隔热作用。增加大气层和上限位置之间的热阻,削弱路面热状况对上限位置处多年冻土的影响程度。②调和作用。牺牲多年冻土内的冷储量对上限及上限位置以上一定范围的土层产生冷却作用,提高冻土上限。因此,采用路堤并不能从本质上改变冻土热状况的变化趋势。在低温冻土区,修筑路堤的上述两个作用虽然不能改变冻土热状况的变化趋势(盛煜,2003 年),但是在修筑路堤并达到新的热量平衡之后却可以保证路堤下的上限不下降,继而实现稳定冻土路堤的目的。然而在高温冻土区,尤其是在修筑了黑色路面的高温冻土区,不论路堤高度如何,冻土都将发生严重的退化,采取简单加高路堤的方法已经不能保证路基的稳定(刘永智,2000 年)。上述分析说明,多年冻土地区路堤合理高度并不是在任何温度条件下都存在。丁靖康(2000 年)在对青藏公路和青藏铁路多年的研究后认为,路堤临界高度是否存在与年平均气温有关,当某地区的年平均地温低于临界值时,存在路堤合理高度,否则便不存在路堤合理高度。同时,通过计算得出了细颗粒土路堤年平均气温的临界值为 -3.8℃。显然,年平均气温临界值的大小不但与路堤填料有关,与路面的关系也非常密切。张建明(2004 年)通过不同年平均气温条件下冻土路堤温度场的数值模拟研究得出,沥青路面路堤临界高度存在的年平均气温临界值为 -3.9℃,公路砂砾路面路堤临界高度存在的年平均气温临界值为 -2.8℃,铁路路堤临界高度存在的年平均气温临界值为 -3.1℃。

路堤合理高度问题是在路堤工程实践中出现的,虽然在目前已经取得了很多成果,但是仍然存在一些问题需要解决,譬如路堤走向对路基合理高度的影响、天然地表条件的影响,等等。而以上的研究基本上仅局限于完全对称热边界条件的路基,即路基两侧边坡的温度相同从而把路基中心下最大融化深度作为是否满足路基热稳定性的评价原则,实际上由于受太阳辐射等众多因素影响导致路基两侧边坡的温度并不相同。对于完全对称热边界条件的路基而言,其最大融化深度位于路基中线上,即在水平方向上不随路基高度的变化而变化，只在竖直方向上随路基高度的变化而变化。而对于不对称热边界条件的路基而言，其最大融化深度在竖直方向和水平方向均存在着差异，水平方向用最大融化深度偏离路基中线的距离（简称最大融深位置）、竖直方向用最大融化深度来衡量路基下多年冻土的横向热不对称性。表5-9给出了第20年各走向路基下最大融化深度偏离路基中线的距离，可以看出，对于具有阴阳坡的路基，不同走向路基其最大融深在水平方向上的位置随路基高度不同而变化，高路基及阴阳坡效应显著的路基其最大融深位置大体位于阳坡下方，低路基及阴阳坡效应不显著的路基其最大融深位置位于路面下方偏阳侧。同一走向的路基，最大融化深度偏离路基中线的距离随路基高度的增加而增加，即阴阳坡效应随路基高度的增加而显著，这与野外实测结果是一致的。

最大融化深度偏离路基中线距离（m） 表5-9

路面类型	砂砾路面				沥青路面			
路基高度	东西	东北—西南	南北	对称	东西	东北—西南	南北	对称
0	0	0	0	0	0	0	0	0
0.5	2.25	1.75	0.25	0	0.5	0.75	0.5	0
1.0	3.25	2.85	0.82	0	1.5	0.9	0.25	0
1.5	4.0	3.5	1.65	0	2.0	1.25	0.35	0
2.0	4.65	4.3	2.75	0	2.7	1.75	0.5	0
2.5	5.1	4.75	3.8	0	3.25	2.4	0.55	0
3.0	5.75	5.5	4.8	0	3.75	2.89	0.6	0
3.5	6.45	6.25	5.8	0	4.5	3.55	0.75	0
4.0	7.0	6.75	6.5	0	5.25	4.2	0.8	0
4.5	7.35	7.25	7.25	0	5.79	5.0	0.9	0
5.0	7.75	7.75	7.75	0	6.5	5.75	1.0	0

多年冻土路基热稳定性是指修筑路基后人为上限相对于天然冻土上限不下降，基于这一原则，图5-23及图5-24分别给出了多年冻土区不同走向的路基在铺筑砂砾路面和沥青路面后运营20年路基下冻土上限的变化与路基高度的关系。通过对计算结果的分析，在20年的运营年限计算条件范围内，砂砾路面和沥青路面下均未出现融化夹层，即所计算的路基高度满足上临界高度条件，以下讨论下临界高度。从两图可以看出，在年平均气温为-3.82℃，当路基为完全对称热边界条件时，砂砾路面和沥青路面下冻土上限的变化与路基高度之间存在较好的线性关系，这与青藏公路、青康公路几十年来的研究和实测结果及模拟结果一致。对其进行回归分析，可推算出按道路运营20年考虑，对应于沥青、砂砾路面在对称热边界条件下满足热状况稳定的下临界高度分别为4.82m、1.22m。

由图5-23可看出，砂砾路面下，对于呈现阴阳坡的路基，冻土上限的变化与路基高度之间不存在线性关系，这主要是由于阴阳坡的存在引起路基温度场横向不对称，导致路基内人为多年冻土上限偏离路基中线而发生横向偏移。路基越高，边坡面积越大吸热越多，阴阳坡效应越显著，这种横向热偏移越严重，路基热稳定性越差。对于南北走向的路基，阴阳坡效应不显著，当路基高度不小于1.12m时能够保持热稳定性；对于东北—西南走向路基，只有当路基高度介于1.09～2.0m时才能保证路基的热稳定性，当路基高度大于2.0m时，随着路基高度的增加，边坡面积增大吸热增强，因而人为上限随着路基高度的增加大幅度下降；对于东西走向的路基，由于阳坡的强吸热性，在整个运营年限内各路基高度不能满足热稳定性的要求，且当路基高度大于1.0m时，人为上限随着路基高度的增加大幅度下降。

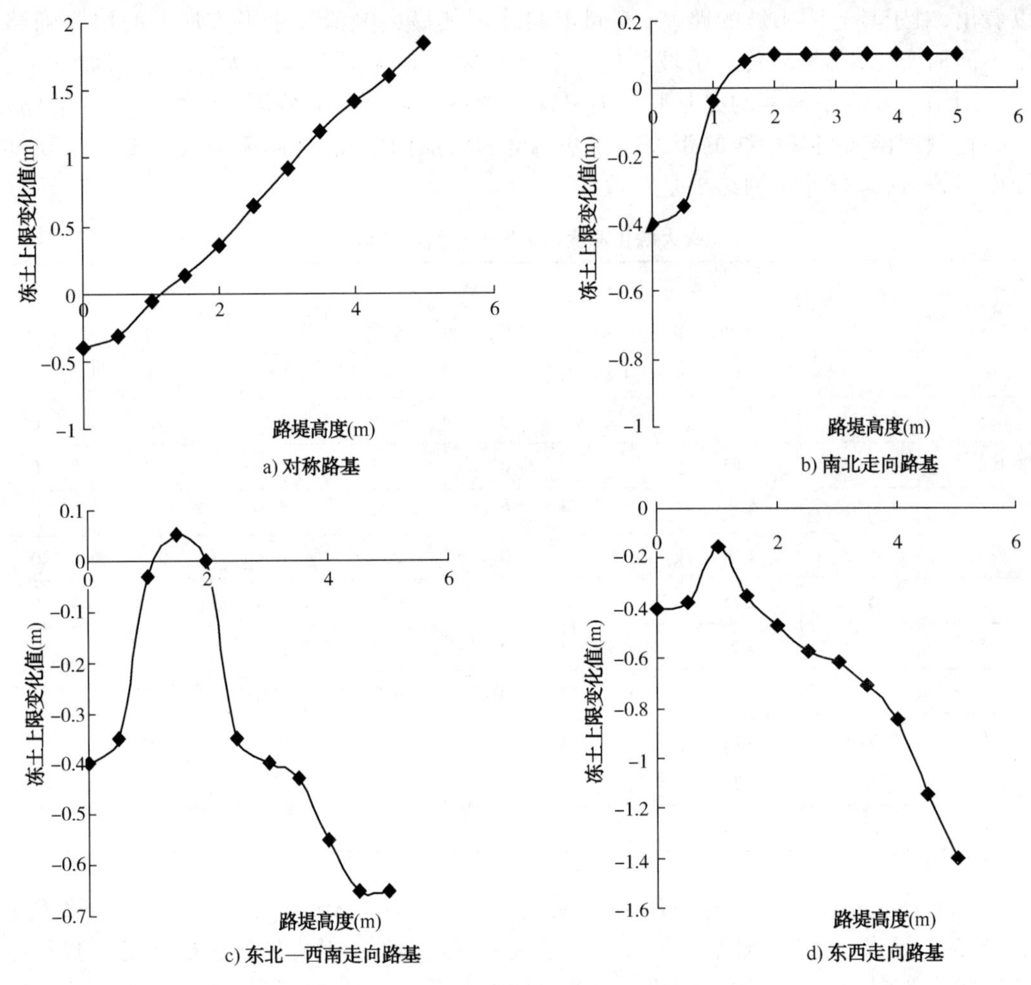

图5-23　砂砾路面下冻土上限的变化与路堤高度的关系

由图5-24可看出，沥青路面下，对于南北走向路基，由于阴阳坡效应不显著，沥青路面的强吸热性部分抵消了横向热不对称性，致使最大融化深度接近路基中心处，所以其冻土上限的变化与路基高度之间大体呈线性关系；对于东北—西南走向路基，当路基高度不大于3.5m时，冻土上限的变化与路基高度之间存在较好的线性关系；对于东西走向路基，当路基高度不大于2.0m时，冻土上限的变化与路基高度之间存在较好的线性关系，路基高度超过4.0m时人为上限随着路基高度的增加而下降。在这三种路基走向下，在所计算的路基高度及运营年限内均不满足热稳定性的要求。由于随着路基高度的增加，边坡面积增大，沥青路面的强吸热性及边坡的热效应双重作用引起多年冻土上限在竖向上大幅度下降，最后导致的结果是冻土上限的变化与路基高度之间不存在线性关系，且不能满足热稳定性的要求。

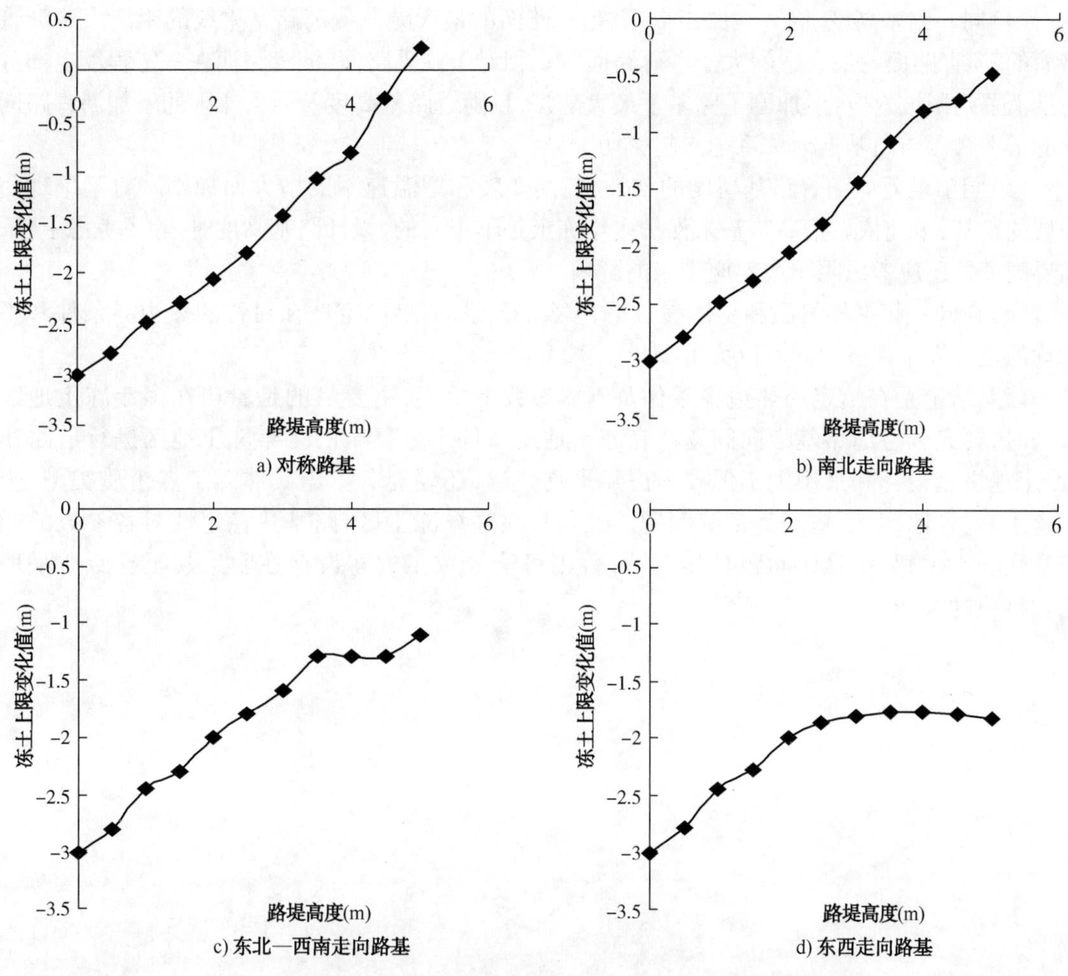

图5-24　沥青路面下冻土上限的变化与路堤高度的关系

通过以上的实测资料分析与数值计算,所得主要结论为:

(1)阴阳坡现象不仅存在于普通路基内,在保温路基内同样存在。通过保温路基温度监测结果可以看出,试验段路基两侧存在明显热交换不对称现象,由此决定了路基左侧(阳面)下部呈热积累发展趋势,路基右侧下部呈放热趋势发展,路基中部尽管呈吸热趋势,但是吸热量明显小于左路肩下部土层。由于路基中部、右侧下部多年冻土温度呈现逐渐平衡降温的迹象,多年冻土人为上限略呈抬升趋势,因此路基左侧的热状况变化对路基的稳定性影响颇大;受该处地形所限,修筑路基后,其横断面形状不对称,且左侧(阳坡一侧)的面积大于右侧(阴坡一侧),路基左侧受"双重阳坡效应"(坡面朝阳且阳坡面积较大从而吸收更多的热量)。

(2)砂砾路面和沥青路面下,最大融深位置均与运营时间关系不大,与路基高度、线路走向及路面类型关系密切,且最大融深偏离路基中线的距离与路基高度呈线性关系。

(3)砂砾路面和沥青路面下,最大融深与运营时间、路基高度、路面类型关系比较密切。路基较低时,最大融深与路基走向关系不大;路基较高时,最大融深与线路走向比较密切,且随着路基高度的增加和气候变暖而加剧。

(4)同一路基高度、同一线路走向下,砂砾路面的最大融深偏离路基中线的距离大于沥青路面的,沥青路面的最大融深大于砂砾路面的。相对于砂砾路面,沥青路面在一定程度上部分的抵消了阴阳坡效应,但加剧了路基下最大融深,且随着路基高度及运营年限的增加沥青路面下的最大融深与路基走向关系越来越密切。

(5)阴阳坡效应随着路基高度的增加、气候变暖和增温速率的增大而加剧。对于呈现阴阳坡的路基,单纯依靠抬高路基来保护多年冻土是不现实的,设计路基高度时,除了考虑上、下临界高度外还应考虑阴阳坡效应带来的影响。

(6)在同一年平均气温和土体参数下,多年冻土路基热稳定性在对称的热边界条件和不对称的热边界条件下存在着巨大的差异。

以上结论是在给定的热边界条件及土体参数下得出,主要目的是希望在多年冻土地区筑路时,要充分考虑路基走向问题。在冻土地质条件十分复杂的多年冻土地区进行道路建设,工程措施设计和采用中不但要考虑年平均气温,还要充分考虑具体施工点土质类型、土体含水率、含冰率、下垫面类型等问题。尤其是在高温冻土区,路基热稳定性对各参数的微小变化非常敏感,要具体问题具体对待,否则可能导致工程建设存在隐患甚至导致所采取工程措施的失败。

第六章　多年冻土区路基纵向裂缝分布及防治措施

人类活动和气候变化对冻土热环境的影响非常复杂，特别是工程构筑物修建对冻土热环境产生的反效应更是不容忽视（Brown et al,1979 年）。多年冻土地区道路病害的形成有其特殊的自然环境与地质条件背景，恶劣的自然环境和复杂的工程地质条件不仅是路基病害的主要原因，而且还加速了这些病害的急剧恶化。影响青藏高原冻土地区路基病害的主要因素有其独特的自然环境、复杂的多年冻土条件和人类工程活动。抬高路基作为青藏公路三期科研成果的一个重要组成部分，不但在青藏公路中被广泛采用，在 214 国道改建工程和青藏铁路多年冻土段建设中也被大量采用。已改造成为二级路的 214 国道，多年冻土段的路堤高度绝大部分在 2m 和 2m 以上；青藏铁路通过多年冻土段 546.41km，其中路堤工程占 420km 之多（吴志坚，2006 年），而且绝大部分路段的路堤高度超过 3m。高路堤的采用有效地延缓了路基下多年冻土的退化速度，减小了路面波浪和沉陷的病害率，提高了道路早期的使用质量。但是随着运营时间的增加，高路堤的问题不断显现。路堤尤其是近东西走向路堤的坡向差异加剧，路面横向不均匀变形增加，路堤纵向裂缝破坏严重（叶拔友，1987 年；吴青柏等，2002 年；张鲁新等，2003 年）；波浪病害虽有所减轻，整体来看仍然十分严重（窦明健等，2002 年）。

纵向裂缝是多年冻土区道路工程中一种常见的路基病害，是多重病害因素综合作用的结果。有关研究表明，纵向裂缝病害在青藏铁路、青藏公路、青康公路及东北和内蒙古的冻土地区均有不同程度的分布。自然环境、多年冻土条件和人类工程活动等因素均对路基纵向裂缝的形成过程产生不同程度的影响。冻土区纵向裂缝的发生、发展及分布除了与普通地区（非冻土区）的纵裂有相同点外，还与多年冻土这种特殊的地基材料的水—热—力性质密切相关。为了弄清楚纵裂的机理，首先必须从它在野外的分布特点入手。道路病害调查是研究多年冻土地区道路路基病害类型、病害特征的前提和基础，没有大量的病害调查就无法对多年冻土地区的道路病害产生明确的认识，也就不能抓住多年冻土地区公路中所存在的主要病害类型，发现多年冻土地区病害的特征和发生规律，自然也就不能够有效地针对主要病害开展机理研究，当然也就无法正确地评价多年冻土地区公路病害，提出有效的冻害防治措施。

多年冻土区道路工程中各种各样的病害较多，尤其是各种裂缝，如横向裂缝、纵向裂缝、网裂比比皆是。其中，纵向裂缝的规模较大，严重影响了道路的承载能力，对车辆的安全行驶带来隐患。纵向裂缝的产生可以分为两种类型：①由于水、温度、荷载等因素综合作用下路面层产生的纵向开裂。②由于冻土地基、前期的工程整治和特殊的自然地理条件综合作用所产生的纵向裂缝，一般发生在连续多年冻土区和岛状多年冻土区。其规模一般较大，发展迅速，特别发育，造成的破坏极大。路基裂缝的产生严重危害了多年冻土地区路基的稳定性和安全性，它是多年冻土地区路基的主要病害之一。多年冻土地区路基裂缝按形成原因可分为融沉张拉裂缝、寒冻裂缝、固结沉降裂缝三种。其中融沉张拉裂缝在路基上主要表现为纵向延伸的裂缝。

第一节 纵向裂缝在青藏公路的分布

青藏公路作为内地通往边疆的重要国防经济主干道，自1954年青藏公路建成通车以来，青藏公路格拉段历经了两次改建和两期整治。但是，由于该段公路的自然条件恶劣、复杂，再加上公路养护方面存在的诸多困难，路面老化、龟裂、网裂、横向裂缝，以及路基波浪、不均匀沉降、纵向开裂、冻胀、翻浆、融沉等各种病害在不同的时间和空间上均屡屡发生，公路沿线多年冻土段的年病害率均约在30%，严重影响了公路的正常运行。近些年来，青藏公路的交通量和汽车载重量急剧增加，对路面的要求也越来越高，因此急需对各类病害进行彻底的处治。在青藏公路路面上裂缝比较普遍，主要有横向裂缝、纵向裂缝、网裂和块裂等几种形式。横向裂缝一般贯通整个路面宽度，纵向间距约5~10m不等。纵向裂缝为沿行车方向产生的长裂缝。网裂是由于路面强度不足、路基下沉等原因，产生的小网格式的网状裂缝。块裂是路面上产生不规则的大网格式裂缝（胡霞光等，2002年）。

一、青藏公路沿线自然概况

青藏高原为高寒气候区，气温低、空气稀薄、大气干洁、太阳辐射异常强烈。青藏公路沿线的年平均气温最低为-14.5~17.4℃，年平均气温最高为-6.8~8.1℃，温度较差为23~26℃，年平均气温为-4.0~-6.9℃。年降水量从拉萨约500mm，沿青藏公路向北逐渐减少，到格尔木的年降水量减小为30mm以下。

青藏公路穿越的青藏高原大片连续多年冻土、岛状多年冻土和季节冻土带主要分布在海拔4000m以上的高海拔中低纬度区，线路最高点唐古拉山口海拔为5231m。作为一个主体呈南北走向的线状工程，其沿线多年冻土在纬度上跨越3.54°（从N32.18°到N35.72°）。因此，青藏公路沿线的多年冻土既具有高原多年冻土强烈的垂直地带性，同时也受到南北纬度变化的影响。大的自然地理因素控制着冻土的基本分布特征，而坡度、坡向、下垫面等地形和表面因素对局部的冻土特征则起着重要的作用。地质构造对青藏公路沿线的多年冻土特征也具有重大的影响。在这些不同构造的地质单元上，分布着不同特征的冻土。除了上述的自然地理、地质因素之外，人类工程活动对多年冻土特征的影响在过去的60年来（从1954年青藏公路通车到现在已有60年）也日益显著。青藏公路沿线气候特征属大陆性高寒气候，冻土下界要低于雪线，并且自南而北随着大陆性气候的增强，冻土下界与雪线间的差距也在不断增大。而在海洋性气候较强的地区，雪线往往低于冻土下界，譬如欧洲的阿尔卑斯山等。根据以往对青藏公路沿线多年冻土下界处年平均气温的统计分析，岛状多年冻土下界对应的年平均气温在-2~-3℃，大片连续多年冻土下界处对应的年平均气温为-3.6℃（周幼吾等，2000年）。

青藏公路沿线分布着大片连续多年冻土、岛状多年冻土和不同类型的融区。从西大滩K2879+650开始，青藏公路进入岛状多年冻土地区，于K2886+500开始进入大片连续多年冻土地区，该地的海拔高程约为4350m。在K2919不冻泉地段，由于受地热和构造影响，出现长约4~5km的贯穿性融区。在到达沱沱河断陷盆地以前，沿线多年冻土虽然受到楚玛尔河、北麓河等河流的影响，但冻土平面上仍然呈连续分布。进入沱沱河断陷盆地后，出现片状多年冻土、岛状多年冻土和融区交错分布的格局。开心岭山区，冻土呈片状分布。从通天河盆地、布曲河谷到温泉断陷谷地，进入了青藏公路多年冻土地区最长的岛状多年冻土地区和融区并存的路段。在唐古拉山区和头儿九山区(K3310 ~ K3414)，多年冻土呈大片连续分布。从二十三工区到挡青曲河(K3415 ~ K3500)，岛状多年冻土和融区交替分布。

青藏公路沿线空气密度小、大气层较薄，大气中水汽和气溶胶含量低，因而大气的透明度较大。以那曲为例，该地区夏季的大气透明系数比纬度相近地区的上海、南京和杭州大10%以上，比成都大约25%，也比长江中上游地区的宜昌大8%；该地区的大气透明系数日变化较小，从上午8:00到下午4:00，大气透明系数仅变化0.07；再加上纬度较低，使得该地区成为全国总辐射最多的地区之一，年总辐射量约达到7000 ~ 9000MJ/m^2，而纬度相近的东部地区的年总辐射量仅在6000 ~ 7000MJ/m^2波动。青藏公路沿线的年总辐射量约在711kJ/(cm^2 · a)，是西安地区年总辐射的1.5倍，约为雅库茨克年总辐射365.6kJ/(cm^2 · a)的2倍。太阳辐射对地表的温度状况有重要影响，地表接收的太阳辐射越多，地表温度越高。对于青藏公路沿线的多年冻土地区而言，如此高的太阳总辐射对多年冻土温度场的影响势必更加显著，处于阳坡坡下的多年冻土比阴坡更容易融化，结果阳坡一侧的路基就会由于多年冻土的融化发生大于阴坡的融化变形量，在阴阳坡间形成不均匀沉降，这种左右边坡间的不均匀沉降最终可能导致路基在阳坡产生纵向裂缝。

二、青藏公路纵向裂缝病害分布

青藏公路作为内地通往边疆的重要国防经济主干道，自1954年青藏公路建成通车以来，青藏公路格拉段历经了两次改建和两期整治，在2000年以后为了服务青藏铁路的建设，又进行了一次翻修。但是，由于该段公路的自然条件恶劣、复杂，多年冻土分布广泛，交通量大，超载严重，再加上公路养护方面存在的诸多困难，路面老化、龟裂、网裂、横向裂缝，以及路基波浪、纵向开裂、冻胀、翻浆、不均匀沉降等各种病害在不同的时间和空间上均屡屡发生，公路沿线多年冻土段的年病害率均约在30%，严重影响了公路的正常运营。青藏公路格尔木至拉萨段地处青藏高原腹地，自然条件恶劣，公路穿越633km多年冻土带(胡长顺等，2000年)。青藏公路的线路病害率达31.7%，这些病害中大多数都是由于土体的冻胀和融沉作用而导致路基、桥涵及隧道工程的破坏(吴青柏等，2005年)。1999年4月，一期整治段纵向裂缝累计总长13300m，路基纵向裂缝分布在低温冻土区的累计长度为975m，约占路基纵向裂缝总累计长度的7%；分布在高温冻土区高含冰率路段的为12325m，约占路基纵向裂缝总累计长度的93%(李祝龙，2001年)。

在青藏公路第一期整治工程实施过程中，1993年冬季安多以北的K3403 ~ K3409段，路基出现了宽度达15 ~ 20cm、累计长度近300m的严重纵向开裂。1995年冬季，K2932 ~ K2935及K2947 ~ K2951段又出现了宽度达15 ~ 25cm、累计长度近500m的严重纵向开裂。到1997年4月调查时，累计纵向裂缝长度已达约14km，与此同时，部分新整治的路段，路基也产生了不同程度的沉降变形。针对这一情况，青藏公路科研组组织科研人员，对青藏公路严重纵向开裂的路段与路基严重下沉路段进行了多次调查，并结合试验和典型观测路段的地温资料等进行比较深入的研究。研究发现纵向开裂的病害80%以上发生在路基左侧

(阳面),1990 年前严重破坏的昆仑山垭口、可可西里山、风火山及唐古拉山垭口等高山多年冻土区纵向开裂病害现象很少,而楚玛尔河高平原、北麓河盆地、乌里、开心岭至通天河与安多北部的多年冻土区纵向开裂与沉降变形很多,占纵向开裂路段的 95% 以上(章金钊,2006 年)。

青藏公路路基沉陷、波浪起伏、纵向裂缝、翻浆较为严重,纵向排水设施很不完善,各种病害的发育与工程建设历史存在明显的关联性。表 6-1 对青藏公路路堤病害进行了详细统计。

青藏公路 K2879 ~ K3500 段路堤病害统计(陈继,2007 年)　　表 6-1

病害类型		统计属性	病害量	病害总量	病害率(%)
沉陷	轻度	面积(m^2)	37402	81966	18.86
	中度	面积(m^2)	31329		
	重度	面积(m^2)	13235		
	最大沉陷量	深度(m)	0.6		
波浪	长度(km)	117	117	18.84	
路堤纵向裂缝	轻度	长度(km)	9.8	109.3	17.6
	中度	长度(km)	47.1		
	重度	长度(km)	52.4		
	最大裂缝宽度	宽度(mm)	500		
翻浆	轻度	面积(m^2)	0	10050	0.23
	中度	面积(m^2)	0		
	重度	面积(m^2)	10050		

建设历史体现着完工时间长短和路基高低两个方面,八五改建完工时间长、路基低,一、二期整治则相反。在青藏公路一期整治结束以后,路堤纵向裂缝大大增加,比八五改建期间高出约 3 倍,纵向裂缝病害总里程达 35km,占一期整治工程的 11.7%(窦明健等,2002 年)。2001 年中交一院的调查表明,纵向裂缝病害在整个青藏公路多年冻土段已经达到 17.6%,路堤最大裂缝宽度达到 0.5m,成为路堤病害的一个主要形式。表 6-2 ~ 表 6-6(窦明健等,2002 年;王铁行等,2003 年;王铁行,2001 年;多吉罗布,2002 年;李忠凯,2003 年)中病害类型长度以每个公里段为单位计,数值反映路段中普遍出现某种病害的累计长度(不反映病害发育的强烈程度差别),百分比数值为某一建设历史时期路段内某种病害累计长度占此建设历史路段长度的比例。

(一)整体调查

从表 6-2 可以看出,青藏公路"八五改建"后,病害相当严重。"八五改建"是 1974 ~ 1985 年对青藏公路的全面改建阶段。此次改建铺筑了沥青路面,大大提高了青藏公路的通行能力和使用性能,但路面吸热效应加大,不利于路基稳定,而且路基高度仍然很低,在所调查的 38 个改建数据中,路基平均高度为 0.9m。1992—1996 年对青藏路进行了一期整治,一期整治采用的措施主要是加高路基,所调查的60个改建数据中,路基平均高度为2.1m,个别路段路基高度大于4.0m。

K2879~K3515病害类型与建设历史关系调查统计(窦明健等,2002年)　　表6-2

建设历史		八五改建		一期整治		二期整治
调查长度(km)		195		298		141
病害类型长度(km)及所占比例	波浪	64	11.7%	36	12.1%	—
	沉陷	86	44.1%	71	23.8%	—
	纵裂	5	2.6%	35	11.7%	1

在青藏公路一期整治结束以后,提高路堤高度取得了显著成果,路基沉陷、波浪病害大幅度减小,但纵向裂缝病害却大幅增加,比八五改建期间高出约3倍。纵向裂缝病害总里程达35km,占一期整治工程的11.7%(窦明健等,2002年)。路基高度大于3.0m的路段,纵向裂缝特别发育,且纵向裂缝的规模巨大,最大宽度可达30cm,最大深度可达2.5m,裂缝断续延伸可达500~600m。2001年中交一院的调查表明,纵向裂缝病害在整个青藏公路多年冻土段已经达到17.6%,路堤最大裂缝宽度达到0.5m,成为路堤病害的一个主要形式。所以,一期整治后,部分路段路基高度过高对阴阳坡吸热差异影响增大,是导致纵向裂缝发育的主要原因。

(二)区段统计分析

按冻土稳定程度类型:高山稳定段、北部较稳定段、退化段内工程病害相对发育程度调查统计见表6-3~表6-5。

将八五改建和一期整治路段病害进行比较,则能反映不同稳定程度冻土对路基病害的影响,见表6-6。

高山稳定型多年冻土段路基病害统计(王铁行等,2003年)　　表6-3

建设历史		八五改建		一期整治		二期整治
调查长度(km)		4		110		25
病害类型长度(km)及所占比例	波浪	—	—	3	2.7%	—
	沉陷	1	—	13	11.8%	—
	纵裂	—	—	8	7.3%	—

注:统计区段为昆仑山口K2886~K2910,风火山口K3051~K3100,唐古拉山至桃儿九山K3312~K3385。

较稳定型多年冻土段路基病害统计(王铁行等,2003年)　　表6-4

建设历史		八五改建		一期整治		二期整治
调查长度(km)		31		78		31
病害类型长度(km)及所占比例	波浪	24	—	10	12.8%	—
	沉陷	28	90.3%	22	28.2%	—
	纵裂	2	6.5%	9	11.5%	1

注:统计区段为K2911~K3050。

退化型多年冻土段路基病害统计(多吉罗布,2002年)　表6-5

建设历史		八五改建		一期整治		二期整治
调查长度(km)		31		78		31
病害类型长度(km)及所占比例	波浪	40	25.0%	23	23.2%	—
	沉陷	57	35.6%	36	36.4%	—
	纵裂	3	1.9%	18	18.2%	—

注:统计区段为K3100~K3312和K3385~K3515。

不同冻土类型区段病害统计(%)(李忠凯,2003年)　表6-6

冻土类型	稳定	较稳定	退化	冻土类型	稳定	较稳定	退化
波浪	/3.1	77.4/12.8	25.0/23.2	纵裂	/8.2	6.5/11.5	1.9/36.4
沉陷	25.0/13.4	90.3/28.2	35.6/36.4				

注:表中/右侧为一期整治数值,左侧为八五改建数值;高山稳定区八五改建路段仅余4km,因而各类病害少见。

从以上几表的统计数据可以看出,纵向裂缝一期整治远比八五改建高,在较稳定冻土区前者约是后者的2倍,在退化型冻土区接近10倍,使提高路基的负面结果,在退化条件下更为明显。

1999年5月,长安大学课题组组织了纵向裂缝专项补充调查。全线出现连续长度大于10m的明显纵裂79条,其分布桩号为K2939~K3406,分类统计如下:

(1)按多年冻土的稳定程度分:①稳定型分布区:18条;②较稳定型分布区:29条;③退化型分布区:32条。

(2)按工程建设历史分:①八五改建工程:3条;②一期整治工程:69条;③二期整治工程:7条。

(三)纵向裂缝坡向分布统计分析

根据长安大学青藏公路纵向裂缝课题组2001年实地调查资料可以看出,纵向裂缝受坡向控制(胡长顺等,2003年),从而验证了线路走向对路基热稳定性的影响。表6-7给出了纵向裂缝随路基走向的变化分布统计结果。

青藏公路纵向裂缝坡向分布统计(胡长顺等,2003年)　表6-7

路基走向	南北			北东			东西			北西		
调查长度(km)	129			155			101			125		
坡向	左	中	右	左	中	右	左	中	右	左	中	右
纵裂条数	54	21	37	123	46	36	127	40	44	125	53	37
纵裂总数(条)	—	112	—	—	205	—	—	211	—	—	215	—

注:左坡为阳坡,右坡为阴坡;南北走向指N10°E-N10°W,北东走向指N10°-70°E,东西走向指N70°E-S70°E,北西走向指N10°-70°W。

从表可看出,东西走向的路基纵向裂缝特别发育,阳坡一侧纵向裂缝数量明显多于阴坡一侧和路幅中间带。其原因可能是多年冻土路基中温度分布状态在路基横向上的不对称性,导致路基变形在横向上的差异,以及加高路基后,路基中的热平衡状态发生了较大的变化,路基下融化盘中心向路基阳面偏移,引起路面和路基上部受力状态的改变所致。

窦明健等(2002 年)通过调查资料分析指出:①变形和裂缝破坏类病害均随冻土稳定程度降低而增加,变形类病害增加更为明显,从稳定、较稳定到不稳定型,波浪和沉陷发生率分别增加约 10% 。②路基高度与病害关系密切,高度过低沉陷变形病害普遍,过高则纵向裂缝和边坡冲刷严重。纵向裂缝与路基高度的关系明显,纵向裂缝数量随路基高度的增大而增加,且主要分布于高路堤内。纵向裂缝的规模也随路基高度增加而增大。③路基沉陷、纵向裂缝的分布和规模具有明显的坡向性和分带性。将路面按位置分为左、中、右(路面宽 7m:左 2m、右 2m、中 3m),已发生的 71 条纵向裂缝中,位于阳面即路面左侧的有 51 条,位于路面中部的有 9 条,而位于阴面即路面右侧的有 11 条。从条数可明显看出阴阳面对纵向裂缝分布的影响,阳面是阴面的近于 5 倍。阳面受太阳辐射强,多年冻土、季节冻土变化大,所以纵向裂缝发育强烈。路基下多年冻土的差异性融化是路基沉陷差异和纵向裂缝分布差异的根本原因。冻土融化的差异性在阴阳面明显的条件下,随边坡面积增大即路基高度增加而增大。

三、青藏公路纵向裂缝与冻土的关系

第二章(图 2-3)给出了青藏公路路堤纵向裂缝与冻土特征的关系图,可以看出,在融区基本上不存在路堤纵向裂缝病害,这说明纵向裂缝的发育与路堤下的多年冻土是密切相关的;在冻土区,路堤纵向裂缝的病害率随着冻土温度的降低而降低,高温冻土区的路堤纵向裂缝病害率要高于稳定多年冻土地区的纵向裂缝病害率[图 2-3a)],而同时亚稳定多年冻土地区较高的病害率则表明路基纵向裂缝不仅仅取决于冻土的地温,还取决于冻土的含冰率[图 2-3b)]。在少冰冻土区,无一例路堤纵向裂缝病害发生,则说明冻土含冰率是影响路基纵向裂缝是否发育的一个重要因素。多冰冻土区的纵向裂缝病害也比较小,当含冰率达到富冰冻土阶段以后,路堤纵向裂缝病害急剧增加,达到约 25%,并且随着含冰率的进一步增加,路堤纵向裂缝病害率基本不再增加。

表 6-8 给出了青藏公路上纵向裂缝发育严重路段的冻土特征。可以看出,青藏公路 19 处发生严重纵向裂缝的路段中,绝大部分处于不稳定和极不稳定多年冻土区,仅有两处位于较稳定多年冻土区。

青藏公路纵向裂缝严重路段的冻土发育特征(陈继,2007 年)　　表 6-8

里程范围	冻土含冰类型	冻土地温(℃)	路堤工程冻土类型
K2937 + 100 ~ K2939 + 100	含土冰层	−1.5 ~ −0.5	极不稳定
K2939 + 100 ~ K2940 + 300	饱冰冻土	−1.5 ~ −0.5	极不稳定
K2940 + 800 ~ K2941 + 100	饱冰冻土	−1.5 ~ −0.5	极不稳定
K2941 + 100 ~ K2946 + 900	富冰冻土	−1.5 ~ −0.5	极不稳定
K2946 + 900 ~ K2947 + 100	富冰冻土	−0.5 ~ 0	不稳定
K2947 + 500 ~ K2951 + 100	含土冰层	−0.5 ~ 0	不稳定
K3052 + 000 ~ K3054 + 500	含土冰层	−1.5 ~ −0.5	极不稳定
K3063 + 200 ~ K3078 + 400	饱冰冻土	−3.0 ~ −1.5	不稳定
K3078 + 400 ~ K3081 + 000	饱冰冻土	−5.0 ~ −3.0	较稳定
K3164 + 010 ~ K3170 + 000	多冰冻土	−1.5 ~ −0.5	较稳定

续上表

里程范围	冻土含冰类型	冻土地温(℃)	路堤工程冻土类型
K3179 + 000 ~ K3184 + 200	含土冰层	−0.5 ~ 0	极不稳定
K3189 + 500 ~ K3192 + 000	富冰冻土	−0.5 ~ 0	不稳定
K3228 + 000 ~ K3230 + 100	含土冰层	−0.5 ~ 0	极不稳定
K3273 + 000 ~ K3277 + 500	含土冰层	−0.5 ~ 0	极不稳定
K3333 + 000 ~ K3337 + 800	含土冰层	−3.0 ~ −1.5	不稳定
K3337 + 800 ~ K3339 + 000	富冰冻土	−3.0 ~ −1.5	不稳定
K3342 + 000 ~ K3350 + 000	富冰冻土	−3.0 ~ −1.5	不稳定
K3395 + 000 ~ K3401 + 800	饱冰冻土	−0.5 ~ 0	极不稳定
K3401 + 800 ~ K3408 + 800	饱冰冻土	−0.5 ~ 0	极不稳定
K3408 + 800 ~ K3414 + 000	饱冰冻土	−0.5 ~ 0	极不稳定

四、青藏公路纵向裂缝病害分布特点

青藏公路从铺筑沥青面层(八五改建)以来,多年冻土段大量出现道路沉陷类病害,为此分别于 1992 年和 1996 年开始进行一期和二期整治工程。经整治原有病害得到一定程度控制,但随后又广泛出现较严重的纵向裂缝。青藏公路多年冻土段的调查结果显示(俞祁浩等,2002 年;裴建中等,2002 年;裴建中等,2006 年;代寒松等,2006 年),纵向裂缝呈现出如下一些特点及规律:

(1)从几何特点上分析,青藏公路纵向裂缝不同于一般地区纵向裂缝,不仅数量多,而且许多裂缝贯通后长度可达数百米,断续长度则达 500 ~ 600m;最大单缝宽达 10 ~ 30cm,有时 2 条相邻裂缝间的沉陷宽度可达 2m;裂缝用钢钎可探深度达 22m 以上,用探地雷达等物探设备探测可知,许多路段的纵向裂缝深度可达 56m,甚至深入到路堤下的地基内。另外一些裂缝的两端都明显地向路基边坡方向延伸,呈现出弧状特征。

(2)纵向裂缝之间一般伴随有局部沉陷变形,最严重的当属缝宽较大时,许多路缘石、路面都掉进缝隙中;单缝较窄时,在同一路段中并行出现几条裂缝,造成两缝之间的路面路基发生较大沉降变形,使路面凹凸起伏不平。

(3)纵向裂缝的产生直接与多年冻土的冻胀、融沉有关,与青藏高原的气候特点、地质地貌、前期的工程整治历史等因素相关联,而且其发育规模、破坏程度和形成速度都较一般地区严重。

(4)纵向裂缝一般与其他病害如波浪、沉陷、扭曲和坑槽等同时存在,相互影响。

(5)路基纵向裂缝病害与路基走向的关系具有一定规律。在青藏公路上,路基纵向裂缝主要发生在从南偏东 30°到正西向、共计 120°范围内,路基走向在这个范围内,阴阳坡问题较为严重。青藏公路同时由于路基整体走向接近南北向,南北走向路段纵向裂缝病害的次数最多,达到 10 次,而东偏南约 30°走向的路段没有发现纵向裂缝病害。

(6)纵向裂缝主要发生在高路基路段的阳坡一侧,青藏公路路基纵向裂缝出现在阳坡一侧的数量占 70% 以上。

第二节　纵向裂缝在青康公路的分布

一、自然地理条件

青康公路是位于青藏高原东部的另一条穿越多年冻土地区里程较长的道路工程，其走向大致与青藏公路平行，沿线多年冻土主要分布于鄂拉山至清水河段，线路最高海拔4824m（巴颜喀拉山垭口），最低海拔3907m（温泉河谷），长度约330km。其中，高海拔路段为连续分布的片状多年冻土区，总计92km，低谷段有大片连续分布的融区，总计96km。由于地处青藏高原多年冻土区的边缘，区内多年冻土温度高、厚度小且变化大（张建明，2004年）。青康公路沿线多年冻土地区地处青藏高原东部，多年冻土分布既不同于大兴安岭地区，也有别于青藏公路；属高寒大陆性气候，全年无夏，终年寒冷漫长，季节融化层厚度2～3m；昼夜温差大，约达30℃，年平均气温－5℃；降水充沛，年降水量达500～600mm，全年降水期集中于7～8月；终年飘雪，固体降水量占总降水量的比重较大，约达70%。青康公路（G214）起于青海省西宁市，止于云南省景洪市，沿途经过了青海和云南2个省、西藏1个自治区，全长3184km，其中青海境内长1084.248km。1954年前，西宁至玉树藏族自治州结古段称青藏公路，后西宁至格尔木至拉萨公路（青藏公路）修通后，改称为青康公路。平均海拔比青藏公路略低，仅有部分山顶路段的海拔在4500m以上，绝大部分路段的年平均地温都在－1.5℃以上。总体上看，多年冻土呈不连续分布。根据以往的研究结果，沿线多年冻土上限普遍较深，高含冰率冻土所占比例较少，多年冻土正处于明显的退化之中（臧恩穆等，1999年）。

G214沿线冻土类型大多为高温冻土，且地域分布相对复杂。路基路面病害在高平原地带，一般在融土段路基稳定，新修路面病害轻微，高温冻土段及冻土－融土相间段病害相对严重，主要表现为沥青混凝土路面的横向、纵向裂缝和水泥混凝土路面的横向裂缝及断裂板，纵向裂缝严重的路段一般两侧发育积水坑或热融湖塘。而在山岭地带，一般越岭地段病害相对轻微，但斜坡湿地冻土段尤其是低缓斜坡湿地段病害相对严重，主要表现为沥青混凝土路面的路面翻浆、路肩沉陷、开裂等。

二、青康公路纵向裂缝病害调查

2003年对青康公路姜路岭至清水河段进行了保温材料、碎石护坡、硅藻土护坡、遮阳板和纵向通风管5种类型的公路冻土防护试验段路基工程调查。

保温材料试验段布设在K354＋000～K355＋040和K452＋800～K453＋500，硅藻土护坡试验段布设在K391＋000～K391＋120，抛石护坡试验段布设在K367＋900～K369＋910。上述3种类型的试验段均布设在高温高含冰率冻土段，地温均在－1.0℃以上，保温材料试验段和硅藻土护坡试验段的冻土含冰类型为富冰—饱冰冻土，而抛石护坡试验段为含土冰层，冻土工程地质条件均属极不稳定。公路改建之前，在这几处试验段上，公路病害严重，路基纵向裂缝发育。

多年冻土地区修建公路以后，穿越多年冻土的路段变形病害十分严重，其主要原因在于路基下伏多年冻土持续发生着融化、地温升高、上限下移等显著的退化现象。整体而言，路基阳面的沉降变形普遍大于路基阴面，预示着阳面多年冻土的融化更为剧烈。换言之，路基阳面地气之间的热交换条件更加可能促使下部土层形成热量积累。第四章(图4-24)给出了214国道K369+100断面路面纵向裂缝图。从图上可以看出,路基纵向裂缝明显发育在路基的左幅,而且纵向裂缝的长度延续较长,约1km,裂缝宽度也较宽。2002年多年冻土地区公路病害调查时发现此段为一个典型的路基病害点,路基沉降变形明显,并且阴阳坡面差异较大,所以课题组对此段进行了详细的钻探和物探勘察,并布设多个地温和变形观测断面;还布设了抛碎石护坡试验工程段,拟以抛碎石护坡的办法来调整阴阳坡面差异,保护路基下伏多年冻土,达到减小路基病害发生的目的。

青康公路K369+100处,路堤高度约为2.7m,边坡坡度1∶1.5,沥青路面,线路走向为西偏南24°(按公路前进方向),两侧边坡的辐射条件差异显著,是典型的阴阳坡路段。纵向裂缝位于路面的向阳侧半幅上,长度达1km,裂缝宽达2cm。同样,在K371段和K376段也存在纵向裂缝。路堤纵向裂缝病害与坡向的关系在水泥路面亦是如此。青康公路K369+000~K371+000基本为东西走向,在区间K369+100~K369+600沥青路面左幅面(阳坡侧)上发育的纵向裂缝一直延伸到了K369+600~K371+000水泥路面,而且水泥路面上的纵向裂缝病害在仅完成半幅路面的情况下就已出现。

三、青康公路纵向裂缝与冻土的关系

青康公路纵向裂缝与冻土的关系见表6-9。

214国道上纵向裂缝严重路段的冻土发育特征(陈继,2007年)　　表6-9

里 程 范 围	冻土含冰类型	冻土地温(℃)	路堤工程冻土类型
K369+000~K370+000	饱冰冻土	-1.5~-0.5	高温不稳定
K371+000~K372+000	饱冰冻土	-1.5~-0.5	高温不稳定
K376+000~K378+000	饱冰冻土	-1.5~-0.5	高温不稳定

从表6-9看出,和青藏公路一样,在被调查的G214线上3处纵向裂缝严重路段均位于高温不稳定多年冻土区。

四、青康公路纵向裂缝病害分布特点

(1)青康公路多年冻土区公路纵向裂缝主要发生在阳坡。统计资料表明:发生在路基阳面的裂缝条数占78%,总长度占74.7%;发生在路基阴面的裂缝条数占22%,总长度占25.3%。

(2)路基纵向裂缝病害与路基走向的关系密切,在被调查有纵向裂缝的路段大体呈东西走向。

(3)路基纵向裂缝病害的发生与冻土类型及路面形式密切相关,高温极不稳定冻土区及沥青路面下纵向裂缝发育强烈。

第三节　纵向裂缝在青藏铁路的分布规律

一、自然地理条件

青藏铁路格尔木—拉萨段全长1142km,处在世界上海拔最高、气候条件恶劣且有世界屋

脊之称的青藏高原，线路通过地区宏观上属高原准平原地貌，自北向南跨越昆仑山、可可西里山、风火山、乌丽山、开心岭、大小唐古拉山、头二九山、念青唐古拉山及大大小小的山涧盆地，通过长江、怒江、澜沧江等河流上游水系及其纵横交错的河流谷地，高原景观可谓气势壮阔、气象万千（牛富俊，2002 年）。

青藏铁路清水河试验路段纵向裂缝发育，该工程段位于青藏高原腹地，海拔为 4550m，纬度 35°30′，属昆仑山区不冻泉河谷地带向楚玛尔河高准平原区的过渡区域，地形平缓，略有起伏，其间开阔型冲沟较发育。本段出露地层主要为第四系全新统冲、洪积砂黏土、黏砂土、砾砂及风积细砂，以及由冻胀作用携带至地表的泥岩、泥灰岩碎片。地表植被稀疏，覆盖率为 5% ~30%。本段地表水主要为各冲沟季节洪水，地下水主要为暖季分布的冻结层上水，主要受大气降水影响，对混凝土具硫酸盐弱侵蚀性。该试验段距青藏公路东侧 1 ~2km，交通较为便利。本段属于青藏高原冰雪型气候区，平均海拔 4470m，气候干燥，气温、气压低，冻结期为 9 月至次年 4 月，急风、暴雪、雷电等自然现象变化剧烈无常。根据清水河气象站资料，本段年平均气温 -6.2℃，极端最高气温23.1℃，极端最低气温 -46.1℃，最热月平均气温 6.5℃，最冷月平均气温 -21.3℃，年平均气温较差 27.8℃；平均气压 587.7mb，年平均降水量 187.2mm，年最大降雨量为 287.6mm，年最小降雨量为 112.7mm，单月最大降雨量为 90.5mm；蒸发量远大于降水量，年平均蒸发量 1664.5mm；年平均相对湿度为 61%，年最大相对湿度为 100%；平均风速为4.5m/s，最大风速为 31m/s，主导风向 NE，每年平均有 97d 是大风天气；平均雷暴日数每年最多 38.4d；清水河试验段正积温为 478℃ · d，负积温为 -2760℃ · d；该区最大积雪厚度达 15cm。

二、典型路段纵向裂缝调查

2002 年 10 月前后，清水河试验段路堤相继出现多条纵向裂缝。本段为普通路基，长约 400m，填料为粗颗粒土，中心填高 4.2m，路面宽 9m，两侧分设 2.9 和 1.9m 宽土护道，边坡坡率 1:1.5。原始地形平坦开阔，沿线路方向左低右高，左侧为阳侧。天然地面以下 3m 深度范围内可分两层：上层为中砂，厚 300 ~450mm；下层为全风化泥灰岩，隐晶质结构，块状构造，岩体中裂隙冰发育。多年冻土天然上限 1.2 ~2.5m，平均 1.9m；年平均地温 -1.4℃，属于低温基本稳定区（T_{cp} - Ⅲ）。2002 年 10 月前后，路基相继出现多条纵向裂缝。其中 DK1026 +590 ~DK1026 +684 路基面上的纵向裂缝长度 94m，宽度 20 ~30mm，在左路肩到路基中心的路面范围内纵向展布［图 6-1a）］，典型断面为 DK1026 +630。2003 年 5 月 20 日—25 日，在发生病害的 DK1026 +630 断面处对路堤纵向裂缝进行了开挖。全断面开挖至原天然地表，由于原地面以下开挖困难，仅在基底位置开挖探坑 4 个，在路堤两侧天然地面开挖探坑 2 个。图 6-1b）为路堤开挖后的剖面照片。

王小军等（2006 年）认为，DK1026 +630 断面裂缝贯穿路基本体，为融沉裂缝，是由于路基阳侧原天然地面下泥灰岩风化物融化压缩引起路基体横向不均匀沉降造成的。通过断面解剖发现，路基表面裂缝出现位置距左路肩 2.9m，裂缝由路基表面至基底范围内均清晰可见。路基表面下 1.1m 深度范围内，裂缝接近直立，裂缝宽度 20mm；路面下 1.1 ~2.6m 深度范围内，裂缝宽度约 10mm，往下裂缝宽度由 5mm 逐渐向 2mm 过渡。随深度增加，裂缝逐渐向右偏移，至原地面处尖灭，裂缝向右偏移 350mm，裂缝倾角 79° ~81°，沿路基断面向阳侧外倾。冻融交界面以下深度的裂缝内主要被颗粒状冰晶所充填。

a) b)

图 6-1 青藏铁路 K1026 +630 路堤纵向裂缝贯穿路基本体

三、加筋路堤试验段纵向裂缝分布

青藏铁路清水河路堤试验工程冻土加筋试验段(长 100m)及不加筋对比试验段(长 50m),总计长度 150m,起讫里程:DK1025 +400 ~ DK1025 +550,属高温冻土细粒土段。该试验段位于楚玛尔河高平原区,地形平坦开阔,平均海拔为 4516m。多年冻土地温为 -0.5 ~ -1.0℃,天然上限埋深 2 ~3m,路堤填土高度 5.5 ~6.4m。加筋材料采用涤纶径编或玻璃纤维径编,土工格栅的抗拉强度为 $25\mathrm{kN} \cdot \mathrm{m}^{-1}$;耐冻 -45℃,反复冻融 200 次强度不变。为了掌握裂缝对路基稳定性的影响,监测人员对不同路基裂缝的分布情况进行了调查研究。清水河加筋路堤和站场路基裂缝分布情况见表 6-10。

清水河试验段加筋路堤和站场路基裂缝调查情况(苏艺等,2004 年) 表 6-10

工程措施	裂缝序号	断面里程	位置	长度(m)	宽度(mm)	备注
加筋路堤试验工程	1	DK1025 +400 ~ +420	阳面坡面	20	29 ~38	纵向
	2	DK1025 +440 ~ +475	阳面坡面	35	6 ~9	纵向
	3	DK1025 +468 ~ +478	阳面坡面	9.5	10 ~14	纵向
	4	DK1025 +480 ~ +492.2	阳面边坡	12.2	7 ~9	横向
站场路基试验工程	5	DK1025 +090 ~ +138	阳坡中部	48	15 ~20	纵向

从表 6-10 观测资料来看,加筋路堤的裂缝产生在阳坡坡面,且裂缝规模小于对比试验段的未加筋路堤和站场路基,说明加筋后的路堤本体变形协调能力增强,大大提高了路堤土体抗纵向裂缝的能力;未加筋路堤和站场路基无防护措施,仅有保温护道,即使路基填土高度较高,使冻土上限上移,但是还会产生不均匀沉降,引起路基开裂,故建议采取加筋工程措施。

四、清水河试验段整体纵向裂缝分布

青藏铁路修筑一年后即在部分试验路堤上出现纵向裂缝病害,并且随着时间的发展,纵向裂缝病害加剧，裂缝的宽度变大、缝隙加深、长度增加，而且裂缝有向路堤中央发展的趋势，对路堤稳定性的危害越来越大。根据2003年初在青藏铁路清水河试验段路堤的病害调查结果，在包括热棒路堤、碎石路堤、通风管路堤、保温路堤在内的所有试验路堤上均出现了路堤纵向裂缝，裂缝最大长度达107m，裂缝最大宽度为70mm，在所调查的区间内（DK1024 +400 ~ DK1027 +400），路堤纵向裂缝病害率高达50%。青藏铁路清水河试验段总长2900m，2002年10月—2003年1月发生路堤纵向裂缝76条。为了进一步了解和掌握清水河试验路基的裂缝产生及发展情况，研究人员于2002年10月31日和2003年1月14日两次到现场进行了详细的调查。2002年10月31日调查时共发现裂缝49条，其中纵向裂缝40条，长度5.5 ~ 107m，宽度2 ~ 70mm；斜向裂缝8条，长度9 ~ 20.5m，宽度5 ~ 40mm；横向裂缝1条，长度4m，宽度30 ~ 50mm。裂缝主要分布于阳坡坡面、阳面路肩及护道顶面等部位，在路基表面也出现了一些裂缝，裂缝最大长度为94m，最大宽度为70mm，裂缝以纵向为多。从裂缝调查情况可以看出，裂缝较宽的断面是在DK1026 +500 ~ DK1026 +900段普通路基的保温护道上及DK1026 +265 ~ DK1026 +370段通风管路基的保温护道上。裂缝多发地段主要在无特殊工程措施地段（如站场路基、普通路基及各试验工程措施对比段）的阳坡路肩及坡面上。裂缝的分布与工程措施有关，倾填片石路基、加筋土路基、片石保温护坡路基、通风管埋设在底部的路基基本没有裂缝，其余路基均不同程度地出现了裂缝。将2003年1月14日的裂缝调查结果与2002年10月31日的调查结果相比，新增路基横向裂缝50条，新增路基纵向裂缝36条，新增路基斜向裂缝7条，天然地面裂缝24条。表6-11给出了清水河试验段路基裂缝数量统计表。

清水河试验段路基裂缝数量统计表（王引生等，2003年） 表6-11

试验项目	试验段长度（m）	2002.10统计裂缝（条）			2003.1较2002.10路基增加的裂缝（条）			纵裂合计（条）	纵裂条数与试验段长度之比（条·$100m^{-1}$）
		横向	纵向	斜向	横向	纵向	斜向		
热棒试验工程	50	0	1	4	5	4	3	5	10
保温护道试验工程	50	0	0	0	0	0	0	0	0
保温材料试验工程	300	0	1	0	5	5	1	6	2
路基沉降试验工程	100	0	1	0	3	0	0	1	1
站场路基试验工程	100	0	1	0	3	2	1	3	3
通风管试验工程	445	1	10	0	10	2	0	12	2.69
冻土加筋试验工程	100	0	2	2	2	0	0	2	2
片石通风路基试验工程	50	0	0	0	1	1	0	1	2
片石保温护坡试验工程	100	0	0	0	1	0	0	0	0
保温材料试验工程	230	0	2	1	2	3	0	5	2.17
普通路基	1375	0	22	2	18	19	2	41	2.98
总计	2900	1	40	8	50	36	7	76	2.62

从表6-11可看出清水河试验段裂缝分布的特点：纵向裂缝主要出现在左侧（阳面）路基面、左侧坡面及护道上，纵向裂缝长度2.1 ~ 130m，宽度5 ~ 50mm。纵向裂缝在2003年1月增

加了36条，横向裂缝增加了50条，斜向裂缝增加了7条，原有纵向裂缝在从暖季进入寒季的过程中基本没有变化。从裂缝分布情况来看，倾填片石路基、片石保温护坡和加筋路基变形裂缝相对较少，而未采用任何工程措施的普通路基出现的裂缝相对较多。裂缝多分布在阳坡侧边坡坡面、阳坡侧护道和阳坡侧路肩（王引生等，2003年）。

五、清水河段纵向裂缝与冻土的关系

清水河试验段路堤纵向裂缝与上限形态的关系见表6-12。

清水河试验段路堤纵向裂缝与上限形态的对应关系（陈继，2007年）　　表6-12

断面里程	上限形态	冻土地温（℃）	措施	纵向裂缝位置
DK1024+425	偏凸形	-1.4	热棒	中心偏左
DK1024+445	偏凸形	-1.4	热棒	左幅
DK1025+125	∽形	-1.1	通风管	左护道
DK1025+275	偏凸形	-1.0	通风管	左路肩
DK1026+250	偏凸形	-1.0	片石护坡	左幅、左护道
DK1026+290	偏凸形	-1.3	通风管	左路肩
DK1026+325	偏凸形	-1.5	通风管	左护道
DK1026+450	∽形	-1.5	通风管	左边坡
DK1026+500	偏凸形	-1.5	普通路堤	左边坡
DK1026+525	∽形	-1.5	普通路堤	左路肩

从表6-12可以看出，不仅在普通路堤上纵向裂缝主要发生于阳坡一侧，在采取特殊结构的路堤工程上也是如此。2002年10月对青藏铁路清水河试验段的路堤纵向裂缝病害调查表明，在热棒试验段、保温材料试验段、通风管路基工程试验段、冻土路堤加筋试验段、倾填片石路堤试验段、片石护坡试验段等8种试验工程上已经出现的50条路堤纵向裂缝中，仅有1条出现在阴坡，3条出现在路堤中央，也就是说有92%的路堤纵向裂缝病害出现在路堤阳坡侧。纵向裂缝发育地段路基下多年冻土的融化形态呈不对称形状分布。

六、青藏铁路清水河试验段纵向裂缝病害分布特点

（1）各种不同工程措施的路基上均不同程度地出现了纵向裂缝。纵向裂缝不仅出现在普通路基上，在包括热棒路堤、碎石路堤、通风管路堤、保温路堤在内的所有试验路堤上均出现了路堤纵向裂缝。

（2）普通路基和采取各种不同工程措施的路基上的纵向裂缝均主要出现在左侧（阳面）坡面、左侧护道、左侧路肩等部位。

（3）不同工程措施对抑制纵向裂缝发育的工程效果不同。从裂缝分布情况来看，加筋路基、倾填片石路基、片石保温护坡路基上出现的裂缝较少，而热棒路基和未采用任何工程措施的普通路基出现的裂缝相对较多。加筋路基对减少路基纵向裂缝的产生有较好的效果，倾填片石路基对防止路基横向不均匀沉降、减少路基裂缝的产生有较好的效果。热棒路基所产生的纵向裂缝较多主要是由于热棒路堤下多年冻土最大融化深度在横断面上呈现一规则的驼峰

形状,即路堤两侧坡脚融化深度较大,路肩处融化深度较小,路堤中心处融化深度较大,路堤融化土体在最大融化深度以上的差异沉降,使填土中出现拉应力,从而在路堤表面产生纵向裂缝。

(4)融沉裂缝是在暖季产生的,寒冻裂缝是在寒季产生的。调查结果表明,融沉裂缝以纵向为主,寒冻裂缝纵横向均有。

通过对以上野外实测资料的分析,多年冻土区路基纵向裂缝发育的主要特点如下:

(1)路基纵向裂缝病害的发生与冻土类型及路面形式密切相关,高温极不稳定冻土区及沥青路面下纵向裂缝发育强烈。

(2)路基纵向裂缝病害与路基走向关系密切。路基纵向裂缝主要发生阴阳坡问题较为严重的路基阳坡一侧。总体来看发育在阳坡一侧的纵裂约占整个纵裂的70%。

(3)纵向裂缝与路基高度的关系明显,纵向裂缝数量随路基高度的增大而增加,且主要分布于高路堤内。

(4)影响纵向裂缝发育的因素主要有:施工和荷载、多年冻土类型、路基走向及断面形状、路基高度、路基排水状况等。在小区域范围内及某些特定条件下,其中某一影响因素会处于主导或决定性地位。

第四节　防 治 措 施

根据以上的分析可知,纵向裂缝主要分布在亚稳定型和高温退化型多年冻土地带,且随着冻土稳定性降低而趋于严重;另外,纵向裂缝的严重程度与路堤高度密切相关,随着路堤高度的增加,纵向裂缝分布密度及发育规模也越大;纵向裂缝分布具有明显的坡向性,阳坡面纵裂远比阴坡面严重。

多年冻土区道路路堤的修筑改变了原地表的热量平衡,土体本身的热力条件发生变化,其人为上限呈现出不等量、不对称的特征。而裂缝出现是新热量平衡剖面形成过程的产物。一方面,对于高路堤的路基,向阳坡与背阴坡所受太阳辐射和吸收热量不一致,导致路基左右冻融交界面的变化不一致,造成人为上限不对称,进而引起路基左右两侧产生不均匀沉降,在路基体内出现拉张力,这是引起路基裂缝产生的重要因素之一;另一方面,高路堤成型后多年冻土的上限可能发生上移,以致路基产生纵向裂缝问题(王志坚等,2002 年;吴青柏等,1995 年;苏艺等,2004 年)。

路基工程稳定性的关键是路基变形量控制,核心问题在于保护路基变形总量和差异变形总量及由于变形不同步造成的阶段性差异变形量都在允许范围内。但冻土热稳定性的核心是有效地保护路基下多年冻土,使路基下多年冻土上限抬升、多年冻土温度降低。这样,路基工程稳定性可能的失效模式主要有两类:一类是路基变形,另一类是多年冻土热稳定性(吴青柏等,2005 年)。根据野外调查结果及相关文献总结,以下从路基变形和多年冻土热稳定性两方面探讨纵向裂缝的产生及发展的主要影响因素。实质上,在多年冻土区,绝大部分路基变形主要是由于土体热稳定性差而导致路基融化下沉和不均匀变形。

对多年冻土地区的路堤病害提出预防和治理对策是冻土路堤工程研究的出发点和归宿,预防和治理对策是否有效、效果如何是检验工程技术人员和研究人员工作成果的最基本方式。因此,多年冻土地区路堤病害防治对策研究一直是从事寒区工程的科研人员和技术人员关心的热点问题。根据目前的研究现状,路堤病害防治思路基本上可以概括为两个方面:①结构力学措施。②控温措施。结构力学措施是指在路堤中采用约束路堤变形的材料,譬如土工格栅、柔性枕梁等,经过这些措施处理的路堤又叫加筋路堤。路堤加筋后,路堤填料的受力更加均匀,路堤本体的变形协调能力大大加强,不但可以减小路堤表面的沉降量和路堤压缩量,还可以有效抑制路堤的水平位移,减少路堤出现纵向裂缝病害的可能性(多吉罗布,2002 年;裴建中,2002 年;苏艺,2004 年;邹泽雄,2005 年)。尽管加筋路堤可以在一定程度上抑制冻土路堤的变形和位移,减小路基纵向裂缝病害的发育,但是这种措施并不能解决路堤变形的根源,即融沉压缩问题。因此,绝大部分的冻土路堤工程仍然采用控温措施来预防和治理路堤病害。根据各种工程措施的工作原理,防治措施可以分为以下几种:①调控对流措施,譬如碎石路堤、通风路堤、碎石护坡、热管路堤等。②调控辐射措施,譬如遮阳板、遮阳棚、浅色路面等。③调控传导措施,譬如保温路堤、泥炭层地基等。

从以往研究成果可以得出:在多年冻土区路基纵向裂缝主要是由于融化形态的横向不对称引起横向变形差异,从而在路基阳坡侧发育。对于这种不对称温度场的路基,解决纵向裂缝的关键在于通过对路基两侧施加不对称冷量,平衡温度场,既达到冷却地基的目的,同时也能使路基温度场对称、发生冻胀和融沉变形的活动层厚度达到一致、冻融过程发展均衡,从而减少路基温度场不对称及基底土体冻结融化过程不同步和最终融沉变形的差异。根据温度场不对称的程度选择性地采取不同措施、不同措施的组合或同一措施在阴阳坡设计参数的不同,如采用块石 + 碎石(护坡)路基、热棒 + 保温材料等复式路基、在阳坡一侧设置遮阳棚,或采用两边坡薄厚不一样的块(碎)石护坡路基来减小路基表面温度分布的非均匀性以消除阴阳坡效应来减小纵向裂缝的发生。同时,在新建道路中防治纵向裂缝病害时,应该以防止多年冻土局部融化为出发点,确定路基纵向裂缝防护原则及需要采取的特殊防治措施时,首先应该明确路基纵向裂缝防护原则。

由于阴阳坡效应引起的冻土路基纵向裂缝主要以预防为主,即道路修筑时的积极预防,从力学稳定性和热学稳定性两方面来预防。力学方面,国内外除了工程上的压实地基外,一般采用土工格栅、加筋路堤等。根据国外资料,美国阿拉斯加公路上多采用土工格栅。热学方面,主要采用保温板、保温护道(还可以阻挡地表水流流向侵蚀路基及力学上平衡路基中心的沉降变形)、通风管路基、抛石护坡、旱桥、遮阳板、块(碎)石路基、热棒等措施保护冻土路基热稳定性。

青藏公路在向阳坡侧设置草皮护道取得了良好的保温效果。据我国东北铁路对护道使用的经验表明,护道可减小阳坡坡脚处的融化深度和减缓路堤阴坡处人为上限的坡度,这样有利于阻止边坡沿冻融交界面滑动,同时还可以阻挡或减小路堤坡脚处地表入渗路堤基底和阻止基底土向路堤两旁挤出。据东北某铁路区段的调查,表明在含冰率较大的地段,只要地表水未浸入路基基底,凡是修了保温护道的路堤一般都未下沉。反之则有不同程度的下沉,并在路肩处产生纵向裂缝(杨海蓉,1985 年)。

对于有明显阴阳坡面影响的路段,为防止出现路基路面的侧向滑移及纵向裂缝,在阳坡设置热棒。对于斜置热棒,将有助于缓解路基温度场的不对称性,把冷量向路中方向推移,能更加有效地降低路面下伏土体温度(汪双杰,2005 年)。热棒是一种对流换热装置,一般通过气液两相的对流转换来实现换热的目的,因此换热效率较高。目前,热桩已在多年冻土地区公路、铁路、机场跑道及输油管线中得到广泛应用,效果良好(Hayley et al,1983 年;Esch,1988

年；马巍，2002 年；Ran Li，2004 年；潘卫东，2003 年）。热棒的一个缺点就是在夏季周围土体温度升高明显，而热桩此时不起作用。因此，在某些融化指数较大的地区，还需要采取一些特殊的措施来保证冻土地基的稳定性，譬如在热棒底部安装储冷器等。

提高路基表面（包括边坡）的反射率和遮蔽路堤的表面，是工程中常用的两种调控辐射的措施，其目的是避免直接接收太阳的辐射。沿着国道 214 线在 K417 + 930 ~K418 + 000 阳坡完全铺设铝塑遮阳板和薄铁皮遮阳板（除了将 K417 + 960 ~K417 + 980 段作为对比段），测温结果表明遮阳板起到了降低地温的作用。为了提高遮阳棚对太阳辐射的反射率，增加遮阳棚防辐射效果，在遮阳棚外表面涂上具有高反射性质的涂料油漆，例如涂上白色或银白色油漆材料，效果会更佳（陈继，2006 年；Feng et al，2006 年）。Kondratyev（1996 年）指出，在富冰冻土路段可以采用遮阳棚来提高路堤的稳定性。在阿拉斯加公路路堤边坡上安装的护坡遮阳板可以使坡面的年平均温度降低 6.2℃（Esch，1988 年），青藏高原风火山遮阳棚内的地表年平均温度比棚外约低 8.0℃（马巍，2002 年）。Liu et al（2002 年）的室内模拟试验则表明，遮阳棚可以使上限抬升幅度至少为 1.2m。沥青路面对太阳直接辐射的吸收率高达 95%（吴紫汪，1988 年），水泥路面和砂砾路面等浅色路面的吸收率较低。采用浅色路面也可以减少路堤表面的净辐射，减小路堤及其下冻土的升温幅度。1964 年在阿拉斯加一个专用试验路上 5 年的观测表明，沥青路面下冻土的融化深度最大，路基沉降量也最大，而刷白路面下冻土的融化深度最小，路基的沉降变形也最小（Berg，1973 年）。20 世纪 80 年代初在对该地区一条运营公路 Peger Road 的试验发现，白色路面的热反射率仍然达到黑色路面的 3 倍，前者的 N 因子也比后者低 0.2 ~0.3（Berg，1983 年）。Berg 的试验是在北纬 60°以北的高纬度地区进行的，当地的年总辐射较小，因此试验效果不太理想。青藏公路地处青藏高原腹地，年总辐射较大，接近我国同纬度东部地区的 1.5 倍。青藏公路五道梁路段的路面刷白试验表明，白色路面下 4m 处的地温要比沥青路面下同位置处的地温低 1.0℃以上，白色路面下的上限比沥青路面下高出1.5m（陈继，2006 年）。青藏公路的浅色路面试验证实，在青藏高原地区采用这种浅色路路面措施效果良好。但是，浅色路面容易被污化，而且表面的涂层容易被磨耗，如何解决这两个难题是推广应用这一措施的关键。

目前工程中另一种增大热阻，减小气候变化对多年冻土上限尤其是向阳坡侧冻土上限影响的方法是在路基的一侧或两侧设置保温护道。修建护道可减少因人为活动对路基坡脚及附近天然地表的破坏，阻止路基侧向地表积水渗入基底，同时对路基边坡产生反压，防止路肩滑塌（汪双杰等，2003 年）。采用保温材料来保护多年冻土的历史由来已久。20 世纪 50 年代，保温材料率先应用于挪威的冻土路基保护（Johansen et al，1988 年）；60 年代，保温法保护多年冻土被美国授予专利，并在随后不久被应用于阿拉斯加 Kotzebue 机场的跑道；70 年代起，苏联、加拿大、日本、美国等国家开始应用聚苯乙烯作为路基保温材料（North Smith，1973 年；Gandahl R. ，1978 年；Johnston，1983 年；Olson，1984 年）。我国对保温材料的试验研究始于 70 年代中期（Jing D. ，1981 年），后来又在青藏公路、青康公路和青藏铁路开展了实体工程试验研究（臧恩穆，1999 年；盛煜，2002 年，2003 年）。关于保温材料的工程应用效果，国内外做了很多试验和数值模拟方面的验证工作。阿拉斯加和加拿大地区的现场试验表明，保温路基可以大大减小路堤的沉降变形量（Esch，1973 年），有效抬升冻土的上限（Johnston，1983 年）；青藏高原风火山地区的试验证实，路基内铺设 4cm 的聚苯乙烯保温板可以提高人为上限 50cm 以上（Liu et al，2000 年）。田亚护（2002 年）对含保温夹层的路基温度场进行的数值模拟也表明，保温材料可以显著提高冻土路堤下的人为上限。臧恩穆（1999 年）认为，保温材料提高冻土上限的幅度在低温冻土区要比高温冻土区显著。温智（2006 年）对保温法在青藏高原多年冻土区道路工程中的应用性进行了系统研究后认为，保温法可以保证年平均气温在 -4.0 ~ -5.2℃的冻土公路路堤的稳定性、年平均气温在 -4.2 ~ -5.9℃的冻土铁路路堤的稳定性；保温板的合理埋设厚度为 0.1m，保温板的宽度应略大于路基顶宽；沥青路面下，在满足荷载要求的前提下，保温板埋深越浅越好。对于铁路路堤而言，采用低埋保温板效果更佳。

与保温材料相比，热半导体材料在保护冻土、提高路堤稳定性方面优势明显，但是目前具有这种性质的材料较少，而且力学性质较差，因此对热半导体材料在路堤工程中的应用研究较少。泥炭土是目前应用和研究较多的热半导体材料。冰的导热系数接近水的 4 倍，饱水泥炭土在冻结状态的导热系数将远大于融化状态，而泥炭土吸水和持水能力较强，因而用泥炭土作为路堤填土和护坡材料将可以有效地降低路堤温度，加强路堤的稳定性。利用泥炭土作为护坡材料来稳定路堤边坡，可以使路堤下的多年冻土长期处于冻结状态（Ersoy et al，1980 年）；用泥炭层作为路基换填材料，路基下多年冻土的年平均温度降低了 0.5℃（Mchattie et al，1983 年）。尿素泡沫（UF）是除了泥炭土以外的另外一种热半导体材料，工作原理与泥炭土相同。尿素泡沫的密度较小，仅为 13kg/m^3，吸水能力极强，吸水率可达到 7000%，历经多次冻融循环后性能变化不大。在 4000% 的含水条件下，冻结态导热系数超过融化态 20 倍，是一种较好的热半导体材料。在俄罗斯格达半岛的野外试验证实，10 ~ 14cm 的尿素泡沫覆盖层在 4 年后可以完全使已被破坏的冻土带免遭融化。一维的数值模拟结果表明，10cm 厚的泡沫覆盖层在 2 年后即可以保证冻土层在整个夏季都不会融化（B. B. Звягин et al，1993 年；Feklistov et al，1996 年）。

大量工程实践表明，增加路堤高度和铺设保温材料等措施不能从根本上改善路基的热物理状态（盛煜等，2003 年；温智等，2006 年）。通过对青藏铁路北麓河保温试验段的地温场分析，指出铺设保温板后路基两侧仍存在明显的热交换不对称性，有必要对路基阳坡一侧进行进一步的主动保护冻土措施处理，如设置热棒、块石护坡等。冻土路堤工程中常用的调控措施有碎石路堤、碎石护坡、通风路堤和热管路堤。碎石路堤和护坡碎石中的空气在冬季由于上部空气首先被冷却，因此将发生对流运动，从而促进了碎石底层热量的释放；而在夏季，碎石内空气对流运动停止，热阻增大，减缓了外部的热侵蚀。目前国内外对碎石路堤的研究比较多，也是目前国内寒区工程研究中的一个热点问题。Lai et al（2004 年）、徐学祖等（2003 年）、张建明等（2003 年）、孙斌祥等（2002 年）、喻文兵等（2003 年）、张明义等（2006 年）、冯文杰等（2001 年）等人在室内开展了碎石层的传热机理和碎石路堤降温机理的模拟研究，证实了碎石层内的对流换热机制，探讨了影响碎石内对流热交换强度的影响因素，譬如碎石的粒径、碎石路堤的边界条件（开放还是封闭）等。现场的试验监测也发现碎石路堤具有冷却冻土地基，提高冻土上限，稳定冻土路堤的作用。1969—1970 年，全苏铁路运输研究院斯科沃罗丁冻土研究试验室根据实测资料提出，用大块碎石修筑的路堤较之用其他类型土修筑的路堤，其基底土的温度大大降低（Mikhailov，1971 年）。程国栋等（1981 年）在青海热水厚层地下冰地段进行的块石路堤现场试验表明，块石路堤能明显提高路基下多年冻土上限，降低多年冻土地温，有较强的主动致冷作用。赫贵生（2000 年）在完成风火山碎石路堤的观测研究后认为，碎石路堤在冬季的导热系数是夏季的 12.2 倍。随着计算机的发展，数值模拟在碎石路堤工作机理分析中发挥了越来越显著的作用。Goering et al(2000 年)对一封闭试验箱内的碎石层进行了数值模拟和试验结果的比对分析,结果发现数值模拟的结果与试验基本吻合。姜凡等(2004 年)对碎石路堤的计算模型进行了优化,采用块石模型代替了多孔介质模型;王爱国等(2005 年)探讨了上覆填土厚度对碎石路堤冷却效果的影响。Goering 等(1996 年)采用非稳态模型,在假定年平均气温不变的条件下比较了碎石路堤和普通路堤下的温度,结果表明 25 年后块石路基下年平均温度要比普通路基下低约 5.0℃。在假定未来 50 年气温增加 2.0℃的条件下,赖远明等(2003 年)对传统道渣路堤和块石路堤在未来 50 年的温度变化进行了分析。计算结果表明,在天然地表温度大于 -1.0℃的地区,传统道渣路堤将产生很大的融沉,而块石路堤不但能抵消气候变暖的影响,还能降低路堤下的冻土温度。在碎石路堤的铺设参数问题上,孙志忠(2006 年)根据在青藏铁路碎石路堤实体工程中获得的大量观测资料分析后提出,块石层的合理粒径约在 30cm,合理铺设厚度约在 120cm。

虽然大量的试验和数值分析证实了碎石路堤的积极作用,但是对于它的适用性有人却提出了质疑。吴青柏(2005 年)在分析了青藏铁路块石路堤的冷却效果以后发现,低温多年冻土地区的块石路堤正朝着有利于冻土路堤热稳定的方向发展,而在高温多年冻土区,路堤下多年冻土正在朝着不利于热稳定方向发展。

在多年冻土地区,年平均气温一般要比地温低 3.0 ~ 3.5℃或更多(朱林楠,1988 年)。因此,在路堤中埋设通风管可以降低路堤的温度。1974 年,Zarling 较早开展了通风路堤的试验和模拟分析,证实用通风路堤加强冻土路堤是可行的,并对管体的最佳位置进行了分析。在国内,喻文兵(2002 年)、牛富俊(2002 年,2003 年)也对通风路堤的降温效果进行了室内模拟试验和现场观测研究,俞祁浩等(2004 年)和 Li et al(2006 年)还分别对安装自动风门的通风管路堤进行了现场试验和数值模拟分析,结果证实,可调式通风管路堤明显优于传统通风管路堤。

在采取一系列“主动保护”冻土的工程措施(盛煜等,2006 年;马巍等,2002 年,2004 年,2005 年,2006 年;牛富俊等,2002 年,2003 年;Li et al,2006 年,2007 年;喻文兵等,2002 年,2003 年;Feng et al,2006 年;孙志忠,2003 年,2004 年;潘卫东等,2003 年;Ran et al,2004 年),如通风管路基、抛石护坡、遮阳板、块(碎)石路基、热棒等,通过实测资料可以看出,单一采取这些措施或者阴阳坡采取同样措施(如:两坡铺设同样厚度及同等粒径的抛石护坡或同等程度地布设热棒)后,都能不同程度地主动冷却地基,保护多年冻土,人为冻土上限抬升,但是地温场左右不对称性依旧普遍,虽然从目前的观测值来看,这种变形差异还较小,但是随着气候变暖或荷载、工程等的扰动作用,这种阴阳坡效应问题的加剧将是不可避免的。

鉴于以上单一措施对消除阴阳坡现象的效果不理想,于是又提出以下对策。

一、不同厚度块石护坡路堤

不同厚度块石护坡路堤是指采用阴阳坡碎石层厚度不一致的护坡结构,以期消除或减少路基阴阳坡融化深度不一致的问题。为解决青藏铁路碎石护坡路基温度场的计算问题,张鲁新等(2003 年)根据多孔介质中流体热对流的连续性方程、动量方程和能量方程,应用伽辽金法导出多孔介质对流换热的有限元公式,对具有阴阳坡的碎石护坡路基和传统道渣路基在未来 50 年的温度变化分别进行了预报分析和比较。计算结果表明,对于阴阳坡温度相差 1.8℃的传统道渣路基,在阳坡增加 140cm 碎石护坡(碎石直径为 10cm),在阴坡增加40cm碎石护坡(碎石直径为10cm),就能使路基温度场呈对称分布形态,从而可以消除由于阴阳坡面温度差的作用所导致的路基下多年冻土上限的不对称分布,消除由此引起的路基不均匀沉降变形,避免形成纵向裂缝的病害。同时为了研究路基阴阳坡面上碎石层的不同厚度对路基温度场的影响,作者还对阴阳坡温度相差1.8℃,并在阳坡增加160cm碎石护坡(碎石直径为10cm),在阴坡增加80cm碎石护坡(碎石直径为10cm)的传统道渣路基在未来50年的温度变化进行了预报分析。结果表明,这种路基结构能够为路基下土体提供更多的冷能,并能使阳坡下的温度低于阴坡下的温度。上述两种路基结构形式已经广泛应用在青藏铁路多年冻土区路基工程设计中。2003年冻土区铁路建设中,对已经施工过的路基根据已发生的路基变形情况、变形裂缝发生、发展情况,针对不同冻土地温分区、冻土工程分类、不同地貌单元,分别以这两种路基结构形式进行了路基补强工程措施设计和施工,效果已初步显现。

Lai et al.(2004年)认为由于阴阳坡的作用导致道路纵向裂缝。通过数值计算,对具有阴阳坡的普通路基和抛石护坡路基在未来24年的温度特性比较分析指出,对于阴阳坡温度相差1.8℃的普通路基,在阴阳坡增加片石直径为10cm,厚度分别为80cm、160cm的抛石护坡,就能达到使路基温度对称分布的目的,消除由于阴阳坡温度差的作用而造成路基下冻土上限不对称分布、引起路基的不均匀沉降及形成路基纵向裂缝的病害。因此,应大力推荐该种路基作为青藏铁路冻土区有阴阳坡路段的路基结构,以便最大限度地保护冻土区的铁路。

周成林(2006年)通过对铺设不同厚度的片石护坡路基(DK1142+510~DK1142+550、DK1142+920~DK1142+970和DK1142+970~DK1143+020)的地温资料进行分析,发现该措施明显减弱了路基温度场不对称性的发生。

二、块石+碎石护坡("U"型路基)

"U"型路基是在块石路堤边坡上再铺设一定厚度的碎石层。张明义等(2006年)根据多孔介质流体动力学理论,针对青藏铁路的气温和地质条件对路堤高度均为5.0m的传统道渣路基、水平抛石路基和"U"型复合路基的温度场在全球气温变暖的背景下进行了分析和比较。结果表明,在年平均气温为-4.0℃,未来50年气温上升2.6℃的情况下,传统道渣路基将会引起其下伏多年冻土的严重退化;块石层厚度为1.50m的水平块石路基基本能够抵消气候变暖和铁路修建所带来的负面影响,但其下部冻土温度仍然较高,力学稳定性不易得到保证;而块石层厚度1.50m,护坡水平宽1.60m的"U"型路基则可以在其下部冻土中形成温度较低的冻土核(-0.5℃),将冻土上限抬升至抛石层底部。目前这种复合结构路基已经在青藏铁路多年冻土区沿线得到了较多应用,短期的监测结果表明,青藏铁路这种块石气冷路基结构可以抬升冻土上限,加上不同厚度的碎石护坡的作用,对左右地温不对称性也起到良好的调节作用。因此大力推荐"U"型路基作为青藏铁路高温冻土区的路基结构,以便最大限度地利用"天然冷源"来保护冻土区的铁路。

三、热棒+保温材料复式路基

温智等(2006年)对保温板+热棒复式结构路基进行了数值计算,计算结果表明,在年平均气温为-3.5℃或年平均地温为-1℃的地区,在青藏铁路50年的使用期内,普通路基、保温板路基和热棒路基在气温升高条件下路基下伏冻土都将发生融化，路基将会产生较大融沉变形，不能保证青藏铁路路基的稳定性。保温板热棒复式结构路基充分利用了两种措施的优点，可以更好地提高保护冻土的效率。在未来 50 年气温上升 2.0℃的条件下，在年平均气温为 -3.5℃或年平均地温为 -1℃的青藏铁路沿线多年冻土地区，复式结构路基可以抵消气候变暖的影响，可以保证路基下伏冻土不发生融化，从而可以保证路基的稳定性。

周成林(2006 年)通过对热棒 + 保温材料路基试验段(DK1141 +930 ~ DK1142 +030)温度场和变形特征的研究，指出热棒 + 保温材料路基地温场左右基本对称且变形量不大，能有效调整地温不对称性，能够很好地调节和整治纵向裂缝问题，大力推荐热棒 + 保温材料路基作为主动保护冻土首选工程措施。

Chen et al. (2006 年)分析了青藏线(包括青藏公路和青藏铁路)的阴阳坡问题及辐射机制，指出太阳辐射差异是导致阴阳坡问题的主要原因，并提出消除阴阳坡的措施：①在坡面或者路面铺设高反射率的材料以有效地降低地温、保护冻土。②降低路基高度至合理高度，减缓路基边坡坡度以有效减小太阳辐射给路基两侧边坡带来的不利影响。

对几何形态不对称的路基和几何形态对称但热边界条件不对称的路基，根据不对称的程度选择性的采取以上不同措施、不同措施的组合或同一措施的设计参数的不同(不同走向路基块碎石护坡厚度不一样，不同坡向路基埋设热棒的间距及排数不同等)，最终达到融化形态对称，从而减小变形差异，保证路基的横向热稳定性和变形稳定性。

影响纵向裂缝发育的因素主要有：气候因素、冻土内在因素及工程因素等，诸多因素之间相互作用、相互影响，纵向裂缝的形成是各个因素综合作用的结果。在某些特定条件下，其中的某一种因素的影响甚至具有决定作用。要防治路基纵向裂缝，不但需要保护冻土，而且还要注意以下几点：①做好边沟排水，坡脚部位不宜积水。②路基高度不宜超过 3m。③对于阴阳坡效应显著路段，要采取特殊措施。

第七章　柴木铁路冻土路基阴阳坡效应及工程措施效果

多年冻土区施工原则和相应施工方法的选择一方面基于对场地冻土地质条件的综合研究,其中要考虑在工程施工和运行期间冻土地质条件的可能变化;另一方面,要充分考虑工程的特点(建筑物或构筑物的大小、材质、使用寿命等)和运行模式(建筑物会不会释放热量,处于干燥状态还是湿润状态等)。

祁连山区是煤、铁及有色金属等矿产资源的富集地,发挥该地区的资源、能源优势,合理而可持续地进行资源开发将对青海省的工业发展和国民经济收入的提高有巨大的贡献,同时也将带动其他工业、第三产业和能源交通产业等的巨大发展,为构建和谐社会起到重要作用。

热水、江仓、木里地区是青海省最大的煤炭蕴藏地,受到交通条件的限制,煤矿几十年来开采的焦煤主要通过简易公路外运,从而制约了煤矿的大规模开采,资源优势难以转化为经济优势。柴达尔至木里地方铁路的修建正是为大规模开采该地区的煤炭资源而先行建设的基础设施,同时,铁路的建设也将对提高该地区各民族文化生活水平、加强物质文化交流、增进民族团结、促进地区经济的可持续发展具有重要意义。

柴木铁路是继青藏铁路后在青藏高原修建的又一条铁路,位于祁连山腹地南侧,北纬37.614°~38.145°、东经99.167°~100.406°范围内,起点柴达尔到终点木里的海拔高度变化在3600~4100m,主体基本呈东南—西北走向(图7-1)。线路从柴达尔起点沿哈尔盖曲北上,隧道穿越大通山后向西北延伸,跨过大通河折向西沿大通河北岸行进,路经江仓煤矿,至终点木里煤矿,全长142.04km。

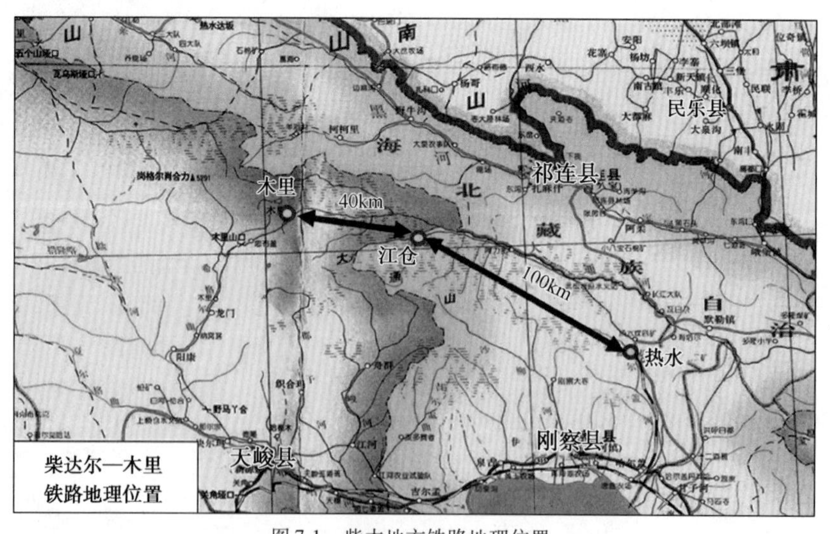

图7-1　柴木地方铁路地理位置

铁路沿线地区海拔较高,气候严寒,属于我国高海拔山区多年冻土地带。沿线泥炭化沼泽湿地发育,有利于多年冻土发育和厚层地下冰的生成。沿线多年冻土主要分布于大通山山岭区、大通山以北的大通河上游河谷区、多索曲河谷区。其中,江仓以西大通河上游的塞诺和让冲洪积台地北缘和多索曲北岸阶地发育着沿线连续性最好、含冰率较高的多年冻土路段,而且这些多年冻土路段绝大多数地段为沼泽湿地。在这种极其恶劣的多年冻土工程地质条件下修筑铁路使得该工程面临着严峻的考验。首先,路基的修筑打破了原有湿地的地气热交换规律,代之以路面、路基边坡吸热为主导的热交换环境,导致路基下伏多年冻土呈持续的热积累发展趋势,进而引起多年冻土融化,路基产生融沉变形;其次,柴木铁路沿线雨雪丰富,湿地冻土区活动层多为冻胀敏感性极强的亚砂土类,雨水的侵蚀及冻胀敏感性土的冻融作用也可能危及冻土路基边坡的稳定性;再次,柴木铁路主体呈东南—西北走向,冻土路基的阴阳坡问题比青藏铁路更加严重。面临复杂的冻土工程问题,采取适当措施尽可能保证铁路路基的稳定性是修筑该铁路必须考虑和研究的问题。

青藏铁路的建设为多年冻土区铁路修建提供了诸多的实践经验,主动保护多年冻土的设计理念已经被广泛接受。在青藏铁路多年冻土区主要采取的保护多年冻土措施包括块石气冷路基、热管降温路基、管式通风路基、旱桥、抛碎石护坡等。截至目前,这些措施不同程度地起到了保护多年冻土、维持铁路路基稳定的作用,同时,对这些工程措施的机理、合理参数选取、适用条件等方面的研究所取得的成果对柴木铁路的修建也提供了一定的指导作用。柴达尔至木里铁路多年冻土路段借鉴青藏铁路的实践经验,大规模应用片石通风路基、片石护坡、热棒冷却降温等保护多年冻土的工程措施,其工程效果尚有待针对该地区多年冻土的特点开展研究并经受实践的检验。

综上所述,针对柴达尔至木里铁路沿线冻土发育特点,对不同措施在冷却柴木铁路冻土路基的有效性,尤其是在减缓冻土路基阴阳坡和潜在冻土路基纵向裂缝方面的有效性开展验证、评价研究,将对铁路设计、施工、运营等各阶段起到参考和指导作用。

柴达尔至木里铁路以东西向为主导走向,因此铁路路基修筑后将存在显著的路基阴阳边坡,阴阳坡的热交换存在巨大差异,从而导致下伏多年冻土热状况的严重不对称性,诱发路基纵向裂缝的形成。通过实体监测和理论分析研究阴阳坡不对称性对多年冻土热状况及诱发路基纵向裂缝的影响规律,为保护冻土结构措施的合理应用提供参考。

第一节　监 测 断 面

柴木铁路冻土路基采用的主动冷却措施分为 3 类:片石通风路基、热棒护道及片石 + 热棒综合措施路基。在布设试验断面时,对这 3 种措施在不同地温分区、不同的监测场地都给予综合考虑,以观察上述工程措施在全线的应用效果。监测了典型路基断面 DK39 + 800、DK40 + 000、DK74 + 000、DK74 + 500、DK75 + 000、DK94 + 340、DK94 + 660、DK94 + 900、DK99 + 100、DK99 + 200、DK99 + 355、DK114 + 730、DK114 + 800、DK123 + 150、DK123 + 250 的地温。各断面剖面图及测温孔布置如图 7-2 所示。

试验断面自 2007 年 10 月开始施工,受施工季节和现场路基施工进度的影响,2008 年 7 月才彻底完成对各监测断面的设备安装。截止到 2010 年初,累计完整的观测时间不到 2 个年度周期,加上路基施工期间的破坏和修复,仅有部分断面完成了两个观测周期的监测,其余路基断面的观测都受到了不同程度的影响。根据以往现场监测和数值模拟的研究结果,普通路基施工所带来的热影响在路基完工后 2 ~3 年才能基本消除,片石通风路基工程措施的效果也在

7.1
左侧边坡拼装骨架护坡
右侧边坡拼装骨架护坡
1:1.5
1:1.5
5
5.5
1
换填渗水土
挖除软弱层
1:1.0
2
2.0m
1:1.0
9.5m
8.0
12.0
13.5
10.0
a) DK39+800
7.9
铺设双向土工格栅
2
1:1.5
1:1.5
1.2
3.6
4.4
倾填片石厚
1.2m
1:1.5
2
1:1.5
1.2
14.0
8.0
11.5
12.5
8.5
b) DK40+000
7.5
2
1:1.5
1:1.5
1.2
4.6
5
倾填片石厚
1.2m
1:1.5
2
1:1.5
1.2
8.0
10.5
10.5
8.0
15.0
c) DK 74+000
路基两侧各加宽0.4m
7.5
2
2
2
2
1
填渗水土
1
8.5
11.0
11.0
8.5
15.0
d) DK 74+500

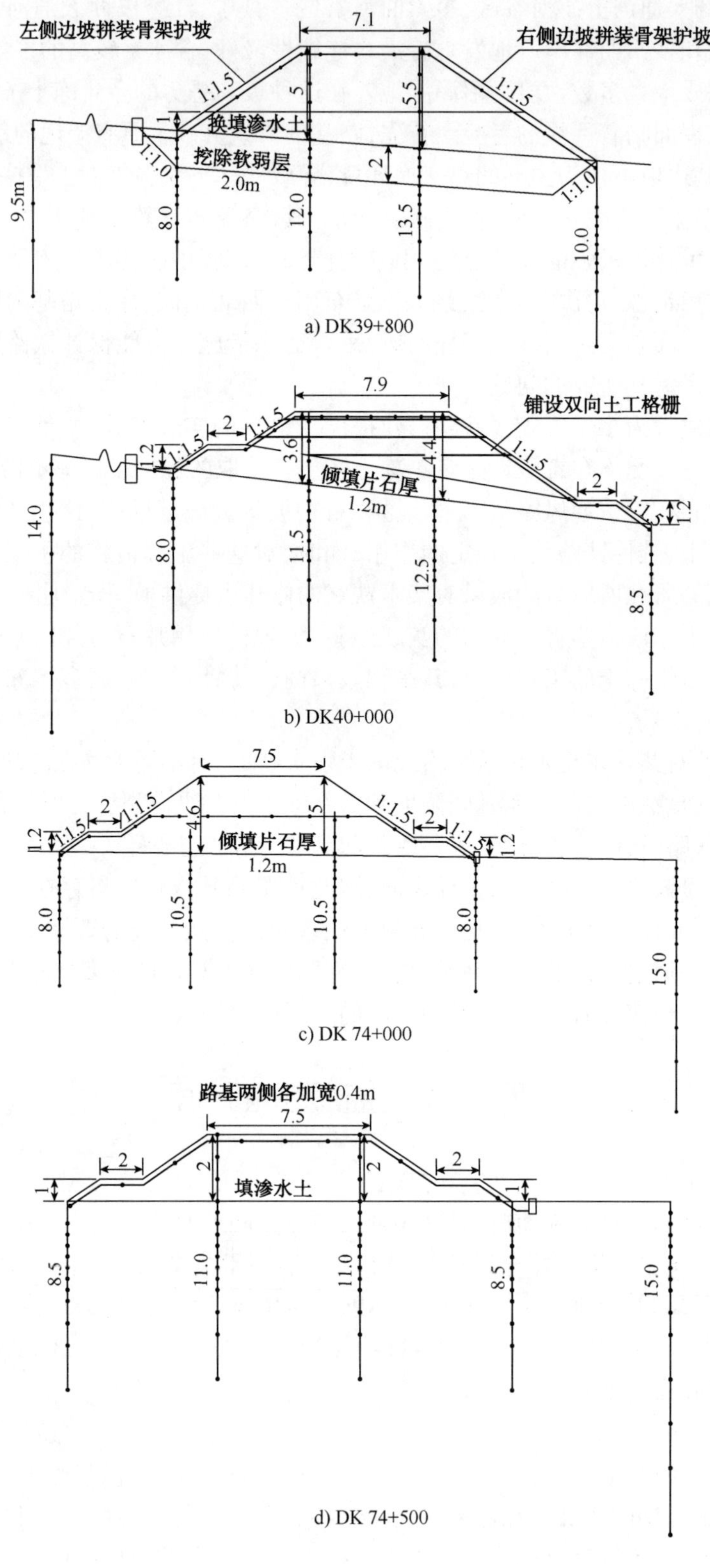

图 7-2

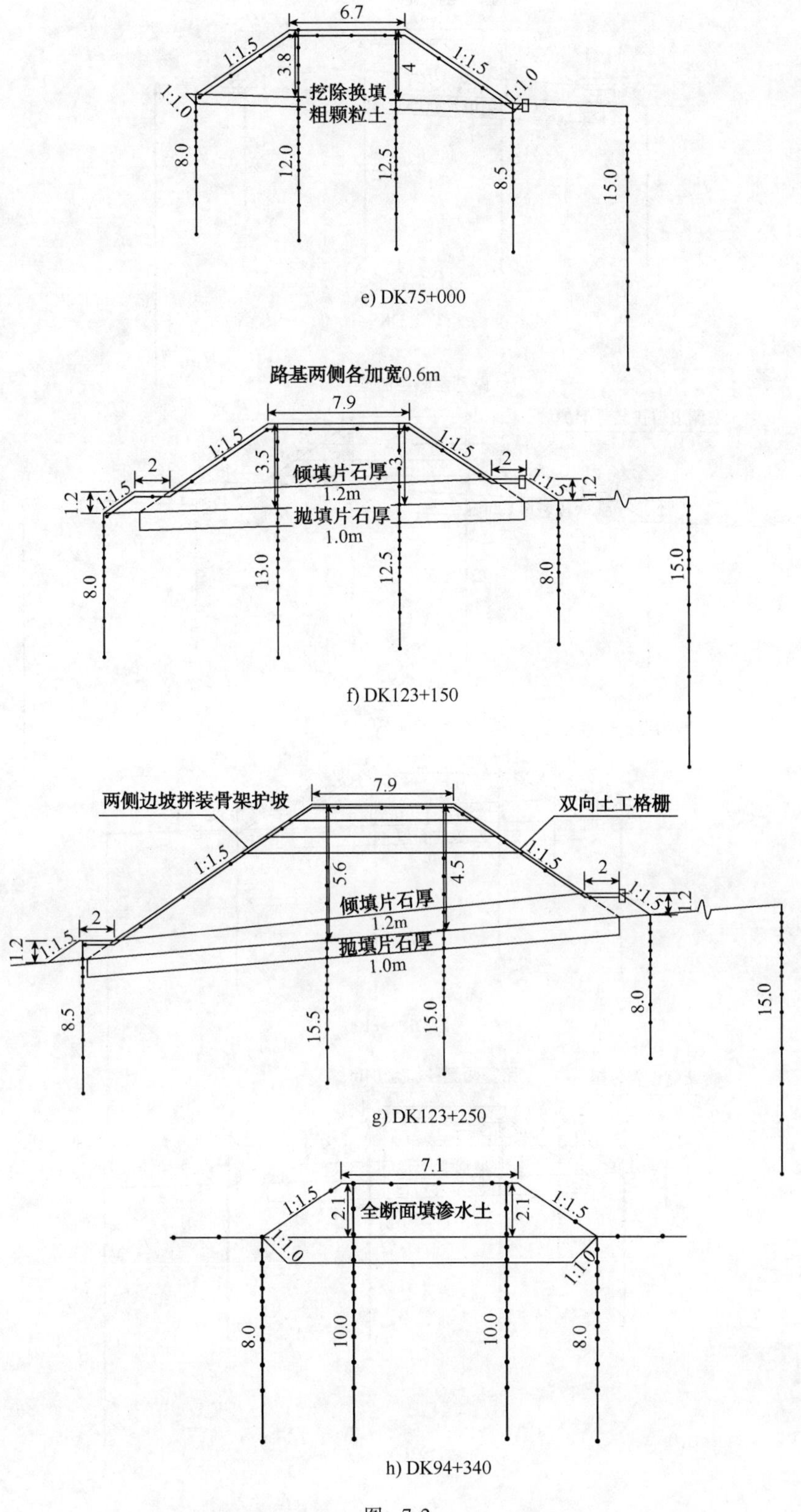

e) DK75+000

f) DK123+150

g) DK123+250

h) DK94+340

图　7-2

路基两侧各加宽0.4m
7.9
1:1.5
2
1:1.5
1
2.9
2.6
填渗水土1.0m
抛填片石厚1.0m
8.0
11.0
11.0
8.0
15.0
i) DK94+660
路基两侧各加宽0.4m
7.5
右侧边坡拼装骨架护坡
双向土工格栅
4.9
4.6
1.2
倾填片石厚1.2m
8.0
13.0
12.5
8.0
15.0
j) DK94+900
两侧设置热棒
路基两侧各加宽0.4m
7.5
2.0
2.5
填渗水土1.0m
抛填片石厚
1.0m
8.0
11.0
12.0
8.0
15.0
k) DK99+100
两侧设置热棒
路基两侧各加宽0.4m
7.5
1.0
2
2.5
填渗水土1.0m
抛填片石厚
1.0m
8.0
11.0
12.5
8.0
15.0
l) DK99+200

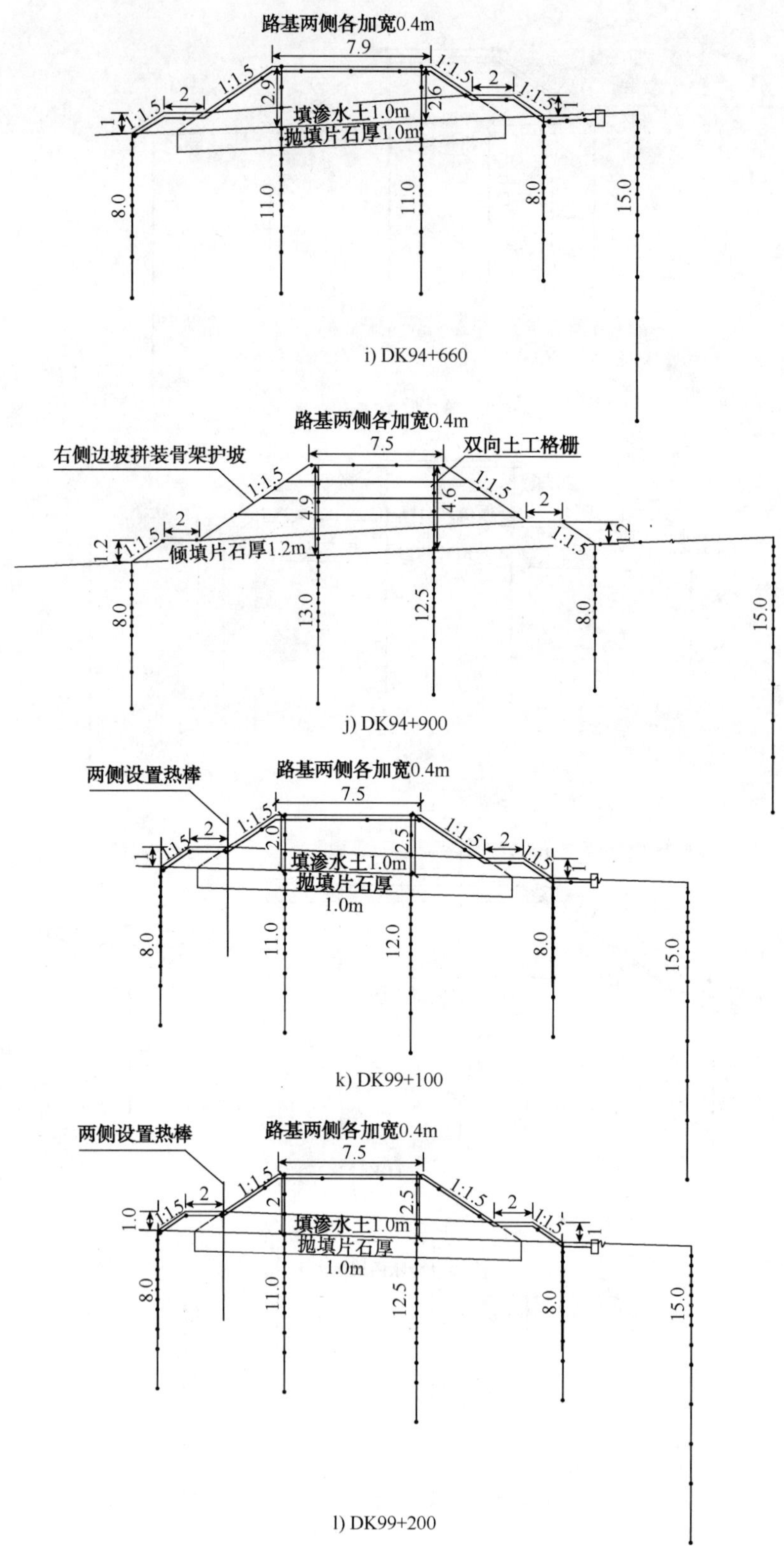

图 7-2

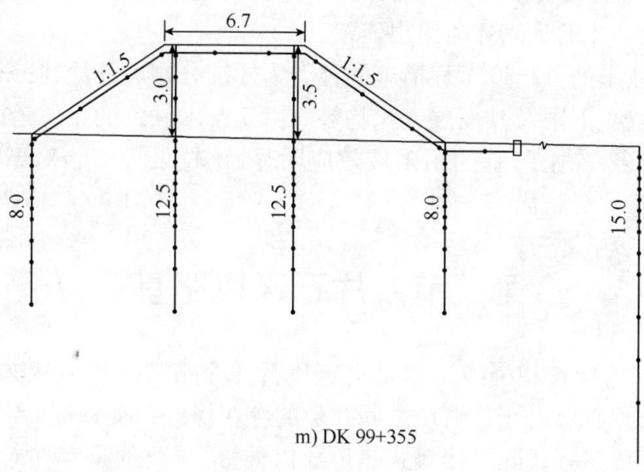

m) DK 99+355

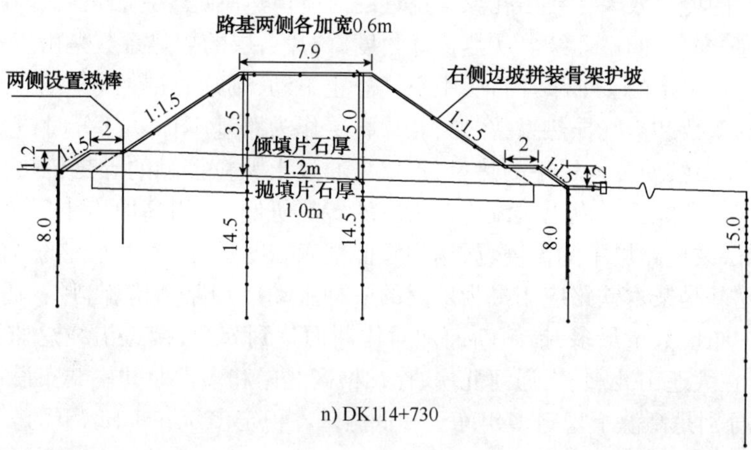

n) DK114+730

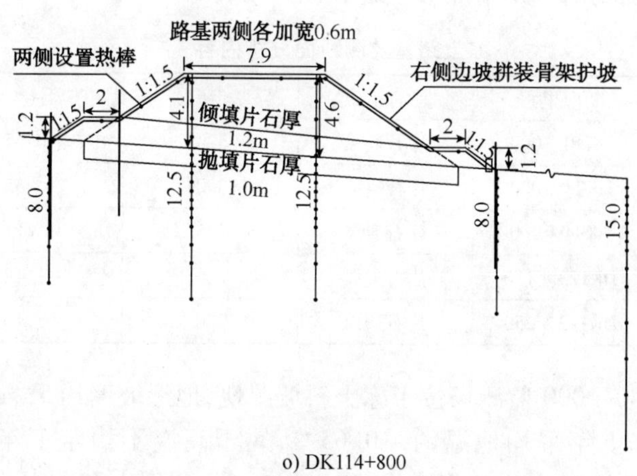

o) DK114+800

图 7-2　各监测断面剖面及测温孔布置图(尺寸单位:m)

2~3 年后才能消失,目前的观测时长只能够用来评价现有措施在柴木铁路的初步效果,其长期的工程作用需要进一步的观测才能给出。

在此,工程措施效果的分析以工程措施的种类为标准分别展开论述,讨论不同地温分区不同措施路基断面的地温、上限及其发展变化趋势。由于柴木铁路的主体走向为东南－西北,具有东西走向的路段较多,冻土路基的阴阳坡效应明显,比较工程措施对于坡向差异的抑制问题,也是此处的一个重要分析内容。

第二节　片石通风路基

片石层本身的传热特点和气冷过程是决定片石气冷路基冷却地基冻土效果的决定性因素。抛填堆积而成的片石层由于片石块之间孔隙的存在形成一种特殊的多孔介质工程体。片石层这种多孔介质的传热方式除了接触式热传导以外,最重要的是存在对流传热。片石层的接触式热传导的导热系数不到 3W/(m·K);空气对流的换算导热系数高达 120W/(m·K),所以片石层最终的传热效果主要由孔隙中空气的对流传热决定。片石之间存在的不连续界面造成热流在传递方向上的不连续。从热传导角度看,片石层的导热系数是由岩石、空气的导热系数和热传输过程决定的。如果片石层中空气静止不动,则片石层的导热系数应介于组成片石层岩石的导热系数和空气导热系数之间。片石层作为路基本体一部分时,它通过改变路堤结构而改变传热方式,使传入堤中的热量,不仅只通过土颗粒接触的导热传热,还通过人为地制造堤中介质间的孔隙而形成以对流传热为主的传热机制,利用高原冻土区负积温远大于正积温的气候特征,改变路堤中的温度场,达到降低基底温度、保护多年冻土的目的。

片石通风路基是柴木铁路应用最为广泛的一种主动冷却路基措施,片石通风路基监测断面在 3 种措施中布设数量最多,措施断面加对比断面达到 8 个,接近沿线总监测断面的 1/2;分布范围最广,在大通山北麓、大通河北岸、徐蜘格区北岸和多索曲北岸共布设 4 个场地;穿过 2 种地温分区,分别是高温不稳定多年冻土和低温基本稳定多年冻土(以下的分析均依据青藏铁路冻土设计暂行规定进行地温分区);监测区冻土含冰率高,主要位于富冰和饱冰多年冻土区,片石通风路基各监测场的基本情况参见表 7-1。

冻土路基监测断面分析内容　　表 7-1

地貌单元	断面里程	已有措施	路基走向(°)	地温(℃)	含冰状况
大通山北麓	DK40 +000	片石通风	320	-0.65	饱冰冻土
大通河北岸	DK74 +000	片石通风	300	-0.55	富冰冻土
徐蜘格区北岸	DK94 +900	片石通风	345	-1.31	饱冰冻土
多索曲北岸	DK123 +150	片石通风	260	-1.18	饱冰冻土
	DK123 +250	片石通风	260	-1.10	饱冰冻土

大通山北麓的 DK40 +000 监测场位于冻土斜坡湿地,地形坡度约 5°;地表植被覆盖良好,冻胀草丘发育;多年冻土年平均地温约 -0.65℃,属于高温不稳定多年冻土;冻土上限约 1.0m,冻土含冰率较高,属于饱冰多年冻土;岩性以砾砂、圆砾土和卵石土为主,冻土路基较高。DK39 +800 断面为普通填土路基,DK40 +000 断面为片石通风路基,片石层厚度约 1.2m,冻土路基走向约 320°。冻土路基最早监测日期 2007 年 12 月 22 日,DK40 +000 断面的右坡脚

孔和左路肩孔因损坏导致2008年8月以后无测温资料。

大通河北岸的监测断面有3个，其中DK74+000为片石通风路基，位于冻土缓坡湿地，地形坡度小于5°；路基左侧边坡为高寒草原，右侧为高寒草甸，地表冻胀草丘发育，表土潮湿。DK74+000断面的年平均地温约-0.55℃，属于高温不稳定多年冻土，冻土上限约1.0m，冻土含冰率约15%，富冰冻土，冻土路基较高，路基走向约300°。最早的冻土地温监测日期2007年12月13日。

监测断面DK94+900位于徐蜘格曲北岸阶地，冻土斜坡湿地自DK94+340至DK94+900发育程度不断增强，地形坡度也从约3°增加到约7°，地表植被覆盖度在90%以上，冻胀草丘发育，地表遍布积水坑；多年冻土年平均地温从-0.70℃、-0.75℃到-1.30℃，从高温不稳定多年冻土过渡到低温基本稳定多年冻土；冻土上限从1.8m变化到1.3m，冻土含冰率也从富冰冻土逐渐过渡到饱冰冻土。钻孔岩性以亚砂土夹碎石及卵石土为主，冻土路基高度也从DK94+340的2m过渡到DK94+900的约5m。DK94+340、DK94+660为普通填土路基，DK94+900采用了1.2m厚的片石通风层，冻土路基走向也从305°逐渐转到345°。该场地的3个监测断面最早完工于2007年10月，2007年11月9号开始第一次观测，在所有监测断面中完工最早、监测次数最多、资料最可靠。

DK123+150和DK123+250断面位于多索曲北岸，没有布设对比断面。试验段处于一个极发育的冻土山前缓坡湿地上，距大通河河道约400m，地形坡度约3°；地表植被发育，冻胀草丘密布，分布有较多积水坑。冻土年平均地温约-1.1℃，属于低温基本稳定多年冻土；冻土上限约在1.0m，冻土含冰率较高，属于饱冰冻土路段。第四系松散层的厚度不到15m，松散层底部为强风化泥岩。冻土路基高度在3~5m，其中含有厚约1.2m的通风片石层。该路段的观测资料除了天然孔在2009年10月遭受破坏外，其余观测资料均正常。

一、片石通风路基在高温多年冻土区的冷却效果

DK40+000断面位于大通山的北麓，年平均地温约-0.6~-0.7℃，属高温不稳定多年冻土区(-0.5~-1.0℃)。根据设计说明，该断面原天然地面以上铺设了厚约1.2m的通风片石层。DK40+000断面从2007年5月开始施工，当年10月路基填筑高度不到4m，第二年8月又填筑2m。由于2008年5月以后，该断面左路肩孔和右坡脚孔陆续损坏，目前只得到了路基完工不到一年后的路基完整温度场。图7-3为该断面2008年3月29日的路基温度场。

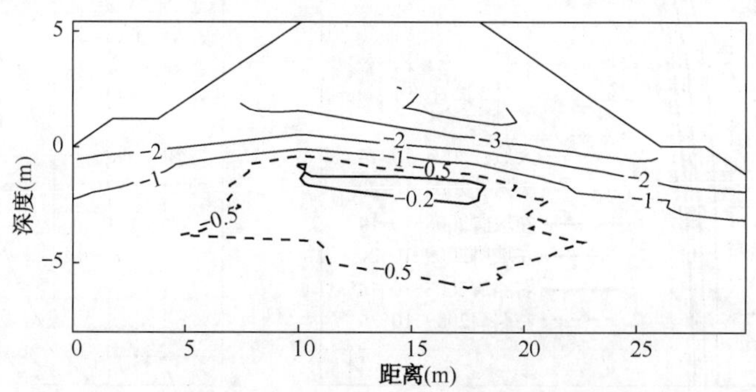

图7-3　DK40+000断面2008-3-29日温度场(单位:℃)

该断面在施工不到一年内，路基内部的温度场已呈现如下特征：①对于超过3m的高填土路基而言，高温或者过渡型多年冻土区的路基断面在路基完工后第一个寒季结束前，路基内部

往往存在一个融土核,该融土核对冻土路基的安全性有很大危害。在措施合理的条件下,该融土核往往在路基完工第二或者第三个年度消失。DK40 + 000 断面路基高度达 6m,地温达 -0.65℃,在完工后的第一个寒季末路基内部已完全回冻。②路基内部的等温线左侧上翘、右侧下沉。对于寒季末的路基而言,路基及原天然地表下浅层地温自上而下温度升高,等温线偏低说明该位置的冷却作用较强。图 7-3 说明路基左侧冷却作用弱于右侧,因此左侧地温偏高,路基右侧地温偏低。③路基下方原天然地面附近出现一高温冻土核,比相邻区域同一深度处的地温偏高。④左侧护道和坡脚部位的冷储量比右侧小,右侧护道及其下部冷储量较大。

以上分析说明,路基在开工不到一年的时间内,路基填土的初始扰动仍然没有消除,同时由于路基左右两侧没有采取消除坡向差异的特殊措施,路基内部的温度场已经初步具有阴阳坡特征。

DK40 + 000 断面的左路肩孔和右坡脚孔在 2008 年 9 月前均被损坏,该断面的完整监测资料不到一个周期无法从年度路基温度场的变化进行对比分析,仅能从现有完好的路基监测孔来分析。

图 7-4a) 为 DK40 + 000 断面原天然地表以下的地温曲线,图 7-4b) 为该断面原天然地表以上路基内部的地温曲线。首先来看天然孔的变化,该孔 2009 年 10 月 20 日的零温点深度大于 2008 年 10 月 14 日;在地下 4m 范围内,天然孔 2009 年的地温比 2008 年偏高,在地下 4 ~ 8m 甚至更深的范围内,天然孔地温基本没有变化。与天然孔相比,左坡脚孔零温点深度基本没有变化,右路肩孔零温点深度减小。从地温上来看,左坡脚孔 0 ~ 2m 深度范围内地温偏低,2m 以下地温升高;右路肩孔从原天然地表下 1.4m 范围内地温降低,原天然地表以上的路基本体内右路肩孔地温显著下降[图 7-4b)],但是在原天然地表 1.4m 以下,地温发展趋势与左坡脚孔类似,同样表现为一定的升温趋势。对比 3 个孔的零温点位置,左坡脚孔深于天然孔,而右路肩孔要浅于天然孔。对比 3 个孔还可以发现,2m 以下的天然孔地温要比同深度大的路肩孔和坡脚孔低 0.1 ~ 0.5℃;而 2m 以上的地温在第一个监测年度天然孔地温相对较低,但是

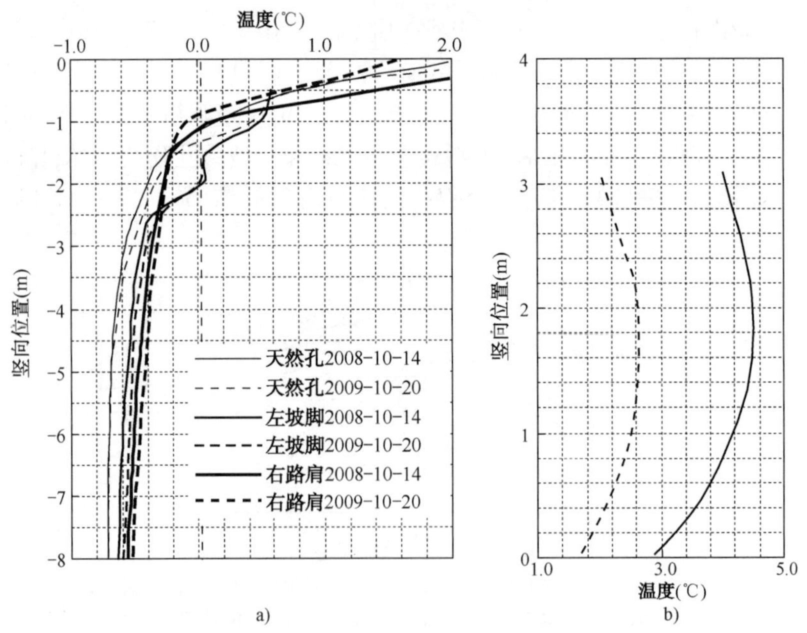

图 7-4 断面 DK40 + 000 典型时段地温曲线

在第二个监测年度坡脚孔和路肩孔温度降低,已经接近甚至低于天然孔温度。

零温线随时间的发展过程能充分反映路基对下部冻土的影响程度。图7-5为DK40+000断面的零温线图。从2008—2009年度,该图中除天然孔的上限从1.17m下降到1.34m,左坡脚孔上限基本不变,维持在2.22m,右路肩孔上限略有抬升,从1.26m抬升到0.94m。从上限的位置来看,在路基完工后的第一个监测年度,左坡脚孔和右路肩孔上限均大于天然孔;在第二年,由于天然孔上限下降,右路肩孔升高,右路肩孔的上限已经高于天然孔上限。同时由于路基填土初始温度场、路基加高及坡向等的影响,右路肩孔回冻时间和天然孔接近,比左坡脚孔早约一个月,右路肩孔的融化圈闭合时间比天然孔和左坡脚孔都要推迟近2个月。

DK39+800断面为无措施断面,该断面距离DK40+000断面200m,两个断面的冻土发育状况和地表条件基本一样。图7-6为该断面天然孔、左坡脚孔和右路肩孔的零温线图。该图中左坡脚孔和右路肩孔在第一年的最大融化深度远大于天然孔,虽然在第二年都有所减小,但是仍然要比天然孔的最大融化深度大出很多。

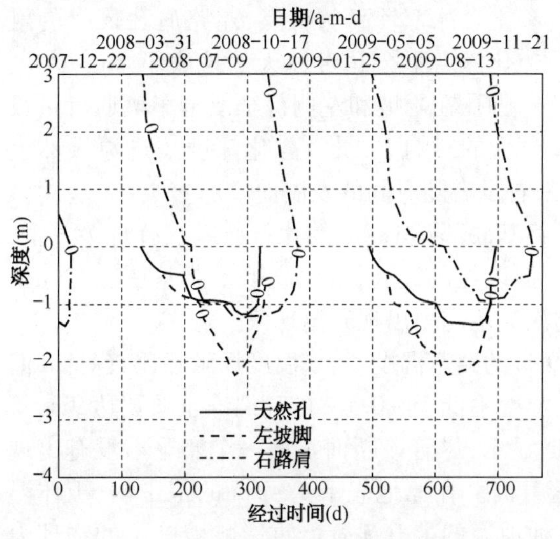

图7-5 DK40+000断面典型孔位的零温线

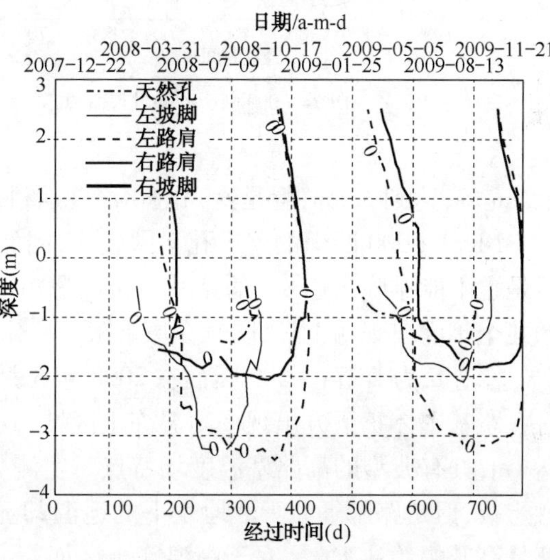

图7-6 DK39+800典型孔位的零温线

对比图7-5和图7-6不难发现,相对于无措施断面DK39+800,片石通风路基断面DK40+000下的人为上限要高于对比断面,2008年高出0.79m,2009年高出0.90m。从路基下人为上限的变化趋势来看,片石通风路基右路肩处人为上限升高了0.32m,而无措施断面右路肩处人为上限仅升高了0.21m(表7-2)。从右路肩孔回冻曲线来看,2008年片石通风路基断面的完全回冻时间要比对比断面提前33天,2009年完全回冻时间要比对比断面提前半个月。

片石通风路基和无措施断面典型孔位上限变化(m)　　表7-2

断面位置	孔位	2008年	2009年	上限增幅
DK39+800	天然孔	1.17	1.34	0.17
	右路肩	1.26	0.94	-0.32
DK40+000	天然孔	1.43	1.4	-0.03
	右路肩	2.05	1.84	-0.21

DK74+000片石通风路基断面位于大通河北岸的山前缓坡湿地上,地温接近-0.5℃。

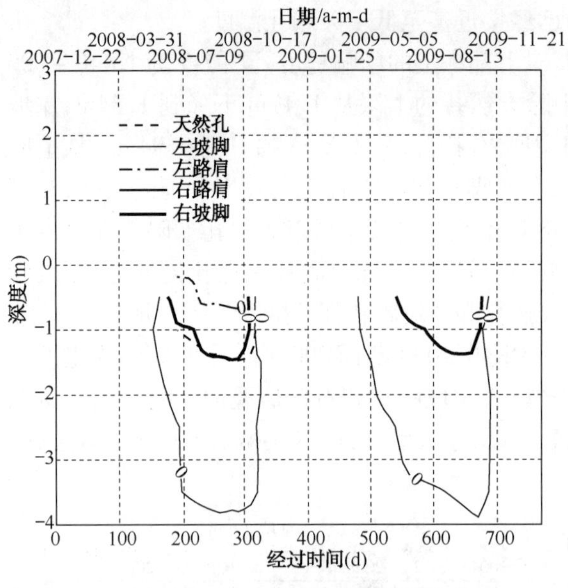

图 7-7　DK74 +000 断面冻融过程曲线

该断面路基填筑分两个阶段,2007 年为第一阶段,路基填高 3m,2008 为第二阶段,路基又加高了 5m,完工后的路基高度达到 8m。由于该断面监测设施不断被损坏,仅有该断面部分孔的部分观测数据,图 7-7 为现有完好孔的冻融过程曲线。右坡脚孔上限和天然孔接近,并随着时间的推移右坡脚孔上限略有上升,从 1.45m 升到了 1.36m;左路肩孔虽然还没有观测到最大融化深度,但是根据 2008 年 11 月 1 日的观测结果,此时的融化深度仅有 0.69m。综合考虑时间已接近寒季中期和下部腐殖土含冰率较高的特点,左路肩孔最终的融化深度不会超过原天然地表下 1m。左坡脚孔在阳坡和左侧行车便道车辆通行量较大的影响下,最大融化深度超过原天然上限 2m 多,达到 3.8m,但是这一融化深度从目前来看没有随时间的发展而增加。

DK74 +000 断面的路肩孔上限较浅,固然与路基底部厚 1.2m 的片石通风层有直接关系,但是也不能排除高达 8m 的路基填土的影响。根据以往的经验,采用高填土路基往往在开始的几个年度出现融土核,同时在原上限下一定的深度范围内出现升温现象。

图 7-8 为 DK74 +000 断面在 2008 年 3 月 29 日的路基温度场,该温度场虽然比较对称,但是在路基本体正下方出现一高温冻土区域,其中温度不低于 -0.1℃的高温冻土核宽达 9m、厚达 1m,具有典型的高路基温度场特点。实测数据显示,尽管该断面在第一个寒季末没有出现融土核,但是路基下原天然地表下的地温却显著升高。在原地表下 1 ~ 7m 的范围内,土体温度最高升幅约达 1℃。对于高温冻土区而言,这种地温的上升无疑严重影响着冻土的物理力学性质,对冻土路基的沉降变形带来不利影响。

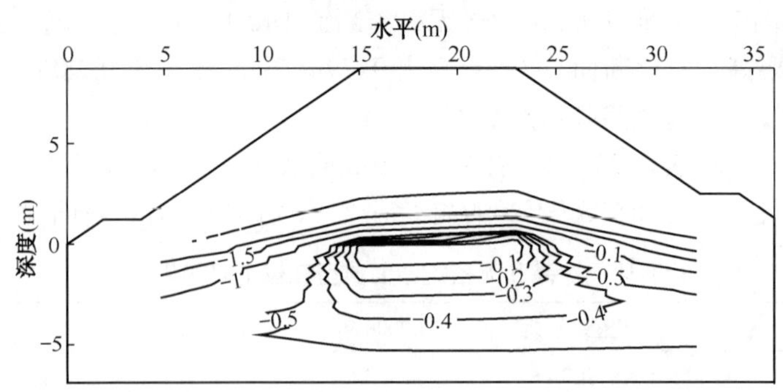

图 7-8　DK74 +000 路基断面 2008 年 3 月 29 日温度场(单位:℃)

大通山北麓由于 DK40 +000 断面左路肩孔的损坏无法直接对比片石通风路基对最左侧阳坡路肩的影响程度。DK74 +000 片石通风路基断面虽然距离无措施断面 DK39 +800 距离较远,但是前者的地温更高,通过比较左路肩的冻融过程也可以判断片石通风路基对左侧阳坡路基的冷却作用。根据 2008—2009 年度的观测结果,无措施断面 DK39 +800 左路肩孔的最大融化深度为3.4m，而DK74 +000断面的左路肩孔最大融化深度仅为1m。

左右坡脚位置的上限变化对冻土路基的稳定性也有重要影响。根据在青藏铁路和青藏公路的病害调查结果，坡脚部位的上限变化往往直接导致了路基纵向裂缝病害。

首先来看看3个断面右坡脚即阴坡坡脚位置的上限。排除掉DK40 +000断面损坏的右坡脚孔，DK74 +000断面的右坡脚孔上限在2008—2009、2009—2010两个年度均高于无措施对比断面DK39 +800，而且前者的上限具有持续升高趋势，2009 ~2010年度比2008 ~2009年度升高了9cm；而对比断面由于排水条件变差及便道行车的影响，右坡脚上限出现了大幅度的下降，下降幅度达30cm（图7-9）。右坡脚孔上限的变化和对比表明，片石通风路基及护道有利于冷却冻土路基。

与右坡脚的规律不同，左坡脚的上限变化与预料中出入较大。在2008—2009年度，无措施断面的上限深度介于两个措施断面；在2009—2010年度，无措施断面的上限深度比两个片石通风路基断面都要小。表面上来看，左坡脚孔的上限分析结果体现不了片石通风路基冷却路基的积极作用。

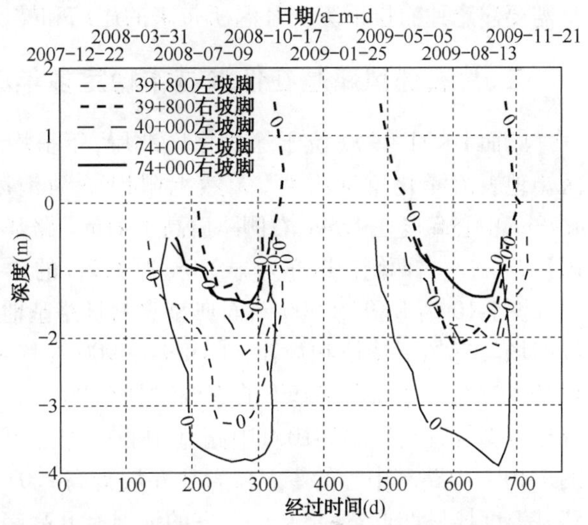

图7-9　高温冻土区坡脚孔冻融过程对比

从监测场所处的地理条件来看，DK39 +800和DK40 +000断面位于大通山北坡，DK74 +000断面位于大通河北岸的阳坡，即便是天然场地上，后者接收的辐射量也远大于前者；从路基走向来看，前者为东南—西北走向，后者为东西走向，左侧坡脚位于正南坡，因此后者收到的太阳辐射也大于前者；从年平均地温来看，DK74 +000断面要高出 -0.1℃；从浅层土壤条件来看，DK74 +000断面左坡脚的腐殖土层更薄，活动层含水率远小于DK39 +800和DK40 +000断面；从坡脚孔的积水条件来看，DK74 +000断面左坡脚孔位于下坡位置，在受到路基阻挡的条件下，左坡脚孔排水条件要差于DK39 +800和DK40 +000断面；同时，DK74 +000断面的左坡脚位于施工便道和片石通风护道的外边缘，受片石护道影响小，但是受外界因素的扰动更加强烈，因此DK74 +000断面左坡脚的上限深度远大于大通山北坡监测场的分析结果，并不能用来否定片石通风路基积极的冷却作用。

对比DK39 +800和DK40 +000相邻两个断面的监测结果，无措施路基断面人为冻土上限变化较大，而片石通风路基断面人为冻土上限在前后两个年度基本没有变化，同时无措施路基断面左坡脚孔的冻土上限在第一年低于片石通风路基断面，在第二年则略高于片石通风路基断面。DK39 +800断面在2008—2009年度的上限较深，是因为在该年度的夏季，坡脚孔附近的测温保护箱被重新安装，活动层的水热交换在施工同时被剧烈改变，因此该孔在2008—2009年度的上限比相邻孔位和2009—2010年度的上限都要深出许多。至于在第二个监测年度，无措施路基断面左坡脚孔上限高于对比断面孔，初步判断可能由以下两个原因所致：①DK40 +000断面左坡脚孔位于护道的外边缘，受片石通风护道的冷却作用较小。②无措施路基断面左坡脚孔位置的含水率大于相邻的措施断面。在DK39 +800断面，左坡脚孔的原天然上限附近发育含土冰层，而 DK40 +000 断面左坡脚孔则仅仅是饱冰冻土。2008 年夏季在调整左坡脚孔附近的测温保护箱时，工作人员挖至坑底约 0.8m 时即形成一个水坑。较大的含水率显然减小了该孔的上限深度。

对大通山北麓和大通河北岸两个高温冻土区片石通风路基降温效果监测资料的分析表明，在现有的路基高度条件下，普通路基仅能提高阴坡侧路基的上限，片石通风路基和片石护道则可以将沼泽化高温冻土区路基本体下多年冻土的上限显著提升至原天然上限以上；但是片石通风路基和护道对于阳坡坡脚位置的上限影响较小，现有的片石通风护道措施基本不具有抑制阴阳坡的作用，而且在片石通风路基的片石层下部存在一个高温冻土区域，其作用类似于高填土路基或保温层路基。因此，在高温冻土区采用片石通风路基尽管可以将上限提升，但是需要注意片石层下冻土升温所带来的压缩和蠕变变形。

二、片石通风路基在低温基本稳定多年冻土区的冷却效果

断面 DK94 +900 位于徐蜘格区北岸，年平均地温在 -1.3℃，属低温基本稳定多年冻土区。地表沼泽化草甸发育，天然上限以下为饱冰冻土。冻土路基左高右低，左侧路肩高 4.78m，中心高度在 4.5m，右侧路肩高 4.41m。路基下部原天然地面以上覆盖一层厚 1.2m 的通风片石层，左右两侧护道亦为宽 2.0m 厚 1.2m 的片石层。该处路基走向为 345°，接近南北走向。

图 7-10 为 DK94 +900 断面典型观测日路基地温场，通过分析这两幅图不难发现该断面的温度场具有如下特征和规律：①DK94 +900 在修筑完工后的第一年和第二年，冻土路基温度场基本对称。②冻土路基下的零温线具有凸型形态，不论是路基中心还是左右路肩，零温位置都比坡脚位置高。图 7-10a）中路基中心的零温位置比左坡脚高 1.08m，比右坡脚高 0.63m；图 7-10b）中路基中心的零温位置比左坡脚高 1.07m，比右坡脚高 0.24m。③原天然上限以下，路基温度场呈凹形态，路基正下方的地温有升高趋势，而且路基中心的地温升高趋势比左右路肩都要大。④图 7-10b）中的 -0.5℃ 和 -1.0℃ 等温线比图 7-10a）中相应的等温线更偏向地基土深部。

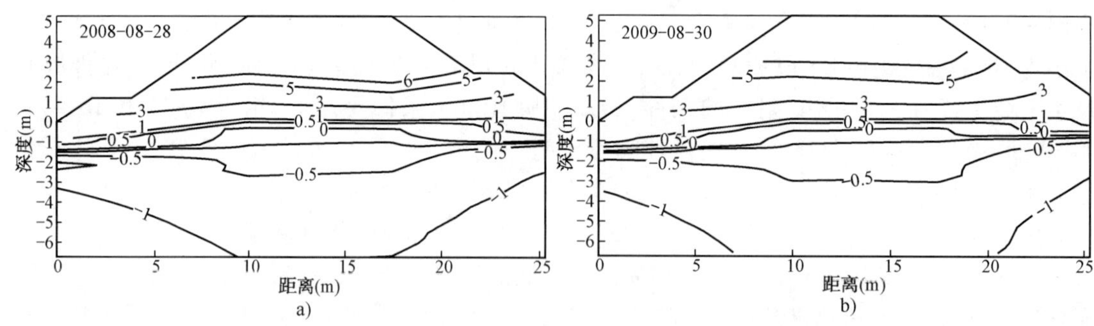

图 7-10　DK94 +900 断面典型观测日路基地温场（单位：℃）

以上分析说明，路基由于接近南北走向，冻土路基温度场没有显著的坡向差异。从对上限的影响来看，低温多年冻土区的片石通风路基有显著提高人为上限的作用。但是由于受冻土路基初始填土和后期施工的扰动，冻土路基原天然上限下冻土温度升高，且第二年比第一年还有增温趋势，这一规律和高温多年冻土区的片石通风路基类似。

为了更形象地比较片石通风路基在低温多年冻土区对路基温度场的影响结果，图 7-11 列出了 DK94 +900 断面典型观测日期下的零温线。在两个相邻的观测年度内，几乎完全相同的

两个观测日的零度等温线表现了一定的变化规律。第二个观测年度和第一个观测年度相比，路基左侧的零温线略有下降，路基右侧的零温线有比较显著的升高。这说明，DK94 +900 断面的路基尽管接近南北走向，但是345°的走向还是造成了一定的坡向差异，导致该路基左侧(西南坡)呈现了轻微的阳坡特征，而右侧(东北坡)则呈现了轻微的阴坡特征。

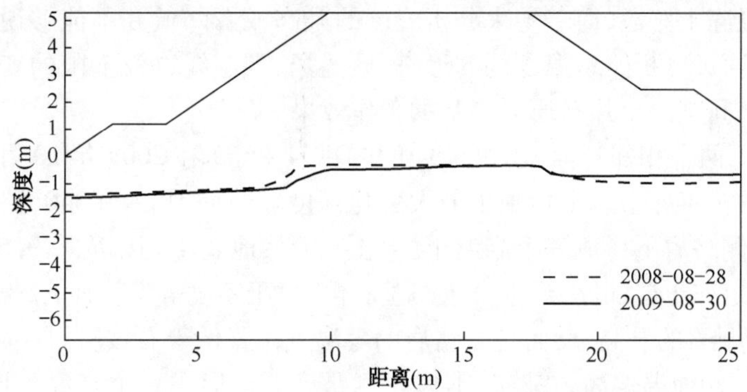

图 7-11　DK94 +900 断面典型观测日期下的零温线对比

由于受到施工和上坡坡脚夏季融化季节流水的热侵蚀影响，DK94 +900 断面的零温过程线变化较为复杂(图 7-12)。第一年，左右坡脚孔的上限即最大融化深度都大于天然孔，路基下的上限也没有显著提升，左路肩位置略高于天然孔，而右路肩孔则低于天然孔；第二年，天然孔上限显著下降，比所有路基监测孔的上限都深。上述现象与以往的认识有较大差异，需要对每一个孔的情况给予解释。左坡脚孔由于观测后期损坏，仅有一个周期的观测资料，无法了解其第二个年度融化和回冻过程的完整零温线，其余孔的零温线均较完整。

从图 7-12 可以看出，左路肩孔上限下降，右路肩孔上限基本没有变化，这两个孔的变化规律与路基走向一致，也与前面的分析结果类似。右坡脚孔和天然孔的变化与以往的认识有较大冲突。右坡脚孔虽然上限具有上升趋势但是第一年深度较大，天然孔上限则显著下降，这两个孔的异常变化与路基断面特征和后期的工程措施密切相关。

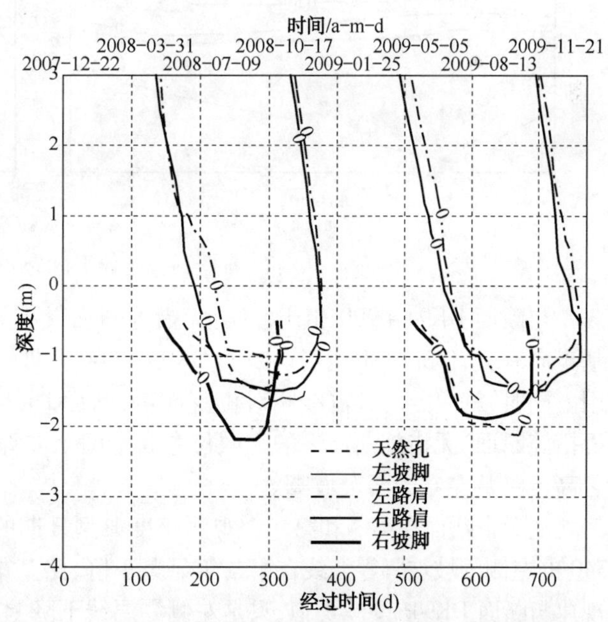

图 7-12　DK94 +900 断面各孔位的零温过程

对于右坡脚孔而言，第一年由于上坡来水经此坡脚流向涵洞，且过水量较大，因此该孔第一个年度的融化深度较大，上述因素同时也导致左路肩孔的上限在第一年高于右路肩孔；在第二年，由于挡水埝的施工，上坡来水被阻于挡水埝外侧，加上轻微阴坡坡向的影响，右坡脚上限有了较大幅度的上升，预计该孔的上限还将继续升高；对于天然孔而言，第二年施工的挡水埝紧挨着天然孔，挡水埝施工时下挖了 1.5m 铺设土工布加上原天然地表上覆填土的扰动，还有上坡来水的影响，天然孔上限大幅度下降。预计此孔的上限会有一定程度的提高，但是由于挡水埝坡脚来水的影响,该孔未来的上限应大于第一年的上限深度。

断面 DK94 +340 和断面 DK94 +660 为断面 DK94 +900 的两个对比断面,两个无措施断面虽然与片石路基断面相距不远,但是多年冻土年平均地温差异较大。片石通风路断面为低温基本稳定多年冻土,而对比断面的地温仅在 -0.7 ~ -0.8℃,为高温不稳定多年冻土。对于不同的年平均地温冻土路段,简单地去分析温度的升高或者降低并不能够说明片石通风路基的降温效果,但是通过分析路基温度场的形态、地温场、零温线以及上限的变化过程或者地温的变化幅度则能够间接给出片石通风路基的工作效果。

图 7-13 给出了两个相邻断面 DK94 +340 和 DK94 +660 在 2009 年 10 月 20 日的温度场,此时两个断面下的多年冻土基本达到了最大融化深度。断面 DK94 +340,路基偏左侧地温偏高,在路基本体左侧路肩下形成一个高温土层;在原天然地表 4m 以下,-0.5℃等温线大幅度下移,极高温不稳定冻土层加厚,远远大于路基右侧;对于零度等温线而言,路基本体下部相对于两侧坡脚并没有显著的升高,反而是右路肩的零温点位置低于右坡脚[图 7-13a)]。DK94 +660 断面,路基偏左侧地温偏高,在路基本体左侧路肩下也形成一个高温土层;在原天然地表 3m 以下,-0.5℃等温线大幅度下移,极高温不稳定冻土层加厚,远远大于路基右侧;对于零度等温线而言,路基本体下部的零温点位置略高于左侧阳坡坡脚,同时也略低于右侧阴坡坡脚[图 7-13b)]。

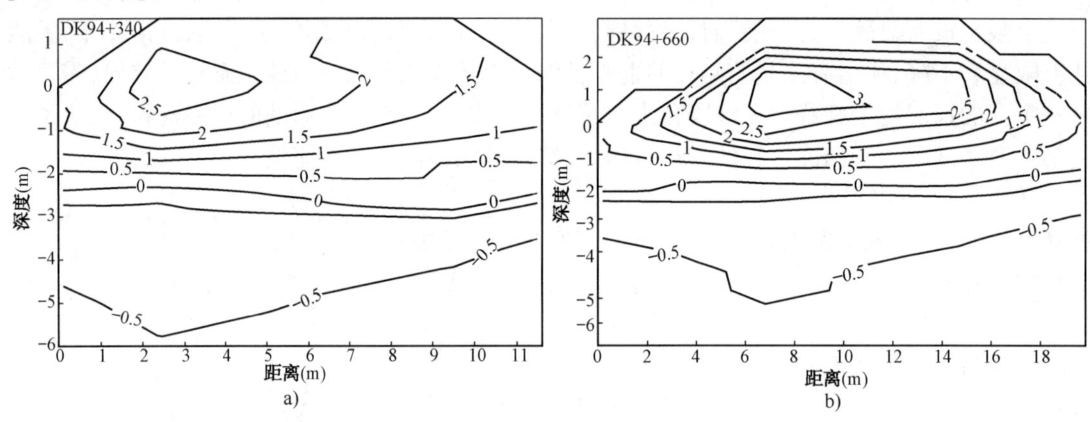

图 7-13　两对比断面 2009 - 10 - 20 日的地温场(单位:℃)

与断面 DK94 +900 相比,两个无措施断面具有显著的阴阳坡问题,这固然与后两者的路基走向有关,但是也不能否认断面 DK94 +900 阳坡一侧片石通风护道也发挥了一定的冷却作用。同时,就单纯的零温线相对位置而言,断面 DK94 +900 路基本体下凸形态也大大不同于无措施断面,无措施断面下的上限位置介于两个坡脚之间,而片石通风路基断面下的上限则显著高于路基左右的两个坡脚。

从 2 个断面在第一和第二个观测年度典型日期的零温线位置来看(图 7-14),断面 DK94 +340 的左侧阳坡坡脚零温线在第二年显著下降,路基本体及路基右侧的零温线则略有上升,此规律与断面 DK94 +900 类似,只是左侧零温线下降幅度更大;断面 DK94 +660 在整个路基断面范围内,零温线位置除路面正下方略有下降外,其他位置零温线基本没有变化,与断面 DK94 +900 略有差异。对比断面出现的不同变化规律可能与各断面不同孔位的融化过程有关,尤其是与达到最大融化深度的时间不同等因素有关。

图 7-15 为两个对比断面在前两个观测年度的融化过程曲线。如上所述,两个断面的不同

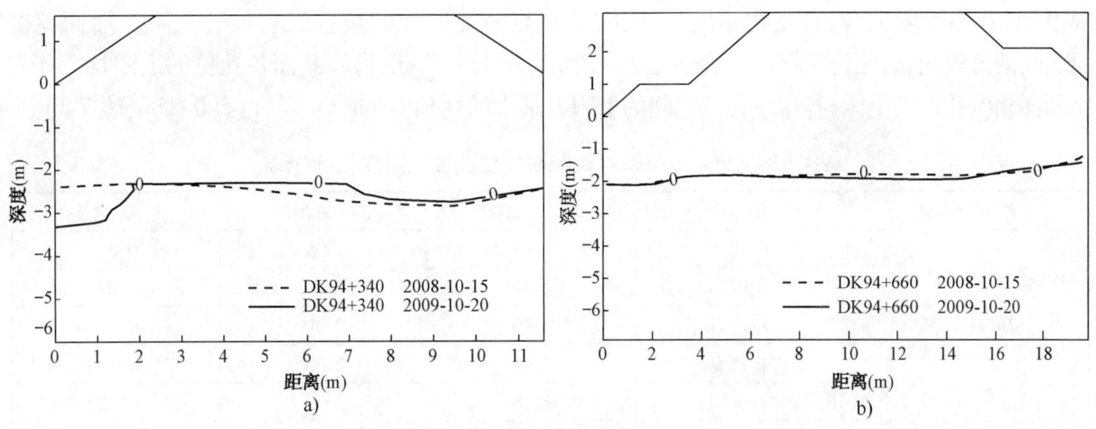

图 7-14　对比断面在前两个年度典型日期的零温线变化

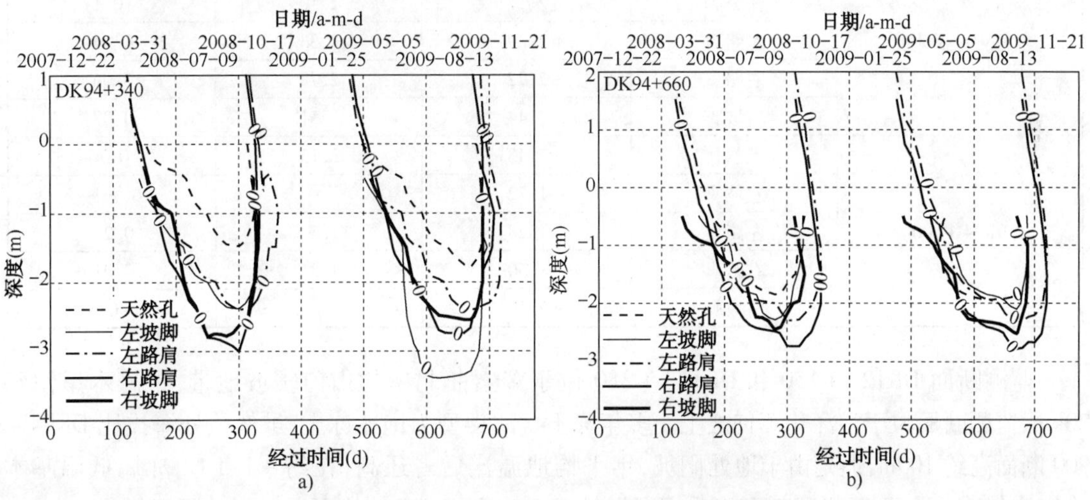

图 7-15　DK94 +900 相邻两对比断面的融化过程

孔位达到最大融化深度的时间并不相同。对于断面 DK94 +340 而言，在第一个年度，右坡脚孔在 2008 年 8 月底就已经达到最大融化深度，而其余孔则在 10 月 17 日前后才达到最大融化深度；在第二个年度，左坡脚孔在 2009 年 8 月 13 日前后达到最大融化深度，左路肩、右路肩、右坡脚达到最大融化深度的时间分别在 2009 年 10 月 22 日、2009 年 9 月 29 日和 2009 年 10 月 21 日前后[图 7-15a)]。对于断面 DK94 +660 而言，在第一个年度，左右坡脚孔在 2008 年 9 月底就达到最大融化深度，左右路肩则在 2009 年 10 月 17 日前后达到最大融深深度；在第二个年度，左坡脚、左路肩、右路肩和右坡脚达到最大融深的时间分别是 2009 年 10 月 22 日、2009 年 10 月 19 日、2009 年 10 月 21 日和 2009 年 10 月 23 日前后[图 7-15b)]。

由于上述不同孔位达到最大融深时间上的差异，因此同一日期的零温线位置变化并不足以说明路基下上限的变化规律。图 7-15 反映出的另一个显著规律就是两个对比断面天然孔的最大融化深度都小于路基监测孔，而片石路肩断面 DK94 +900 则是左右路肩孔都小于天然孔，甚至部分坡脚孔也小于天然孔。

由于施工扰动的影响，无论是天然孔还是路基断面上的各监测孔，第二个观测年度与第一个观测年度各孔位的上限相比并没有明显的变化规律，有的变化过大，有的变化较小；有的上限下降，有的上限上升，且变化幅度、上限的升降与钻孔所处的位置没有显著关系。然而就断面之间的比较而言，无论是第一年度还是第二年度，除去天然孔，措施断面各孔位的上限均小于对比断面相应孔位的上限，各相应孔位之间的上限差最大的达到1.5m，最小的也有0.25m(表7-3)。

DK94 + 900 与相邻对比断面典型孔位上限变化(m) 表7-3

断面位置	孔 位	2008 - 2009	2009 - 2010	上限增幅
DK94 + 340	天然孔	1.48	1.79	0.31
	左坡脚	2.37	3.39	1.02
	左路肩	2.39	2.40	0.01
	右路肩	3.00	2.75	-0.25
	右坡脚	2.78	2.55	-0.23
DK94 + 660	天然孔	1.85	1.92	0.07
	左坡脚	2.27	2.10	-0.17
	左路肩	2.29	2.33	0.04
	右路肩	2.72	2.78	0.06
	右坡脚	2.44	2.51	0.07
DK94 + 900	天然孔	1.45	2.15	0.7
	左坡脚	1.72	—	—
	左路肩	1.28	1.52	0.24
	右路肩	1.50	1.51	0.01
	右坡脚	2.19	1.89	-0.3

监测断面DK123 + 150和DK123 + 250位于多索曲北岸的山前缓坡地带，距离木里镇约20km，监测断面位于沼泽化草甸之上。多年冻土含冰类型为饱冰冻土，虽然该处海拔比DK94 + 900断面高约100m，但是由于地处阳坡，年平均地温比后者还高，在约 -1.1℃，亦属低温基本稳定多年冻土。两个监测断面均采用了抛填1.0m、倾填1.2m片石通风层的降温措施。

图7-16给出了监测断面DK123 + 150和DK123 + 250各孔位的冻融过程，DK123 + 150的右坡脚孔、右路肩孔及DK123 + 250的右坡脚孔的最大融化深度小于天然孔，两个断面其余孔

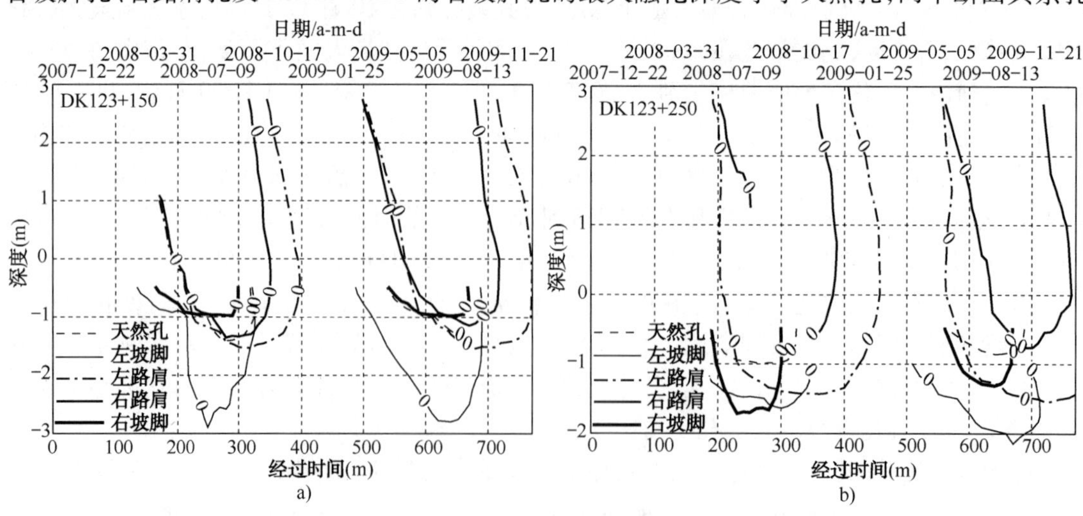

图7-16 DK123 + 150和DK123 + 250各监测孔冻融过程

的最大融化深度都大于天然孔。尽管有片石护道和片石路基垫层的作用,左坡脚孔、左路肩孔处于阳坡位置,加上紧挨着铁路路基左侧的行车便道,容易理解其上限较深,但是 DK123 + 250 的右坡脚孔处于阴坡坡脚,且有片石护道的作用,一般来说其上限应该上升。

图 7-17 为两个监测断面 DK123 + 150 和 DK123 + 250 的路基剖面图。两个断面均位于一个左低右高的天然坡地上,与 DK123 + 250 断面相比,DK123 + 150 断面的地势较高。由于上坡来水被阻于右坡坡脚,因此右坡脚位置的过水量要远远超出原天然地表。较大的过水量一方面导致了更潮湿的地表,DK123 + 150 断面右坡脚孔浅层的土体含水率为 45.5%,DK123 + 250 断面右坡脚孔浅层的土体含水率则为 120.9%;另一方面,过大的流水量也导致了更严重的流水热侵蚀。根据以往的研究结果,流水作为局地因素的热侵蚀作用比辐射和植被的热侵蚀作用更加显著。由于 DK123 + 250 断面右坡脚地势更低,过水量更大,流水的热侵蚀作用远大于 DK123 + 150 断面右坡脚,因此出现了 DK123 + 250 断面右坡脚孔上限较低的现象。

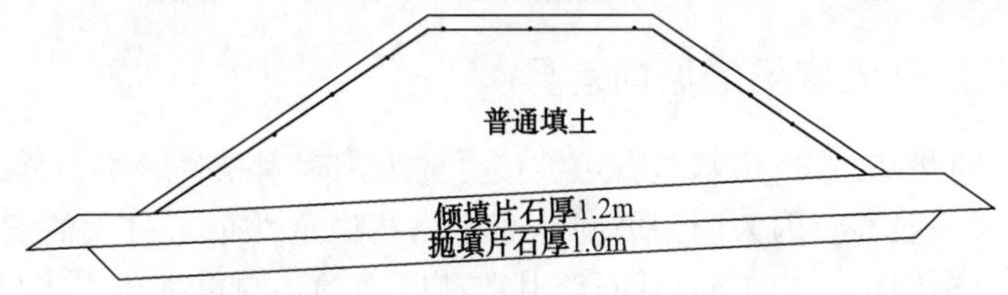

图 7-17　DK123 + 150 和 DK123 + 250 路基剖面图

同样由于受施工扰动,左侧行车便道、右侧坡脚排水量增大的影响,尽管天然孔上限相对于第一个观测年度略有减小,但是对于路基监测断面的其余孔而言,第二个观测年度与第一个观测年度各孔位的上限相比仍没有明显的变化规律。对于不同位置的监测孔而言,有的上限变化较大,有的上限变化较小;有的上限下降,有的上限上升,且变化幅度、上限的升降与钻孔所处的位置没有显著关系。比较路基下各监测孔与天然孔的上限,两个断面仅有右路肩孔的上限比天然孔的上限略小,其余孔的上限绝大部分都大于天然孔的上限(表 7-4)。

DK123 + 150 和 DK123 + 250 断面典型孔位上限变化(m)　　表 7-4

断面位置	孔　位	2008—2009	2009—2010	上限增幅
DK123 + 150	天然孔	1.41	1.26	-0.15
	左坡脚	2.90	2.80	-0.10
	左路肩	1.54	1.55	0.01
	右路肩	1.35	1.15	-0.20
	右坡脚	0.98	0.98	0.00
DK123 + 250	天然孔	0.98	0.85	-0.13
	左坡脚	1.64	2.15	0.51
	左路肩	1.43	1.53	0.10
	右路肩	0.77	0.77	0.00
	右坡脚	1.72	1.32	-0.40

仅通过路基断面下监测孔与天然孔的上限对比,片石通风路基在路基填土初始温度较高、施工扰动、左侧行车便道、右侧坡脚排水量增大的影响下没有能够体现出片石通风层积极的冷却地基的作用。

与高温冻土区不同,在低温基本稳定冻土区,片石通风路基下的冻土温度虽然有所升高,但是并没有在路基下部形成终年高温冻土带(图 7-18),只是路基左侧阳坡侧原天然上限以下、路基右侧阴坡原天然地面3.5m以下的冻土温度上升显著。

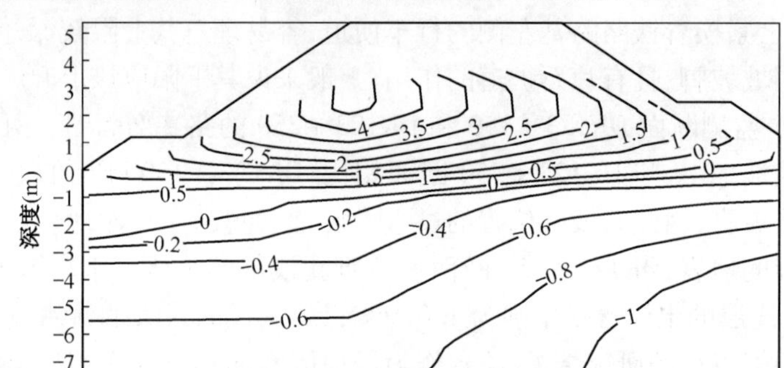

图7-18　DK123+150断面最大融化季节地温场(单位:℃)

三、片石通风路基温度场的坡向差异

对于南北走向的路基而言,路基左右边坡接受的太阳辐射条件基本一样,冻土路基下部的温度场也基本对称,一般不会因为阴阳坡问题而给路基稳定性带来过大的危害。对于柴木铁路而言,路基主体呈东南—西北走向,片石路基监测断面的走向也都或多或少具有一些坡向差异。5处片石路基监测断面的路基走向从最小260°到最大345°,如果以南北走向0°表示最小坡向差异,东西坡向90°则表示最大坡向差异。以此为划分标准,5个路基断面的阴阳坡走向的坡度按照里程从小到大的顺序分别表示为40°、60°、15°、80°、80°。

由于断面DK40+000缺失左路肩和右坡脚的实测资料、断面DK123+250夏季受季节性流水的热侵蚀较强。下面就以3个断面DK74+000、DK94+900和DK123+150来分析路基走向和坡向差异之间的关系。

根据阴阳坡度的定义可知,路基走向的阴阳坡度越大,路基左右边坡的温度差异和变形差异越显著。图7-19为3个断面DK74+000、DK94+900和DK123+150的坡面温度监测结果。DK94+900的阴阳坡走向的坡度最小,阴坡和阳坡温度变化曲线互相交叉,仅从图上来看很难区分该断面两个边坡的总体温度差异;DK74+000的阴阳坡走向的坡度达60°,阴坡和阳坡的温度曲线虽然部分时段较为接近,部分时段又较远,但是两条曲线之间没有交叉和重合,阳坡温度曲线始终在阴坡曲线之上;DK123+150的阴阳坡走向的坡度最大,达80°,阴坡和阳坡温度曲线变化规律一致,但是阳坡温度曲线始终高出阴坡温度曲线不少距离。对3个断面2008年初到2009年初一个年度的坡面温度进行分析后发现,阴阳坡面的温差和路基的阴阳坡走向的坡度具有良好的正相关关系,DK94+900、DK74+000和DK123+150三个断面的左右边坡坡面温度的温差分别是2.23℃、4.69℃和7.13℃。

图7-20分别是断面DK94+900、DK123+150在2009年8月30日、2009年10月20日的路基断面温度场,这两个断面分别代表着由于路基走向不同导致的阴阳坡效应最小和最大的两个极端情况。

对于断面DK94+900而言,无论是路基本体、原天然地表到天然上限之间还是原天然上限以下,尽管地温曲线有所起伏,譬如路基本体下路基下部零温线略有上升、-0.5℃等温线略有下降、-1.0℃等温线在靠近路基中心位置处加深,但是等温线的起伏部位都发生在路基中部,相对于整个路基而言,地温曲线基本对称,基本没有坡向差异。对于断面DK123+150而

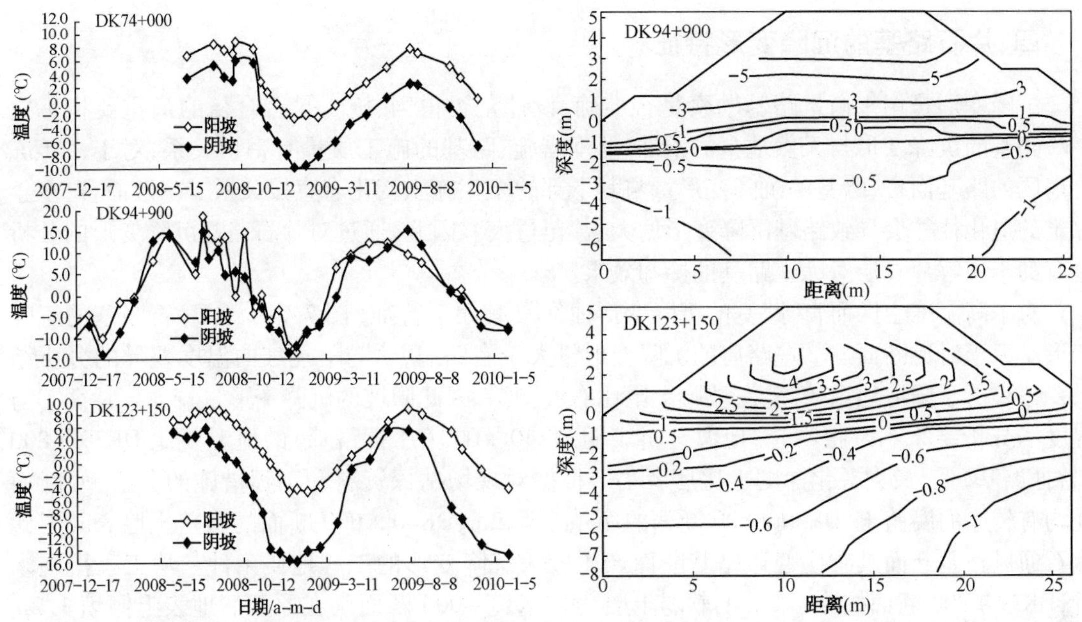

图7-19　片石路基监测断面左右坡面温度变化曲线　　图7-20　两个极端阴阳坡坡度条件下的路基断面温度场(单位:℃)

言,无论是路基本体、原天然地表到天然上限之间还是原天然上限以下,所有路基左侧路肩下、左侧边坡下、左侧护道直至左侧坡脚部位的等温线都比路基右半幅相对应的等温线偏低,而且随着深度的加深,等温线向下偏移的幅度越大。0℃等温线左坡脚下降的幅度仅2m,-0.6℃等温线下降了3.2m,-0.8℃等温线甚至下降更多。除了这种等温线的下降之外,在路基左侧路肩下甚至形成了一个高温融土核。

阴阳坡对多年冻土上限的扰动是阴阳坡危害路基稳定性的最根本表现,表7-5列出了5个片石路基断面左右坡脚和左右路肩位置两个年度的上限对比。在没有外界因素干扰的条件下,阴阳坡效应越显著,左右边坡表面的温差越大,左右坡脚和左右路肩位置处的冻土上限差异也越大。2008—2009年度,DK94+900的左右坡脚上限差为0.47m,DK123+150的左右坡脚上限差为1.92m;在2009—2010年度,DK94+900的左右路肩上限差几乎减小至零,而DK123+150的左右路肩上限差则增大到0.4m。

片石通风路基断面不同坡向的钻孔上限(m)　　表7-5

年度	路基走向	2008—2009				2009—2010			
位置	(°)	左坡脚	右坡脚	左路肩	右路肩	左坡脚	右坡脚	左路肩	右路肩
DK40+000	40	-2.23	—	—	-1.26	-2.20	—	—	-0.94
DK74+000	60	-3.82	-1.45	—	—	-3.89	-1.37	—	—
DK94+900	15	1.72	2.19	1.28	1.50	—	1.89	1.52	1.51
DK123+150	80	2.90	0.98	1.54	1.35	2.80	0.98	1.55	1.15
DK123+250	80	1.64	1.72	1.43	0.77	2.15	1.32	1.53	0.77

片石路基坡向差异分析表明,由于片石路基左右两侧没有采取专门消除或抑制阴阳坡的护道或者其他特殊措施(比如片石路基可以在阴阳坡两侧各铺设不同厚度的片石),片石路基断面的阴阳坡差异仅与其路基走向有关,路基走向越接近于东西走向,阴阳坡问题越显著,而片石通风路基基本没有消除阴阳坡问题的效果。

四、片石路基的沉降变形特征

沉降变形是用来衡量路基勘察是否准确、设计是否得当、施工是否合格的最重要指标之一。路基的沉降变形与天然地基的条件、处理措施、路基的施工质量有密切关系，对于多年冻土地区的路基而言，路基的沉降变形量与其下部的多年冻土变化有直接关系。一般而言，多年冻土的退化往往会导致路基沉降变形增大、甚至过大。因此，通过对片石路基沉降变形的分析也有助于了解片石层对冻土路基的冷却效果。

对于高温冻土区而言，路基的沉降变形曲线具有如下特征（图 7-21）：①片石路基的沉降变形量大于对比断面。②左路肩的沉降变形量大于右路肩，这与上述坡向温度差异的分析结果一致。由于阳坡地温较高、左坡脚上限比右坡脚深，因此阳坡的沉降变形量较大。特征①与温度场分析结果不是很吻合，地温分析表明 DK40 + 000（片石路基）的地温要比 DK39 + 800（普通路基）低，最大融化深度也比后者小。根据对现场钻探资料和工程措施的分析，两断面处均有较厚的腐殖土，DK39 + 800 断面的腐殖土厚 2m，DK40 + 000 断面的腐殖土厚 3m，因此片石通风路基断面具有比普通路基断面产生较大沉降变形的工程地质条件。从工程措施来看，DK39 + 800 断面挖除了 2m 的软弱土层，而 DK40 + 000 断面是在原天然地表上倾填 1.2m 厚的通风片石层。软弱土层位于多年冻土上限附近，易受工程的影响而发生融化，该层土的挖除大大减小了由于此腐殖土层融化所带来的沉降变形，因此 DK39 + 800 断面的沉降变形较小。对于 DK40 + 000 断面而言，如果片石层能够把上限提至原天然地面以上则可以避免季节活动层压缩变形的影响，但实际上，片石路基断面路肩孔的上限仍在原天然地表下 0.94m 处，因此 DK40 + 000 断面的沉降变形较大。

对于同样处于高温冻土区的断面 DK74 + 000 而言，路基总体沉降变形较小，最大沉降量小于 15cm，且在观测后期曲线趋于平缓（图 7-22），这说明路基的沉降速率在减小，路基沉降变形基本停止。从该断面左右路肩的沉降变形来看，左路肩的沉降变形小于右路肩，这与左侧阳坡、右侧阴坡的已有地温观测结果并不吻合。根据对该断面路基左右两侧地貌和钻孔资料的分析可以发现，路基右侧为沼泽化草甸，地表积水严重，右侧路肩下活动层的含水率高达 338%；路基左侧天然地表较为干燥，冻土呈退化状态，活动层含水率仅为 33%。由于左右两侧活动层积水状况的较大差异导致路基阴坡侧路肩出现较大的沉降变形。

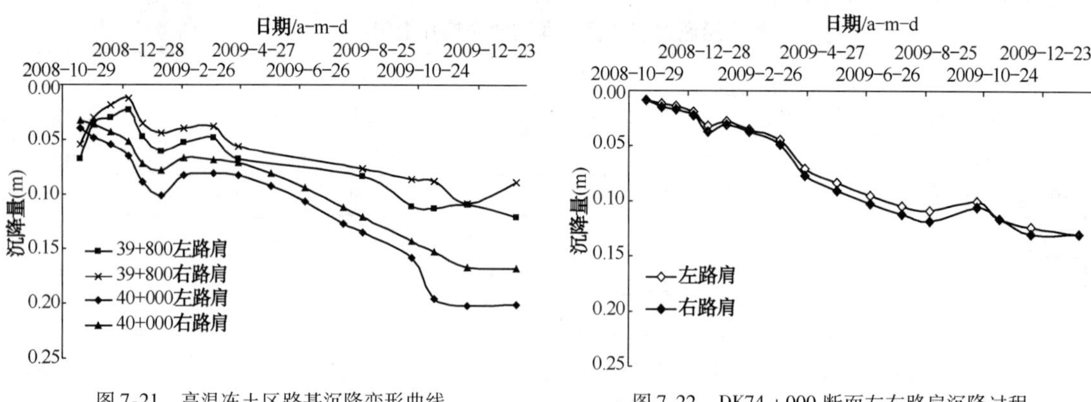

图 7-21　高温冻土区路基沉降变形曲线　　图 7-22　DK74 + 000 断面左右路肩沉降过程

高温冻土区的沉降变形分析结果表明，多年冻土区的路基沉降变形控制不仅仅是要做好冻土路基的冷却降温，同时还要根据现场的工程地质条件来做好有针对性的应对措施。

在低温基本稳定多年冻土区，柴木铁路冻土路基的沉降变形与高温多年冻土区类似。根据已有的3个断面，除了断面DK94+900（图7-23）由于路基右侧因施工第一年上限下降较多而导致较大沉降变形以外，断面DK123+150和断面DK123+250都表现为正常的沉降变形规律，即左侧阳坡沉降量较大、右侧阴坡沉降变形量较小（图7-24）。

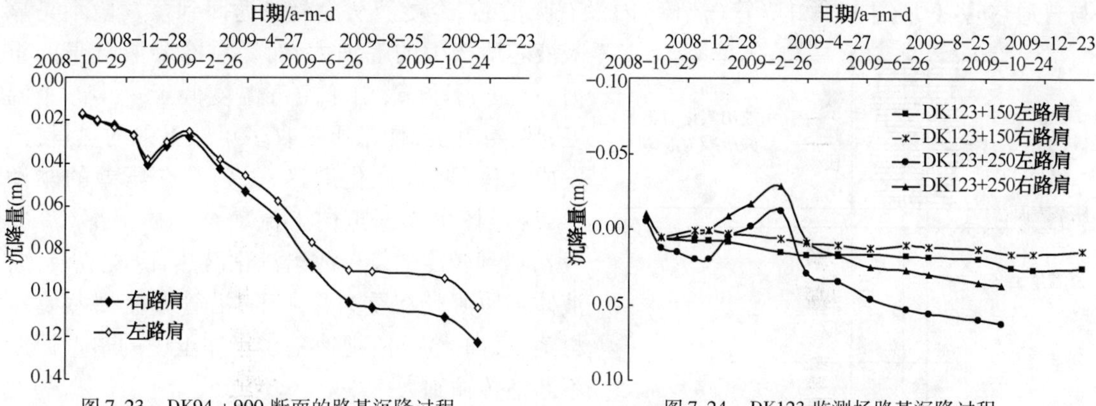

图7-23　DK94+900断面的路基沉降过程

图7-24　DK123监测场路基沉降过程

比较高温冻土区和低温冻土区的沉降过程曲线不难发现，高温冻土区的片石路基沉降变形较大，截止到分析日期的变形量都在15～20cm；低温基本稳定冻土区的沉降变形量较小，截止到分析日期的变形量基本都在5～10cm。上述分析结果都是基于路基完工半年到1年后进行的，变形分析的时间范围都在1年以上。根据青藏铁路2002年11月到2003年6月期间的观测结果可知，在大约半年的时间内，无论是高温极不稳定多年冻土区、高温不稳定多年冻土区还是低温基本稳定多年冻土区，各地温分区内片石路基的平均沉降变形量都在10～20cm，其中高温不稳定多年冻土区的沉降变形量达17cm，而高温极不稳定多年冻土区的最大沉降变形量则达到28cm。柴木铁路的观测时间范围接近青藏铁路上述变形统计时间的2倍，但是柴木铁路片石路基的变形却与青藏铁路路基的变形基本接近，在低温基本稳定多年冻土区前者的变形量甚至小于后者的变形量，两条铁路多年冻土区片石路基沉降观测结果对比见表7-6。

青藏铁路与柴木铁路路基沉降变形对比（cm）　　表7-6

路线名称	青藏铁路		柴木铁路	
地温分区	阳坡	阴坡	阳坡	阴坡
高温极不稳定冻土区	12.4	10.0	—	—
高温不稳定冻土区	17.1	5.0	16.0	15.0
低温基本稳定冻土区	12.8	5.4	7.0	6.0
低温稳定冻土区	8.2	8.0	—	—

柴木铁路片石通风路基目前的工后沉降变形不仅小于青藏铁路的同期观测结果，其最大沉降变形量也小于国铁Ⅱ级铁路规定的30cm工后沉降标准（160km设计时速），甚至目前的观测值小于国铁Ⅰ级铁路规定的20cm工后沉降标准。

第三节　热棒护坡路基

早在1942年，Gaugler就曾提出热棒的原理。1964年，美国Los Alamos科学实验室的Grover et al（1964年）独立地推出了类似Gaugler提出的一种器件，取名为“热棒”。在此基础上发展成为一种广泛用于土木工程中的无需外加动力的特殊的热虹吸管。

热棒是一种两相液汽对流循环热传导系统。在寒区工程中通常称之为热棒(主要指低温热棒),它实际上是由密闭真空腔体注入低沸点工质(如氨、氟利昂等)而构成,管的上部(散热段)装有散热片,管的下部(蒸发段)埋入多年冻土中,中间为绝热段,管中装有液体工质(图7-25)。与普通热管有所不同,热虹吸管(热棒)内没有吸液芯,冷凝液从冷凝段返回到蒸发段不是靠吸液芯所产生的毛细力,而是靠冷凝液自身的重力。在寒冷季节,由于空气温度低于多年冻土温度,热棒中的液体工质吸收多年冻土中的热量,蒸发成气体(吸收汽化潜热)。蒸汽在压差的驱动下,沿热棒中心通道向上流动至热棒上部(冷凝段),遇到较冷的管壁放出汽化潜热,冷凝成液体,液体工质薄膜在重力作用下,沿管壁流回蒸发段再蒸发,如此循环,把地基多年冻土中的热量源源不断地传输到大气中。

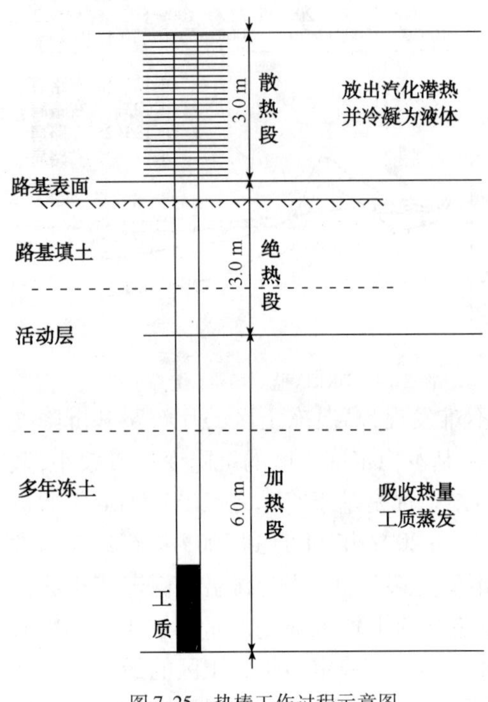

图7-25 热棒工作过程示意图

在温暖季节,空气温度高于多年冻土温度,液体工质蒸发的蒸汽到热棒上部(冷凝段)后,由于管壁温度较高,蒸汽不能冷凝,达到汽液相平衡后,液体停止蒸发,热棒停止工作(热棒的单向传热特性),这样大气中的热量就不会通过热棒传到多年冻土中(热棒自身导热除外)。

热棒可以强化冻土层的冷冻过程,在夏天又不会增加融化过程,这样增加了冻土层的冷储量,增加了抵御因环境温度升高而导致地温升高、冻土热稳定性降低的可能。

柴—木铁路冻土区热棒垂直放置,冷凝段有效散热面积 S 为 4.53m^2,空气与冷凝端的对流换热系数设为:

$$E = 2.54 + 4 \times V_{\text{w}}^{0.62} \tag{7-1}$$

于是,热棒的功率可以表述为:

$$Q = E \times (T_{\text{g}} - T_{\text{air}}) \times S \tag{7-2}$$

式中:Q——热棒单位时间的传热量;

E——热棒与空气之间的对流换热系数;

V_{w}——风速;

T_{g}——计算位置的土壤温度;

T_{air}——气温。

在同样的温差条件下,热棒传热量可以比金属的传热量大几个数量级。对于温差变化不大的热棒周围土体而言,可以认为热棒蒸发端的管壁在整个蒸发段范围内是一致的。为避免因采用恒定热流密度计算所造成的单元格挖空并进而影响到温度场不连续问题,计算中将总热流按热棒所处位置有限单元的分布情况分成若干部分,分别施加到单元节点上。每个单元节点所需要施加的功率以节点所影响的热棒长度为依据,按照权重来分配热棒的总功率。

在寒区工程建设中，热棒是一种对流换热装置，一般通过气液两相的对流转换来实现换热的目的，因此换热效率较高，具有近似的单向传热特征。目前，热棒已在公路、铁路、机场跑道以及输油管线中得到广泛应用，效果良好。2005 年，在青藏铁路冻土区路基工程补强设计中，有 30.38km 的低路堤路段的边坡采用了热棒措施。观测研究表明，采用热棒措施的路基，多年冻土上限最大抬升量超过 1.5m，冻土路基的冻胀融沉变形均在容许范围以内。

柴木铁路设计使用热棒 20391 根，累计热棒长度达到 14 万余延米，热棒措施路段的长度达到 20km，约占柴木铁路多年冻土段总长度的 1/3。柴木铁路冻土路基所采用的热棒是热功率较高的两相闭式热虹吸管（重力式），工质为 NH_3。大通河流域地区年平均风速较高，水平圆翅片结构更有利于冷凝段的放热。热棒的换热性能受管径的影响很小，冻土路基工程中主要考虑强度的影响，管径越小，承受的极限压力荷载越大，蒸发段抗冻胀的性能也越好。根据以往的研究结果，柴木铁路选用的是直径 83mm、壁厚 5mm、长度 7m、冷凝段焊接水平圆翅片、蒸发端为光管的热棒，该热棒冷凝段长度为 1.5m，绝热段长度为 3.0m，蒸发段长度为 2.5m。在施工的过程中，所有热棒出露在地表以上的长度均为 1.5m。为了确保柴木铁路热棒的工程效果，在施工中对热棒的搬运、设计、成孔、吊装等工序都进行了严格的要求，不但要保证热棒在安装前后不能受损，而且特别强调了热棒的回填工作，对回填砂土的级配、最大粒径、回填分层厚度、夯实度等都给予了明确说明。

但是，柴木铁路沿线的气候条件、工程地质条件、活动层土质条件都与青藏铁路有较大差异，需要深入认识热棒在此条线路的应用效果。

热棒护坡监测断面分别位于大通河北岸的断面 DK74 + 500，赛诺和让台地的断面 DK99 + 100 和 DK99 + 200。大通河北岸试验断面地处高温极不稳定多年冻土区，赛诺和让台地地处高温不稳定多年冻土区。

为了削弱或避免路基走向带来的阴阳坡问题，阳坡侧布设两排热棒，一排位于路基边坡坡脚，另一排位于护道坡脚；阴坡布设一排热棒，热棒位于护道肩部。热棒的纵向间距 3m，阳坡两排热棒的间距约 3.0m。

一、热棒的冷却半径

热棒的冷却半径对现有热棒的工程效果具有重要影响，如果热棒的间距、热棒距路肩的水平距离小于热棒的有效冷却半径，那么热棒就能够有效地冷却冻土路基；反之，若热棒的间距、热棒距路肩的水平距离大于热棒的有效冷却半径，那么热棒的冷却作用就不能够形成一个冷却带，也就无法有效地冷却路基本体下的多年冻土。为了了解现有热棒布设参数的合理性，2008 年 10 月底新增了对热棒工作半径的观测，观测场位于断面 DK99 + 100。图 7-26 为工作人员正在施工，进行热棒工作半径的监测。

监测孔位于路基右侧，以其中一根热棒为基点，以垂直路基走向的方向在距此热棒距离分别为 0.5m、1.0m、1.5m 和 15.0m 的位置处布设 1 号、2 号、3 号和天然监测孔，孔深 8m，各监测探头到地表的距离分别为 0.5m、1.0m、1.5m、2.0m、3.0m、4.0m、5.0m、6.0m、8.0m，人工采集数据，每月采集 1 次。

图 7-27 为 2009 年 12 月 11 日各监测孔的地温曲线。从地表下 1.5m 到地表下 5.5m，在热棒蒸发段的工作范围内，4 个孔的地温表现出较大差异，距离热棒越近的孔地温越低。以 3.5m深度为例，1 号、2 号、3 号和天然孔的温度分别为 -4.24℃、-2.58℃、-1.51℃和

-0.47℃,由各孔与热棒的距离可知,随着距离的增加,热棒周围的水平温度梯度在减小,也就是说热棒对周围土体的冷却作用随着距离的增加而逐渐衰减。为了衡量热棒的冷却半径,图7-28为2009年12月11日3.5m深度处热棒四周的水平温度变化曲线。

图7-26 热棒工作半径监测孔施工现场

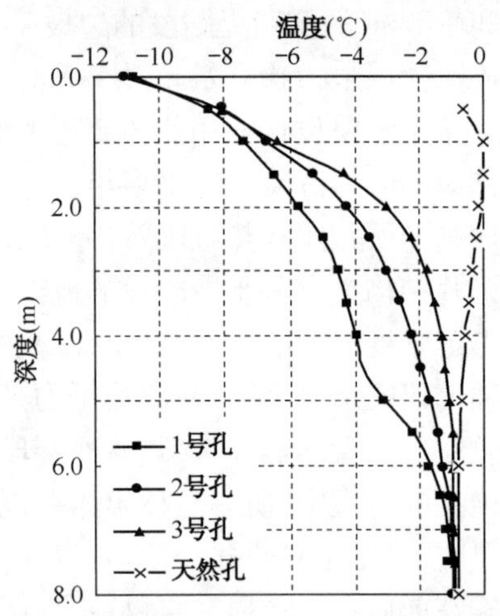

图7-27 2009年12月11日各监测孔地温对比

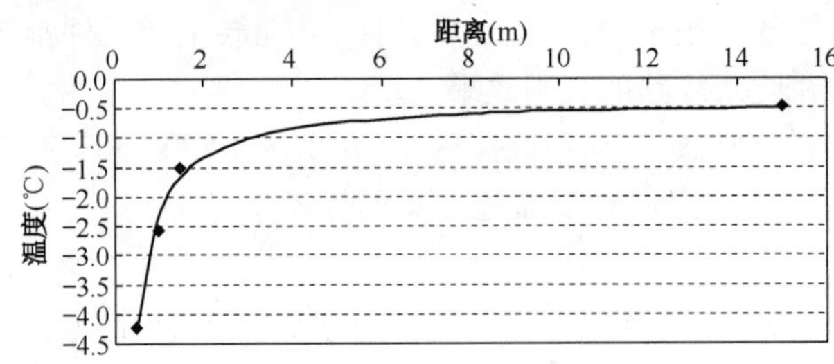

图7-28 2009年12月11日3.5m深度处热棒周围的水平温度变化

从图7-28可以看出,随着测温孔与热棒之间距离的增加,3.5m深度的地温呈负指数规律升高,即开始阶段快速升高,到了一定距离之后,地温几乎不再升高。针对此地温变化规律,经过试验提出了此水平地温场的拟合公式:

$$T = \frac{-1.9775}{r} - 0.3543 \tag{7-3}$$

式中:T——地温(℃);

r——测温点到热棒的距离(m)。

该拟合公式的相关系数:$R^2=0.988$,可以较好地模拟该水平地温场的地温变化规律。

为了判定热棒的影响半径,以该日地温为基础,考虑到该期间环境温度较低,热棒的工作效率较高,暂以冷却地温的幅度在0.5℃为标准,也就是说以-0.97℃地温所处的位置到热棒的距离作为热棒的影响半径。把该地温带入到上述拟合公式,计算得到热棒的影响半径$r=3.2$m。

上述热棒影响半径的计算是以单个日期的温度场为例进行计算得到的。事实上,热棒在一年中的不同月份,由于气温的巨大变幅,再加上地温的变化滞后于气温,热棒对周围土体的影响程度是不同的。夏季,热棒停止工作,热棒的影响主要表现在周围土体由于先前蓄积的冷储量较大,升温过程比天然土体滞后;秋冬之交,由于热棒周围的土体已经经历了夏季的升温过程，热棒的影响范围和幅度都表现最差，水平温度梯度较小；初冬到第二年的3月初，热棒周围的土体在热棒的作用下剧烈降温，热棒四周的水平温度场梯度最大；冬末夏初，热棒已逐渐停止工作，此时热棒通过四周近处的土层再逐渐降低较远处土体的温度，也是热棒进一步扩大影响半径的时间，此时四周的水平温度梯度也在逐渐减小，随着气温的进一步升高，热棒达到了它的最大影响范围。

为了能够对热棒的影响范围有一个更加准确的认识，下面尝试从年平均温度、年最高温度、年最低温度三个角度来分析热棒的影响半径，表7-7列出了上述各指标在不同深度处的温度。

热棒监测孔在不同深度的特征温度(℃) 表7-7

半径	0.5m			1.0m			1.5m			15.0m		
深度(m)	平均值	最大值	最小值	平均值	最大值	最小值	平均值	最大值	最小值	平均值	最大值	最小值
0.5	-2.15	8.54	-11.42	-3.43	2.48	-12.24	-1.51	9.54	-8.47	-0.76	4.09	-7.28
1.0	-2.95	2.19	-8.96	-2.76	1.25	-7.83	-2.06	3.25	-7.58	-0.53	2.42	-3.60
1.5	-2.66	0.41	-7.78	-2.44	0.32	-6.51	-1.77	1.36	-6.13	-0.39	1.15	-2.27
2.0	-2.42	-0.01	-6.73	-2.23	-0.08	-5.36	-1.85	0.22	-4.83	-0.50	0.22	-1.97
3.0	-2.22	-0.88	-5.33	-1.89	-0.40	-3.81	-1.58	-0.30	-3.42	-0.54	-0.07	-1.29
4.0	-2.06	-0.88	-4.51	-1.70	-0.62	-3.17	-1.42	-0.55	-2.71	-0.62	-0.37	-0.92
5.0	-1.95	-0.66	-3.89	-1.46	-0.67	-3.22	-1.24	-0.66	-2.35	-0.69	-0.55	-0.82
6.0	-1.38	-0.70	-2.34	-1.11	-0.73	-1.53	-1.01	-0.72	-1.35	-0.71	0.03	-0.95
8.8	-0.91	-0.74	-1.09	-0.85	-0.74	-0.96	-0.86	-0.74	-1.03	-0.81	-0.66	-0.90

采用年平均气温可以从年度的影响结果来了解热棒的影响半径，通过年最高温度、年最低温度不但可以忽略由于距热棒的距离所导致的温度传播之后的作用，还可以通过前者了解最不利的地温时节热棒的影响半径，通过后者则可以清楚热棒在最有利季节的工作半径。

同样以热棒蒸发段的中段来作为衡量热棒影响半径的深度，图7-29列出了不同特征温度在水平方向的温度分布和拟合曲线，各特征温度值的拟合曲线公式如下：

平均值拟合公式：

$$T = \frac{0.4286}{r^2} - \frac{1.6294}{r} - 0.5149 \qquad \text{相关系数 } R^2 = 0.9997$$

最大值拟合公式：

$$T = \frac{0.0137}{r^2} - \frac{0.2905}{r} - 0.3524 \qquad \text{相关系数 } R^2 = 0.9983$$

最小值拟合公式：

$$T = \frac{0.661}{r^2} - \frac{3.1956}{r} - 0.7448 \qquad \text{相关系数 } R^2 = 0.9951$$

式中各字母含义与式(7-3)相同。

如果仍以降温-0.5℃作为热棒有效冷却半径的界定标准，那么年平均温度、年最高温度和年最低温度对应的温度值分别为-1.12℃、-0.87℃、-1.42℃，带入上述拟合公式后，反算得到以年平均温度、最高温度、最低温度为划分依据的热棒有效半径分别为2.4m、0.5m和

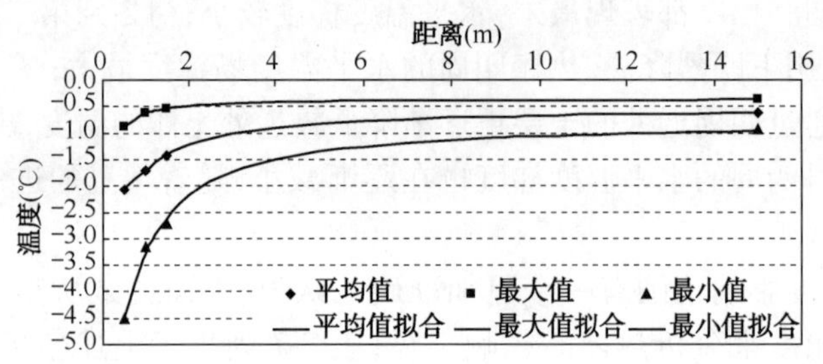

图 7-29 热棒周围特征温度值的水平温度分布

4.5m。在最不利的夏季，3m 深度处的地温不仅受到热棒冬季所蓄积的热量的影响，更受到来自地表的强烈加热作用，再加上热棒此时基本不能发挥制冷作用，所以热棒的影响半径很小，在降温 0.5℃的衡量标准下，其影响半径仅有 0.5m，如果能将标准降至升温 0.2℃，那么其影响半径将扩大至 1.3m。在最有利的冬季末期，热棒的强烈制冷、来自地表的能量释放，这些积极因素扩大了热棒的影响范围，所以采用最低温度得到的有效半径要比采用 2009 年 12 月 11 日这个并非最佳季节得到的影响半径要大出 1.3m。采用年平均温度得到的影响半径是热棒年度综合作用的结果，可以更为客观地衡量热棒的有效半径，采用这一方法所得到的计算结果与李宁等(2006 年)在青藏铁路安多试验段所得到的 2.3m 影响半径基本一致(89mm 管径)。

由表 7-8 可知，从各监测孔的上限变化来看，无论 2008—2009 年度还是 2009—2010 年度，距离热棒越近上限越浅，反之上限越深。2009—2010 年度，1 号孔上限最浅，天然孔距离热棒最远，上限也最深。从上限的变化幅度来看，热棒主要影响 1.5m 范围以内的孔，从 0.5m 到 1.0m，上限增加 0.4m；从 1.0m 到 1.5m，上限又增加了 0.4m；从 1.5m 到 15m，上限仅增加 0.1m。因此，从上限变化的角度来看，热棒的影响半径仅有 1.5m，远小于由年平均温度得到的影响半径。之所以出现这种现象，主要与上限的影响因素有关。热棒主要通过水平方向的热传输来影响上限，而上限的变化与夏季地表热量条件和活动层土质、含水率有密切关系，再加上热棒夏季基本停止工作，冬季冷却土层的范围主要位于 1.5 ~ 5.5m 深度的范围内，所以热棒对多年冻土的上限影响较小，只有在距离热棒较小的范围内，由于上部土层降温较大才导致上限较小。基于上述分析，不宜采用上限变化来评价热棒的影响半径。

2008—2010 年度热棒影响半径监测孔的上限(m) 表 7-8

年　度	1 号孔	2 号孔	3 号孔	天然孔
2008—2009	—	1.5	—	1.8
2009—2010	1.5	1.9	2.3	2.4

根据年平均温度变化所得到的热棒影响半径可知，目前柴木铁路所采用的 3m 热棒间距远小于可以采用的最大间距 4.6m，可以满足冷却路基提高路基稳定性的目的。试验场地的热棒安装于 2008 年 9 月，虽然工作时间已经 1 年有余，但是由于受到地表波动边界条件的影响，热棒对周围土体的影响还没有充分体现。随着时间的增加，热棒对深层土体的充分冷却，热棒的冷却半径将有所增加。同时，如果能够在热棒周围的土体上覆盖保温层或者加厚填土，或者增加热棒蒸发段材料的热容，这些措施都能够有效减弱夏季对热棒功效的不利影响，增大热棒在最不利季节的影响半径。

二、热棒护坡在高温极不稳定多年冻土区的冷却效果

断面DK74+500热棒护坡断面位于大通河北岸的山前缓坡湿地上，路基呈290°的近东西走向，左侧高寒草甸发育，路基右侧多冻胀草丘，地表夏季积水严重，表土呈过饱和状态。该断面路基于2007年底完工，热棒于2008年年中安装完毕，路基左侧高3.3m，路基右侧高3.0m。路基底部发育一层0.5~0.8m厚的腐殖土，天然地基各土层的含水率一般在30%以下，属富冰—饱冰冻土。该断面年平均地温约-0.3℃。图7-30为该断面路基完工第二年最大融深季节所对应的温度场。

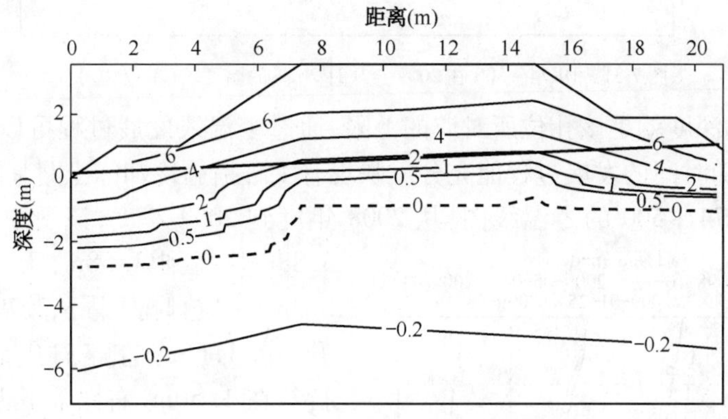

图7-30　DK74+500在2008年9月10日的温度场(单位:℃)

该断面在路基完工一年后的最大融化季节，路基内部的温度场已呈现如下特征：①路基本体下的最大融化深度已明显抬升，由于坡向和坡度的原因，路基右侧上限抬升不甚显著，路基左侧阳坡上限抬升幅度较大，左路肩位置的上限至少比左侧坡脚抬升1m以上。②相对于原天然地表，路基左右两侧路肩下的最大融深基本一致，这体现了阳坡侧布设两排热棒的积极作用，但是从护道和坡脚来看，右侧的最大融深要比左侧至少小0.5m以上。③在整个路基横断面方向都存在一层厚约3m、温度在-0.2~0.0℃的高温冻土层，但是该高温冻土层厚度在路基本体下没有明显变化，初步判断该高温冻土层与该断面的年平均地温较高有关，与路基施工扰动没有显著关系。由于此高温冻土层的存在，路基的沉降变形不仅仅来自于活动层的压缩变形，而且可能有一部分变形来自高温冻土的压缩和蠕变变形，而且这种变形将是一个长期的过程。

以上分析说明，路基在完工约一年后，路基填土的初始扰动已经消除，不但路基下部的冻土上限抬升，而且活动层下多年冻土的温度也有所下降。同时由于路基左右两侧采取了阳坡两排热棒、阴坡一排热棒的积极措施，路基本体下的阴阳坡现象已经大大被削弱了。

与2008年9月10日的地温场相比，2009年9月26日的地温场(图7-31)更接近最大融化深度时间，但是地温场曲线形态和位置说明，该断面路基正向着有利于路基降温的方向发展。首先，零温线有了明显的抬升，尤其是左侧阳坡坡脚，路基下的零温线抬升了接近2m，已经略高于右侧阴坡坡脚；路基本体下的零温线由于在第一年已经有了大幅度抬升，第二年升高幅度并不显著；路基右侧阴坡坡脚位置的零温线则略有升高。其次，路基堤体内的等温线比第一年更加平直，几乎呈水平直线状态，表明现有措施有效抑制了阴阳坡问题的产生。第三，路基断面下的高温(0~-0.2℃)冻土层已显著减薄，路基左右边坡和护道下已经近于消失，路基本体下最厚处也仅约2.5m，而上一年度最薄处也在2.5m，最厚处则达4.5m。

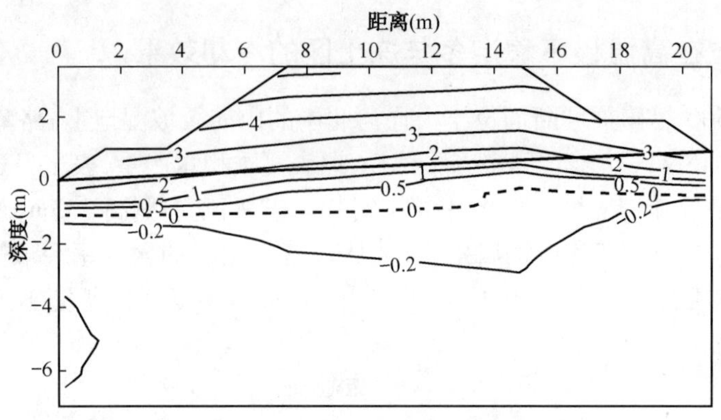

图 7-31 DK74 + 500 在 2009 年 9 月 26 日的温度场(单位:℃)

零温线的最大深度就是该孔位所对应的上限,通过零温线发展过程可以快速确定上限的大小,因此零温线随时间的发展过程能充分反映现有工程措施冷却冻土路基的最终工程效果。图 7-32 为断面 DK74 + 500 的零温线图,从 2008 年度到 2009 年度,该图中天然孔的上限从 3.88m 升高到 3.58m,天然孔上限升高了 0.3m;左坡脚孔上限从 2.79m 升高到 1.14m,升高了 1.65m;左路肩孔基本没有变化,维持约在 1.50m;右路肩孔从 1.73m 升高到 0.98m,升高了 0.75m;右坡脚孔上限从 1.93m 升高到 1.33m,升高了 0.6m。绝大部分孔位不但上限抬高了,就是与天然孔相比,路基下各孔位的绝对上限位置也在天然孔之上。

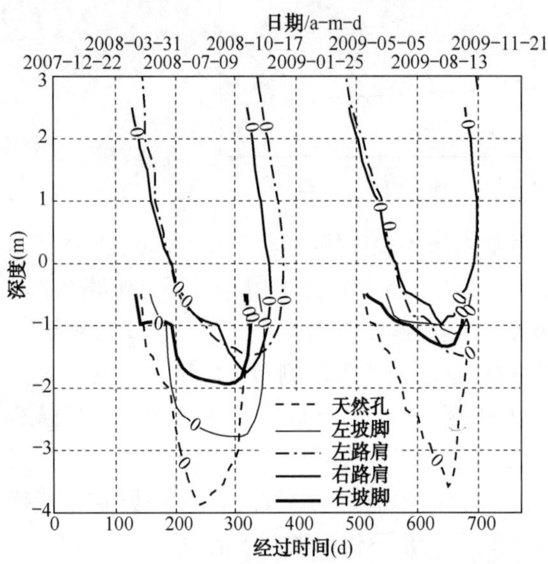

图 7-32 DK74 + 500 断面零温线变化过程

对大通河北岸高温极不稳定冻土区片石路基降温效果监测资料的分析表明,在现有的路基高度条件下,左侧两排热棒、右侧一排热棒的冻土工程措施不但可以提高路基全断面下的上限位置,而且可以降低原上限以下多年冻土层的温度,减小路基下高温不稳定土层的范围。同时,左右两侧差异的热棒布设工艺也有效抑制和消除了近东西走向路基的阴阳坡现象,提高了路基的整体稳定性。

三、热棒护坡在高温不稳定多年冻土区的冷却效果

高温不稳定多年冻土区的热棒护坡试验段位于铁路里程 DK99 + 100 ~ DK99 + 355 的赛诺和让台地上,监测断面包括 DK99 + 100、DK99 + 200 两个热棒试验断面和 DK99 + 355 一个无措施对比断面。该场地的平均海拔约在 3780m,地势开阔,微呈阴坡,但是坡度较小,不足 5°,夏季地表积水,属于典型的湿地型冻土。试验段南距江仓煤矿约 4km,北距大通河约 1km。根据 2007 年的钻探调查,表层 20 ~ 80cm 腐殖层以下为砂砾土,底层为灰色和红色强风化泥岩,多年冻土上限以下的岩芯含冰率在 20% 以上,局部体积含冰率超过 80%,冻土含冰类型在饱

冰－含土冰层之间。多年冻土的年平均地温随着地表的水分条件而变化，DK99＋100 和 DK99＋200 断面的年平均地温在－0.8～－1.0℃，属于高温不稳定多年冻土；DK99＋355 断面的年平均地温约在－1.3℃，属于低温基本稳定多年冻土。

监测路段的冻土路基高度受地形纵向坡度影响而不同，措施断面的路基高度在 3.0m，对比断面的路基高度在 4.5m。同时由于横向地形坡度的影响，3 个监测断面左侧路肩的填土高度都要比右路肩小约 0.5m。与无措施断面相比，措施断面两侧都设置了高度 1.0m 宽约 2.0m 的护道。试验路段冻土路基呈东南西北走向（325°），阴阳坡现象显著。

为了削弱或避免路基走向带来的阴阳坡问题，阳坡侧布设两排热棒，一排位于路基边坡坡脚，另一排位于护道坡脚；阴坡布设一排热棒，热棒位于护道肩部［图 7-33a)］。热棒的纵向间距 3m，阳坡两排热棒的间距约 3.0m。DK99＋100 断面的阳坡监测孔位于两个护道脚热棒监测孔的正中间，阴坡监测孔也位于两个热棒之间，距离相邻两个热棒的距离分别为 1m 和 2m［图 7-33b)］；DK99＋200 断面除了阳坡侧监测孔距离相邻两热棒的间距分别为 0.5m 和 2.5m 之外，其余布设条件相同。

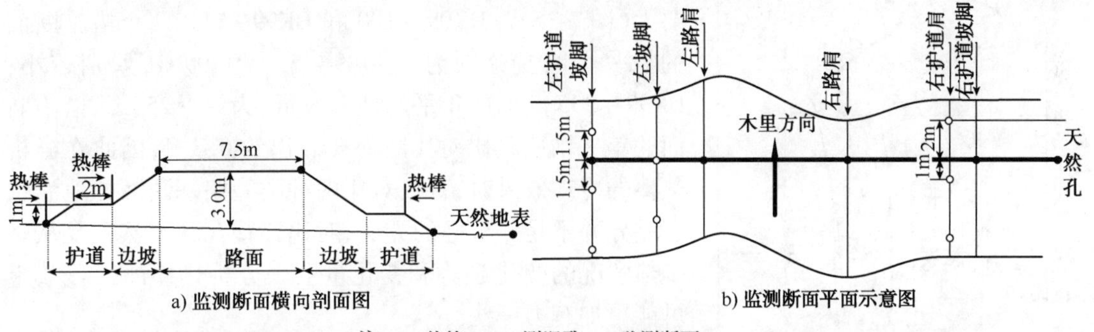

图 7-33　DK99＋100 监测断面布设图（尺寸单位：m）

试验断面的热棒措施于 2008 年 8 月开始施工，2008 年 10 月安装完毕，但是该断面自 2007 年底就已经开始观测，2008 年 6 月完成数采仪自动监测安装工作。本文所采用的分析数据已经接近 2 个完整的年度周期，热棒安装完毕后的监测也已经一年有余，可以对热棒的工程效果给予较好的说明。

为准确了解试验场的气候条件，在监测断面附近布设了自动气象站。该自动气象站主要包括风向、风速、气温等 11 个监测探头。

图 7-34 为 2007 年 12 月 13 日到 2010 年 1 月 31 日的年气温波动曲线，其中 2009 年 5 月

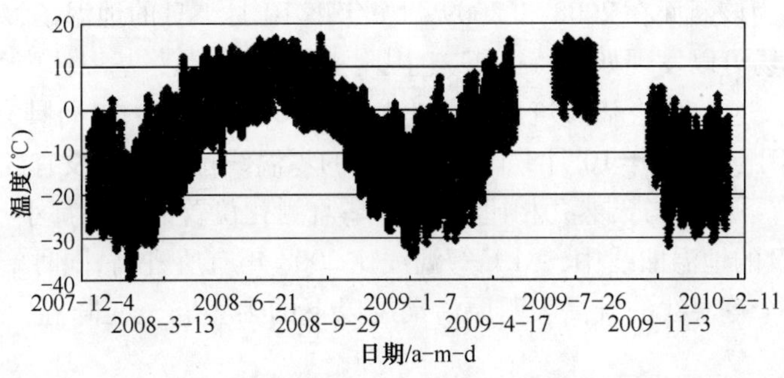

图 7-34　热棒试验段 2007—2010 年度气温波动曲线

14日~2009年7月1日,2009年8月19日—2009年10月24日两个时间段因为设备故障导致观测资料缺失。2007年12月—2008年12月第一个完整观测年度的资料表明,该期间的平均气温为-4.66℃,年平均风速为2.29m/s。2007年12月13日到2010年1月31日期间,最高气温为17.06℃,最低气温为-39.37℃,最大风速为14.97m/s,北为主导风向。冬季日最大气温波幅为23℃,夏季日最高气温波幅为17℃,年最大瞬时气温波幅高达56℃。由图7-34可以看出,即使在5~8月的夏季,日最低气温也往往低于0℃。2008年5月22日早晨,在大约8个小时内气温低于零下10℃,其最低瞬时温度达到了-14.8℃。

根据热棒的工作原理,试验段较低的年平均气温,夏季低温过程的出现都有利于热棒冷却下部多年冻土,提升多年冻土的上限。较低的年平均气温可以促进热棒的蒸发端保持较低的负温;夏季低温过程的出现,尤其是极低温过程的出现,可以显著提高热棒在夏季的制冷功率,以更加有效地冷却下部土体或者大大削弱下伏冻土体在夏季的吸热量。

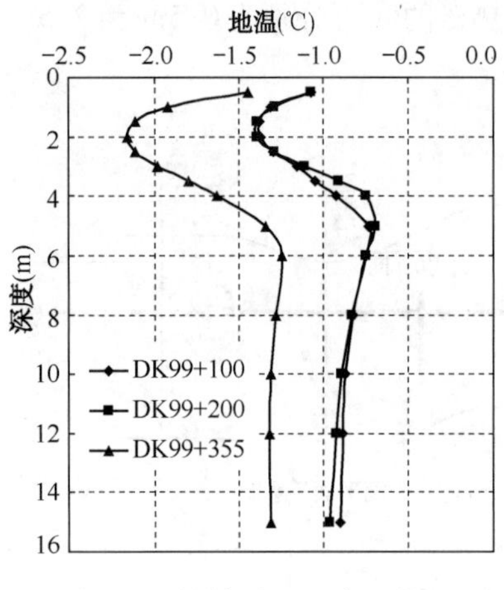

图7-35　监测场地2009年4月16日天然孔地温对比

尽管柴木铁路塞诺合让台地的热棒试验监测场地范围不超过500m,但是冻土的热状况差异仍然比当初预计的要大(图7-35)。DK99+100和DK99+200两个措施断面的年平均地温分别为-0.89℃和-0.99℃,差别较小;DK99+355断面的年平均地温较低,为-1.25℃。措施断面的年平均地温比对比断面要高出约0.3℃,因此在分析热棒的冷却效果时,直接对比两种类型路基断面的地温状态差异并不是一个好的方法,对比路基孔和天然孔及从路基热状况的变化趋势和变化量上去分析热棒的工程效果可能更加有力一些。

DK99+100监测断面的左坡脚和左路肩孔在安装热棒过程中被损坏,仅有热棒安装之前的观测资料,下面仅通过比较右路肩、右坡脚和天然孔来说明热棒在此断面的工作效果。图7-36是该断面的冻融过程曲线。由于热棒在2008年10月初才施工完毕,因此2008—2009年度的融化过程基本不受热棒影响,靠近阴坡的右路肩最大融化深度(相对于原天然地表)1.8m和天然孔1.9m基本一致,只是右坡脚孔上限减少较多,仅为1.62m。在2009—2010年度,热棒工作一年后,在当年年平均气温升高、上限达到2.3m的条件下,右路肩孔和右坡脚孔的上限继续上升,分别仅为1.62m和0.84m,热棒的冷却作用非常显著。

DK99+200断面自2008年6月安装自动采集仪以来,整个断面的地温监测工作一直在正常进行着。图7-37为该断面在2008和2009两个年度10月1日的地温场,对比这两个不同年度同一日期的地温场可以发现如下特征:①上限附近、活动层及路基堤体内两个年度的温度曲线基本呈平直状态,这表明路基修筑后并没有因为325°的路基走向而具有明显的阴阳坡现象。②与2008年相比,2009年10月1日左右坡脚的零温线位置基本没有变化,但是左路肩略有抬高,右路肩略有下降。与天然孔相比,4个路基监测孔位置的上限都小于天然孔(2.1m)。③2009年10月1日的地温曲线中,-1℃等温线比2008年有所升高,同时-0.5℃等温线也有一定的升高。这两个等温线的升高表明原活动层以下的多年冻土在降温,多年冻土的稳定性在提高。

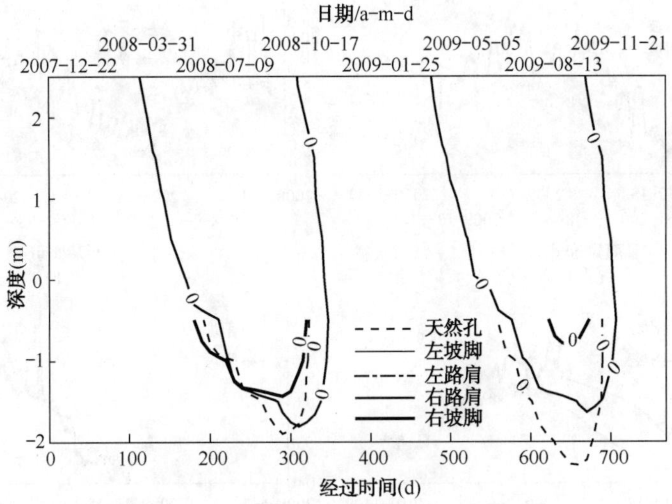

图 7-36　DK99 + 100 监测断面不同位置孔的冻融过程

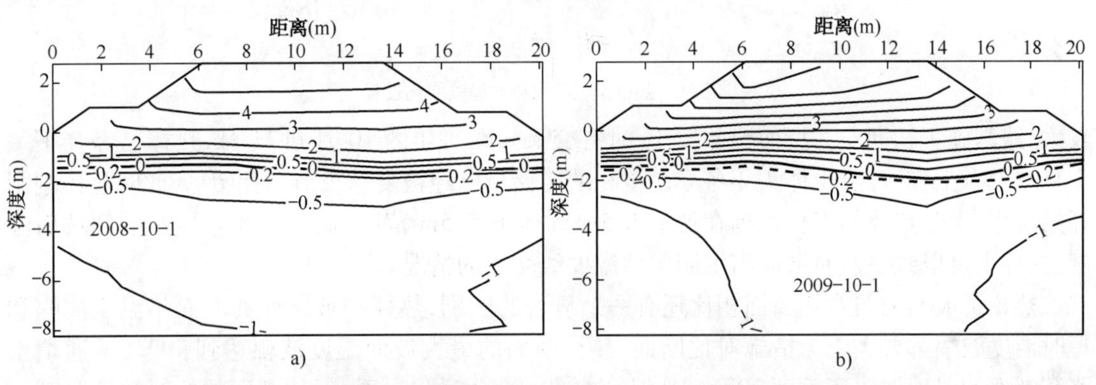

图 7-37　DK99 + 200 断面两个年度 10 月 1 日的温度场(单位:℃)

四、热棒护坡路基的坡向差异

3 个热棒护坡路基试验段(DK74 + 500、DK99 + 100、DK99 + 200)的路基走向在 290° ~ 325°,按照上述阴阳坡度的定义,这 3 个断面的阴阳坡度分别为 70°、35°、35°。可见高温极不稳定多年冻土路基断面 DK74 + 500 的阴阳坡问题最为严峻,后两者较轻。

图 7-38 为 DK74 + 500、DK99 + 100、DK99 + 200 和 DK99 + 355 三个断面的坡面温度监测结果。DK99 + 355 是普通填土路基断面,阴阳坡度 35°,阴坡和阳坡的坡面温度曲线虽然基本没有交叉,但是两个坡面的温差较小,观测期的最大温差也不超过 5℃。其余 3 个断面出现一个与先前认识很不相同、与对比断面 DK99 + 355 监测结果也很不相同的现象。

DK99 + 100、DK99 + 200 和 DK74 + 500 三个断面的阴阳坡温差正好与以往的认识相反,右侧阴坡坡面的温度在一年中的绝大部分时间都要高于左侧阳坡坡面,左侧阳坡仅在施工初期和每年的 10 月、11 月出现坡面温度高于右侧阴坡的现象。3 个热棒护坡断面出现这种现象显然与热棒的制冷、降温作用密不可分,而且阴阳坡面温度变化及其对比也证实了热棒的功效。坡面线施工期间,测温线采用挖槽法施工,由于路基填土以砂砾料为主,局部含有卵石、甚至漂石,人工开挖较为困难。挖掘机施工时,虽施工迅速,一般一个断面仅需要一天,但是开挖宽度较大,回填时的填料也没有按照开挖的顺序进行操作,因此路基整个监测断面的扰动都比

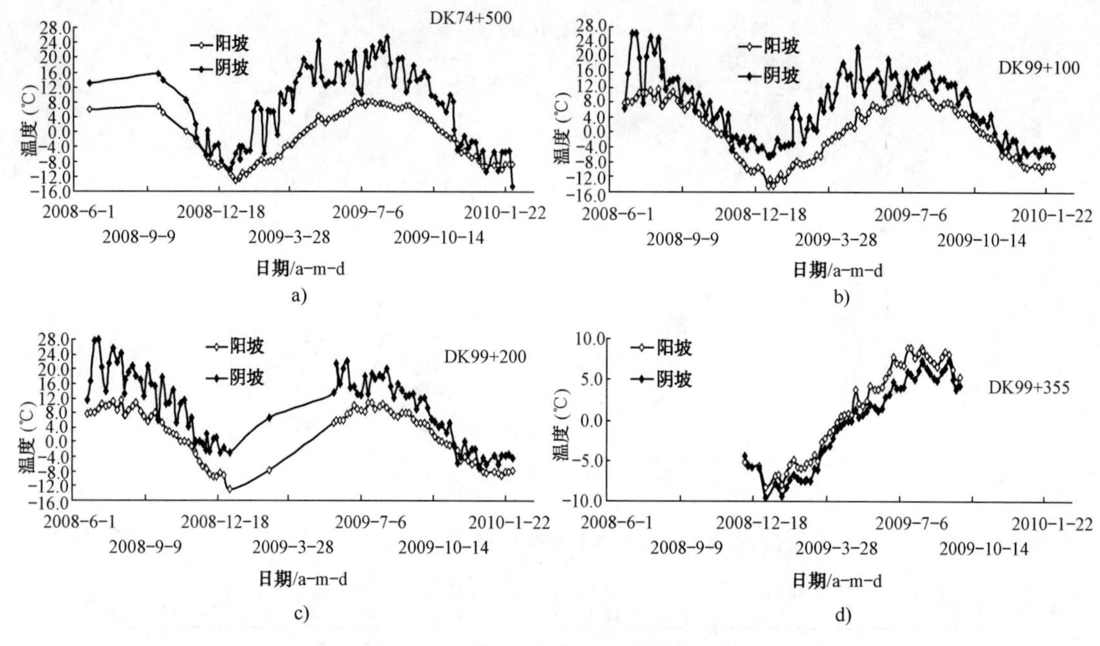

图 7-38 热棒护坡断面坡面温度变化过程

较大,路基施工初期左右坡面温差较小,时有交叉。在每年的 10 月和 11 月,热棒已经几乎一个夏季没有工作,浅层土体头年冬季所蓄积的冷储量已经被夏秋季节损耗殆尽,此时热棒刚刚开始工作,由于热棒的工作范围在地下 1.5m 到地下 5.5m 范围,尚没有能直接影响到坡面温度,同样也可以致使左右坡面出现阴阳坡温度线交叉的情况。

热棒护坡断面与对比断面相比还有一个显著的区别,热棒护坡断面的坡面年温度波幅和短时温度波幅都要大于无措施对比断面,热棒断面的最大坡面温度波幅达到 40℃,普通填土路基断面的温度波幅还不到 20℃。从温度曲线的变化过程来看,对比断面的短时温度跳动较小,一般在 5℃以内,曲线比较平滑;热棒护坡断面的短时温度跳动较为剧烈,10 天内的最大温度波动可以达到 20℃。两种类型断面出现这样的温度波动与热棒措施没有明显关系,主要与坡面的覆盖条件有关。热棒措施断面一般为浆砌片石护坡,坡面监测探头上方的护坡覆盖层较薄,导热系数较大,温度波易于传达到深处;DK99 + 355 对比断面采用草皮护坡,坡面监测探头上方的覆盖层加厚,含水率较大,严重阻碍了地表温度波的传递速率和幅度。

坡面温度的波幅大小仅仅减小了路基与外界之间的热交换强度,并不能够改变路基内部的热交换平衡状况。表 7-9 列出了上述 4 个断面的坡面年平均温度,由于一天内的监测时间固定、加上部分断面缺少冬季 1 月和 2 月的数据,下表中的坡面平均温度仅能用来分析左右两个坡面的温度对比状况。

热棒护坡断面左右坡面温度对比(℃) 表 7-9

断面位置	DK74 + 500	DK99 + 100	DK99 + 200	DK99 + 355
左坡面	9.24	7.10	7.20	-0.32
右坡面	-0.18	0.28	1.39	1.31

从上表中可以看出,除了阴阳坡度较小的 DK99 + 355 断面的左坡面(地理阳坡)温度高于右坡面(地理阴坡)以外,其余阴阳坡度较大的热棒护坡断面均是右坡面高于左坡面。

对坡面温度的对比分析表明，热棒护坡可以减小甚至消除近东西走向路基的坡向差异，因此可以更加有效地冷却冻土路基，促进冻土路基整体稳定性的提高。

五、热棒护坡路基的沉降变形特征

由上面的分析可知，热棒护坡措施可以有效地冷却冻土路基，可以有效地削弱甚至避免阴阳坡对冻土路基的不利影响。基于这种良好的效果，从理论上来说应该可以有效地抑制冻土路基的变形。

图 7-39 为高温极不稳定多年冻土区路基监测断面的变形过程曲线，图 7-39a）为热棒护坡断面 DK74 +500 的变形曲线，图 7-39b）为无措施对比断面 DK75 +000 的变形曲线。DK74 +500 断面的路基沉降过程呈阶梯波浪形发展趋势，在 2009—2010 年度的融化季节沉降变形加速增长；在 2008—2009、2009—2010 年度的回冻季节，沉降变形略有减少。无措施对比断面 DK75 +000 的沉降过程与热棒护坡断面类似，但是波动幅度较小，总的沉降变形也较小，这与该断面所在地基的土质条件较好有关。DK75 +000 断面下天然地基以砾石土和亚砂土夹碎石为主，无软弱夹层，而 DK74 +500 断面的天然地基下含有厚约 0.5m 的腐殖土。

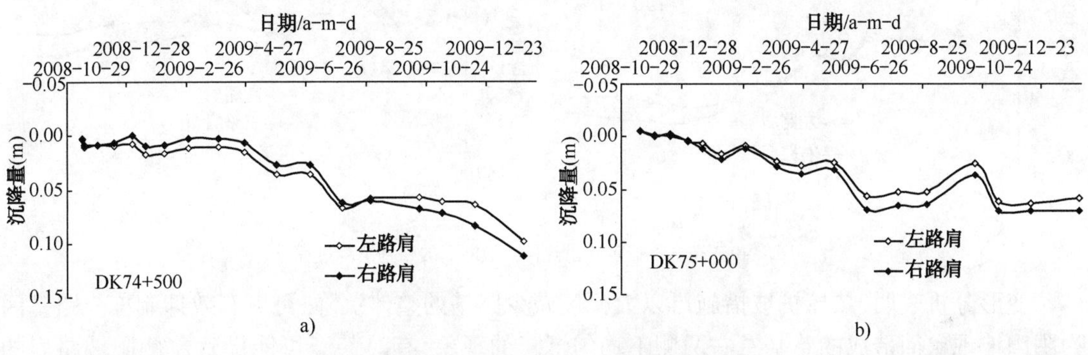

图 7-39　高温极不稳定冻土监测场的路基沉降过程

对比这两个断面的沉降曲线还可以发现，这两个断面的左右路肩沉降量对比与以往不同。DK74 +500 断面在 2009 年 8 月底以前基本上是左侧阳坡路肩位置的沉降量较大，在其后阴坡的沉降量开始大于阳坡；DK75 +000 断面，左路肩的沉降量自始至终都小于右侧阴坡。DK75 +000 断面出现这种情况可能与路基右侧有多冰冻土分布而左侧为少冰冻土有关。路基右侧 3.7m以下有厚约 3.9m 的多冰冻土，而 2009—2010 年度左坡脚的融化深度达到 3.85m，这可能导致右侧路基沉降略微大于左侧。

对于 DK74 +500 断面而言，路基下的土质条件基本一致，都有厚约 0.5m 的软弱腐殖土土层，这一土层对路基左右路肩的沉降贡献也应基本一样大小，不会导致左路肩的沉降量开始大于右路肩后来小于右路肩的结果。该断面的热棒埋设于 2008 年的年中，正值夏季，对路基的冷却作用较小，此时路基仍表现出明显的左侧阳坡、右侧阴坡现象。到了 2009 年夏季末期，在阳坡双排热棒的作用下，路基已经表现为左侧地温较低而右侧地温较高。表 7-10 列出了该断面在 2008—2010 年度各孔位的上限。2008 年，左坡脚、左路肩的上限都比右坡脚、右路肩深；2009 年，左坡脚的上限显著高于右坡脚，上限抬升幅度达 1.6m，这抑制了左路肩的沉降变形，导致左侧沉降变形小于右侧的沉降变形。

在高温不稳定多年冻土区，热棒措施也表现出了对路基沉降变形较好的抑制作用，图 7-40 为 9 标 DK99 +100 和 DK99 +200 断面的路基沉降过程。

DK74 +500 断面 2008、2009 年度不同孔位的上限(m)　　表 7-10

年　度	天然孔	左坡脚	左路肩	右路肩	右坡脚
2008	3.87	2.78	1.49	1.76	1.95
2009	3.59	1.11	1.48	0.98	1.33

从图 7-40 可以看出,一方面高温不稳定冻土路段的路基沉降过程与高温极不稳定多年冻土区基本类似,温度曲线也有一定波动,在融化季节下沉,在回冻季节轻微冻胀;另一方面,热棒护坡措施抑制沉降变形的效果更好。从总的工后沉降来看,路基沉降变形更小,两个断面的沉降变形都在 10cm 以内,DK99 +100 断面的沉降变形更是小于 5cm;其次,路基沉降变形量基本停止增加,路基已经趋于稳定;再次,DK99 +100 断面比 DK74 +500 断面更早的出现左路肩沉降量小于右路肩的现象,这一现象的出现时间已经提前到 2009 年的 5 月。

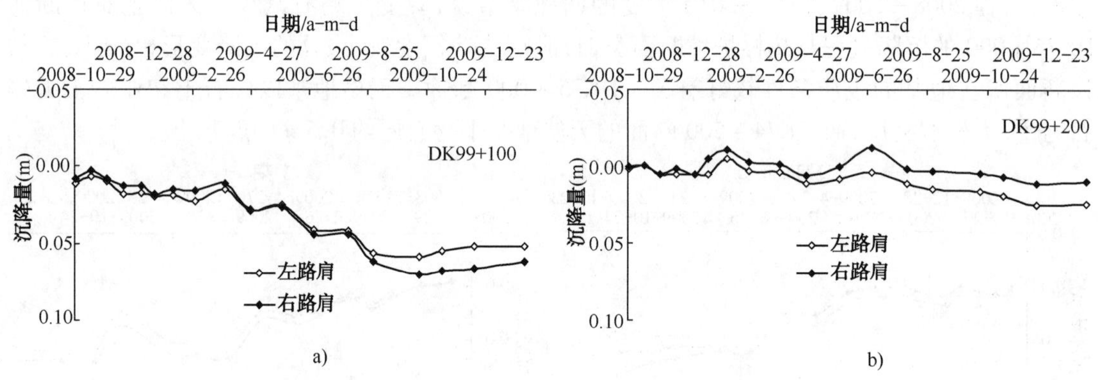

图 7-40　高温不稳定路段热棒护坡断面的路基沉降过程

变形分析表明,热棒护坡措施可以大幅度减少路基的整体沉降、可以有效抑制冻土路基因为阴阳坡现象而造成的路基左右两侧不均匀沉降的现象,有时甚至可能导致左侧阳坡路肩的沉降变形量小于右侧阴坡的沉降变形量。

第四节　热棒护坡 + 片石通风复合路基

一、复合路基在低温基本稳定多年冻土区的工程效果

热棒护坡加片石通风层的复合路基在柴木铁路多年冻土区也有少量应用,主要用于冻土工程地质条件极差的高含冰率冻土斜坡路段。根据当时的设计,复合路基监测断面仅布设在低温基本稳定多年冻土区。

DK114 +650 ~ DK115 +150 段是含土冰层冻土路段,地形坡度较大,约在 8°。地表植被发育,冻胀草丘密布,分布有较多积水坑。冻土年平均地温约 -1.3℃,属于低温基本稳定多年冻土;冻土上限约在 1.0m,冻土含冰率极高,属于含土冰层路段;地下发育有厚达 50cm 到 5m 的几乎为纯冰的含土冰层。第四系松散层的厚度变化较大,松散层底部为强风化泥岩。冻土路基高度在 5m 以上,其中含有厚约 1.2m 的通风片石层;2 处冻土路基走向一致,均为 245°,即南偏西 65°。在最初设计时,该路段仅采用片石通风层措施,后来由于相邻路段发生涵基侧滑事故,该段路基被补强,在片石通风路基的基础上采用了热棒护坡措施,热棒布设参数与以往相

同。试验段位于 DK114 +730 和 DK114 +800 断面,片石通风措施在 2007 年 7 月就已经施工完毕,热棒护坡措施在 2008 年 1 月才完工,考虑到该综合措施的效果更好,没有布设对比断面。

图 7-41 为断面 DK114 +730 的路基地温场,这两个地温场分别是 2008 年 10 月 16 日和 2009 年 10 月 20 日两个观测日期的地温场,基本反映了两个断面在最大融化季节的地温分布及变化规律。从图 7-41a)来看,即使是原来的天然地表左高右低,路基本体内的等温线仍然是左低右高,具有显著的左侧阳坡、右侧阴坡特征。这种阴阳坡特征在零温线上也有反映,左坡脚零温线的深度距地表约 2m(相对于原天然地表,下同),而右坡脚的零温线深度不到 1m。2009 年 10 月 20 日的地温场也具有显著的阴阳坡特征,零温线也同样是左侧深度较大而右侧深度较小。

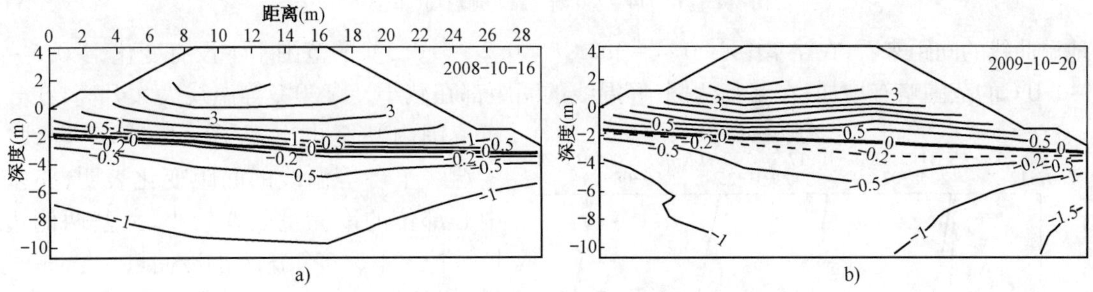

图 7-41　DK114 +730 断面路基地温场(单位:℃)

但是在经过一年后,DK114 +730 断面路基下部的地温场发生了变化,首先是零温线的深度略有升高,这种升高在整个路基断面范围内都有发生;其次,零温线下等温线的间距发生了不同的变化。在路基中心部位,零温线下的等温线间距增加,0 ~ -0.2℃、-0.2 ~ -0.5℃、-0.5 ~ -1.0℃的范围在增加,-1.0℃等温线甚至已经消失在既定的分析范围内;路基两侧等温线的间距在减小,在既定的范围内甚至在路基右侧下部出现了 -1.5℃等温线。DK114 +730 断面零温线以下各等温线的变化表明,路基中心部位原上限以下的冻土冷储量在减小,而左右两侧冻土的冷储量在增加。

图 7-42 为断面 DK114 +730 在 2007—2010 年度时间范围内各监测孔的冻融变化过程。左坡脚、左路肩的融化过程要早于右坡脚、右路肩,而完全冻结过程时间却晚于后两者。从最大融化深度来看,左坡脚在两个年度的最大融化深度均远大于右坡脚,左路肩在第一年和右路肩的最大融化深度基本一样,在第二年已经比后者深约 1.0m。

图 7-43 为断面 DK114 +780 在 2008—2010 年度最大融化季节的地温场。从地温曲线的相对位置来看,这两个日期的地温场同样具有显著的阴阳坡特征。在路基堤体内,路基左侧出现高温季节融土核,在原天然地表以下的路基横断面范围内,零温线的深度从左路肩至右坡脚逐渐减小。从

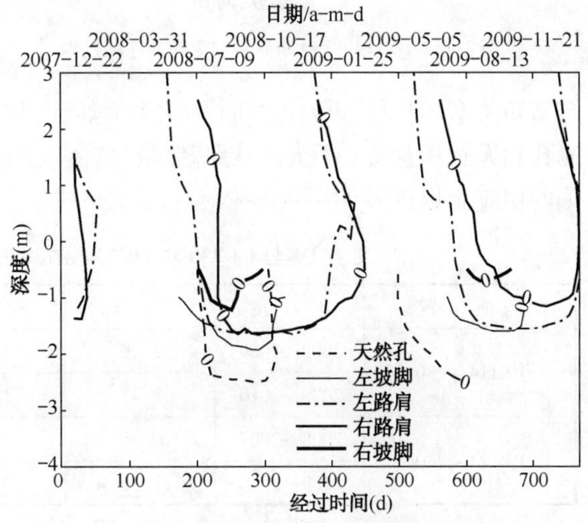

图 7-42　DK114 +730 断面各监测孔的冻融过程

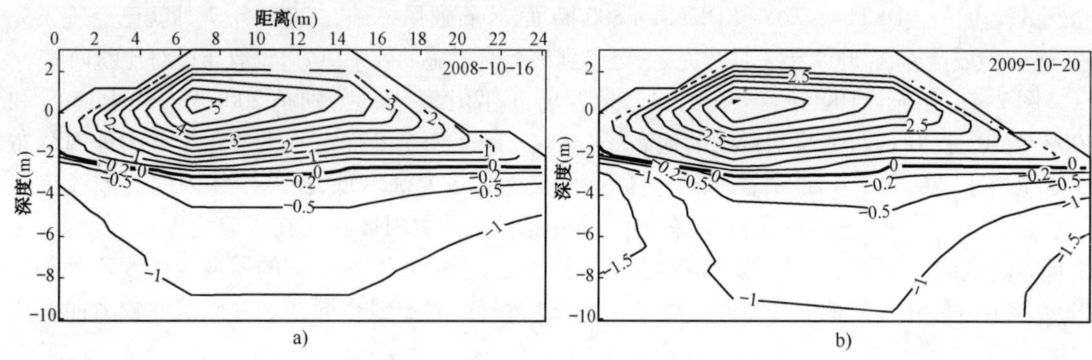

图 7-43　DK114 +780 断面路基地温场(单位:℃)

地温曲线的间距来看,在路基中心,0 ~ -0.2℃、-0.2 ~ -0.5℃的范围基本没有变化, -0.5 ~ -1.0℃的范围略有增加;在路基两侧,等温线的间距都在减小, -1.0℃等温线大大升高,在分析范围内甚至也出现了 -1.5℃等温线。零温线下各等温线的间距变化表明,路基中心部位的冷储量改变较小,路基两侧边坡及护道下原多年冻土的冷储量在增加。

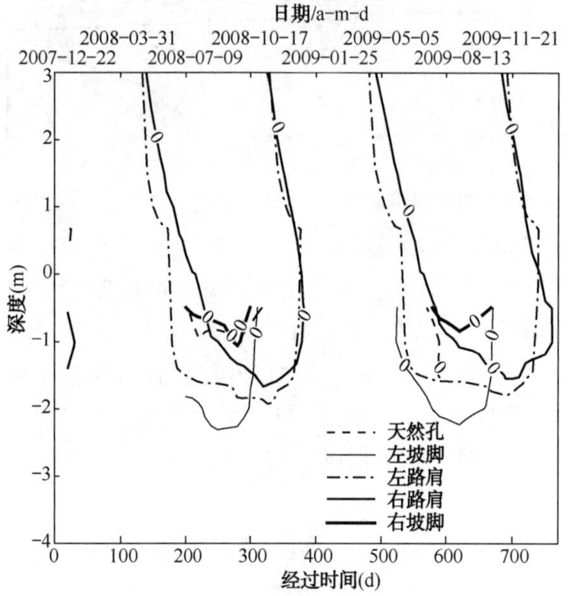

图 7-44　DK114 +780 断面各监测孔的冻融过程

断面 DK114 +780 各监测孔冻融过程与断面 DK114 +730 各监测孔冻融过程基本一样,同样是阳坡一侧的坡脚、路基下冻土的融化时间早且完全回冻时间晚,左路肩、左坡脚的最大融化深度在 2008—2009 和 2009—2010 两个年度均远小于右路肩、右坡脚的最大融化深度。图 7-44 为断面 DK114 +780 的冻融过程曲线。

为了进一步了解热棒 + 片石复合路基的工程效果,表 7-11 列出了两个断面在 2008—2009 和 2009—2010 两个年度不同位置孔的上限。由于天然孔上限与局地条件有密切关系,即便是距离近 50m 的两个天然孔,其上限最大差异也可达约 1.5m,因此比较路基监测孔和天然孔意义并不大。从路基左右监测孔的对比来看,路基左侧的上限几乎都深于路基右侧的相应监测孔。

DK114 +730 和 DK114 +780 断面不同位置孔的上限(m)　　表 7-11

断面位置	年　度	天然孔	左坡脚	左路肩	右路肩	右坡脚
DK114 +730	2008—2009	2.49	1.93	1.66	1.66	1.21
	2009—2010	2.47	1.61	1.57	1.16	0.71
DK114 +780	2008—2009	0.95	2.33	1.92	1.67	1.04
	2009—2010	1.56	2.22	1.89	1.53	0.83

此监测路段冻土工程地质条件极差,原计划采用热棒 + 片石的复合措施来冷却路基、提高

冻土路基的稳定性，但是上述监测结果却没有能够有力地证实热棒的有效作用，只是在比较路基左侧原天然地表以下的等温线间距时才能够发现复合措施的降温作用。

热棒＋片石非但没有起到预想的冷却效果，甚至还不如前面分析的单独热棒措施的功效。对于 DK114＋730 和 DK114＋800 断面出现的问题，无论从理论上还是从工程实践角度都有必要给予深入认识。

与前面分析的热棒护坡路基相比，断面 DK114＋730 和断面 DK114＋800 具有如下 3 个特点：①路基高度高，断面 DK114＋730 的路基 5.5m 高，断面 DK114＋800 的路基高度为 4.0m。②采用了厚约 1.2m 的片石通风层。③地形坡度大，朝北的边坡坡度达 8°。下面结合上述这三个特点来分析上述温度场的形成原因。

（一）路基高度

高路基对冻土路基温度场的形成有 3 个方面的影响：①高路基的边坡面积较大，其与路基下多年冻土的传热路径短，坡面对路基下多年冻土的影响大大超过路面的影响。对于东西走向的路基而言，边坡的影响更为突出。阳坡侧的冻土往往处于吸热状态，阴坡侧的冻土往往处于放热状态。对于低路基而言，边坡的影响较小，阴阳坡的热量交换差异较小，不易形成显著的阴阳坡问题。对于高路基而言，阳坡侧的巨大吸热量和阴坡侧的巨大放热量形成了鲜明的对比，容易导致阴阳坡现象。以 DK75＋000、DK99＋100 和 DK99＋200 断面为例，这三个断面的路基高度一般在 3m 以内，路基基本呈东西走向，虽然仅用热棒一种措施，但是也很好地解决了阴阳坡问题，甚至出现阳坡上限较浅、温度较低的现象。②高路基需要的填料多，施工阶段路基填料所带来的热扰动大，短时间内无法消除。以往的研究表明，路基填料对冻土路基温度场的影响可以持续 2～3 年。与 DK114＋780 断面相比，DK114＋730 断面路基较高，在路基完工后的第三年最大融化季节，路基中心部位原天然地表下的等温线间距比第二年还有所增大，冷储量减少，而前者的冷储量基本不变，甚至在路基两侧都同时出现了－1.5℃等温线。③采用高路基后，热棒相对于护道的位置不变，距离路基中心的距离增加了，因此热棒对路基本体尤其是路基中心的冷却作用大大降低了。

（二）片石层

路基底部铺设片石层后，路基内部具有了产生空气对流的条件，有利于冬季冷却路基。片石层能够发挥冷却作用是因为冬季来临后，一般路基情况下片石层上部的温度较低而下部温度较高。对于热棒＋片石复合措施路基，路基的冷却作用一方面来自上部地表的降温，另一方面则来自热棒。对于这两个断面的路基而言，热棒的蒸发段在地下 1.5m 到地下 5.5m，即便是考虑热棒埋设于片石护道上，蒸发段的位置也低于片石层底面（1.2m）。热棒的埋设深度说明，片石层无法通过对流来释放片石层内部及其上部土体的热量，同时由于多孔结构的片石热阻较大，更加阻碍了热棒的冷却作用。由于片石的保温作用，断面 DK75＋000、DK99＋100 和 DK99＋200 在阳坡没有出现的高温季节融土核在这两个复合措施路段出现。

（三）地形和当地气候条件、活动层土质条件

复合措施路段位于一坡度高达 8°的斜坡上，当地的年降雨量大，现有的便道和排水沟无法解除上坡来水对左侧阳坡下冻土的流水热侵蚀作用，加上该地区的主导风向为北风，左侧阳坡为背风坡。由于路基较高，左侧背风范围较大，空气温度高、流动速度慢，不利于热棒制冷作用的发挥。在上述高路基、片石层和地质地理条件的综合作用下，断面 DK114＋730 和 DK114＋800 出现了复合措施冷却效果不理想，阴阳坡问题较为严重的不利现象。

该问题的出现对冻土路基设计是一个警示，在不考虑路基自身条件、所处环境的前提下，如果不能够有针对性地解决一些对路基热扰动大的关键问题，即便是采用了一些在其他路段被证实有效的措施，往往也无法达到预期的目的。

二、复合路基的坡向差异

两个热棒护坡＋片石通风路基试验断面的路基走向为245°，按照上述阴阳坡度的定义，这两个断面的阴阳坡度为65°，多年冻土路基的阴阳坡问题较为严峻。

图7-45为DK114＋730和DK114＋800断面路基边坡坡面温度的变化过程。这两个断面的坡面温度变化与普通路基断面一样，除了在施工初期路基阴坡和阳坡的温度曲线有所交叉以外，在后期均保持着阳坡温度较高、阴坡温度较低的波动变化。与前面分析的结果一样，坡面温度变化曲线反映不了热棒护坡＋片石路基综合措施对冻土路基的冷却降温作用。

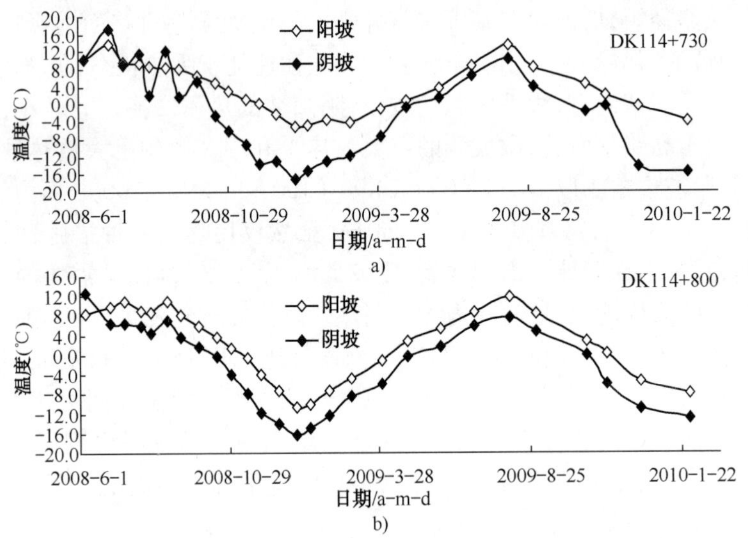

图7-45　热棒护坡＋片石路基断面的坡面温度变化过程

坡面温度的对比分析说明，在没有能够有针对性地解决路基的主要冻土热扰动来源之前，即使采用诸如热棒护坡＋片石路基这样的强效措施往往也无法达到消除坡向差异的目的。

三、复合路基的沉降变形特征

由上面两个小节的分析可知，热棒护坡＋片石路基复合措施并没有能够有效地冷却冻土路基，没有能够消除坡向差异，也没有能够抑制阴阳坡问题的产生。基于这种效果，冻土路基的阴阳坡沉降变形应存在一定差异。

图7-46为热棒护坡＋片石路基断面的阴阳坡沉降过程曲线。总体上看，这两个路基的沉降变形量非常小，基本上都在0～5cm；其次，路基的沉降过程波动较小，个别观测点的沉降变形升高或降低可能是观测误差所致；再次，左路肩沉降变形量大于右路肩，尽管两者之间的差值很小，这种对比关系与温度分析结果一致。由于路基的整体沉降较小，加上部分观测点的人为误差影响，目前来看这两个断面的路基沉降已经基本趋于稳定，沉降变形量随着时间的增加应该不会有大的增加。

从路基断面各监测孔和天然孔的上限对比来看，除了断面DK114＋730各监测孔的上限

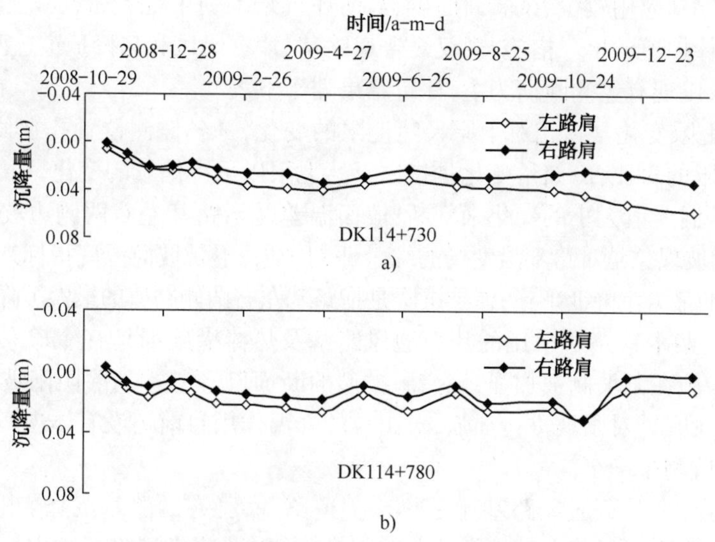

图 7-46　热棒护坡 + 片石路基断面的路基沉降过程

小于天然孔路基沉降变形较小之外，断面 DK114 + 780 的沉降观测结果与温度观测结果并不一致。对于断面 DK114 + 780 而言，除了第二年右路肩和右坡脚孔的上限小于天然孔之外，其余时间各监测孔的上限均大于天然孔，按照路基下部发育软弱腐殖土的条件，该断面的冻土路基尤其是阳坡侧冻土路基应该产生较大变形。相邻两个断面天然孔上限的巨大变化，加上断面 DK114 + 780 天然孔在两个年度的巨大变化说明，该路段冻土发育状况在时间和空间上的差异都比较大，直接比较天然孔和路基监测孔的地温和上限并不足以说明各监测孔位置的真实上限变化。表 7-12 列出了两个断面各位置监测孔原天然上限的位置，上限采用钻孔编录进行综合判定。

热棒护坡 + 片石通风路基断面不同位置孔的天然上限(m)　　表 7-12

断面位置	左坡脚	左路肩	右路肩	右坡脚
DK114 + 730	2.0	1.5	2.1	2.0
DK114 + 780	1.7	1.9	1.5	1.6

比较该表中各监测孔的原天然上限和修筑路基后的人为上限(相对于原天然地表)不难发现，断面 DK114 + 730 仅有左路肩上限轻微下降，其余 3 个孔的上限都有所上升；断面 DK114 + 780 仅有左坡脚有明显的上限下降，左路肩和右路肩上限变化都约在 0.1m，右坡脚孔上限上升较多。

从这两个断面所采用的其他稳定措施来看，在此段路基原天然上限以下采用抛石挤淤措施，减少了因软弱活动层压缩变形所造成的沉降。

通过和各监测孔原天然上限的比较，DK114 + 730 和 DK114 + 780 两个断面路基本体下的上限并没有显著下降，再加上抛石挤淤的路基稳定措施，这也就解释了复合措施路基沉降变形较小产生的原因。

为了对上述几种措施在柴木铁路的工程效果有一个更加明确的认识，现对上述措施的工程效果以地温分区为依据从降温效果、沉降变形两个角度给予综合评价，评价结果列于表 7-13。

由于热棒+片石路基应用较少、试验断面少、当前评价结果受干扰大,且在理论上的效果要好于片石通风或热棒护道的单一措施,现仅对普通路基、片石通风和热棒护道这两种单独措施做出评价,评价对象以现有监测断面为主,评价结果列于下表。

表7-13中,上限变化是指相对于原天然上限的变化,是各监测位置孔在修筑路基后的上限与其原天然上限的对比;冷储量变化是指原天然上限以下冷储量的变化,一般通过地温曲线的位置、间距及等温线值大小的变化来判断;坡面温差是指路基左右两侧边坡坡面以下0.5m的温度差值;阴阳坡现象是对路基温度场的综合评判结果,不是坡面温度指标来体现;总沉降量是指该断面路基的最大沉降变形量;差异沉降是指路基左右两侧路肩的最大沉降变形量之差。

根据表7-13,柴木铁路所采用的片石通风路基及热棒措施都具有冷却冻土路基的作用。目前,由于热棒措施在阳坡侧被加强,该措施类型的断面已经基本消除阴阳坡现象;由于片石通风和护道措施没有针对阳坡进行加强,对阳坡的降温作用目前还没有体现,其长期效果还有待于通过进一步监测来确定。

不论是普通路基、片石通风路基还是热棒护道路基,已有的路基沉降变形观测结果都表明,柴木铁路的沉降变形量都在国铁Ⅱ级铁路规定的30cm工后沉降标准内,甚至片石通风路基和热棒护道路基的沉降变形量还满足国铁Ⅰ级铁路规定的20cm工后沉降标准。

几种措施在柴木铁路应用效果综合评价表 表7-13

地温分区	评价类别		普通填土路基	片石通风路基	热棒护道路基
高温极不稳定区	降温效果	上限变化	—	—	显著提升路基全断面位置的上限
		冷储量变化	—	—	增加
		坡面温差	—	—	可以大幅度减小阴阳坡温差
		阴阳坡现象	—	—	基本消除
	沉降变形	总沉降量	—	—	小于15cm
		差异沉降	—	—	基本消除
高温不稳定区	降温效果	上限变化	阴坡侧路肩到坡脚的上限提升,路基中心到阳坡侧左坡上限下降	可以将路基本体及阴坡下的上限提升,阳坡侧上限下降	显著提升路基全断面位置的上限
		冷储量变化	剧烈减少	减少	增加
		坡面温差	阴阳坡度越大,坡面温差越大	基本没有消除坡面温差的效果	可以大幅度减小阴阳坡温差
		阴阳坡现象	阴阳坡度越大,阴阳坡现象越显著	基本没有消除阴阳坡限现象的效果	基本或完全消除
	沉降变形	总沉降量	一般30cm内,随冻土工程地质条件变化较大	小于20cm	小于10cm
		差异沉降	一般5cm内,随冻土工程地质条件变化较大	小于5cm	基本消除

续上表

地温分区	评价类别		普通填土路基	片石通风路基	热棒护道路基
低温基本稳定区	降温效果	上限变化	路基中心到阴坡侧坡脚的上限提升，阳坡侧路肩到坡脚上限下降	可以将路基本体及阴坡下的上限提升，阳坡侧上限变化较小	—
		冷储量变化	显著减少	减少	—
		坡面温差	阴阳坡度越大，坡面温差越大	基本没有消除坡面温差的效果	—
		阴阳坡现象	阴阳坡度越大，阴阳坡现象越显著	基本没有消除阴阳坡限现象的效果	—
	沉降变形	总沉降量	一般 20cm 内，随冻土工程地质条件变化较大	小于 10cm	—
		差异沉降	一般 5cm 内，随冻土工程地质条件变化较大	小于 5cm	—

说明：单排热棒纵向间距 3m，布设于护道和路基边坡接触部位的坡脚；双排热棒纵向间距 3m，横向间距也为 3m，双排热棒交错布置，一排布设于护道肩，一排布设于护道和路基边坡交界处；热棒的蒸发段位于热棒底端，长 4m（热棒总长 7m，上部 3.0m 为冷凝段，其中 1.5m 出露于地上，底部 4m 为蒸发段）。

第五节　不考虑土工格栅的路基纵向裂缝病害预测

一、建立模型

为了方便计算，现对路基土体作以下基本假设：①土体为连续、均质、各向同性的冻土和未冻土。②土体中土颗粒、冰和未冻水是不可压缩的，土体为理想弹塑性体。③不考虑行车荷载等外荷载及冻胀对路基变形的贡献，只考虑在路基土体自重及温度场变化下引起路基变形。④忽略冻土融化过程中的对流作用、质量迁移、水热蒸发等作用。⑤未冻土、冻土的弹性模量、泊松比、黏聚力、内摩擦角分别为常数，不受应变速率和约束力的影响。⑥不考虑路面面层性质对路基结构稳定性的影响。

力学分析的几何模型与热学模型一致，将土层简化为简单的 4 种材料：路基填土、季节活动层、多年冻土融化区域及多年冻土。多年冻土融化区域形状具有不确定性，综合阿拉斯加多年观测结果和瑞雷面波仪在青藏公路实测结果分析，多年冻土融化区近似于三角形，因此将多年冻土路基中活动层以下的多年冻土融化区简化为具有规则形状的三角形，如图 7-47 所示，以此来模拟路基可能发育纵向裂缝发育的位置。

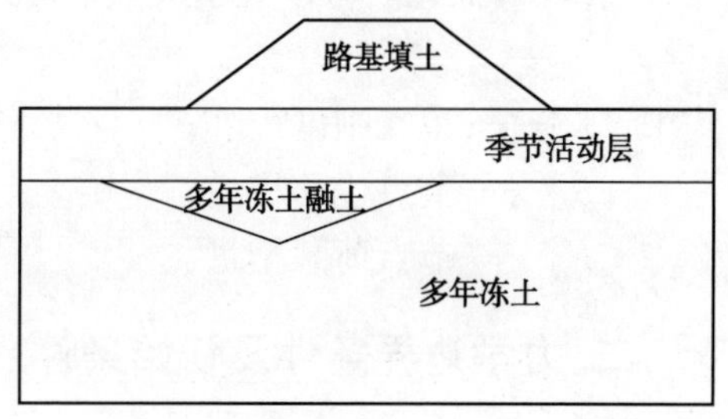

图 7-47　简化后的路基纵向裂缝计算模型
（裴建中等，2006 年；Carlson，1996 年）

冻土路堤的应力应变分析采用理想弹塑性模型。该模型认为在弹性变形阶段，材料的应力和变形之间是完全弹性的关系。在屈服点以前，材料的应力与应变呈正比关系;在达到屈服点以后,应力—应变曲线是完全水平的。

弹塑性模型的应变由弹性应变和塑性应变两部分组成,总应变表达如下:

$$\{d\varepsilon\} = \{d\varepsilon^{e}\} + \{d\varepsilon^{p}\},\text{或}$$

$$\{d\varepsilon^{e}\} = \{d\varepsilon\} - \{d\varepsilon^{p}\} \tag{7-4}$$

弹塑性模型中应力和应变增量的关系可以表示成如下形式:

$$\{d\sigma\} = ([C_e] - [C_p])\{d\varepsilon\} \tag{7-5}$$

式中:$\{d\sigma\}$——应力增量矩阵;

$\{d\varepsilon\}$——应变增量矩阵;

C_e——弹性本构矩阵;

C_p——塑性本构矩阵。

C_e、C_p 的表达式如下:

$$C_e = \frac{E}{(1+\nu)(1-2\nu)}\begin{bmatrix} 1-\nu & \nu & \nu & 0 \\ \nu & 1-\nu & \nu & 0 \\ \nu & \nu & 1-\nu & 0 \\ 0 & 0 & 0 & \frac{1-2\nu}{2} \end{bmatrix} \tag{7-6}$$

$$[C_p] = \frac{[C_e]\left\{\frac{\partial G}{\partial \sigma}\right\}\left\{\frac{\partial F}{\partial \sigma}\right\}[C_e]}{\left\{\frac{\partial F}{\partial \sigma}\right\}[C_e]\left\{\frac{\partial G}{\partial \sigma}\right\}} \tag{7-7}$$

对于二维的平面问题而言,应力—应变分析所采用的有限元方程的表达如下:

$$\int_A [B]^T[C][B]\,dA[a] = b\int_A \langle N \rangle^T dA + p\int_L \langle N \rangle^T dL \tag{7-8}$$

式中:$[B]$——应变位移矩阵;

$[C]$——弹塑性本构矩阵;

$[a]$——节点在 X 和 Y 方向位移增量的列向量;

A——单元格面积;

L——垂直于应力方向的单元格长度;

b——单位体积力;

$\langle N \rangle$——插值函数的行向量;

p——单元表面压力的增加量。

式(7-8)简化后可以表示成如下形式:

$$[K][\alpha] = [F] \tag{7-9}$$

式中:$[K]$——单元刚度矩阵;

$[\alpha]$——节点位移增量;

$[F]$——节点荷载增量。

二、力学边界条件及初始条件

在力学分析中,采用的土体力学参数见表7-14。路基在纵向上可以看成是无限延伸的,所以计算模型可以简化为平面应变问题,假定路基的位移和应变都发生在自身平面内,不随 Z

轴变化。路基水平表面、两边坡及天然地面为自由边界,两侧面 x 方向约束,底面 x、y 方向均约束。施工前由于地层自重引起的初始应力场和位移场在修筑路基后对路基的变形没有影响,在计算过程中减去。计算中,采用 CM 屈服准则。

模型中各层的力学参数　　表 7-14

土　层	密度 $\rho(\mathrm{kg\cdot m^{-3}})$	弹性模量 E(MPa)	泊松比 ν	黏聚力 c(MPa)	内摩擦角 φ(°)
路基填料	2100	80	0.31	0.2	40
季节活动层	1920	40	0.35	0.5	20
融化盘	1820	1	0.25	0.1	15
多年冻土	1820	720	0.15	1.4	20

基于路基材料的抗拉强度较弱,所能承载的拉应力有限,所以通过计算找出路基内水平方向上最大拉应力出现的位置,在此位置出现纵向裂缝的可能性较大。

三、计算工况及结果分析

根据野外调查显示,纵向裂缝主要发生在高路堤路段,对于路基高度小于 2.5m 的路段发育纵向裂缝的可能性比较小,此处不做讨论。另外,对于在运营年限内(50 年)路基下多年冻土上限抬升和维持在天然上限附近的路基不进行裂缝预测,计算过程中仅考虑由于路基横向不均匀融沉(主要考虑由阴阳坡效应引起,根据实测资料对融化盘进行简化)可能引起的路基断面横向变形。裂缝预测断面主要有:DK99 + 355、DK40 + 000、DK74 + 000、DK123 + 150、DK123 + 250。

图 7-48 ~ 图 7-52 分别给出了断面 DK99 + 355、DK40 + 000、DK74 + 000、DK123 + 150、DK123 + 250 路基下第 50 年达到最大融化深度时路面水平方向应力(拉为正、压为负)沿路基水平顶面的变化情况。由于路基材料的松散特性,所能承载的拉应力有限,所以路基顶面可能在最大拉应力、拉应变处破坏,在此处出现纵向裂缝的可能性较大。

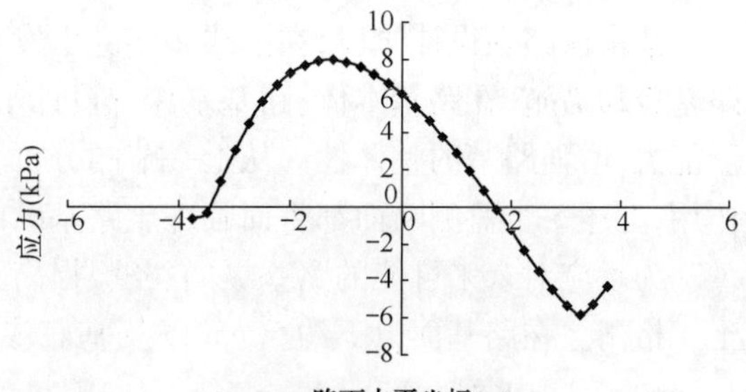

图 7-48　断面 DK99 + 355 路面应力(拉为正、压为负)

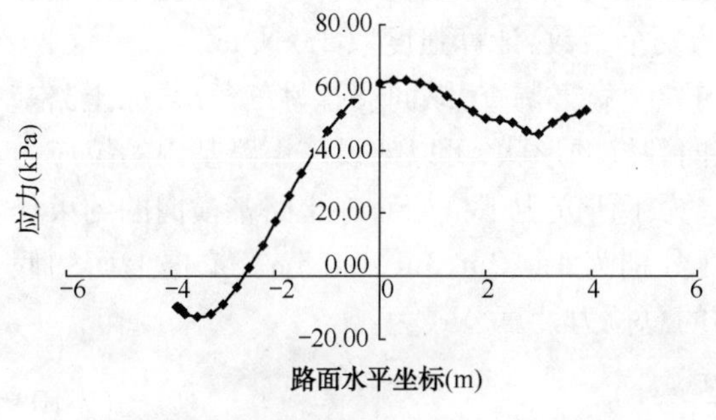

图 7-49　断面 DK40 + 000 路面应力(拉为正、压为负)

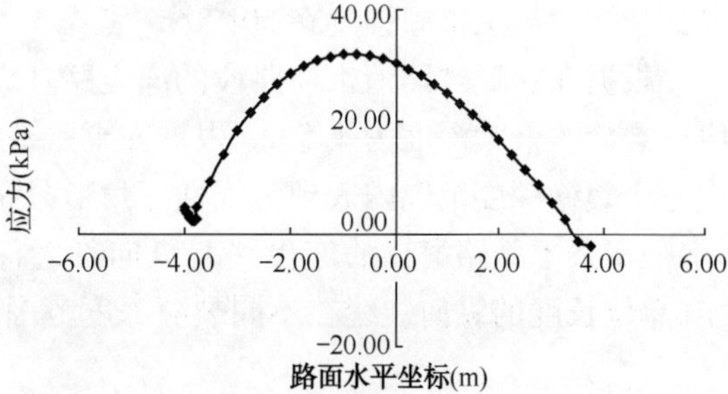

图 7-50　断面 DK74 + 000 路面应力(拉为正、压为负)

表 7-15 总结了这些断面纵向裂缝可能发育的位置。从该表可以看出,对于阴阳坡效应显著的路段,纵向裂缝大部分发育在路基阳坡一侧。对于断面 DK40 + 000,由于阴坡的面积较

大、路基在阴坡侧的高度较阳坡侧大,从而阴坡侧路基自重对路基变形的影响大于阳坡侧融化盘对路基变形的影响,导致纵向裂缝发育在路基中心偏阴坡一侧。

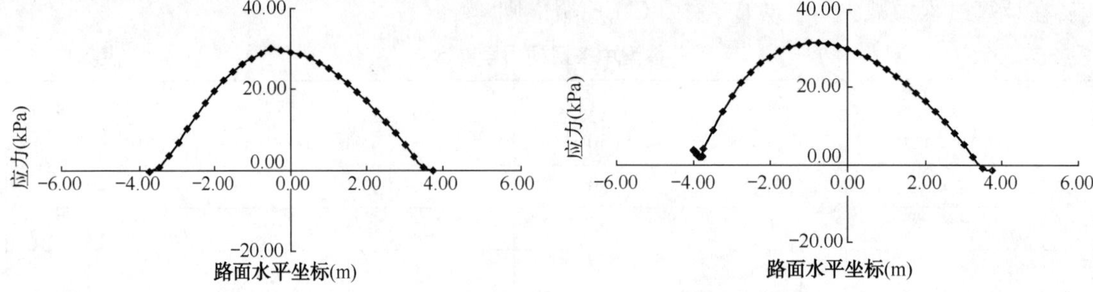

图 7-51　断面 DK123 + 150 路面应力(拉为正、压为负)　　图 7-52　断面 DK123 + 250 路面应力(拉为正、压为负)

各断面纵向裂缝发育的位置　　表 7-15

断　面	DK99 + 355	DK40 + 000	DK74 + 000	DK123 + 150	DK123 + 250
纵向裂缝发育的位置(m)	1.5	−0.5	1.0	0.6	0.9

注:纵向裂缝发育的位置指离路基中心处的距离,正值表示发育在阳坡一侧,负值表示发育在阴坡一侧。

第六节　考虑土工格栅的路基纵向裂缝病害预测

柴木铁路在设计阶段,在沿线多年冻土发育、冻土含冰率高的路段不但采用了积极的冻土路基冷却措施,在路基本体、路基基床都设计了土工格栅和土工膜,用来提高路基填土的抗变形能力,增强路基的整体性。从上一节的分析不难看出,如果没有土工格栅或者土工膜的约束作用,上述 5 个监测断面都将面临冻土路基纵向裂缝的威胁。

为了应对未来可能的路基纵向裂缝,提高路基的整体性,上述 5 个断面都采用了土工膜和土工格栅。在路基面以下约 50cm 以及基底渗水土的顶面采用了复合土工膜,在路基面以下 4.5m 的范围内每隔 0.9m 铺设一层双向塑料土工格栅,在渗水土的顶面一般也要铺设一层土工格栅。土工膜的抗拉强度一般小于 6kN/m,远低于土工格栅的强度 30 ~ 50kN/m,为了计算方便,下面的应力计算均不考虑土工膜强度的影响,同时也不考虑底部反渗层上土工格栅的影响,仅计算路基基床范围内土工格栅对路基变形的约束作用。

根据冻土路基的设计资料,铺设于反渗层位置的土工格栅强度为 30kN/m,铺设于路基和基床位置的土工格栅强度在 50kN/m,考虑 1.5 的安全系数,计算强度取 33kN/m。

根据在青藏铁路清水河路段的冻土路基纵向裂缝病害调查,纵向裂缝呈三角形,冻土路基纵向裂缝的最大深度为 4.5m。根据冻土路基纵向裂缝的形状,可以架设冻土路基内的拉应力在整个裂缝深度范围内表现为线性三角形分布。为了研究土工格栅对冻土路基横向的约束作用,假定柴木铁路潜在的冻土路基纵向裂缝深度分别为 1m、2m、3m、4m、5m。依据上面的假定,单位长度的纵向裂缝在不同裂缝深度范围内的总拉力计算公式为:

$$P = \int_{0}^{H} \frac{\sigma_{\max}}{H} \cdot h \tag{7-10}$$

式中:P——单位长度内的总拉力(kN/m);

$\sigma_{\max}$——路基面上最大的拉应力(kPa);

H——纵向裂缝的最大深度(m);

h——深度变量,取值范围在 $0 \sim H$(m)。

DK40 +000 断面的最大拉应力在上述 5 个剖面中取值最大,达到 62kPa,是最容易发育纵向裂缝的一个断面。如果分析结果证实此剖面不产生纵向裂缝,那么其余几个断面也不具备产生纵向裂缝的条件。

在铺设土工格栅的试验断面上,路基纵向裂缝能否形成除了与总拉力有关,同时也与土工格栅的强度和铺设密度有关。土工格栅在裂缝深度范围内所能提供的约束拉力等于裂缝深度范围内土工格栅的层数乘以其抗拉强度。1m、2m、3m、4m、5m 的裂缝深度所对应的土工格栅层数为 1、2、3、4、5 层。

表 7-16 列出了不同深度的裂缝所对应的总拉力及约束拉力。即使采用了最大的拉应力,即使考虑了 1.5 的安全系数,土工格栅所提供的约束拉力在不同的深度内都要大于冻土不均匀融沉所产生的总拉力,避免了冻土路基纵向裂缝的产生,从而始终保证路基的整体稳定。

不同深度的裂缝所对应的总拉力及约束拉力　　表 7-16

裂缝深度(m)	1	2	3	4	5
总拉力(kN/m)	31	62	93	124	155
约束拉力(kN/m)	33	66	99	132	165

通过对柴达尔—木里铁路沿线某些监测断面的热稳定性及纵向裂缝预测,得出:

(1)由于受路基几何形状、线路走向、年平均地温、地质条件及路基工程措施的影响,无论是在高温冻土区或低温冻土区,普通路基和片石通风路基都有不同程度的阴阳坡问题,热棒路基基本不存在阴阳坡问题。

(2)在不考虑冻土含冰状况的条件下,仅从热稳定性上来看,普通路基和片石通风路基发育纵向裂缝的可能性较大,热棒路基较小。

(3)在不考虑路基加筋的情况下,部分冻土路基存在发育纵向裂缝的可能。多层土工格栅的设计确保了冻土路基的整体强度,在一定程度上大大减少了路基纵向裂缝的可能。

(4)根据对沿线路况的调查和现有监测断面的分析,与青藏铁路同期资料相比,柴木铁路较好地解决了路基纵向开裂问题,这说明柴木铁路冻土路基所采用的冷却措施、加筋措施是合理的,可以保证冻土路基的稳定。

第八章　柴木铁路沿线工程地质条件评价

柴达尔至木里地方铁路地处青藏高原过渡带的祁连—昆仑断陷盆地内，途经青海省东北部的刚察县、祁连县和天峻县。线路经过地段主要为哈尔盖河流冲积型狭长阶地、大通山北麓缓坡、大通河河谷阶地及滩地、多索曲河谷阶地等地貌。大地构造单元为青藏高原北缘的祁连山系的南祁连山与柴达木盆地的交界地带。主要构造为大通山褶皱带，大通山褶皱带呈北西西、北西向延伸，组成褶皱带的地层主要为侏罗系、三叠系、二叠系、下元古界的砂岩和三叠系泥岩、泥灰岩和灰岩。大通山褶皱带为含煤的主要构造，煤层赋存于侏罗系地层中。柴木铁路沿线经过地段主要为河流冲积型狭长阶地地貌及高山台原地貌，沿线多年冻土分布情况主要受海拔高度的影响，另外由于沿线的年降雨量较大，地形地貌和地表水文、活动层的含水率对多年冻土的发育也有很大影响，因此沿线的多年冻土发育具有显著的海拔特征和局地特征。

第一节　柴木铁路沿线气候特征

柴木铁路所处地区属于青藏高原北东缘祁连山系的南坡，由于海拔高，具有气温低、气压低、日照长及风速大等一般高原气候特点。除此以外，因邻近高原的北缘，受到高空气流场的控制，风向以西风为主导。夏季受东亚副热带高压的影响及地形坡度的关系，降水明显地高于同纬度的低海拔地区。

该地区以前没有布设固定的气象观测站，因此缺乏必要的气象资料，这对于详细了解该地区气候条件是一个严重的制约，同时也影响到工程地质条件评估及工程措施效果评价。为此，2007 年在柴木铁路沿线中段具有代表性的徐蜘格曲北岸阶地上架设自动气象站一台。自动气象站采用英国 Grant 公司生产的 SQ2020 型自动气象站，主要包括 SQ2020 数采仪一台、AV－10TH 空气温湿度传感器一个、AV－30WS 三杯式风速传感器一个、AV－30WD 风向传感器一个、AV－410BP 大气压力传感器一个、AV－20P 太阳总辐射传感器一个、AV－71NR 太阳净辐射传感器一个、AV－10T 土壤温度传感器一个、AV－EC5 土壤水分传感器一个、AV－HFT3 土壤热流板一个、AV－5R 雨量筒一个。该自动气象站用于对风向、风速、雨量、气温、相对湿度、气压、太阳辐射、土壤温度、土壤湿度等 11 个气象要素进行全天候自动监测。同时具备良好的扩展性，可选配其他气象传感器。

2007 年 12 月 12 日到 2008 年 12 月 12 日的气象观测资料表明，该期间的平均气温为 －4.66℃，最高气温为 16.99℃，最低气温为 －39.37℃，最大风速为 13.74m/s，平均风速为 2.29m/s，北为主导风向，最低气压为 700.22hpa，最高气压为 718.14hpa。2008 年 5 月到 2009 年 5 月的气象观测表明，此段时间的年平均温度为 －3.75℃。由于 2009 年 5 月到 7 月之间气象站供电系统故障，2009 年的年平均气温没有测得。图 8-1 给出了江仓气象站 2007 年到 2008 年日均气温曲线。已有的观测资料表明，柴木铁路沿线的年平均气温年际变化较大，要进一步了解该地的气温条件，需要更长时间的观测。

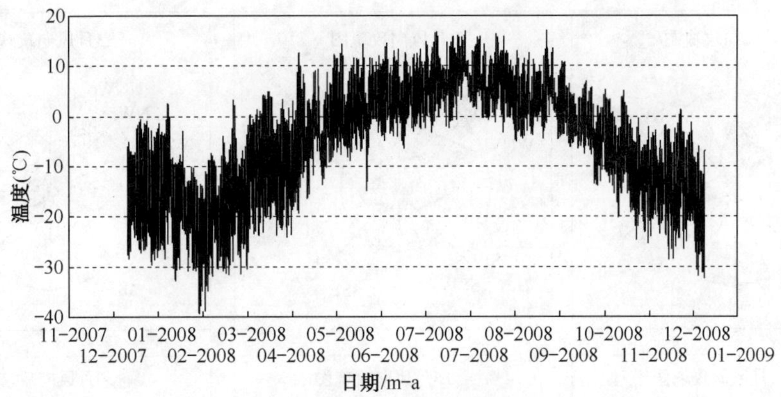

图 8-1　江仓气象站年气温曲线

由于柴木铁路沿线海拔变化大，原来在江仓车站布设的综合气象站不能满足沿线测温要求，2009 年又在铁路沿线附近增设了 7 个简易气象站，主要用于观测空气温湿度变化情况，按铁路里程分别布设于大通山垭口，DK39 + 000、DK56 + 000、DK114 + 800、DK123 + 000、DK142 + 000，木里垭口。图 8-2 为 2009 – 2010 年沿线气象站年平均气温变化图，从大通山北麓到铁路终点木里海拔变化范围为 3700 ~ 4100m，年平均气温随着海拔的升高呈降低趋势。

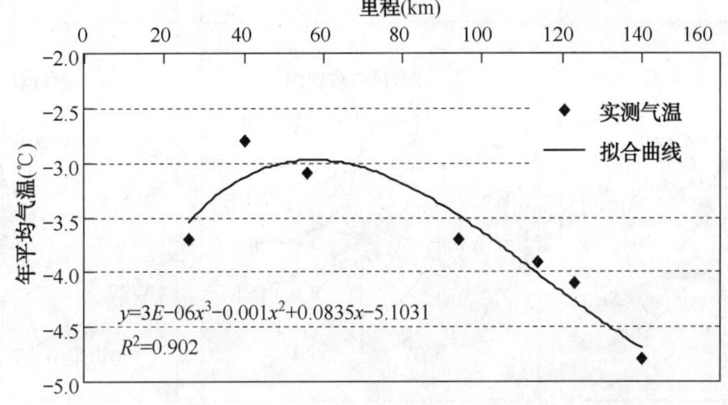

图 8-2　柴—木铁路沿线年平均地温

该地区暖季自 5 月中旬开始，历时 133 ~ 143 天，平均温度在 4 ~ 5℃。冷季从 9 月末或 10 月初开始，历时 222 ~ 232 天，平均温度约为 – 12℃。雨季从 5 月上旬开始，到 9 月末结束，历时 170 ~ 180 天，雨季降水量约占全年降水量的 90%，其中 6 月、7 月及 9 月降水量更为集中，最大月降水量达 138mm（1974 年 7 月）。雨季时，月平均相对湿度 75%，年平均相对湿度 62%。当雨季开始时，日平均气温尚在负值，一般 10 ~ 20 天后，气温才转入正值，即进入暖季。而雨季的结束与暖季的结束几乎同时到达。因受太阳辐射影响，地面冻土的融化往往早于暖季约一个月。所以雨季的开始，差不多是在不稳定融化的中后期，促使地表融化后沼泽化异常发育。而雨季结束时，地面回冻几乎同时开始，并且气温迅速下降，土壤的冻结亦快，故而土中水分保储充足。

该地区年平均风速为 3.2 ~ 3.4m/s，以 2、3、4 月较大，最大月平均风速为 6.4m/s，而 8 ~ 10 月较小，最小月平均风速为 2.2m/s，主导风向为 WNW、N（图 8-3）。年平均气压为 0.642MPa，暖季平均为 0.645MPa，冷季平均气压 0.635MPa。年平均蒸发量 1260mm，暖季月蒸发量均在 100mm 以上，最大 173.8mm，冷季一般约在 50mm，最小 30.5mm，最大 88.3mm。

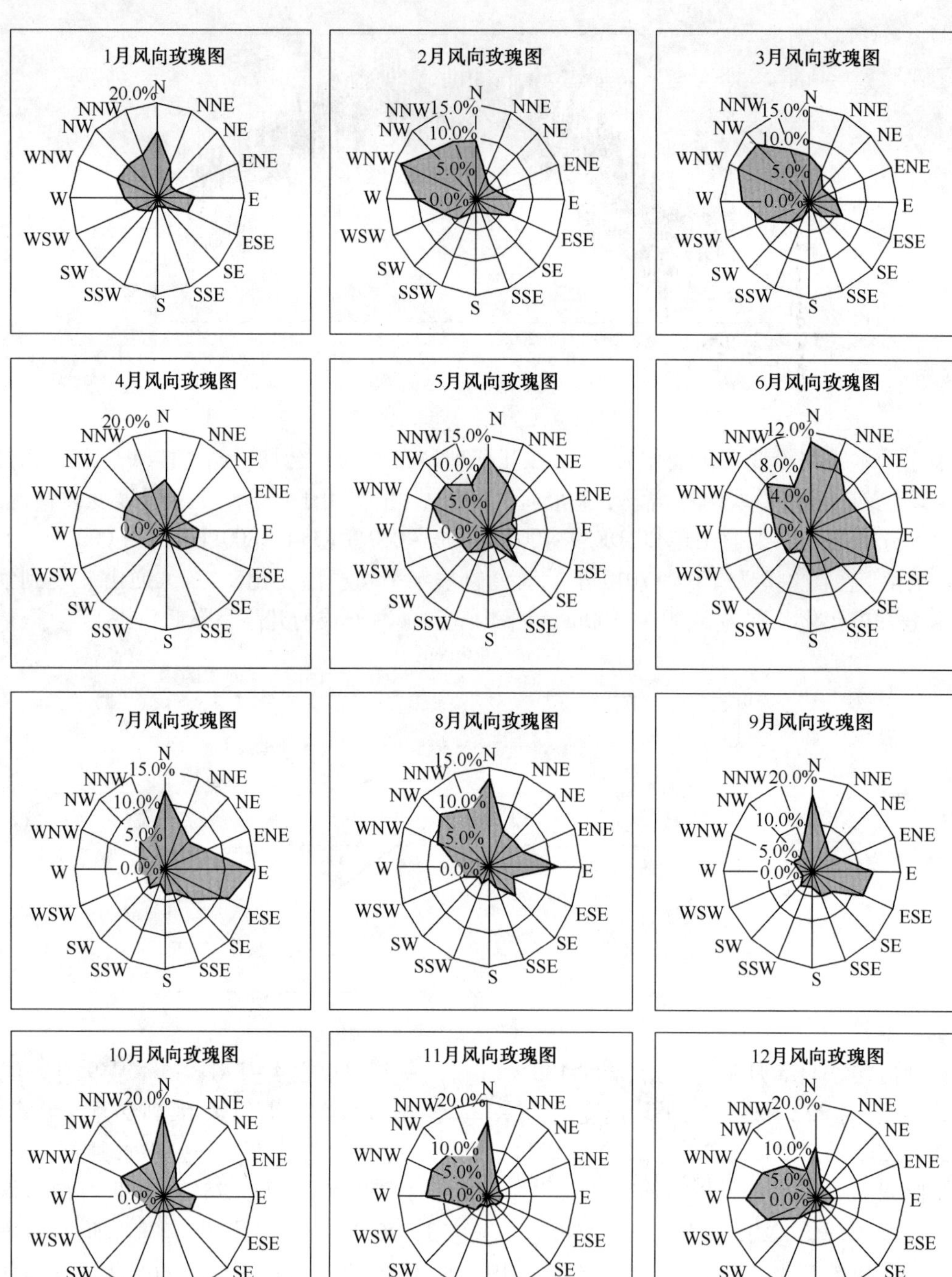

图 8-3　江仓气象站一年各月份风向玫瑰图

第二节　柴木铁路沿线多年冻土分布特征和规律

柴木铁路通过地区属祁连山以南高山多年冻土区，冻土分布主要受海拔高度控制，具有明显的垂直分带性。据研究（Guo，1983 年），该区冻土下界大致为 3700 ~ 3900m，冻土分布具有明显的垂直分带性，海拔3780m以上多年冻土呈连续性分布，主要发育在基岩出露的中高山顶部及陡坡上；在海拔3480～3780m地带，为多年冻土和季节冻土呈岛状或条带状互相穿插的地带，主要为山前坡底及河谷区。据1971年木里冻土队实测资料，祁连山地区在海拔3480～4033m高度范围内，多年冻土年平均地温为0.0～－2.4℃，多年冻土的厚度为8.0～139.3m。柴木铁路全线多年冻土段总长75.7km，其中以少冰、多冰冻土为主的多年冻土段总长约为32.8km，以富冰、饱冰冻土为主的多年冻土段总长约为36km，以含土冰层为主的多年冻土段总长约为6.9km（表8-1）。

柴木铁路主要多年冻土分布表　　表8-1

序号	起始里程	终止里程	长度(m)	冻土类型
1	DK15+850	DK16+200	350	含土冰层、富冰、饱冰
2	DK28+450	DK29+960	1510	富冰、饱冰为主，部分少冰、多冰
3	DK30+560	DK30+720	170	含土冰层
4	DK32+385	DK32+422	37	含土冰层
5	DK32+675	DK38+035	5360	富冰、饱冰为主，部分少冰、多冰
6	DK39+590	DK41+812	2222	富冰、饱冰为主，部分多冰
7	DK42+092	DK43+420	1328	富冰、饱冰为主，部分多冰，局部为含土冰层
8	DK43+975	DK44+030	55	多冰
9	DK44+589	DK45+261	672	富冰、饱冰
10	DK45+393	DK45+806	413	富冰
11	DK46+610	DK47+722	1112	饱冰为主，部分多冰
12	DK47+830	DK49+853	2023	富冰、饱冰为主，部分多冰
13	DK50+938	DK51+480	542	多冰
14	DK52+975	DK53+740	765	富冰、饱冰
15	DK57+093	DK57+538	445	富冰、饱冰
16	DK71+095	DK71+285	190	多冰
17	DK71+918	DK73+064	1146	多冰为主、部分富冰
18	DK73+202	DK73+443	241	多冰
19	DK73+621	DK75+030	1409	多冰为主、部分富冰
20	DK81+830	DK82+335	505	多冰
21	DK82+975	DK83+210	235	少冰
22	DK83+488	DK84+175	687	多冰为主、部分富冰
23	DK84+486	DK85+672	1186	多冰为主、部分富冰
24	DK86+941	DK87+012	71	多冰
25	DK87+392	DK87+616	224	少冰
26	DK87+736	DK94+260	6524	富冰、饱冰为主，部分多冰，局部为含土冰层
27	DK94+325	DK118+200	23875	富冰、饱冰为主，部分多冰，局部为含土冰层
28	DK118+950	DK120+530	1580	多冰
29	DK121+230	DK142+040	20810	富冰、饱冰为主，部分多冰，局部为含土冰层

柴木铁路主要沿着大通河河谷行进，沿线在地表水作用下存在河流带状融区和地表积水融区，大通河与多索曲等河流及其支流均有带状融区分布，地表积水湖塘融区仅零星分布于DK109 +000 ~ DK111 +000 段，沿线融区总长达 10.4km。

一、高海拔特征

从热水乡铁路起点到木里乡铁路终点，海拔从 3610m 增加到 4100m，沿线多年冻土分布随海拔高度变化明显，从零星岛状多年冻土、岛状多年冻土再到片状连续多年冻土，多年冻土的连续性增加。

铁路起点到大通山隧道入口的大通山以南的哈尔盖谷地（DK0 +000 ~ DK25 +000），海拔在 3600 ~3650m，仅在 DK15 +000 ~ DK17 +000 发育有一些零星岛状多年冻土，基本为高温极不稳定多年冻土（≥ -0.5℃）；大通山北麓（DK29 +000 ~ DK53 +000）及大通河北岸的阳坡（DK57 +000 ~ DK86 +000），海拔在 3650 ~3750m，岛状多年冻土比较发育，大通山北坡的多年冻土地温较低，主要为高温不稳定多年冻土（ -0.5 ~ -1.0℃），大通河北岸地温较高主要为高温极不稳定多年冻土（≥ -0.5℃）；徐蜘格曲北岸（DK86 +000 ~ DK95 +000），海拔在 3720 ~3770m，由于海拔增加，冻土的连续性增强，为高温不稳定多年冻土到过渡型多年冻土的过渡段（ -0.5 ~ -1.5℃）；从赛诺和让台地（DK96 +000 ~ DK120 +000）到多索曲北岸阶地（DK121 ~ DK142），海拔在 3740 ~4100m，多年冻土基本呈片状连续，主要为过渡型多年冻土（ -0.5 ~ -1.5℃）。图 8-4 给出了沿线冻土地温与海拔随里程的变化特征。

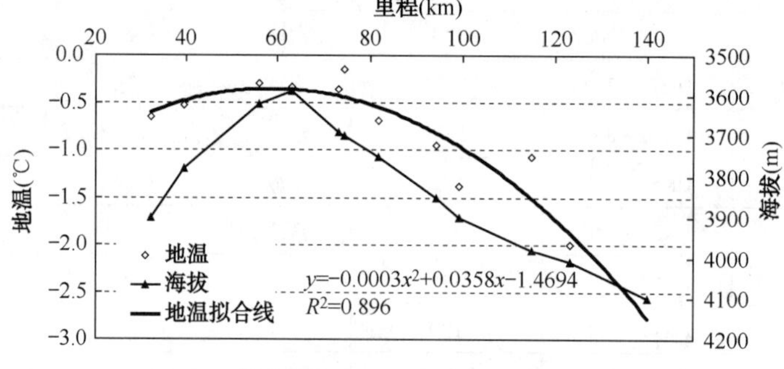

图 8-4 铁路沿线冻土地温与海拔随里程的变化

祁连山地区海拔在 3480 ~4033m 范围内，多年冻土年平均地温为 0.0 ~ -2.4℃，多年冻土的厚度变化范围为 8.0 ~140m。其变化总趋势是：随海拔升高地温在降低，多年冻土厚度在增大。在海拔 3550m 以下，地温向低处有所降低，厚度无明显变化；在 3550 ~3700m 内，地温和厚度变化很小，每升高 100m 地温降低值小于 0.2℃，厚度增大值不大于 8m；在海拔 3700m 以上，地温和厚度随海拔升高有明显变化，每升高 100m 地温降低 0.4 ~1.1℃，厚度增大值最大达到了约 40m。图 8-5 给出了沿线深孔年平均地温随深度的变化，从起点热水到终点木里海拔变化为 3600 ~4100m，冻土层厚度也由约 27m 变化到约 120m。江仓深孔位于铁路里程的 DK93 +000 处，是 2009 年新增地温钻孔。该处冻土层厚度 63m。大通河北岸在海拔和局地因素的影响下，主要为岛状多年冻土区，冻土地温高，冻土层厚度较浅，约在 8 ~20m。

二、冻土和湿地呈伴生

柴木铁路沿线与青藏铁路的明显不同之处在于多年冻土和湿地伴生特征明显，沿线湿地广泛分布于山前缓坡、河流各级阶地及河漫滩局部地段，勘测表明沿线多年冻土段总长达75.7km。根据湿地是否位于多年冻土区将湿地可以分为冻土湿地和沼泽化湿地，全线冻土湿地总长67.4km，沼泽化湿地9.3km。在大通河南岸哈尔盖河谷，多年冻土无一例外地都分布在湿地路段；在大通河的北岸阶地上，为岛状多年冻土区，多年冻土和湿地伴生性非常明显；在徐蜘格曲北岸阶地和山前缓坡上，为连续多年冻土区，湿地段多年冻土的地温普遍低于非湿地路段。

为研究冻土与湿地的伴生特性，在铁路沿线岛状多年冻土区 DK74 +500 处和连续多年冻土区 DK123 +050 附近于2007 年年底布设地温对比孔。图 8-6 反映了 DK74 +500 处沼泽湿地地温较低，1 号孔及 2 号孔分别位于沼泽湿地和退化草甸上。该地为岛状多年冻土区，地温较高，沼泽湿地处 1 号孔，冻土地温约在 -0.3℃，而位于退化草地的 2 号孔地温已经接近0℃，表明已接近冻土岛边缘。在沼泽湿地区域，冻土地温还受地表汇水条件的影响，表现为汇水条件好的沼泽湿地区域冻土地温较一般沼泽湿地区地温要低。图 8-7 反映了沼泽湿地区域汇水条件对冻土地温的影响情况。DK123 +050 附近监测场位于多索曲河北岸缓坡上，该区处于洪积扇的前缘，地表汇水条件变化明显，1 号孔位于退化草甸区，地表汇水条件较差。该段的年平均地温仅约在 -0.25℃。2 号孔处于 1 号孔和 3 号孔之间，位于沼泽湿地区，但汇水条件差，2 号孔年平均地温在 -1℃，低于 1 号孔年平均地温，但高于 3 号孔年平均地温。3 号孔附近地表汇水条件良好，地表在暖季常有积水，年平均地温较没有汇水区域低约 0.2℃。

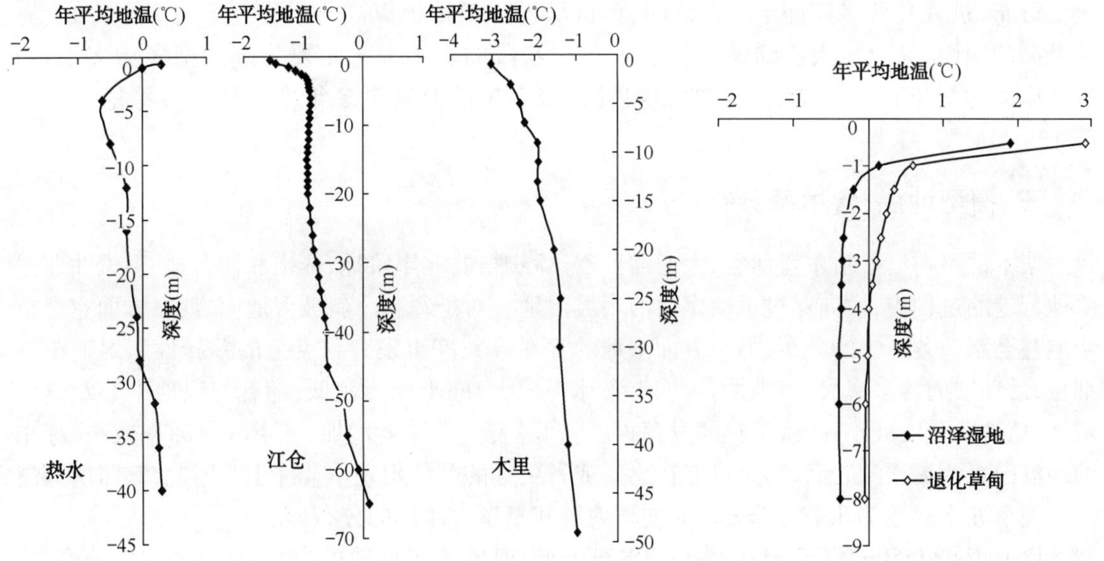

图 8-5　柴木铁路沿线深孔地温曲线

图 8-6　大通河北岸 DK74 +500 钻孔地温图

冻土和湿地的伴生除了体现在冻土地温方面，在冻土含冰率方面的体现尤为显著。柴木铁路沿线的第四系表层土以圆砾土和卵石土为主，具备能够发育厚层地下冰土质条件的路段较少。根据以往在青海省其他几条公路的冻土调查经验，在以这种土质为主的路段，冻土的含冰率往往较低，基本以多冰冻土为主。但是由于该地区沿线年降雨量较大，湿地发育，大部分冻土路段的含冰率仍然可以达到富冰、饱冰，甚至局部路段出现含土冰层。

多年冻土地区植被和土壤表层的含水率关系密切，高寒沼泽化草甸（湿地）一般代表着湿地区域，高寒草甸的表土层一般都是非饱和土。在研究大面积的冻土分布状况和规律时，由于表土层含水率很难从宏观上去把握，往往需要借助于植被手段。冻土地区的遥感调查可以比较准确地区分地表是裸露地、草甸还是沼泽化草甸，因此植被图可以在一定程度上反应表土层的水分分布。

图 8-8a）反映了柴木铁路沿线上述 3 类地表的分布状况，图 8-8b）反映了柴木铁路沿线多年冻土的分布状况。图 8-8a）中隧道出口到绞尔根特大桥区段，大通山北坡比大通河北侧的高寒沼泽化草甸更加发育，相应的，前者的高温不稳定多年冻土比例较大，后者的高温极不稳定多年冻土更加发育，而且不论大通山北坡还是大通河北岸，高温不稳定多年冻土都主要分布在高寒沼泽化草甸区，高温极不稳定多年冻土主要分布在高寒草甸区。

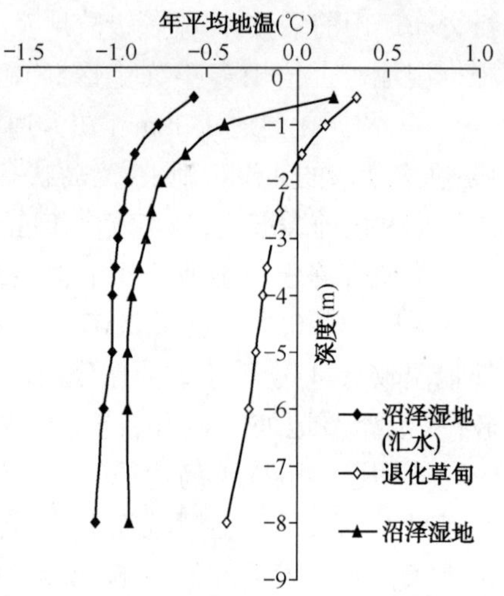

图 8-7 多索曲北岸 DK123 钻孔地温图

从绞尔根大桥到贡玛大桥，大通河南岸狭长的一级阶地和北岸较为宽阔的山前缓坡地带以高寒草甸为主，零星分布高寒沼泽化草甸，大通河两岸也以高温不稳定多年冻土为主；大通河南岸的二级阶地到大通山北坡之间，以高寒沼泽化草甸为主，因此该区域的多年冻土温度相对较低，以过渡型多年冻土为主。柴木铁路过贡玛大桥以后，铁路两侧的海拔基本在 3750m 以上，多年冻土广泛分布，进入片状多年冻土区。同时，该区域地表植被也以高寒沼泽化草甸为主，加上海拔升高的原因，从贡玛大桥到铁路终点木里车站段的多年冻土主要为过渡型多年冻土，局部地区因为海拔和其他局地因素的影响发育着零星的亚稳定多年冻土和高温不稳定多年冻土。

三、槽型地温、含冰率分布

柴木铁路在沿着哈尔盖河谷、大通河河谷、徐蜘格曲北岸阶地、赛诺和让台地、多索曲北岸阶地行进的过程中，横向穿过了众多山前斜坡湿地。对于每一个斜坡湿地而言，一方面它严重影响甚至制约着冻土的分布，另一方面湿地的存在导致冻土发育程度上的差异性。湿地中心部位，活动层的含水率大、植被发育，冻土含冰率较大，冻土地温较低；随着与湿地中心距离的增加，植被覆盖度减小，冻胀草丘的发育程度降低，表土干燥度增加，冻土的含冰率减小，冻土的地温向着两翼逐渐升高，甚至可能在翼尖或者更远的部位出现季节冻土。因此，铁路所穿越的每一个冻土湿地都几乎全部表现为槽型地温和槽型含冰率的分布形态。

以 DK74 +000 ~ DK75 +000 为例，DK74 +000 基本位于湿地的中心，冻土含冰率较高，为富冰 - 饱冰冻土，地温低于 -0.5℃，为高温不稳定性多年冻土；DK74 +500 位于湿地的边缘，冻土含冰率较少，为富冰冻土，地温较高，地温约在 -0.2℃，为高温极不稳定多年冻土。位于路基左侧约 20m 的天然孔，冻土几乎已完全退化；DK75 +000 位于一个完全退化的湿地上，路基右侧天然孔几乎退化成了季节冻土，15m 深度处的年平均地温已经高过 0℃，3 ~ 12m 的地温虽然一年内始终处于负温状态，但是也都在 -0.2℃以上。由于工作条件的限制，并没有在此湿地段落布设完整的监测剖面，根据现场的实际情况外延了此剖面的部分未监测区域，并给出了此区域的纵向地温分布曲线（图 8-9）。图中虚线表示的是已测地温区域，实线表示的是推测地温分布曲线。经复原后的地温分布曲线在纵向上呈槽型形态，这一形态的地温分布曲线代表了沿线大部分湿地段落的冻土地温变化规律。

a)

b)

图 8-8　柴木铁路沿线的植被和冻土分布

槽型地温和槽型含冰率分布的规律说明，在采用某一点或某一段的地温、含冰率划分冻土的工程地质条件时，不能笼统地来处理铁路所穿越的每一个冻土湿地，应该充分考虑冻土地温分布的这种特征。如果出于安全角度考虑，冻土工程地质条件的勘察孔应布设于湿地中部，并且在评估冻土工程地质条件和进行设计时也应当以中间孔的勘察结果为准。如果路基所穿越的冻土湿地范围较大，此时还应在湿地区域适当增加钻孔数量。

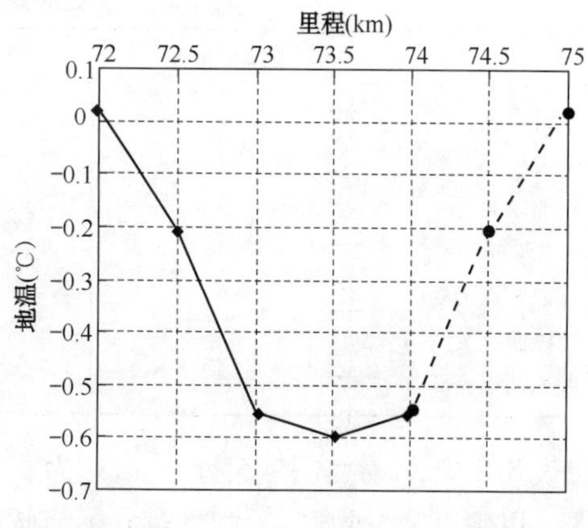

图 8-9　大通河北岸监测场的纵向槽型地温分布曲线

第三节　柴木铁路沿线冻土工程地质条件定量评价

冻土作为一种特殊土质，在冻结状态下具有很高的承载力，但冻土对热扰动反应敏感，受到热作用后，冻土内的冰融化使冻土发生沉陷，严重影响到上部建筑物的正常使用。青藏公路是我国在高原上修建的第一条高等级公路，由于当时对冻土认识不足，没有采取相应保护措施，导致多年冻土路基病害严重，尤其是在高温高含冰率地区，热融沉陷变形占到路基病害的80%以上；后来修建的青康公路也面临同样的冻害问题。

柴木铁路是对青海省已有铁路支线柴达尔运煤专线的延伸，设计输送能力为1851万吨/年，这将大大改善煤炭运输条件，对促进当地资源优势迅速转化为经济优势意义重大。但由于铁路要穿过多年冻土区，需要应对一系列冻土工程地质问题，因此对柴木铁路沿线冻土区多年冻土区工程地质条件进行评价具有很强的实际意义，可以为工程设计、施工及维护提供指导，减少冻融灾害对工程的影响，并为保护冻土环境提供科学依据。

引入突变级数法对柴木铁路沿线多年冻土工程地质条件进行评价研究。突变级数法（凌复华，1984年；黄润秋等，1993年）又称突变模糊隶属函数，它的理论基础突变理论是由法国数学家Rene Thom于1972年创立，是利用动态系统的拓扑理论来构造自然现象与社会活动中不连续变化现象的数学模型，并以此描述和预测事物连续性中断的质变过程，是目前唯一研究由渐变引起突变的系统理论。突变级数法同层次分析法最大的区别是没有对指标进行人为权重划分，但权衡了各评价指标的相对重要性，定性与定量结合，从而减少一般模糊评价方法的主观性，方法简易准确，又不失科学性和合理性，在生态环境、金属工业、工程技术评价领域已取得了很好的应用（彭越等，2004年；陈云峰等，2006年；梁桂兰等，2008年）。

一、多年冻土区工程地质评价方法及原理

采用突变级数法首先要对评判系统或总指标进行多层次的主次矛盾分解，由评判总指标（状态变量）到下层指标（控制变量）逐层分解，直到分解到可以量化的底级指标为止。常见的突变系统的状态变量和控制变量不超过4个，根据状态变量和控制变量的个数，Rena Thom归纳了7种突变模型，其中最常见的有尖点突变模型、燕尾突变模型和蝴蝶突变模型（表8-2）。

突变形式及其势函数　　表8-2

突变模型	控制变量	状态变量	势函数
折叠突变	1	1	$V(x)=x^3+ux$
尖点突变	2	1	$V(x)=x^4+ux^2+vx$
燕尾突变	3	1	$V(x)=x^5+ux^3+vx^2+wx$
蝴蝶突变	4	1	$V(x)=x^6+tx^4+ux^3+vx^2+wx$
双曲脐点突变	3	2	$V(x,y)=x^3+y^3+wxy+ux+vy$
椭圆脐点突变	3	2	$V(x,y)=x^3-xy^2+w(x^2+y^2)+ux+vy$
抛物脐点突变	4	2	$V(x,y)=y^4+x^2y+wx^2+ty^2+ux+vy$

在表8-2中，x为控制变量，t、u、v、w为状态变量系数，表示该状态变量的控制变量，即影响因素。以尖点突变为例，控制变量u、v与状态变量x的量纲常不统一，因此采用突变级数法首先要将控制变量与状态变量的取值范围统一限制在0～1，通常把定义在0～1的状态变量

和控制变量值称为突变级数或突变模糊隶属函数，由归一公式表达。设突变系统的势函数为 $V(x)$，根据突变理论，它的所有临界点集合成平衡曲面，其方程通过 $V(x)$ 的一阶导数而得，即 $V'(x)=0$，它的奇点集合通过对 $V(x)$ 求二阶导数得到。由 $V'(x)=0$ 和 $V''(x)=0$ 联立求解得到突变系统的分歧点集方程，分歧点集方程表明诸控制变量满足此方程时系统就会发生突变。尖点突变模型分解形式的分歧集方程为 $u=-6x^2$，$v=8x^3$，得到 $x_u=\sqrt{u/(-6)}$；$x_v=\sqrt[3]{v/8}$；如果令 $|x|=0\sim1$，则有 $|u|=0\sim6$，$|v|=0\sim8$。此时 u 和 v 的范围还不在 0 ~ 1 内，因此需要分别对其缩小 6 倍和 8 倍得到尖点突变模型的归一公式 $x_u=\sqrt{u}$，$x_v=\sqrt[3]{v}$。利用归一公式进行综合评判有两种原则：非互补原则和互补原则。对于各指标之间不可相互替代满足非互补原则时，按“大中取小”的标准取值以满足分歧集方程，模型才能质变；当系统各指标之间相互有影响时满足互补原则，按“平均值”处理，最后得到上层指标的状态值。

二、多年冻土区工程地质影响因素

多年冻土区主要的工程地质问题是由于活动层在水热变化条件下产生的冻胀和融沉等次生病害；同时，在水热条件受到影响后冻土退化继而诱使地表植被退化并加速冻土分布的变化。影响冻土工程地质条件的因素较多，其中海拔、纬度和区域地质背景等要素控制着冻土的区域分布规律；土质、含水（冰）率、植被、降水、坡度坡向、活动层厚度、地温、气温和不良冻土现象等局地因素的变化，会造成小范围内冻土环境工程条件的差异。目前，在全球气候变暖及人为活动加剧等因素的作用下，冻土整体处于退化状态，导致冻土的区域分布加剧变化。这些因素通过单独作用或与其他因素共同作用影响着多年冻土区的工程地质条件，并决定着多年冻土的发展状况。柴木铁路所在区域跨度较小，多年冻土分布及变化受纬度影响较小，主要是局地因素决定着冻土的工程地质条件。局地因素可以概括为冻土热稳定性、自然环境两个主要因素。冻土热稳定性影响因素主要包括温度、土质及水分，具体因素有土的成分、年平均地温、体积含冰率及活动层厚度。自然环境影响因素主要考虑气温年较差、年平均降水、植被覆盖度、地下水位及地形坡度。考虑到柴木铁路区域跨度较小，海拔和纬度作用下的气温变化不太明显，且年平均降水地域性变化较小，所以评价中不予考虑。

其中，土的成分和含水（冰）率是决定冻土热稳定性的主要因素，这两个因素决定着冻土冻胀的发展过程，而多年冻土区工程建筑面临的主要问题是活动层内潮湿细粒敏感土在冬季回冻后产生的严重冻胀。一般颗粒粒径大于 0.1mm 的砂土是不发生冻胀的，冻胀在含有粒径为0.005 ~ 0.1mm 的颗粒中开始发生，随着粒径的减小，冻胀性增强。所以，一般的当土体中粉粒土含量高时，由于毛细力作用较强，导致土体在饱和时孔隙含水率将会很高。当土体上部开始冻结时，下部水分在水势作用下还会不断向冻结锋面迁移，致使土体冻胀量达到很大。如图 8-10 所示，对试验土样进行顶部单向冻结试验，当下部有水分补充时冻胀量不断增加，未补水土样历时 15h 冻胀量达到最大并保持稳定。但当土质中粒径小于 0.005mm 的黏粒含量太高时，由于黏性土质本身具有隔水作用，会影响土体中水分迁移，反而造成在相同补水条件下冻胀性不及粉土强。在评价中土质可以选取土粒分布控制粒径 d_{60} 作为参数标准。柴木铁路沿线浅层地表土质主要为冲、洪积粉土及亚砂土，尽管试验中砂土（≤2mm）含量达到 60% 以上，粒径小于 0.1mm 的土占到砂土 50%（图 8-11），但全线变化不太明显，因此在评价热稳定性时土质不应作为首要考虑的因素。

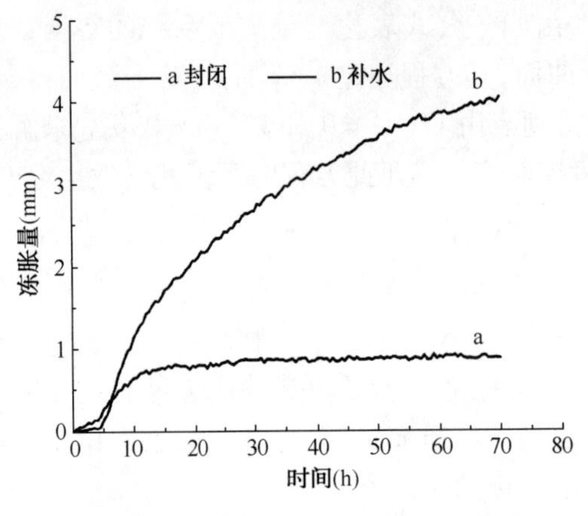

图 8-10　试验土样(≤2mm)冻胀量变化曲线

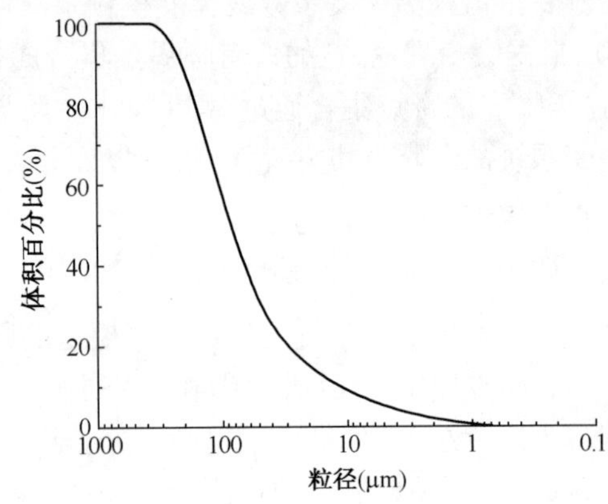

图 8-11　试验土样(≤2mm)颗分曲线

高含冰率冻土在冻结时具有一定强度,但受到热扰动后,冻土内冰融化将会产生巨大的融沉变形,到了冻结期,又会诱发冻胀病害。因此高含冰率路段常是冻胀和融沉较发育路段,在实际应用中,常可以根据含冰率大体划分多年冻土地质条件。

当不考虑土质和含冰率时,年平均地温决定着活动层变化幅度,在 DK74 + 500 及 DK99 + 355 路左 50m 布设的天然孔含冰率、土质、植被及地形条件相似,但年平均地温不同。测温结果如图 8-12 所示,DK99 + 355 地温较低,活动层变化范围明显较小,最大融化深度为 2m;DK74 + 500 地温较高,在同一时期最大融化深度已接近 4m。大量野外观测表明,植被对减小地面温度较差作用明显,植被可以降低地面温度,使季节融化深度大大减小,如图 8-13 所示。无植被覆盖条件下地温变化深度达到了地面下 6m 深度处。

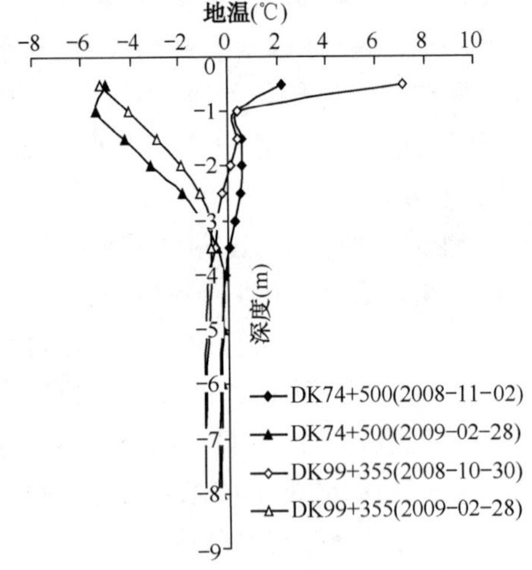

图 8-12　年平均地温不同测温孔地温对比图

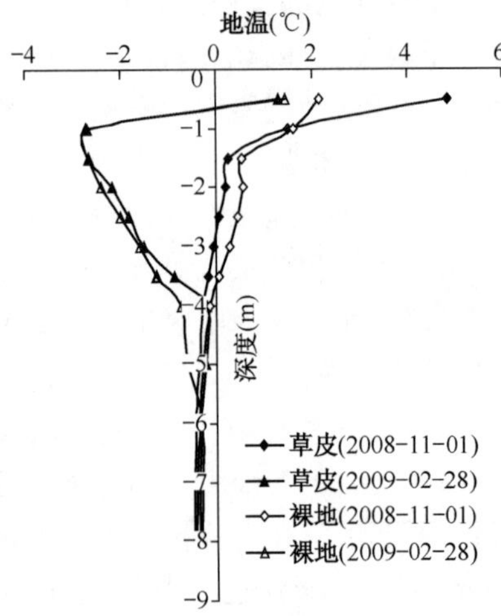

图 8-13　地表有无植被地温对比图

地形首先从海拔上影响季节冻结和融化过程,随海拔升高年平均地温降低。其次是从坡向和坡度直接影响到地面接受太阳辐射的强度,冬季时朝北陡坡得到的太阳辐射仅为朝南陡坡的 1/10。此外,南北坡地表条件差别还表现在:南坡一般较北坡陡,植被生长不如北坡,松散沉积物也较北坡薄,相应的南坡土层颗粒较粗,含水率也较少。地下水位会对冻胀过程有一定影响,但水位深浅取决于地表植被覆盖度及坡度,当地表覆盖度高且位于缓坡时,地下水位较浅,在水位出露端常会产生极严重的冻胀病害,并伴随有冰幔的出现。

三、多年冻土区工程地质评价体系

通过上面分析多年冻土工程地质条件(S)的影响因素,首先建立如图8-14所示的评价模型,冻土热稳定性(A)影响因素包括体积含冰率、年平均地温、活动层岩性和活动层厚度;自然环境(B)包括植被覆盖度、地形坡度和地下水位。评价段为隧道出口DK26+769至铁路终点DK142+040,将铁路沿线划分为5km区段,在区段内选取典型多年冻土段评价多年冻土工程地质条件。

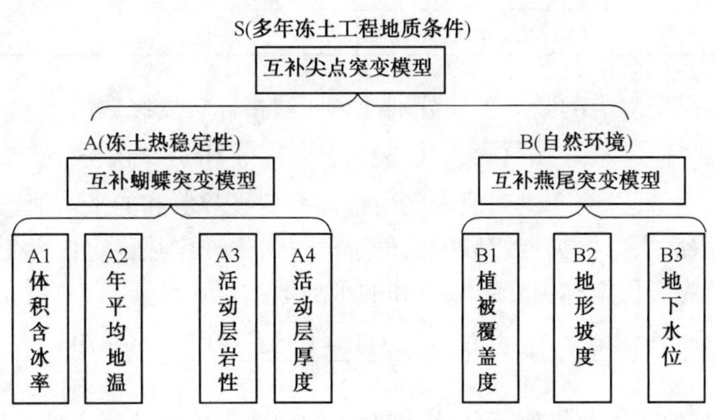

图8-14　柴木铁路多年冻土工程地质条件评价模型

评价分级标准的合理程度决定着冻土工程地质条件评价结果好坏,但由于冻土评价的特殊性,相对于诸如水环境评价、大气环境评价和生态评价等其他评价来说,冻土评价可依据可参照的国家标准或国际标准几乎没有,而且选取的一些评价因子研究相对较少,合理确定分级标准很难把握,同时各评价因子的分级标准本身也是变化的。所以,在进行柴木铁路工程地质条件评价过程中,主要依据现场地质勘查资料及数据分析初步确立因子分级标准(表8-3)及标准化指标参考值(表8-4)。

柴木铁路工程地质条件(S)评价指标分级标准　　表8-3

二级指标	三级指标	指标标准				
		Ⅴ	Ⅳ	Ⅲ	Ⅱ	Ⅰ
冻土热稳定性(A)	(A1)体积含冰率(%)	<10	10~20	20~30	30~50	>50
	(A2)年平均地温(℃)	<−3.0	−3.0~−2.0	−2.0~−1.0	−1.0~−0.5	>−0.5
	(A3)活动层岩性d_{60}(mm)	>2	2~1	1~0.25	0.25~0.075	<0.075
	(A4)活动层厚度(m)	<1	1~1.5	1.5~2.0	2.0~3.5	>3.5
自然环境(B)	(B1)植被覆盖度(%)	>80	80~60	60~30	30~10	<10
	(B2)地形坡度(°)	<5	5~10	10~20	20~28	>28
	(B3)地下水位(m)	>4	4~3	3~2	2~1	<1

以冻土热稳定性为例计算最底级初始模糊隶属函数值(恶劣状态)。首先对指标数据进行无量纲化处理,按越大越好型指标计算:

$$A_1=1-\frac{50}{100}=0.5, A_2=\frac{-0.5}{-3.5}=0.143, A_3=\frac{0.075}{5}=0.015, A_4=1-\frac{3.5}{5}=0.3$$

柴木铁路工程地质评价标准化参考值 表 8-4

二级指标	三级指标	参考值	备注
冻土热稳定性(A)	(A1)体积含冰率(%)	100%	最差状态
	(A2)年平均地温(℃)	-3.5℃	区域最低
	(A3)活动层岩性(mm)	5mm	细砾组上限
	(A4)活动层厚度(m)	5m	沿线最大
自然环境(B)	(B1)植被覆盖度(%)	100%	最佳状态
	(B2)地形坡度(°)	30°	沿线最大
	(B3)地下水位(m)	6m	沿线最大

采用蝴蝶突变模型对应的归一公式分别计算底层指标突变级数值：

$$x_{A_1} = \sqrt{0.5} = 0.71, x_{A_2} = \sqrt[3]{0.143} = 0.52, x_{A_3} = \sqrt[4]{0.015} = 0.35, x_{A_4} = \sqrt[5]{0.3} = 0.79$$

对于互补突变模型，总突变隶属值为底层指标突变级数值和的平均值；对于非互补突变模型，总突变隶属值取底层指标突变级数值的最小值。由于冻土热稳定性突变模型具有互补性，所以总突变隶属值为底层指标突变级数值和的平均值：

$$A = \frac{x_{A_1} + x_{A_2} + x_{A_3} + x_{A_4}}{4} = \frac{0.71 + 0.52 + 0.35 + 0.79}{4} = 0.59$$

同理，计算出其他不同等级值，可以得到两个中间变量冻土热稳定性和自然环境的评价等级值。最后采用互补型尖点突变模型求得总突变隶属函数值，即多年冻土工程地质条件评级等级值（表 8-5）。

柴木铁路多年冻土工程地质条件评价标准 表 8-5

质量等级	恶劣状态	较差状态	一般状态	良好状态	理想状态
工程地质条件(S)	<0.77	0.77~0.86	0.86~0.93	0.93~0.96	>0.96
冻土热稳定性(A)	<0.59	0.59~0.72	0.72~0.83	0.83~0.91	>0.91
自然环境(B)	<0.45	0.45~0.67	0.67~0.83	0.83~0.91	>0.91

评价结果如图 8-15 所示。冻土热稳定性（A）界于 0.65~0.75，属于较差和一般状态。DK26+769~DK120+000 段含冰率较高，年平均地温主要处于Ⅰ区、Ⅱ区且活动层较大，冻土热稳定性较差（<0.72）；DK120+000~DK142+040 段虽然含冰率较高，但在较低地温作用下冻土热稳定性一般（≥0.72）。为提高冻土热稳定性，设计中全线采用热棒路基 21.8km，热棒+片石复合路基 19.6km，片石路基 25.1km，以桥代路段 4.0km，这对于保护冻土、预防冻土灾害、保证铁路安全运营意义重大。全线自然环境（B）界于 0.75~0.83，属于一般状态。

多年冻土工程地质条件（S）界于 0.86~0.90，属于一般状态（0.86~0.93）。由于沿线冻土热稳定性逐渐好转，多年冻土工程地质条件也有同样的发展趋势，这也反映了冻土热稳定性对决定多年冻土工程地质条件有决定性作用。

由以上分析可知，柴木铁路沿线的多年冻土主要分布在沼泽化草甸区，以高温不稳定多年冻土和低温基本稳定多年冻土为主。高温极不稳定多年冻土主要分布在大通山南坡和大通河北岸的沼泽化草甸边缘地带。高含冰率冻土主要发育在沼泽化草甸分布区，但是高含冰率土层较薄，且以孔隙冰和包裹冰为主，冻土的融沉性较弱，大部分路段冻土工程地质条件一般，仅有少数路段冻土工程地质条件极差。另外，由于沿线斜坡湿地发育，冬季涎流冰危害严重，需要给予重视。

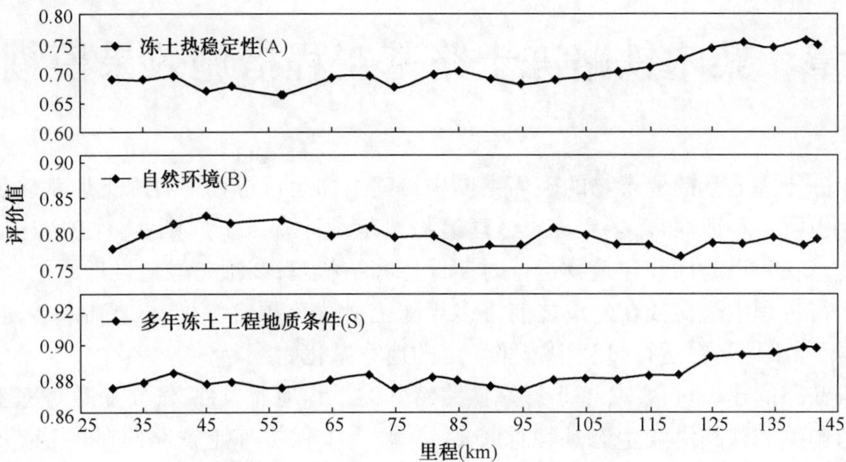

图 8-15　柴木铁路沿线工程地质条件评价结果

第九章　柴木铁路冻土路基工程措施效果模糊评价

以多年冻土为地基的建筑物的破坏主要来自建筑物运行过程中对冻土地基放热引起的冻土地基融化下沉。一般而言，多年冻土区建筑物地基设计有以下原则：①保护冻土设计原则：多年冻土地基在建设时期和建筑物运行时期保持冻结状态；②预先融化设计原则：允许多年冻土地基在运行过程中融化或在建设之前将多年冻土融化至预定深度；③控制融化速率设计原则：允许多年冻土地基在运行过程中按照一定的速率融化。

在青藏铁路的建设过程中，鉴于青藏铁路特殊的工程地质条件、气候变暖对冻土及铁路路基稳定性的影响和铁路沿线生态环境保护等问题，为了保护冻土铁路路基的稳定性，采用了“保护冻土”的设计原则。由于已采用的抬高路堤高度和铺设保温材料等消极被动保护冻土的方法不足以完全消除冻土路基的融化下沉，为了应对高温冻土和全球变暖的严峻挑战，采取了积极保护冻土、冷却路基的措施：减少传入地基土体的热量，以保护冻土路基的热稳定性为核心，以此来达到保护冻土路基稳定性的目的。主要采用的工程措施有：通风管路基、碎石护坡与片石通风路基、热棒、遮阳板和低架旱桥等技术措施，这些措施在延缓冻土上限下降甚至抬升冻土上限、降低地温、防止路基变形等方面效果显著。借鉴青藏铁路在积极保护冻土、冷却冻土路基方面取得的成功经验，在柴木铁路建设过程中也采用了诸如热棒技术、碎石护坡与片石通风路基、换填和挤淤等一系列保护冻土的工程措施。对多年冻土地区路基工程措施效果评价实质上就是收集、分析和反馈工程措施本身信息的过程，是对已经完成的工程措施的目标、施工过程和经济效益进行系统、客观的分析。通过分析工程措施的目标与功效是否达到，工程措施是否经济、合理，以便总结经验教训，及时、有效地反馈信息，为工程措施设计提供依据，使路基病害防治更加科学、经济、合理。

目前国内外常用的综合评价方法主要有：专家评价法、经济分析法、运筹学、灰色决策、物元分析和其他数学方法。其中专家评价法简单、方便，易于使用，但是主观性太强，往往用于一些不太复杂的对象的评价；经济分析法含义明确，便于不同对象的对比，但计算公式或模型不易建立，对于涉及较多因素的评价对象，很难给出一个统一于一种量纲的公式；运筹学比较严谨，要求评价对象的描述清楚，而对于某些模糊因素却难于确切表达。由于冻土铁路路基工程是一个开放的复杂系统，其稳定性受地质地理因素和工程因素的综合影响，评价因素多具模糊性，人们对其认识不尽相同，很难直接用统计学的方法具体判断。而20世纪60年代提出的模糊数学理论可运用模糊变换基本原理和隶属度原则，考虑与被评价事物相关的各种因素，对方案进行综合评价。特别是模糊综合评价法适宜于评价因素多、结构层次多和指标值不易统计量化的模糊对象系统，但其缺陷是隶属函数的确定还没有系统的方法。目前模糊综合评判被广泛应用于各个领域，在此尝试采用模糊数学方法进行定量与半定量描述，通过分析筛选出多年冻土地区路基工程措施效果评价因子，找出各影响因素相互关系，给出各评价指标的层次结构，进而建立模糊综合评价模型，从整体上把握工程措施的效果。

第一节 评价指标体系

一、指标体系理论

指标体系是在某些原则基础上的指标集合,是一个具有一定结构和层次的、完整的有机整体,而不是一些指标的简单机械组合。它具有目的性、理论性、科学性和系统性的特点。

(1)目的性:任何指标体系的建立,都是有一定的目的的,都是为经济建设、社会发展和环境保护服务的。

(2)理论性:指标体系的设计,都是以一定的理论观点作为指导的。不同的指导思想和理论基础,建立起的指标体系可能会大相径庭。因而,科学、明确的理论观念是好的指标体系建立的前提条件。

(3)科学性:指标体系的建立应符合客观实际,符合已被实践证明了的科学理论。一切不符合实际、不符合科学理论的指标体系,都是不科学的。

(4)系统性:所选指标应该形成一个具有层次性和内在联系的指标体系。任何科学的指标体系都具有较强的系统性,没有游离于体系之外的孤立的指标。

二、指标选取原则

(1)整体性原则:系统中各因素间相互影响、相互制约、相互联系、错综复杂,因此力求指标具有高度的概括性和综合性。

(2)典型性原则:应该选取那些能表征评价对象的典型性指标和限制性指标,指标不宜过多,避免指标间的相互关联。

(3)地域性原则:不同地区和区域,影响因素大不相同,因此指标的选取必须能反映出该地区的状况。

(4)客观性原则:评价指标和数据的采集必须以客观存在为前提,并有一定的物理意义。

(5)可操作性原则:指标数据必须是可以收集的或通过监测得到,通过复杂的手段得到的数据是不切实际的。

三、指标选取方法

目前,在评价指标选择方面可用的方法主要有:专家咨询法、主成分分析法、相关性分析和单因素最大限制法。

(1)专家咨询法:主要是通过组织有相当人数的专家对备选的评价因子指标进行判断,并根据众多专家意见做出概率估算,将概率估算结果告诉专家,充分发挥信息反馈和信息控制作用,将分散的评估意见逐渐收敛,最后集中在协调一致的结果上。该方法能够综合众多专家的经验与主观判断,对那些存在争议的指标比较有效。

(2)主成分分析法:主要是把原来多个评价指标划为少数几个具有严格独立意义的综合指标作为评价体系指标。主成分分析法可以避免专家咨询法等方法的人为主观性,但主成分分析法是数据统计的机械反映,而且是建立在大量样本数据的前提下,在很多情况下这样的数据很难得到满足。

(3)相关性分析:主要是通过揭示不同评价因子之间或评价因子与评价体系之间相互关系的密切程度,来选取对评价体系影响显著的因子作为评价体系的指标。相关性分析同主成分分析法等方法一样也要受到大量样本数据的限制。

(4)单因素最大限制法:在性质相同的因素中选择限制性最大的因素作为评价体系的指标。

在多年冻土地区路基工程措施效果评价因子的选取上,由于受到数据的限制,主要是运用了专家咨询法和单因素最大限制法,参考大量文献资料,结合野外考察和调研资料,选取评价因子。

第二节　模糊综合评价方法步骤

模糊数学是1965年由美国自动控制专家L. A. Zadeh首先提出来的。模糊数学的根本出发点在于引入模糊集合的概念,即普通的二值集合{0,1}变为在区间上连续分布的模糊集合[0,1]。这样,模糊集合的特征函数即隶属函数,其函数值隶属度就可以在[0,1]区间连续取值。这样就消除了传统的截然划分的方法带来的不合理性,具有渐变的特点,这是进行综合评价的基础。

一、确定评价因素集

首先确定评价对象的影响因素集 $U=\{u_1,u_2,u_3,\cdots,u_n\}$,即 n 个评价指标。

二、确定评价集

确定评价集 $V=\{v_1,v_2,v_3,\cdots,v_m\}$,这里分为4级,分别为良好、较好、一般和较差。对于多年冻土地区路基来说,路基是否变形决定了冻土路基是否稳定,路基变形主要表现在坡面和路基顶面是否发生变形裂缝,变形裂缝从形态上表现为纵向裂缝和横向裂缝,此外地基温度场的变化也影响着冻土路基的变形。为了更好地评价路基工程措施的效果,检验工程措施效果的好坏,选择了冻土抬升、地温变化、温度场对称性和路基变形作为工程措施效果的特征指标,以此来检验评价结果的好坏,参考相关文献资料和野外实际观测资料,具体分级见表9-1。

多年冻土区路基工程措施效果特征分级　　表9-1

特征指标	良好(a)	较好(b)	一般(c)	较差(d)
上限抬升(m)	≥0.5	0.1~0.5	0~0.1	≤0
地温下降(℃)	≥1	0.5~1	0~0.5	≤0
温度场对称性(℃)	≤0.5	0.5~1.0	1.0~2.0	≥2.0
路基变形	无裂缝	裂缝较少	裂缝较多且很浅	裂缝多且很长

三、建立单因素评价矩阵

利用恰当的隶属函数对影响因素集 U 中的各个因素进行单因素评价,其结果为评价集 V 的模糊子集,对于因素 i 有 $R_i=\{r_{i1},r_{i2},r_{i3},\cdots,r_{im}\}$,其中 $i=1,2,\cdots,n$,故单因素评价矩阵 R:

$$R_{n\times m}=\begin{bmatrix} r_{11} & r_{12} & \cdots & r_{1m} \\ r_{21} & r_{22} & \cdots & r_{2m} \\ \vdots & \vdots & \cdots & \vdots \\ r_{n1} & r_{n2} & \cdots & r_{nm} \end{bmatrix} \tag{9-1}$$

这里 n 为评价指标数，$m=4$。

对于定量指标隶属度函数的确定，一般可以采用升降半梯形函数和线性三角形函数：

$$r_{i1}=\begin{cases} 1 & x\leqslant C_1 \text{ 或}(x\geqslant C_1) \\ \dfrac{C_2-x}{C_2-C_1}\text{或}\left(\dfrac{x-C_2}{C_1-C_2}\right) & C_1\leqslant x\leqslant C_2 \text{ 或}(C_1\geqslant x\geqslant C_2) \\ 0 & x\geqslant C_2 \text{ 或}(x\geqslant C_1) \end{cases} \tag{9-2}$$

$$r_{i2}=\begin{cases} \dfrac{x-C_1}{C_2-C_1}\text{或}\left(\dfrac{C_1-x}{C_1-C_2}\right) & C_1<x<C_2 \text{ 或}(C_1>x>C_2) \\ \dfrac{C_3-x}{C_3-C_2}\text{或}\left(\dfrac{x-C_3}{C_2-C_3}\right) & C_2<x<C_3 \text{ 或}(C_2>x>C_3) \\ 0 & (x\leqslant C_1 \text{ 或 } x\geqslant C_3)\text{或}(x\geqslant C_1 \text{ 或 } x\leqslant C_3) \end{cases} \tag{9-3}$$

$$r_{i3}=\begin{cases} \dfrac{x-C_2}{C_3-C_2}\text{或}\left(\dfrac{C_2-x}{C_2-C_3}\right) & C_2<x<C_3 \text{ 或}(C_2>x>C_3) \\ \dfrac{C_4-x}{C_4-C_3}\text{或}\left(\dfrac{x-C_4}{C_3-C_4}\right) & C_3<x<C_4 \text{ 或}(C_3>x>C_4) \\ 0 & (x\leqslant C_2 \text{ 或 } x\geqslant C_4)\text{或}(x\geqslant C_2 \text{ 或 } x\leqslant C_4) \end{cases} \tag{9-4}$$

$$r_{i4}=\begin{cases} 0 & x\leqslant C_3 \text{ 或}(x\geqslant C_3) \\ \dfrac{x-C_3}{C_4-C_3}\text{或}\left(\dfrac{C_3-x}{C_3-C_4}\right) & C_3\leqslant x\leqslant C_4 \text{ 或}(C_3\geqslant x\geqslant C_4) \\ 1 & x\geqslant C_4 \text{ 或}(x\leqslant C_4) \end{cases} \tag{9-5}$$

式中：r_{i1}、r_{i2}、r_{i3}、r_{i4}——隶属度；

x——实测值；

C_1、C_2、C_3、C_4——分级标准，取各等级标准范围值的中位数。

在多年冻土地区路基工程措施效果评价中，由于各评价因素的复杂性，部分评价指标只能定性描述。因此，本研究中所采用的隶属函数不是连续变化的，而是转化为一组比较适合的、具有正态分布特点的数值来代替隶属函数，咨询相关领域的专家，确定了单因素评价隶属度值。表9-2给出了理想条件下评价状态的隶属度分布结果，如a等级，落在良好的隶属度为0.8，在较好的隶属度仅为0.2。但实际计算中，有时分布各级状态的隶属度差异不是太大，实际中常按照最大隶属度原则划定所属状态。

单因素评价隶属度值　　表9-2

评价等级	良好	较好	一般	较差
a	0.8	0.2	0.0	0.0
b	0.1	0.8	0.1	0.0

续上表

评价等级	良好	较好	一般	较差
c	0.0	0.1	0.8	0.1
d	0.0	0.0	0.2	0.8

四、确定评价指标的权重

各评价因子的影响程度不同，所以需要确定不同因子的权值，即 $A=(a_1,a_2,a_3,\cdots,a_n)$。根据层次分析法（analytic hierarchy process，AHP 决策分析方法）来确定各指标的权重。其基本过程如下：

（1）建立层次结构模型。

（2）构造判断矩阵：通过专家咨询法，主要是通过组织有相当人数的专家对备选的评价因子指标进行判断，并根据众多专家意见做出概率估算，将概率估算结果告诉专家，充分发挥信息反馈和信息控制作用，将分散的评估意见逐渐收敛，最后集中在协调一致的结果上。比较各因子之间的重要性，建立判断矩阵 A：

$$A=\begin{bmatrix} a_{11} & a_{12} & \cdots & a_{1n} \\ a_{21} & a_{22} & \cdots & a_{2n} \\ \cdots & \cdots & \cdots & \cdots \\ a_{n1} & a_{n2} & \cdots & a_{nn} \end{bmatrix} \tag{9-6}$$

矩阵中 $a_{ii}=1,a_{ij}=\dfrac{1}{a_{ji}}(i,j=1,2,\cdots,n)$

其中，a_{ij}的确定引用数字 1 ~ 9 及其倒数作为标度（表 9-3）。

判断矩阵标度及其含义 表 9-3

标度	含　义
1	表示两个因子相比，具有相同的重要性
3	表示两个因子相比，一个因子比另一个因子稍微重要
5	表示两个因子相比，一个因子比另一个因子明显重要
7	表示两个因子相比，一个因子比另一个因子强烈重要
9	表示两个因子相比，一个因子比另一个因子极端重要
2、4、6、8	上述两相邻判断的中值
倒数	相应两因子交换次序比较的重要性

（3）计算方法：采用方根法，其计算步骤如下

计算判断矩阵每一行元素的乘积：

$$M_i=\prod_{j=1}^{n}a_{ij}(i=1,2,\cdots,n) \tag{9-7}$$

计算 M_i 的 n 次方根：

$$\overline{W_i}=\sqrt[n]{M_i}(i=1,2,\cdots,n) \tag{9-8}$$

将向量 $\bar{W}=[\bar{W}_1,\bar{W}_2,\cdots,\bar{W}_n]^T$ 归一化：

$$W_i = \overline{W_i} / \sum_{i=1}^{n} \overline{W}_i (i=1,2,\cdots,n) \tag{9-9}$$

则 $W = [W_1, W_2, \cdots, W_n]^T$ 即为所求的特征向量。

计算最大特征根：

$$\lambda_{max} = \sum_{i=1}^{n} \frac{(AW)_i}{nW_i} \tag{9-10}$$

式中：$(AW)_i$——向量 AW 的第 i 个分量。

判断矩阵的一致性检验：

$CI = \frac{\lambda_{max} - n}{n-1}$，$CR = \frac{CI}{RI}$，其中 RI 为平均随机一致性指标，由表 9-4 可以查得。若 $CR < 0.1$，判断矩阵满足一致性，否则需要调整判断矩阵，直到满意为止。

平均随机一致性指标　　表 9-4

n	1	2	3	4	5	6	7	8	9	10
RI	0	0	0.58	0.90	1.12	1.24	1.32	1.41	1.45	1.49

五、模糊综合评价

单层次模糊综合评价：通过建立的单因素评价矩阵 R 和权重集 A，就可以得出某一单元的模糊综合评价结果：$B = A \cdot R = (b_1, b_2, b_3, \cdots, b_n)$

$$= [a_1, a_2, a_3, \cdots, a_n] \begin{bmatrix} r_{11} & r_{12} & \cdots & r_{1m} \\ r_{21} & r_{22} & \cdots & r_{2m} \\ \vdots & \vdots & \cdots & \vdots \\ r_{n1} & r_{n2} & \cdots & r_{nm} \end{bmatrix} \tag{9-11}$$

其中，b_i 表示某单元隶属于第 i 评价等级的程度，根据最大隶属度原则就可以确定综合评价等级结果。

多层次模糊综合评价：对于复杂的巨系统来说，需要考虑的因素很多，而且因素之间还存在着不同的层次。若采用单层次模糊综合评价就很难得出正确的评价结果。这就需要将评价因素按某种属性进行分类，先对每一类进行综合评价，然后再对各类的评价结果进行类之间的高层次综合评价。具体步骤如下：

若一个系统按某种属性划分为 m 个子系统。对于每一个子系统来说，先按照单层次模糊综合评价模型进行评价，评价结果为 m 个 $B = (b_1, b_2, b_3, \cdots, b_n)$。

然后将 m 个评价结果 $B_1, B_2, B_3, \cdots, B_m$ 组成一个新的评价决策矩阵：

$$\tilde{R} = \begin{bmatrix} B_1 \\ B_2 \\ \vdots \\ B_m \end{bmatrix} = \begin{bmatrix} b_{11} & b_{12} & \cdots & b_{1n} \\ b_{21} & b_{22} & \cdots & b_{2n} \\ \vdots & \vdots & \cdots & \vdots \\ b_{m1} & b_{m2} & \cdots & b_{mn} \end{bmatrix} \tag{9-12}$$

如果 m 个评价子系统的权重集为 $\tilde{A}$，则可以得到综合评价结果：$\tilde{B} = \tilde{A} \cdot \tilde{R}$。

若一个系统可以划分为更多层次的模糊综合评价模型，按照上述方法可以层层进行评价，得到最终的综合评价结果。

第三节　基于青藏铁路冻土路基工程构建模糊评价模型

对于多年冻土地区路基工程措施效果评价，目前开展的相关研究大多是通过数值模拟或室内外观测试验从单一温度场或变形场变化的角度作定量评价，但这些评价相对单一，综合性不强。因而，建立一套多年冻土地区路基工程措施效果评价指标体系显得尤为重要。在多年冻土地区工程建设中采用一些工程措施，影响工程措施效果的因素很多，但主要可以分为路基工程地质条件和工程措施两类。考虑到冻土路基的特殊性，冻土特征对路基工程的质量和工程措施的效果影响很大，冻土特征应该从各种因素中独立出来进行考虑，因此选择自然环境、冻土特征和工程措施作为评价的主要指标。在评价指标选取原则的基础上，确定了影响多年冻土地区路基工程措施效果的主导性因素和限制性因素，从而选取了最能代表影响多年冻土地区路基工程措施效果的具体指标，揭示其变化特性。同时结合国内外相关研究，不断调整和完善指标体系。根据层次分析法的基本原理，多年冻土地区路基工程措施效果评价体系划分为3个层次：①目标层：工程措施效果。②准则层：自然环境、冻土特征和工程措施。③指标层：若干具体指标。这样，多年冻土地区路基工程措施效果评价体系可用一个由目标层、准则层和指标层组成的层次结构体系来表示。

由于在青藏铁路的建设过程中大量地采用了热棒路基和片石通风路基等工程措施，在柴木铁路也借鉴了青藏铁路的建设经验，在多年冻土路段大量采用了热棒路基和片石通风路基等工程措施。为了评价工程措施效果的好坏，分别对这几种工程措施下的冻土路基稳定性进行了评价。

一、无措施路基工程效果评价

首先，我们对多年冻土地区路基稳定性在无工程措施（普通路基）情况下进行评价，以便对比在有工程措施情况下工程措施是否真正起到了维护冻土路基稳定性的效果。具体步骤如下：

（一）影响因素分析

造成路基热状况改变有许多因素，概括起来主要有两方面的因素，外部因素和内部因素。外部因素主要指气候条件及地形条件，具体包括气温、辐射、降水、植被、坡向、坡度等；内部因素主要指路基本体结构材料措施上的控制因素及路基基础下的多年冻土特征，具体主要包括路基结构、路基几何形态及走向、路基措施、多年冻土特性。

气候条件的改变首先反映在气温变化，全球气候变暖下导致青藏高原冬季气温升幅变大、气温年较差逐年减小。在青藏高原多年冻土地区，无论是在低温多年冻土区还是在高温多年冻土区，随着气温的升高，冻土上限会随之下降，随着气温的降低，冻土上限会抬升。气温变化还会对降水、植被等带来一系列连锁反应。植被破坏以后地表裸露，地表温度上升，季节融化深度增大，最终导致冻土上限的下降。地形条件影响着冻土的局地分布特征，也决定了道路的选线设计。地形首先从海拔上影响季节冻结和融化过程，随海拔升高年平均地温降低。其次是从坡向和坡度直接影响到地面接受太阳辐射的强度，冬季时朝北陡坡得到的太阳辐射仅为朝南陡坡的1/10。此外，南北坡地表条件差别还表现在：南坡一般较北坡陡，植被生长不如北坡，松散沉积物也较北坡薄，相应的南坡土层颗粒较粗，含水率也较少。不同的矿物颗粒成分控制着冻土路基变形量的大小，在不同地质条件下，以亚黏土、亚砂土等细颗粒为主的地段由于高含冰率冻土发育所产生的融沉量大，导致路基变形严重。以砾石、碎石等粗颗粒为主的地段，由于高含冰率冻土较难发育，融沉量小，路基相对稳定。

冻土特征与自然环境条件是息息相关的，是冻土发生冻胀和融沉的内在因素，主要包括冻土类型、年平均地温、冻土厚度和冻土上限等。多年冻土地区年平均地温的高低不仅代表了这一地区气温的高低，而且显示了多年冻土自身的稳定状态，高温多年冻土自身处在十分脆弱的状态，生存环境条件的改变将会引起高温多年冻土的迅速升温及融化。在多年冻土构造、类型、土质相同的条件下，多年冻土年平均地温控制着冻土路基变形的大小，路基变形随年平均地温升高而增大。多年冻土工程地质条件与一般地区地质条件的区别，主要在于多年冻土当中的水分是以固态冰的形式存在，并使岩土矿物颗粒与冰胶结在一起，使岩土的工程性质发生了很大的变化。岩土中含冰率的多少决定了工程地质条件的优劣程度。多年冻土含冰率的多少，决定了冻土路基下多年冻土的升温及融化速率的大小，以及冻土路基将发生热融沉陷变形的多少。冻土区路基变形和多年冻土上限有着密切的关系，随着多年冻土上限的下降，路基变形量将会有所增加。

人为活动扰动了多年冻土，是影响冻土路基稳定性的外在诱发因素，而工程措施是为了维护冻土路基的热稳定性，进而保护冻土路基的稳定性。

（二）无措施路基工程效果评价体系

多年冻土地区无措施路基工程效果评价不考虑主动保护冻土的工程措施（热棒和片石通风路基），因此，多年冻土地区无措施路基工程效果评价指标体系如图 9-1 所示。

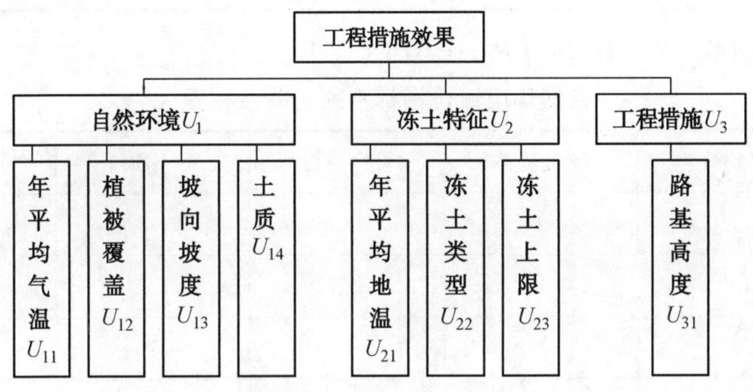

图 9-1　多年冻土地区无措施路基工程效果评价指标体系

（1）评价标准。

由于关于多年冻土地区无措施路基工程效果的评价没有相应的评价标准，参考相关文献，结合青藏高原路基工程的实际情况，确定了多年冻土地区无措施路基工程效果评价分级标准，见表 9-5。

多年冻土区无措施路基工程效果评价分级标准　　表 9-5

一级指标	二级指标	良好(a)	较好(b)	不良(c)	较差(d)
自然环境	年平均气温(℃)	≤ -4.5	-3.5 ~ -4.5	-3.0 ~ -3.5	≥ -3.0
	植被覆盖(%)	≥70	30 ~ 70	10 ~ 30	≤10
	坡向坡度	基本不影响	有影响	很大影响	强烈影响
	土质	砾石类土	砂砾	粉砂	粉质黏土

续上表

一级指标	二级指标	良好(a)	较好(b)	不良(c)	较差(d)
冻土特征	年平均地温(℃)	≤-2.0	-2.0~-1.0	-1.0~-0.5	≥-0.5
	冻土类型	S	D	F	B、H
	天然冻土上限(m)	≤1.0	1.0~2.0	2.0~3.0	≥3.0
工程措施	路基高度(m)	≤3	3~4	4~5	≥5

注:S—少冰冻土,D—多冰冻土,F—富冰冻土,B—饱冰冻土,H—含土冰层。

(2)指标权重。

根据层析分析法的计算步骤,结合专家给出的分值,计算出了多年冻土地区无措施路基工程效果、自然环境、冻土特征等评价指标的权重,见表9-6~表9-8。

无措施路基工程效果评价指标判断矩阵及权重 表9-6

指标	自然环境	冻土特征	工程措施	权重
自然环境	1	1/3	2	0.24
冻土特征	3	1	4	0.62
工程措施	1/2	1/4	1	0.14

$\lambda=3.02, CI=0.008, RI=0.58, CR=0.014<0.1$。

自然环境评价指标判断矩阵及权重 表9-7

指标	年平均气温	植被覆盖	坡向坡度	土质	权重
年平均气温	1	2	1/3	1/2	0.17
植被覆盖	1/2	1	1/3	1/2	0.12
坡向坡度	3	3	1	2	0.45
土质	2	2	1/2	1	0.26

$\lambda=4.07, CI=0.02, RI=0.90, CR=0.026<0.1$。

冻土特征评价指标判断矩阵及权重 表9-8

指标	年平均地温	冻土类型	冻土上限	权重
年平均地温	1	1/2	2	0.30
冻土类型	2	1	3	0.54
冻土上限	1/2	1/3	1	0.16

$\lambda=3.0092, CI=0.0046, RI=0.58, CR=0.008<0.1$。

在此基础上,确定了各个评价指标在多年冻土地区无措施路基工程效果评价指标体系中的权重,以此来确定评价指标体系中的主要因素和次要因素,结果见表9-9和图9-2。

无措施路基工程效果各评价指标权重　　表 9-9

指标	年平均气温	植被覆盖	坡向坡度	土质	年平均地温	冻土类型	冻土上限	路基高度
序号	1	2	3	4	5	6	7	8
权重	0.0408	0.0288	0.1080	0.0624	0.186	0.3348	0.0992	0.1400

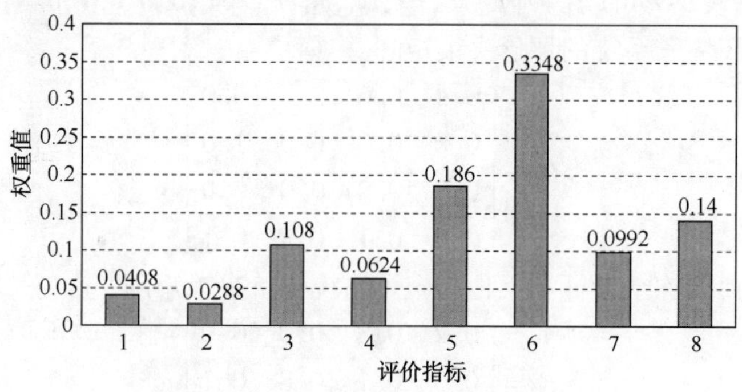

图 9-2　无措施路基工程效果各评价指标权重值

从表 9-9 和图 9-2 中可以看出，影响多年冻土地区无措施路基工程效果的主要因素是冻土类型和年平均地温，其次为路基高度、坡向坡度和冻土上限，而土质、年平均气温和植被覆盖等因素为次要因素。

(3)模糊综合评价。

首先对青藏铁路热棒路基和片石通风路基暂不考虑采用的热棒技术和片石通风措施，根据多年冻土地区无措施路基工程效果评价指标体系及模糊综合评价方法评价，评价结果见表 9-10，以此来对比采用热棒路基和片石通风路基后的工程措施效果。下面以 K1024 + 400 ~ K1024 + 450 路段的评价来说明整个评价的过程。

建立评价集：

由图 9-1 可知，评价因素为 u，各个单因素子集分别为：

$U_1 = \{u_{11}, u_{12}, u_{13}, u_{14}\}$，$U_2 = \{u_{21}, u_{22}, u_{23}\}$，$U_3 = \{u_{31}\}$。

评价等级分为“良好”、“较好”、“一般”和“较差”四个等级，评价集

$V = \{v_1, v_2, v_3, v_4\} = \{$良好，较好，一般，较差$\}$。

单因素评价矩阵的建立：

对于自然环境子系统来说，K1024 + 400 ~ K1024 + 450 路段的年平均气温为 $T = -4.2℃$，按照表 9-5 中的评价分级标准：

$$C_1 = -4.5, C_2 = -4.0, C_3 = -3.25, C_4 = -3.0$$

采用升降半梯形函数和线性三角形函数：

$$\begin{cases} r_{11} = \dfrac{C_2 - x}{C_2 - C_1} = \dfrac{-4.0-(-4.2)}{-4.0-(-4.5)} = \dfrac{0.2}{0.5} = 0.4 & C_1 \leqslant x \leqslant C_2 \\ r_{12} = \dfrac{x - C_1}{C_2 - C_1} = \dfrac{-4.2-(-4.5)}{-4.0-(-4.5)} = \dfrac{0.3}{0.5} = 0.6 & C_1 < x < C_2 \\ r_{13} = 0 & x \leqslant C_4 \\ r_{14} = 0 & x \leqslant C_3 \end{cases} \tag{9-13}$$

所以 $R_1=\{r_{11},r_{12},r_{13},r_{14}\}=\{0.4,0.6,0.0,0.0\}$。

植被覆盖：同理可以得到 $R_2=\{r_{21},r_{22},r_{23},r_{24}\}=\{0.0,0.0,0.0,1.0\}$。

坡向坡度：评价等级为 a，根据表 9-2 中的隶属度值，可以得到 $R_3=\{r_{31},r_{32},r_{33},r_{34}\}=\{0.8,0.2,0.0,0.0\}$。

土质：同理根据表 9-2 可以得到 $R_4=\{r_{41},r_{42},r_{43},r_{44}\}=\{0.0,0.1,0.8,0.1\}$。

这样得到自然环境子系统的评价决策矩阵：

$$R_1=\begin{bmatrix}0.4 & 0.6 & 0.0 & 0.0\\ 0.0 & 0.0 & 0.0 & 1.0\\ 0.8 & 0.2 & 0.0 & 0.0\\ 0.0 & 0.1 & 0.8 & 0.1\end{bmatrix}$$

同理可以分别得到冻土特征和工程措施子系统评价决策矩阵：

$$R_2=\begin{bmatrix}0.2 & 0.8 & 0.0 & 0.0\\ 0.0 & 0.1 & 0.8 & 0.1\\ 0.0 & 0.0 & 1.0 & 0.0\end{bmatrix}$$

$$R_3=\begin{bmatrix}0.1 & 0.8 & 0.1 & 0.0\end{bmatrix}$$

由表 9-6 ~ 表 9-8 可以得到各子集的权重：

$$A=[0.24,0.62,0.14]$$

$$A_1=[0.17,0.12,0.45,0.26]$$

$$A_2=[0.39,0.44,0.19]$$

模糊综合评价：

通过矩阵乘法，可以得到各子集的综合评价结果：

$$B_1=A_1\cdot R_1=[0.428,0.218,0.208,0.146]$$

$$B_2=A_2\cdot R_2=[0.078,0.356,0.522,0.044]$$

$$B_3=R_3=[0.1,0.8,0.1,0.0]$$

这样就可以得到 U 中各个子集的综合评价决策矩阵：

$$R=\begin{bmatrix}B_1\\ B_2\\ B_3\end{bmatrix}=\begin{bmatrix}0.428 & 0.218 & 0.208 & 0.146\\ 0.078 & 0.356 & 0.522 & 0.044\\ 0.100 & 0.800 & 0.100 & 0.000\end{bmatrix}$$

所以，K1024 + 400 ~ K1024 + 450 段无措施路基工程效果模糊综合评价结果为：

$$B=A\cdot R=[0.1651,0.3850,0.3876,0.0623]$$

根据最大隶属度原则，可以确定综合评价结果为 c 级，处于一般状态。

由于没有采用一些主动保护冻土的工程措施，影响多年冻土地区无措施路基工程效果的主导因素仍然是冻土类型和年平均地温，其次为路基高度、坡向坡度和冻土上限。从评价的结果来看，导致评价结果为一般（c）和较差（d）状态的原因也大多与该路段的冻土类型和年平均地温处于较低等级有关。从表 9-10 中可以看出，路段 K1262 + 465 ~ K1262 + 495，安多，K1191 + 770、K1273 + 455、K1262 + 370 ~ K1262 + 450 和 K1025 + 550 ~ K1025 + 650 的综合评价结果为一般（c）或较差（d）状态，这与这些路段的冻土类型和年平均地温的评价等级处于一般（c）或较差（d）状态有关；路段 K1024 + 400 ~ K1024 + 450、K1024 + 400 ~ K1024 + 450 和 K1297 + 930 综合评价结果为一般（c）或较差（d）状态，这些路段的冻土类型和年平均地温部分为良好(b)状态,但路基高度和冻土上限的评价等级处于一般(c)或较差(d)状态有关。

青藏铁路多年冻土地区无措施路基工程效果评价　　表 9-10

序号	里程范围	自然环境				冻土特征			工程措施	结果
		年平均气温	植被覆盖	坡向坡度	土质	年平均地温	冻土类型	冻土上限	路基高度	
1	K1024 +400 ~ K1024 +450	-4.2℃	10%	a	c	-1.6℃	c	2.5m	b	c
2	K1024 +400 ~ K1024 +450	-5.3℃	b	a	b	-1.6℃	c	2.5m	4m	c
3	K1025 +740 ~ K1025 +780	-4.2℃	20%	a	c	-1.4℃	d	2.5m	b	b
4	K1262 +465 ~ K1262 +495	-4.0℃	b	c	a	-0.75℃	d	2.5m	b	c
5	K1141 +955 ~ K1142 +000	-3.8℃	50%	a	c	-1.5℃	d	2.0m	b	b
6	安多	-1.8℃	a	a	c	-0.5℃	d	2.0m	b	d
7	K1141 +930 ~ K1142 +030	-3.8℃	50%	a	c	-1.5℃	d	2.0m	1.1m	b
8	K1053 +600	d	b	a	b	-1.5℃	c	c	3.3m	b
9	K1102 +000	a	b	a	b	-2.4℃	d	1.6m	3.6m	a
10	K1142 +700	d	b	b	b	-1.68℃	d	2.0m	4.7m	b
11	K1297 +930	d	b	b	b	-0.34℃	b	2.4m	5.7m	d
12	K1160 +592	a	b	b	b	-2.1℃	c	1.5m	6.55m	b
13	K1191 +770	d	b	b	b	-0.54℃	c	2.6m	3.7m	c
14	K1142 +374	a	b	a	a	-1.5℃	d	2.0m	4.8m	b
15	K1273 +455	a	b	a	a	-0.75℃	d	2.5m	4.0m	c
16	K1262 +370 ~ K1262 +450	d	b	b	b	-0.75℃	c	2.5m	b	c
17	K1025 +550 ~ K1025 +650	-4.2℃	b	a	a	-0.91℃	d	3m	6.3m	d

注:a - 良好,b - 较好,c - 不良,d - 极差。

二、热棒路基工程效果评价

(一)热棒路基工程效果评价指标体系

多年冻土地区热棒路基工程效果评价相对于无措施路基工程效果评价来说,在工程措施方面考虑到热棒的埋设对工程措施效果带来的影响,因此多年冻土地区热棒路基工程效果评价指标体系如图 9-3 所示。

工程措施(其他评价指标见无措施评价部分):

(1)埋设间距。

热棒埋设间距的选择,取决于冻土上限的提升量及工程造价两方面。在热棒设计中,热棒的功率及传热极限要根据路基工程所在冻土区段气候和冻土条件确定。热棒冷却效果主要受热棒纵向埋设间距制约。合理的间距可以最大限度地发挥热棒冷却地基土体的功效。因此,选择热棒纵向埋设间距作为一个评价指标。

(2)倾斜角度。

热棒埋设倾斜角度的不同,管内热流量就会不同,热传递的效率就会不同,进而影响其对冻土的降温效果和冻土上限的抬升量。柴木铁路热棒统一竖向布设,所以不考虑倾斜角度的影响。

(3)两侧埋设间距合理性。

由于坡度坡向的影响,存在着不对称路基,路基下的温度场存在着不对称性,因此路基左右两侧热棒埋设间距应有所区别,进而调整路基两侧不对称温度场,防止路基裂缝的产生,这里所说的两侧埋设间距合理性指的就是路基两侧热棒埋设间距是否有所区别、是否合理。

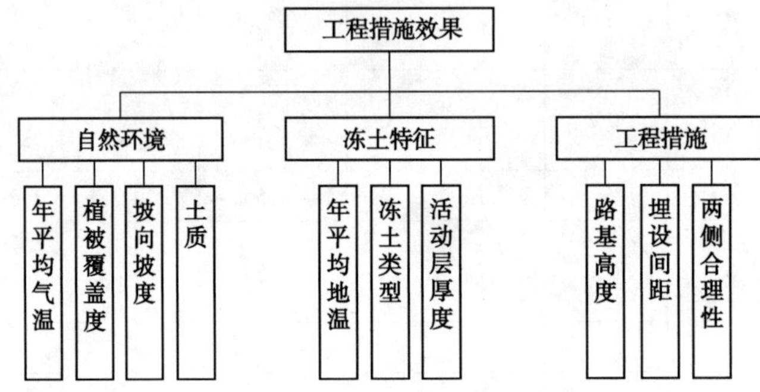

图9-3　多年冻土地区热棒路基工程效果评价指标体系

(二)评价标准

由于关于多年冻土地区热棒路基工程效果评价没有相应的评价标准,参考相关文献,结合青藏高原路基工程的实际情况,确定了多年冻土地区热棒路基工程效果评价分级标准,见表9-11。

多年冻土区热棒路基工程效果评价分级标准　　表9-11

一级指标	二级指标	良好(a)	较好(b)	不良(c)	较差(d)
自然环境	年平均气温(℃)	≤ -4.5	-3.5 ~ -4.5	-3.0 ~ -3.5	≥ -3.0
	植被覆盖(%)	≥70	30 ~ 70	10 ~ 30	≤10
	坡向坡度	基本不影响	有影响	很大影响	强烈影响
	土质	砾石类土	砂砾	粉砂	粉质黏土
冻土特征	年平均地温(℃)	≤ -2.0	-2.0 ~ -1.0	-1.0 ~ -0.5	≥ -0.5
	冻土类型	S	D	F	B、H
	天然冻土上限(m)	≤1.0	1.0 ~ 2.0	2.0 ~ 3.0	≥3.0
工程措施	路基高度(m)	≤3	3 ~ 4	4 ~ 5	≥5
	埋设间距(m)	≤3	3 ~ 5	5 ~ 7	≥7
	两侧埋设间距合理性	非常合理	合理	不合理	很不合理

注:S - 少冰冻土,D - 多冰冻土,F - 富冰冻土,B - 饱冰冻土,H - 含土冰层。

（三）评价指标权重

根据层次分析法的计算步骤，结合专家给出的分值，计算出多年冻土地区热棒路基工程效果、自然环境、冻土特征和工程措施等评价指标的权重，见表9-12～表9-15。

热棒路基工程效果评价指标判断矩阵及权重 表9-12

指标	自然环境	冻土特征	工程措施	权重
自然环境	1	1/2	1/3	0.17
冻土特征	2	1	1	0.39
工程措施	3	1	1	0.44

$\lambda = 3.02, CI = 0.01, RI = 0.58, CR = 0.017 < 0.1$。

自然环境评价指标判断矩阵及权重 表9-13

指标	年平均气温	植被覆盖	坡向坡度	土质	权重
年平均气温	1	2	1/3	1/2	0.17
植被覆盖	1/2	1	1/3	1/2	0.12
坡向坡度	3	3	1	2	0.45
土质	2	2	1/2	1	0.26

$\lambda = 4.07, CI = 0.02, RI = 0.90, CR = 0.026 < 0.1$。

冻土特征评价指标判断矩阵及权重 表9-14

指标	年平均地温	冻土类型	冻土上限	权重
年平均地温	1	1	2	0.39
冻土类型	1	1	3	0.44
冻土上限	1/2	1/3	1	0.17

$\lambda = 3.02, CI = 0.01, RI = 0.58, CR = 0.017 < 0.1$。

工程措施评价指标判断矩阵及权重 表9-15

指标	路基高度	埋设间距	两侧埋设间距合理性	权重
路基高度	1	1/3	1/2	0.16
埋设间距	3	1	2	0.54
两侧埋设间距合理性	2	1/2	1	0.30

$\lambda = 3.0092, CI = 0.0046, RI = 0.90, CR = 0.008 < 0.1$。

在此基础上，确定了各个评价指标在多年冻土地区热棒路基工程效果评价指标体系中的权重，以此来确定评价指标体系中的主要因素和次要因素，结果见表9-16和图9-4。

热棒基工程效果各评价指标权重 表9-16

指标	年平均气温	植被覆盖	坡向坡度	土质	年平均地温	冻土类型	冻土上限	路基高度	埋设间距	两侧埋设间距合理性
序号	1	2	3	4	5	6	7	8	9	10
权重	0.0289	0.0204	0.0765	0.0442	0.1521	0.1716	0.0663	0.0704	0.2376	0.132

从表9-16和图9-4中可以看出，影响多年冻土地区热棒路基工程效果的主要因素是埋设间距、冻土类型、年平均地温，其次为两侧埋设间距合理性、坡向坡度、冻土上限和路基高度，而土质、年平均气温和植被覆盖等因素为次要因素。

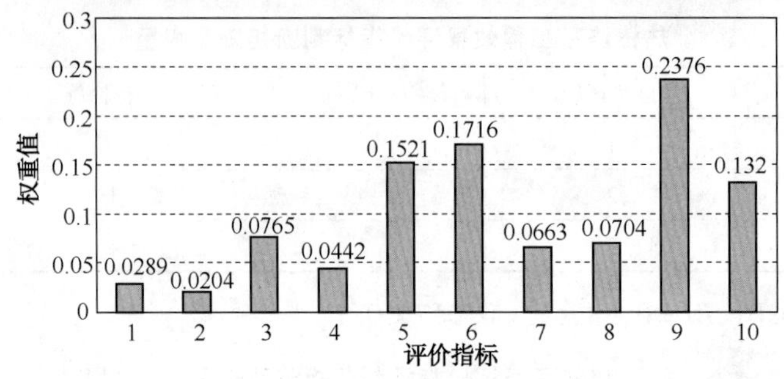

图9-4　热棒路基工程效果各评价指标权重值

(四)模糊综合评价结果

针对青藏铁路建设过程中采用的热棒路基，首先根据多年冻土地区热棒路基工程效果评价指标体系及模糊综合评价方法对其进行评价，在此基础上根据现场实际观测资料对评价结果进行了验证，见表9-17。从评价结果来看，模糊综合评价方法的评价结果与实际情况基本相符，说明此评价方法运用于多年冻土地区热棒路基工程效果评价是合适的。

青藏铁路多年冻土地区热棒路基工程效果评价　　表9-17

序号	里程范围	自然环境				冻土特征			工程措施				评价结果				
		年平均气温	植被覆盖	坡向坡度	土质	年平均地温	冻土类型	冻土上限	路基高度	埋设间距	倾斜角度	两侧埋设间距合理性	评价值	实际值			
														1	2	3	4
1	K1024 +400 ~ K1024 +450	-4.2℃	10%	a	c	-1.6℃	c	2.5m	b	4m	0°	b	b	b	—	—	b
2	K1024 +400 ~ K1024 +450	-5.3℃	b	a	b	-1.6℃	c	2.5m	4m	3m	0°	b	a	a	—	—	—
3	K1025 +740 ~ K1025 +780	-4.2℃	20%	a	c	-1.4℃	d	2.5m	b	4m	0°	b	b	—	b	—	—
4	K1262 +465 ~ K1262 +495	-4.0℃	b	c	a	-0.75℃	d	2.5m	b	4m	0°	a	c	c	c	—	—
5	K1141 +955 ~ K1142 +000	-3.8℃	50%	a	c	-1.5℃	d	2.0m	b	2.8m	0°	b	b	b	b	—	—
6	安多	-1.8℃	a	a	c	-0.5℃	d	2.0m	b	4m	0°	b	d	d	—	b	—
7	K1141 +930 ~ K1142 +030	-3.8℃	50%	a	c	-1.5℃	d	2.0m	1.1m	4m	0°	b	b	b	b	—	—

注：1. 1 – 上限抬升，2 – 地温下降，3 – 温度场对称性，4 – 路基变形；

2. a – 良好，b – 较好，c – 一般，d – 较差。

由于采用了热棒这一主动保护冻土的工程措施，因而影响多年冻土地区热棒路基工程效果的主导因素是埋设间距、冻土类型、年平均地温和倾斜角度。从评价的结果来看，导致评价结果为一般(c)和较差(d)状态的原因也大多与这些评价因素处于较低等级有关。从表9-17中可以看出,路段K1262+465~K1262+495和安多的综合评价结果为一般(c)和较差(d)状态,这两个路段热棒的埋设间距为较好(b)状态,但冻土类型、年平均地温和倾斜角度这3个主要影响因素的评价等级处于一般(c)或较差(d)状态,从而导致这两个路段的综合评价结果为不良和极差状态。

三、片石通风路基工程效果评价

在多年冻土区的铁路路基施工中,片石护坡路基是保护冻土的有效方法之一。片石层在寒季的当量导热系数是暖季当量导热系数的5~10倍甚至更多。因此,片石层可有效地提高路堤下地基的蓄冷量,可对多年冻土路基进行养护,效果明显优于导热系数不随温度变化的各类保温材料。从理论上讲,片石路基由于其孔隙比大,空气可在其中自由流动或受迫流动。在暖季片石表面受热后,热空气上升,片石中仍能维持较低温度,片石中的对流换热向上。因此,传入地中的热量较少。寒季时,冷空气沿孔隙下渗,对流换热向下,较多的冷量可以传入地基中。片石的热传导量在寒季和暖季时可能大体相等。但导热在整个热传输过程中占的比重较小,所以片石护道的综合效果是冷量输入大于热量输入。另一方面,片石堆体内以其较大的空隙和较强的自由对流使得冬夏冷热空气由于空气密度等差异而不断发生冷量交换和热量屏蔽,其结果有利于保护多年冻土。抛石、片石层通风路基具有保护多年冻土的作用,是一种利用自然冷能保护多年冻土的廉价材料。这对于青藏高原降水少、太阳辐射较强造成蒸发量大并且具有厚层地下冰的多年冻土地区而言,具有很重要的实际意义。

(一)评价指标体系

多年冻土地区片石通风路基工程效果评价相对于无措施路基工程效果评价和热棒路基工程效果评价来说,在工程措施方面考虑到片石的铺设对工程措施效果的影响,因此多年冻土地区片石通风路基工程效果评价指标体系如图9-5所示。

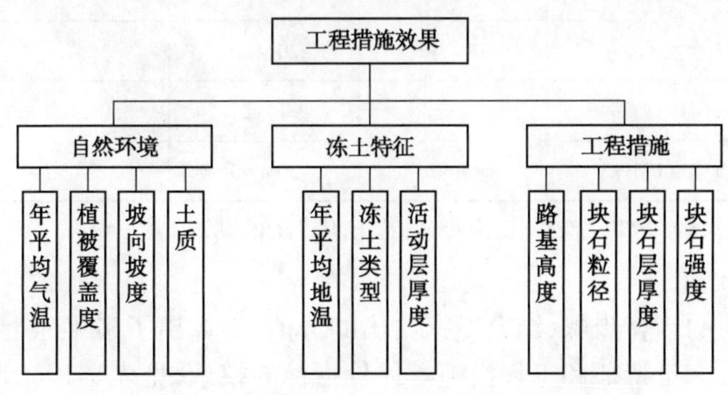

图9-5　片石通风路基工程措施评价体系

(1)片石粒径。

要使冷空气在片石中易进难出,其核心是最佳孔径问题。孔径过大,冷空气易进也易出,起通风作用;其降温效果取决于通风量(与片石粒径、风压差和流速等因素有关)及片石层温度要高于环境气温;其极限状态就是架空通风形式,当然架空通风形式的造价就会猛增。反之,孔径过小,冷空气难进也难出,几乎没有降温效果。所以片石粒径的大小显得相当重要,因此选择片石粒径作为一个评价指标。

(2)片石层厚度。

片石路基的降温效果取决于在铁路运营过程当中能否保证片石的结构和性质不发生变化，在震动荷载和其他外力作用下，片石的形状、大小和强度将会不同程度地发生变化，因此铺设较厚的片石层在一定程度上可以防止片石层结构的破坏，片石路基的降温效果也会越好，越持久。

(3)片石强度。

由于在青藏高原地区存在着强风化作用，片石的强度越大，抗风化能力越强，片石路基破坏越小，降温功能就会一直持续下去；反之，片石强度越小，抗风化能力越差，片石路基功能下降，降温效果会越差。这里所指的片石强度是指新鲜岩块的饱和单轴极限抗压强度。

(二)评价标准

由于关于多年冻土地区片石路基工程效果评价没有相应的评价标准，参考相关文献，结合青藏高原路基工程的实际情况，确定了多年冻土地区片石路基工程效果评价分级标准，见表9-18。

多年冻土地区片石通风路基工程效果评价分级标准 表9-18

一级指标	二级指标	良好(a)	较好(b)	不良(c)	较差(d)
自然环境	年平均气温(℃)	≤ -4.5	-3.5 ~ -4.5	-3.0 ~ -3.5	≥ -3.0
	植被覆盖(%)	≥70	30 ~ 70	10 ~ 30	≤10
	坡向坡度	基本不影响	有影响	很大影响	强烈影响
	土质	砾石类土	砂砾	粉砂	粉质黏土
冻土特征	年平均地温(℃)	≤ -2.0	-2.0 ~ -1.0	-1.0 ~ -0.5	≥ -0.5
	冻土类型	S	D	F	B、H
	天然冻土上限(m)	≤1.0	1.0 ~ 2.0	2.0 ~ 3.0	≥3.0
工程措施	路基高度(m)	≤3	3 ~ 4	4 ~ 5	≥5
	片石粒径(cm)	30 ~ 40	20 ~ 30	10 ~ 20	≤10
	片石层厚度(m)	≥2	1 ~ 2	0.5 ~ 1	≤0.5
	片石强度(MPa)	≥60	30 ~ 60	5 ~ 30	≤5

注：S－少冰冻土，D－多冰冻土，F－富冰冻土，B－饱冰冻土，H－含土冰层。

(三)评价指标权重

根据层析分析法的计算步骤，结合专家给出的分值，计算出了多年冻土地区片石通风路基工程效果、自然环境、冻土特征和工程措施等评价指标的权重，见表9-19 ~ 表9-22。

片石通风路基工程效果评价指标判断矩阵及权重 表9-19

指标	自然环境	冻土特征	工程措施	权重
自然环境	1	1/2	1/3	0.17
冻土特征	2	1	1	0.39
工程措施	3	1	1	0.44

$\lambda = 3.02$，$CI = 0.01$，$RI = 0.58$，$CR = 0.017 < 0.1$。

自然环境评价指标判断矩阵及权重　　表 9-20

指标	年平均气温	植被覆盖	坡向坡度	土质	权重
年平均气温	1	2	1/3	1/2	0.17
植被覆盖	1/2	1	1/3	1/2	0.12
坡向坡度	3	3	1	2	0.45
土质	2	2	1/2	1	0.26

$\lambda = 4.07, CI = 0.02, RI = 0.90, CR = 0.026 < 0.1$。

冻土特征评价指标判断矩阵及权重　　表 9-21

指标	年平均地温	冻土类型	冻土上限	权重
年平均地温	1	1	2	0.39
冻土类型	1	1	3	0.44
冻土上限	1/2	1/3	1	0.17

$\lambda = 3.02, CI = 0.01, RI = 0.58, CR = 0.017 < 0.1$。

工程措施评价指标判断矩阵及权重　　表 9-22

指标	路基高度	片石粒径	片石层厚度	片石强度	权重
路基高度	1	1/3	1/2	1/3	0.11
片石粒径	3	1	2	2	0.42
片石层厚度	2	1/2	1	1	0.22
片石强度	3	1/2	1	1	0.25

$\lambda = 4.05, CI = 0.015, RI = 0.90, CR = 0.017 < 0.1$。

在此基础上，确定了各个评价指标在多年冻土地区片石通风路基工程效果评价指标体系中的权重，以此来确定评价指标体系中的主要因素和次要因素，结果见表 9-23 和图 9-6。

片石通风路基工程效果各评价指标权重　　表 9-23

指标	年平均气温	植被覆盖	坡向坡度	土质	年平均地温	冻土类型	冻土上限	路基高度	片石粒径	片石层厚度	片石强度
序号	1	2	3	4	5	6	7	8	9	10	11
权重	0.0289	0.0204	0.0765	0.0442	0.1521	0.1716	0.0663	0.0484	0.1848	0.0968	0.1100

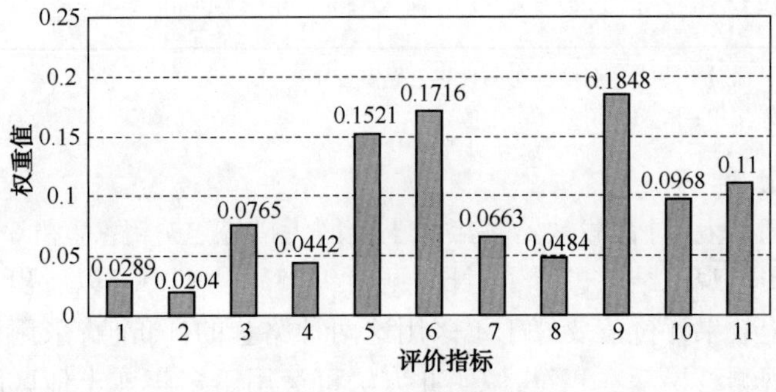

图 9-6　片石通风路基工程效果各评价指标权重值

从表 9-23 和图 9-6 中可以看出，影响多年冻土地区片石通风路基工程效果的主要因素是片石粒径、冻土类型和年平均地温，其次为片石强度和片石层厚度，而坡向坡度、冻土上限、路基高度，以及土质、年平均气温和植被覆盖等因素为次要因素。

（四）综合评价结果

针对青藏铁路建设过程中采用的片石通风路基，首先根据多年冻土地区片石通风路基工程效果评价指标体系及模糊综合评价方法对其进行评价，在此基础上根据野外实际观测资料对评价结果进行了验证，见表 9-24。从评价结果来看，模糊综合评价方法的评价结果与实际情况基本相符，说明此评价方法运用于多年冻土地区片石通风路基工程效果评价是合理的。

由于采用了片石通风这一主动保护冻土的工程措施，因而影响多年冻土地区片石通风路基工程效果的主导因素是片石粒径、冻土类型和年平均地温。从评价的结果来看，导致评价结果为一般（c）和较差（d）状态的原因也大多与这些评价因素处于较低等级有关。从表 9-24 中可以看出，路段 K1262 + 370 ~ K1262 + 450 的综合评价结果为一般（c）状态，这一路段的片石粒径为较好（b）状态，但冻土类型和年平均地温这两个主要影响因素的评价等级都处于一般（c）状态，从而导致这一路段的综合评价结果为一般状态。

青藏铁路多年冻土地区片石通风路基工程效果评价 表 9-24

序号	里程范围	自然环境				冻土特征			工程措施				评价结果				
		年平均气温	植被覆盖	坡向坡度	土质	年平均地温	冻土类型	冻土上限	路基高度	片石粒径	片石层厚度	片石强度	评价值	实际值			
														1	2	3	4
1	K1053 + 600	d	b	a	b	-1.5℃	c	c	3.3m	40cm	1.2m	a	b	b	—	—	—
2	K1102 + 000	a	b	a	b	-2.4℃	d	1.6m	3.6m	40cm	1.2m	a	a	a	c	—	—
3	K1142 + 700	d	b	b	b	-1.68℃	d	2.0m	4.7m	40cm	1.2m	a	b	b	d	—	—
4	K1297 + 930	d	b	b	b	-0.34℃	b	2.4m	5.7m	40cm	1.2m	a	b	b	d	—	—
5	K1160 + 592	a	b	b	b	-2.1℃	c	1.5m	6.55m	40cm	1.2m	a	a	a	—	—	—
6	K1191 + 770	d	b	b	b	-0.54℃	c	2.6m	3.7m	40cm	1.2m	a	b	a	d	—	—
7	K1142 + 374	a	b	a	a	-1.5℃	d	2.0m	4.8m	40cm	1.2m	a	a	a	—	—	—
8	K1273 + 455	a	b	a	a	-0.75℃	d	2.5m	4.0m	40cm	1.2m	a	a	a	—	—	—
9	K1262 + 370 ~ K1262 + 450	d	b	b	b	-0.75℃	c	2.5m	b	30cm	1.2m	a	c	b	c	—	—
10	K1025 + 550 ~ K1025 + 650	-4.2℃	b	a	a	-0.91℃	d	3m	6.3m	40cm	1.5m	a	a	a	—	b	a

注：1. 1 - 上限抬升，2 - 地温下降，3 - 温度场对称性，4 - 路基变形；

2. a - 良好，b - 较好，c - 一般，d - 较差。

（五）评价结果分析

在上述评价的基础上，对青藏铁路多年冻土地区无措施、热棒路基和片石通风路基工程效果评价结果和现场实际观测结果进行了对比，见表 9-25。从表中可以看出采用了热棒路基和片石通风路基的工程效果评价值要好于不采用这两种路基的评价值；采用模糊综合评价方法的结果与野外实际观测结果基本相符，说明此方法可运用于多年冻土地区路基工程措施效果评价中。

青藏铁路多年冻土地区路基工程效果评价对比表　　表 9-25

序号	里程范围	工程措施	无措施评价值	评价值	实际值			
					1	2	3	4
1	K1024 +400 ~ K1024 +450	R	c	b	b	—	—	b
2	K1024 +400 ~ K1024 +450	R	c	a	a	—	—	—
3	K1025 +740 ~ K1025 +780	R	b	b	—	b	—	—
4	K1262 +465 ~ K1262 +495	R	c	c	c	c	—	—
5	K1141 +955 ~ K1142 +000	R	b	b	b	b	—	—
6	安多	R	d	d	d	—	b	—
7	K1141 +930 ~ K1142 +030	R	b	b	b	b	—	—
8	K1053 +600	P	b	b	b	—	—	—
9	K1102 +000	P	a	a	a	c	—	—
10	K1142 +700	P	b	b	b	d	—	—
11	K1297 +930	P	d	b	b	d	—	—
12	K1160 +592	P	b	a	a	—	—	—
13	K1191 +770	P	c	b	a	d	—	—
14	K1142 +374	P	b	a	a	—	—	—
15	K1273 +455	P	c	a	a	—	—	—
16	K1262 +370 ~ K1262 +450	P	c	c	b	c	—	—
17	K1025 +550 ~ K1025 +650	P	d	a	a	—	b	a

注:1. R - 热棒,P - 片石;

2. 1 - 上限抬升,2 - 地温下降,3 - 温度场对称性,4 - 路基变形;

3. a - 良好,b - 较好,c - 不良,d - 极差。

但是由于影响多年冻土地区路基工程措施效果的因素很多,评价指标的选择对评价结果会产生很大的影响,因而多年冻土地区路基工程措施效果评价指标体系的建立还有待做进一步的研究;此外,评价结果的准确程度还依赖于各评价指标的数据来源的可靠性;最后,评价指标权重的计算和单因素评价隶属函数的确立,都带有一定的人为性,会对评价结果产生很大的影响,这些都需要在今后的研究过程中进一步加以完善。

第四节　模糊评价方法在柴木铁路冻土路基工程措施效果评价中的应用

评价过程中,年平均气温的数据主要通过已建立起的年平均气温与纬度和海拔间的多元线型回归方程计算得到。该地区的年平均气温—纬度—海拔间的多元线型回归方程为:$Y = 55.87 - 1.020L - 0.00557H$($Y$ 为年平均气温,L 为纬度,H 为海拔)。然后根据表 9-26、表 9-28 和表 9-31 中的评价分级标准,分别将计算出的年平均气温数据划分为良好(a)、较好(b)、一般(c)和较差(d)四个等级进行评价。对于年平均地温数据,已知 DK39 + 800、DK40 + 000、DK74 + 000、DK74 + 500、DK75 + 000、DK94 + 340、DK94 + 660、DK94 + 900、DK99 + 100、DK99 + 200、DK99 + 355、DK114 + 730、DK114 + 800、DK123 + 150 和 DK123 + 250 等 15 个监测断面的实测地温数据。通过相邻附近路段已知的实测地温数据和年平均地温与高程之间的对应关系，两点线型内插得到了其余路段的地温数据。然后根据表9-26、表9-28和表9-31中的评价分级标准，分别将计算出的年平均地温数据划分为良好(a)、较好(b)、一般(c)和较差(d)四个等级进行评价。其他的评价指标数据也根据评价分级标准划分了4个等级。

柴木铁路不仅采用了热棒路基和片石通风路基等主动保护冻土的工程措施，而且采用了换填和挤淤等冻土路基处理措施。在无措施路基、热棒路基和片石通风路基等部分评价路段都不同程度地采用了换填和挤淤等冻土路基处理措施，这在一定程度上提高了冻土路基的稳定性。而部分路段的评价结果也不同程度地受到这些冻土路基处理措施的影响，实际的工程措施效果将会好于评价的结果。此外，本次评价分别对无措施路基、热棒路基和片石通风路基进行了评价，而在部分冻土工程地质条件极差的路段采用了热棒路基和片石通风路基的叠加措施。因而，对于部分采用了热棒路基和片石通风路基的复合措施的路段来说，实际的工程措施效果将会好于由热棒路基和片石通风路基分别进行单一评价的结果。

一、无措施路基工程效果评价

根据上述的多年冻土地区无措施路基工程措施效果评价指标体系和模糊综合评价方法，对柴木铁路多年冻土地区无措施路基工程效果进行了评价，评价结果见表9-26。

柴木铁路多年冻土地区无措施路基工程效果评价 表9-26

序号	里程范围	自然环境				冻土特征			工程措施	评价结果
		年均气温	植被覆盖	坡向坡度	土质	年均地温	冻土类型	冻土上限	路基高度	
1	DK36 +995 ~ DK37 +493	c	a	c	b	c	d	b	a	c
2	DK38 +050 ~ DK39 +550	c	a	c	b	c	a	b	a	a
3	DK43 +700 ~ DK43 +930	d	a	c	b	c	a	b	b	b
4	DK45 +327 ~ DK46 +600	d	a	c	b	c	c	b	c	c
5	DK47 +750 ~ DK47 +845	d	a	c	d	c	a	b	c	c
6	DK49 +980 ~ DK51 +764	d	a	c	b	c	c	b	d	c
7	DK53 +825 ~ DK56 +350	d	a	c	a	c	a	b	c	c
8	DK71 +200 ~ DK71 +400	b	b	c	b	d	b	c	a	b
9	DK76 +580 ~ DK81 +780	b	b	c	a	c	a	c	c	c
10	DK85 +740 ~ DK87 +360	b	b	b	d	b	a	c	c	b
11	DK88 +520 ~ DK89 +200	b	a	b	a	b	b	b	b	b
12	DK89 +600 ~ DK93 +700	b	a	c	a	b	c	b	a	b
13	DK94 +100 ~ DK95 +100	b	a	c	a	c	b	b	a	b
14	DK95 +500 ~ DK97 +700	b	a	c	a	b	b	b	a	b
15	DK100 +700 ~ DK100 +900	b	a	c	a	b	a	b	c	b
16	DK101 +500 ~ DK102 +400	b	a	c	a	b	d	b	c	b
17	DK103 +200 ~ DK103 +500	b	a	c	a	b	b	b	a	b
18	DK104 +400 ~ DK104 +900	b	a	d	a	b	b	b	d	b

续上表

序号	里程范围	自然环境				冻土特征			工程措施	评价结果
		年均气温	植被覆盖	坡向坡度	土质	年均地温	冻土类型	冻土上限	路基高度	
19	DK105 + 600 ~ DK105 + 900	b	a	d	b	b	b	b	b	b
20	DK106 + 400 ~ DK107 + 600	b	a	d	a	b	d	b	c	b
21	DK109 + 100 ~ DK109 + 900	b	a	c	a	b	c	b	a	b
22	DK110 + 200 ~ DK110 + 700	b	a	c	a	b	a	b	a	a
23	DK121 + 400 ~ DK122 + 300	a	a	d	d	b	a	b	a	a
24	DK124 + 400 ~ DK124 + 900	a	a	c	a	b	d	b	c	b
25	DK132 + 300 ~ DK135 + 700	a	a	d	a	b	b	b	c	b

注：a－良好，b－较好，c－一般，d－较差。

在此基础上，为了更好地对评价结果进行分析，对柴木铁路沿线无措施路基工程效果的评价结果进行了统计分析，见表9-27和图9-7。

无措施路基工程效果评价等级结果分布表　　表9-27

评价等级	良好(a)	较好(b)	一般(c)	较差(d)
比例	12%	64%	24%	0%

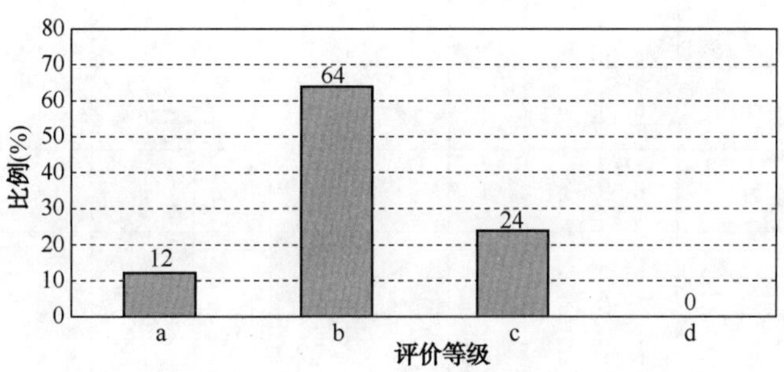

图9-7　无措施路基工程效果评价等级结果分布图

从表9-27、图9-7中看出，柴木铁路多年冻土地区无措施路基工程效果评价结果大部分为良好(a)和较好(b)状态，分别占12%和64%，而处于一般(c)状态的比例为24%，没有出现极较差(d)状态。这部分路基虽然没有采用一些主动保护冻土的措施，但是路基稳定性大部分处于较好状态，这说明没有在这部分路基上过多考虑采取热棒路基和片石通风路基等工程措施是正确的。此外，部分路段的路基采用了换填和挤淤等冻土路基处理措施，这在一定程度上提高了冻土路基的稳定性，实际的工程措施效果还将好于评价的结果。

另一方面，由于影响多年冻土地区无措施路基工程效果的主导因素是冻土类型和年平均地温，其次为路基高度、坡向坡度和冻土上限。从表9-26中可以看出，路段DK36 + 995 ~ DK37 + 493、DK45 + 327 ~ DK46 + 600和DK49 + 980 ~ DK51 + 764的综合评价结果为一般(c)状态，这与这三个路段的冻土类型和年平均地温处于一般(c)或较差(d)状态有很大关系。路段DK47 + 750 ~ DK47 + 845、DK53 + 825 ~ DK56 + 350和DK76 + 580 ~ DK81 + 780的综合评价结果也为一般(c)状态，尽管这三个路段的冻土类型为良好(a)状态，但这三个路段的年平均地温、路基高度和坡向坡度等评价指标的等级处于一般(c)状态,这在很大程度上影响了最终的评价结果。因而,可以看出路基稳定性差的路段基本上位于高含冰率冻土和高温冻土地段,即高温高含冰率冻土地段。

二、热棒路基工程效果评价

根据上述的多年冻土区热棒路基工程措施效果评价指标体系和模糊综合评价方法,对柴木铁路多年冻土区热棒路基工程效果进行了评价,结果见表9-28。

柴木铁路多年冻土地区热棒路基工程效果评价　　表9-28

序号	里程范围	自然环境				冻土特征			工程措施			评价结果
		年平均气温	植被覆盖	坡向坡度	土质	年平均地温	冻土类型	冻土上限	路基高度	埋设间距	两侧埋设间距合理性	评价值
1	DK34 +656 ~ DK36 +620	c	a	c	d	c	b	b	b	a	b	b
2	DK37 +677 ~ DK38 +050	c	a	c	a	c	c	b	a	a	b	c
3	DK44 +500 ~ DK45 +280	d	a	c	b	c	c	b	b	a	b	d
4	DK48 +057 ~ DK49 +840	d	a	c	d	d	b	b	a	a	b	c
5	DK52 +815 ~ DK53 +270	c	a	c	d	c	c	b	d	a	b	c
6	DK57 +000 ~ DK57 +220	c	b	c	a	c	c	c	a	a	b	c
7	DK72 +400 ~ DK73 +000	b	b	c	a	c	c	c	a	a	b	c
8	DK73 +580 ~ DK74 +960	b	b	c	a	c	b	c	b	a	b	c
9	DK84 +380 ~ DK85 +740	b	b	d	a	b	c	c	b	a	b	b
10	DK97 +700 ~ DK100 +700	b	a	c	a	b	b	b	a	a	b	b
11	DK100 +900 ~ DK101 +500	b	a	c	a	b	d	b	a	a	b	b
12	DK107 +600 ~ DK108 +700	b	a	c	a	b	d	b	a	a	b	b
13	DK109 +900 ~ DK110 +200	b	a	c	a	b	a	b	b	a	b	b
14	DK114 +600 ~ DK121 +400	b	a	d	a	b	d	b	d	a	b	b
15	DK124 +900 ~ DK132 +300	a	a	c	a	b	d	b	a	a	b	b
16	DK135 +700 ~ DK141 +300	a	a	c	a	b	b	b	c	a	b	b

注:1. a-良好,b-较好,c-一般,d-较差。

在此基础上,为了更好地对评价结果进行分析,对柴木铁路沿线热棒路基工程效果的评价结果进行了统计分析，见表9-29和图9-8。

热棒路基工程效果评价等级结果分布表　　表9-29

评价等级	良好(a)	较好(b)	一般(c)	较差(d)
比例	5.7%	76%	15%	3.3%

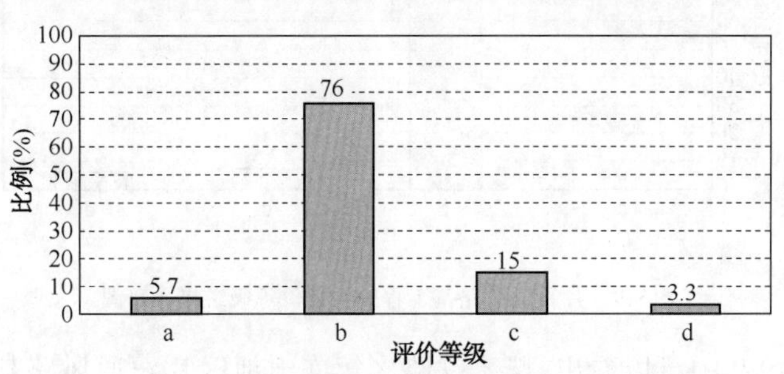

图9-8　热棒路基工程效果评价等级结果分布图

从表9-29和图9-8中可以看出，柴木铁路多年冻土地区热棒路基工程效果评价结果为良好(a)和较好(b)状态的，分别占5.6%和76%，两者之和占总体评价结果的80%以上；处于一般(c)状态的比例分别为15%，而处于较差(d)状态的比例仅为3.3%。评价结果表明，这部分路基在采用了热棒这一主动保护冻土的工程措施之后，大部分路段的路基稳定性是处于较好状态的，这说明在这部分路基上采用热棒路基等工程措施的效果是明显的。此外，在这部分评价路段的某部分路基不同程度地采用了换填和挤淤等冻土路基处理措施，这在一定程度上提高了冻土路基的稳定性，实际的工程措施效果还将好于评价的结果。另外，由于在部分冻土工程地质条件极差的路段采用了热棒路基和片石通风路基的叠加工程措施。因而，对于部分采用了热棒路基和片石通风路基的叠加措施的路段来说，实际的工程措施效果将会好于由热棒路基进行单一评价的结果。

另一方面，由于影响多年冻土地区热棒路基工程效果的主导因素是埋设间距、冻土类型、年平均地温和倾斜角度。从表9-29中可以看出，路段DK37+677~DK38+050、DK39+550~DK40+750、DK44+500~DK45+280，DK48+057~DK49+840、DK52+815~DK53+270、DK57+000~DK57+220、DK72+400~DK73+000和DK73+580~DK74+960的综合评价结果为一般(c)或较差(d)状态。尽管这8段热棒路基的埋设间距为良好(a)状态，但这些路段的另外两个重要指标冻土类型和年平均地温则处于一般(c)或较差(d)状态，这都在很大程度上导致了最终的评价结果为一般(c)或较差(d)状态。同样可以看出路基稳定性差的路段基本上也位于高温高含冰率冻土地段。

三、片石通风路基工程效果评价

根据上述的多年冻土地区片石通风路基工程措施效果评价指标体系和模糊综合评价方法，对柴木铁路多年冻土地区片石通风路基工程效果进行了评价，评价结果见表9-30。

片石通风路基工程效果评价等级结果分布表　　表9-30

评价等级	良好(a)	较好(b)	一般(c)	较差(d)
比例	0%	86.1%	7.5%	6.4%

在此基础上，为了更好地对评价结果进行分析，对柴木铁路沿线片石通风路基工程效果的评价结果进行了统计分析，见图9-9和表9-31。

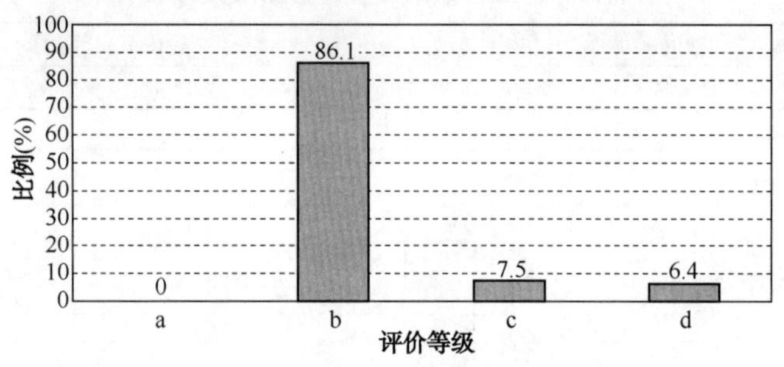

图9-9　片石通风路基工程效果评价等级结果分布图

从表9-31和图9-9中可以看出，柴木铁路多年冻土地区片石通风路基工程效果评价结果大部分为较好(b)状态，占86.1%；处于一般(c)状态的为7.5%，处于较差(d)状态的为6.4%；没有处于良好(a)状态的路段。评价结果表明，这部分路基在采用了片石这一主动保护冻土的工程措施之后，大部分路段的路基稳定性是处于较好状态的，这说明在这部分路基上采用片石通风路基等工程措施的效果是显著的。此外，在这部分评价路段的某部分路基不同程度地采用了换填和挤淤等冻土路基处理措施，这在一定程度上提高了冻土路基的稳定性，实际的工程措施效果还将好于评价的结果。另外，由于在部分冻土工程地质条件极差的路段采用了热棒路基和片石通风路基的叠加工程措施。因而，对于部分采用了热棒路基和片石通风路基的叠加措施的路段来说，实际的工程措施效果将会好于由片石通风路基进行单一评价的结果。

柴木铁路多年冻土地区片石通风路基工程效果评价　　表9-31

序号	里程范围	自然环境				冻土特征			工程措施				评价结果
		年均气温	植被覆盖	坡向坡度	土质	年均地温	冻土类型	冻土上限	路基高度	片石粒径	片石层厚度	片石强度	评价值
1	DK34+100～DK36+620	c	a	c	d	c	d	b	a	a	b	b	b
2	DK37+677～DK38+050	c	a	c	a	c	d	b	c	a	b	b	c
3	DK39+550～DK43+536	c	a	d	a	c	d	b	d	a	b	b	b
4	DK43+930～DK44+000	d	a	c	a	d	c	b	d	a	b	b	b
5	DK46+600～DK47+750	d	a	c	a	d	d	b	a	a	b	b	d
6	DK48+057～DK49+840	d	a	c	d	d	d	b	a	a	b	b	d
7	DK52+815～DK53+825	c	a	b	d	c	c	b	d	a	b	b	b
8	DK72+000～DK74+960	b	b	c	a	c	c	c	d	a	b	b	c

续上表

序号	里程范围	自然环境				冻土特征			工程措施				评价结果
		年均气温	植被覆盖	坡向坡度	土质	年均地温	冻土类型	冻土上限	路基高度	片石粒径	片石层厚度	片石强度	评价值
9	DK81 +780 ~ DK85 +740	b	b	d	a	b	c	c	b	a	b	b	b
10	DK87 +360 ~ DK88 +520	b	a	b	a	b	d	b	c	a	b	b	b
11	DK89 +200 ~ DK89 +600	b	a	b	b	b	d	b	c	a	b	b	b
12	DK93 +700 ~ DK94 +100	b	a	d	a	b	c	b	a	a	b	b	b
13	DK98 +500 ~ DK100 +700	b	a	c	b	b	c	b	c	a	b	b	b
14	DK100 +900 ~ DK101 +500	b	a	c	a	b	d	b	c	a	b	b	b
15	DK102 +400 ~ DK103 +200	b	a	c	a	b	d	b	b	a	b	b	b
16	DK103 +500 ~ DK104 +400	b	a	d	c	b	d	b	d	a	b	b	b
17	DK104 +900 ~ DK105 +600	b	a	d	a	b	d	b	b	a	b	b	b
18	DK105 +900 ~ DK106 +400	b	a	d	b	b	d	b	b	a	b	b	b
19	DK107 +600 ~ DK109 +100	b	a	c	a	b	d	b	a	a	b	b	b
20	DK109 +900 ~ DK110 +200	b	a	c	a	b	d	b	a	a	b	b	b
21	DK110 +700 ~ DK121 +400	b	a	d	a	b	d	b	d	a	b	b	b
22	DK122 +300 ~ DK124 +400	a	a	d	a	b	a	b	d	a	b	b	b
23	DK124 +900 ~ DK132 +300	a	a	c	a	b	d	b	a	a	b	b	b
24	DK135 +700 ~ DK141 +300	a	a	c	a	b	d	b	a	a	b	b	b

注:a-良好,b-较好,c-一般,d-较差。

另一方面,由于影响多年冻土地区片石通风路基工程效果的主导因素是片石粒径、冻土类型和年平均地温。从表 9-31 中可以看出,路段 DK37 +677 ~ DK38 +050、DK46 +600 ~ DK47 +750、DK48 +057 ~ DK49 +840 和 DK72 +000 ~ DK74 +960 的综合评价结果为一般(c)或较差(d)状态。尽管这四个片石通风路基的片石粒径为良好(a)状态,但这四个路段的另外两个重要指标冻土类型和年平均地温则处于一般(c)或较差(d)状态,这都在很大程度上影响了最终的评价结果为一般(c)或较差(d)状态。同样可以看出路基稳定性差的路段基本上也位于高温高含冰率冻土地段。

第五节　柴木铁路模糊评价模型修正及最终模糊评判结果

柴木铁路试验断面测温孔及沿线附加孔地温自2008年开始观测，截止到2010年已获得两个完整周期的资料。基于青藏铁路建立的模糊评价模型在评价青藏铁路的工程措施效果时所得结果与实际符合较好，应用上面模型对柴木铁路沿线工程措施进行初步评价结果见表9-26、表9-28、表9-31。为验证模糊评价模型的适应性，下面对沿线布置的15个试验断面单独评价，试验断面各项实测资料见表9-32，其中多年冻土人为上限值取最近一个年变化周期中10月的最大融化深度值，同时左右路肩分别取值；柴木沿线多年冻土地温值一般在8m附近年变化较小或基本稳定，因此温度下降值一项可以首先考虑取路基天然地表以下8m深度处降温值，负值表示温度降低，正值表示温度升高；温度场对称性主要参考路基下最大融深出现时左右路肩下地温的差值，柴木铁路为东南—西北走向，路基受阴阳坡作用明显，常在路基左侧路肩出现较大融深，因此这一指标可以选取左路肩最大融深处地温与右路肩地温的差值。

表9-33～表9-35给出不同措施试验断面评价值和实际值，表9-36给出了实测值综合评价结果与模型评价结果对比值。可以看出，对于无措施路基和片石通风路基而言，实测值评价结果与模型评价结果比较接近，一致率为60%；但对于热棒路基，实际值为良好，而评价值为较好。此外，路基刚修建好，未发现裂缝，因此近期评价意义不大。

路基实际观测值结果　　表9-32

工程措施	试验断面	天然上限(m)	上限(m)		地温下降(℃)[1]		温度场对称性[2](℃)	路基变形	
			左路肩	右路肩	左路肩	右路肩		左路肩	右路肩
片石通风路基	DK40+000	-1.5	-1.2	—	0.19	—	—	无	无
	DK74+000	-2.1	-1.7	—	0.1	0.08	—	无	无
	DK94+900	-2.1	-1.4	-1.4	0.27	0.23	0.11	无	无
	DK123+150	-1.4	-1.0	-0.4	0.3	0.20	0.31	无	无
	DK123+250	-1.4	-1.4	-0.8	0.43	0.42	0.15	无	无
热棒路基	DK74+500	-3.4	-1.5	-0.9	-0.03	-0.02	0.21	无	无
	DK99+100	-2.0	—	-1.6	0.18	0.15	—	无	无
	DK99+200	-2.0	-1.5	-1.3	-0.16	-0.10	0.18	无	无
热棒+片石通风	DK114+730	-2.0	-1.4	-1.2	0.25	0.22	0.22	无	无
	DK114+800	-2.3	-1.9	-1.2	0.19	0.18	0.40	无	无
普通路基	DK39+800	-1.5	-1.9	-1.5	0.17	0.14	0.2	无	无
	DK75+000	-4.9	-3.0	-2.1	-0.09	-0.07	0.10	无	无
	DK94+340	-1.8	-2.1	-2.1	0.11	0.05	0.21	无	无
	DK94+660	-1.9	-1.7	-2.1	0.02	0	0.48	无	无
	DK99+355	-2.0	-1.3	-1.0	-0.08	-0.08	0.07	无	无

注：1. 2007—2009年平均地温变化值，温度升高为正值，温度降低为负值；

2. 左路肩最大融化深度时，天然上限温度与右路肩同一深度处温度差值，正值表示右路肩同一深度处温度低于左路肩的值。

柴木铁路多年冻土地区无措施试验段路基工程效果评价　　表 9-33

序号	里程范围	自然环境				冻土特征			工程措施	评价结果				
		年平均气温	植被覆盖	坡向坡度	土质	年平均地温	冻土类型	冻土上限	路基高度	评价值	实际值			
											1	2	3	4
1	DK75 + 000	b	b	c	a	c	a	d	d	a	a	c	a	a
2	DK94 + 340	b	a	c	a	c	b	b	a	a	d	d	a	a
3	DK94 + 660	b	a	c	a	c	b	b	d	a	c	d	b	a
4	DK94 + 900	b	a	c	a	c	b	b	a	a	a	d	a	a
5	DK99 + 355	b	a	c	a	b	b	b	a	a	a	c	a	a

注:1. 1-上限抬升,2-地温下降,3-温度场对称性,4-路基变形;

2. a-良好,b-较好,c-一般,d-较差。

柴木铁路多年冻土地区片石通风试验段路基工程效果评价　　表 9-34

序号	里程范围	自然环境				冻土特征			工程措施				评价结果				
		年平均气温	植被覆盖	坡向坡度	土质	年平均地温	冻土类型	冻土上限	路基高度	片石粒径	片石层厚度	片石强度	评价值	实际值			
														1	2	3	4
1	DK39 + 800	c	a	d	a	c	d	b	d	a	b	b	b	d	d	a	a
2	DK40 + 000	c	a	d	a	c	d	b	d	a	b	b	b	b	d	a	a
3	DK74 + 000	b	a	c	a	c	b	c	d	a	b	b	b	b	d	a	a
4	DK123 + 150	a	a	d	a	b	a	b	d	a	b	b	b	a	d	a	a
5	DK123 + 250	a	a	d	a	b	a	b	d	a	b	b	b	b	d	a	a

注:1. 1-上限抬升,2-地温下降,3-温度场对称性,4-路基变形;

2. a-良好,b-较好,c-一般,d-较差。

对于地温下降值,选取合理的参考标准可以反映出实际工程措施效果,通过天然地表孔观测,8m 深度处的年平均地温一般处于稳定状态。当选择 8m 深度地温变化值为该项指标时,发现试验断面地温几乎都是升高的,表 9-32,得到的结果反映不出工程措施效果,分别见表 9-33 ~ 表 9-35。因此,应考虑从路基温度场年际变化情况来划分等级,即同一深度处 2009 年年平均地温与 2008 年年平均地温的差值。

柴木铁路多年冻土地区热棒路基工程效果评价　　表 9-35

序号	里程范围	自然环境				冻土特征			工程措施			评价结果				
		年平均气温	植被覆盖	坡向坡度	土质	年平均地温	冻土类型	冻土上限	路基高度	埋设间距	两侧埋设间距合理性	评价值	实际值			
													1	2	3	4
1	DK74 + 500	b	a	c	a	c	b	c	b	a	b	c	a	c	a	a
2	DK99 + 100	b	a	c	a	b	b	b	a	a	b	b	a	c	a	a
3	DK99 + 200	b	a	c	a	b	b	b	a	a	b	b	a	c	a	a
4	DK114 + 730	b	a	d	a	b	d	b	d	a	b	b	a	c	a	a
5	DK114 + 800	b	a	d	a	b	d	b	d	a	b	b	a	c	a	a

注:1. 1-上限抬升,2-地温下降,3-温度场对称性,4-路基变形;

2. a-良好,b-较好,c-一般,d-较差。

柴木铁路多年冻土地区路基工程措施效果评价 表 9-36

序号	里程范围	评价值	实际值	序号	里程范围	评价值	实际值	序号	里程范围	评价值	实际值
无措施路基	DK75 + 000	a	a	片石路基	DK39 + 800	b	d	热棒路基	DK74 + 500	c	a
	DK94 + 340	a	d		DK40 + 000	b	b		DK99 + 100	b	a
	DK94 + 660	a	c		DK74 + 000	b	b		DK99 + 200	b	a
	DK94 + 900	a	a		DK123 + 150	b	a		DK114 + 730	b	a
	DK99 + 355	a	a		DK123 + 250	b	b		DK114 + 800	b	a

注:a - 良好,b - 较好,c - 一般,d - 较差。

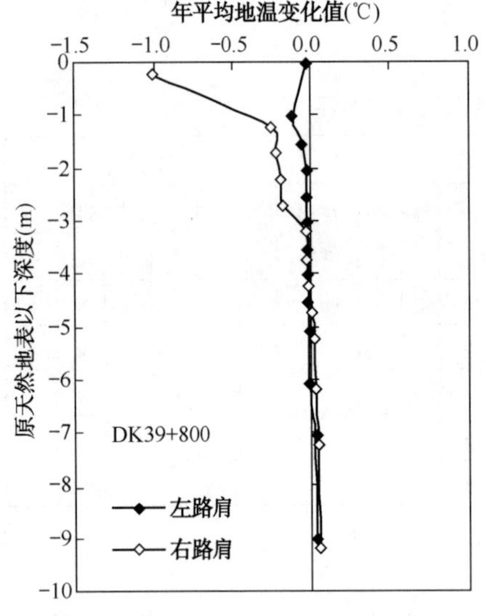

图 9-10 DK39 + 800 路基下不同深度位置的年均地温变化曲线

图 9-10 ~ 图 9-12 反映了片石通风路基天然地表以下年平均地温变化情况。DK39 + 800 断面从 2008—2009 年地表以下 4m 深度范围内温度明显降低,右路肩温度低于左路肩温度,4m 以下,右路肩温度高于左路肩。对于 DK123 + 150 和 DK123 + 250 断面左路肩 1m 深度以下温度处于升温状态,DK123 + 150 断面右路肩整体处于降温状态,DK123 + 250 断面右路肩 3m 深度以下处于升温状态。图 9-12 整体反映了片石通风路基路肩下年平均地温变化情况,可以看到右路肩降温效果较左路肩明显,左路肩在 1m 以下虽然有升温,但升温幅度基本小于 0.1℃。

图 9-13 为热棒路基断面的措施效果,DK74 + 500 降温效果明显,左右路肩下温度整体得到降低,左路肩降温效果优于右路肩,但整体在 1m 以下降温

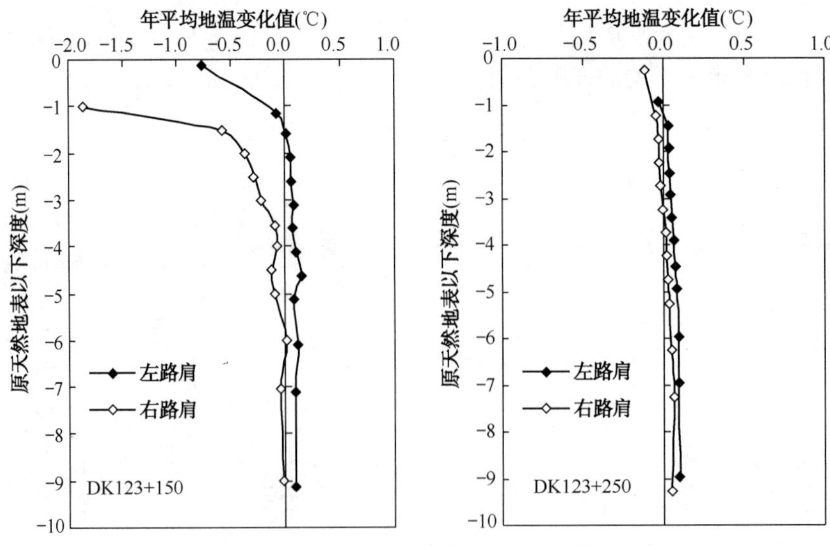

图 9-11 路基下不同深度位置的年均地温变化曲线

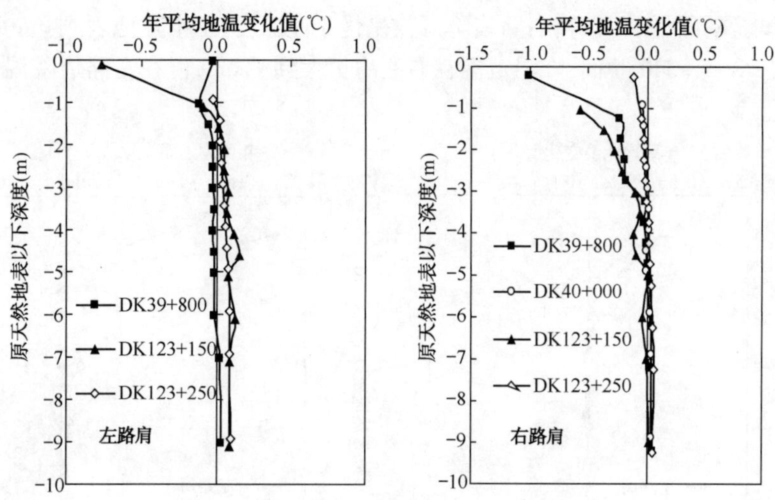

图 9-12　片石通风路基路肩下年平均地温变化值

值较小,小于0.05℃;在DK99+200断面,左路肩降温效果同样优于右路肩,右路肩在3m深度以下温度升高,但幅度较小,不到0.05℃;DK114+730、DK114+800断面均位于低温及高含冰冻土区,左右路肩降温效果比较起来,仍然是左路肩降温效果优于右路肩,左路肩在约2m深度温度降低,右路肩在约1m深度温度降低。

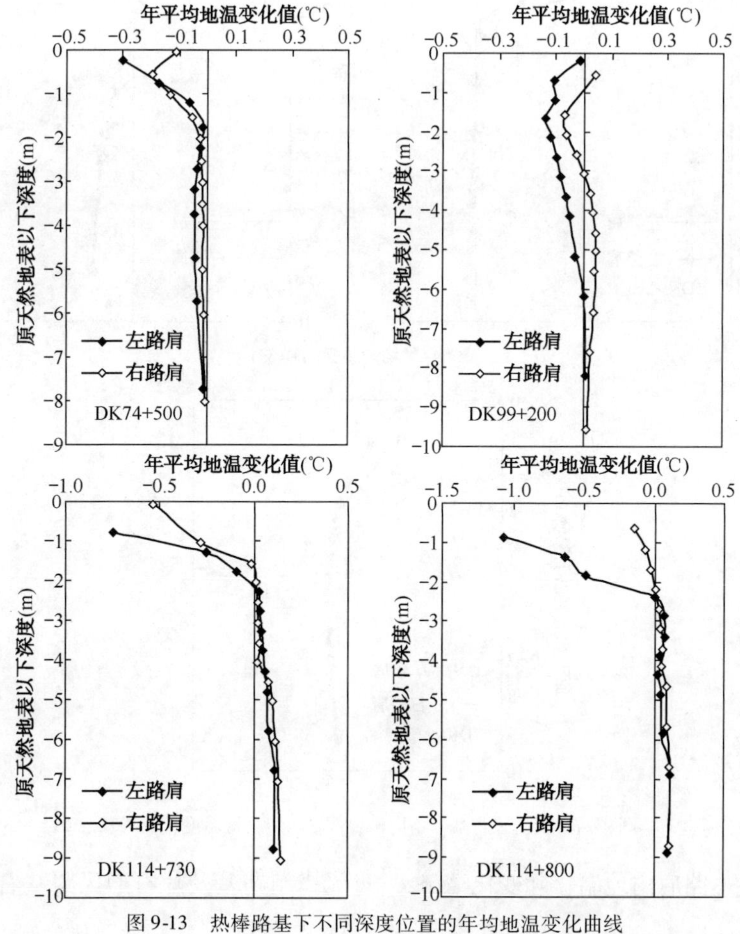

图 9-13　热棒路基下不同深度位置的年均地温变化曲线

在无措施试验断面(图9-14),右路肩降温效果优于左路肩,基本在地表到3m深度处温度均已降低,其中在DK94+340断面,降温范围在右路肩扩大到了6m,但在左路肩降温范围为2m深度范围内。

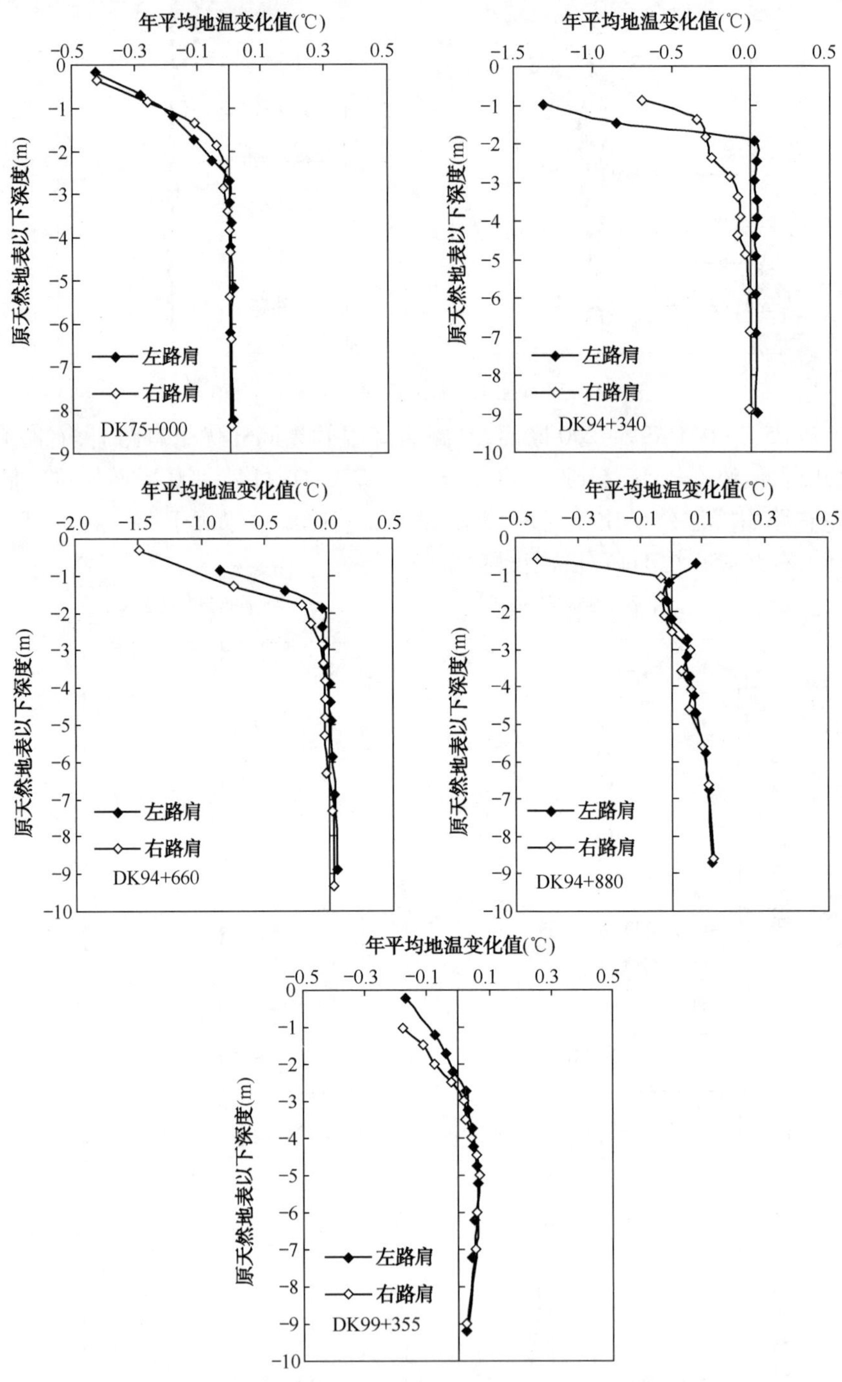

图9-14 无措施路基下不同深度位置的年均地温变化曲线

通过分析左右路肩内地温年际变化情况,发现无措施路基及片石通风路基右路肩降温值较左路肩大，而对于热棒路基，左路肩降温效果要优于右路肩，证明了路基左右采用不同的热棒布置方式能起到消除阴阳坡效应的目的。路基下从原地面到天然上限 3m 这一范围内温度明显是降低的，"地温下降值"这一指标可以参考试验断面左右路肩年际变化均值得到的结果，但由于在 0 ~ 1m 深度范围内地温受气温影响较大，因此指标主要参考 1 ~ 3m 深度范围内所有年际温差值累加后求得的平均值，这一指标能客观反映具体降温效果如何。表 9-37 中试验断面降温值都小于 0.3℃，因此表 9-1 所给标准不符合实际，良好一级应调整为≥0.1℃，较好一级应调整为 0 ~ 0.1℃，具体指标见表 9-38。

柴木铁路多年冻土地区试验断面 1 ~ 3m 平均降温值　　表 9-37

序号	试验断面	降温值(℃)	序号	试验断面	降温值(℃)	序号	试验断面	降温值(℃)
无措施路基	DK75 + 000	-0.07	片石路基	DK39 + 800	-0.13	热棒路基	DK74 + 500	-0.06
	DK94 + 340	-0.25		DK40 + 000	-0.12		DK99 + 100	-0.08
	DK94 + 660	-0.20		DK74 + 000			DK99 + 200	-0.08
	DK94 + 900	-0.01		DK123 + 150	-0.14		DK114 + 730	-0.11
	DK99 + 355	-0.05		DK123 + 250	-0.01		DK114 + 800	-0.18

多年冻土区路基工程措施效果特征分级　　表 9-38

特征指标	良好(a)	较好(b)	一般(c)	较差(d)
上限抬升(m)	≥0.5	0.1 ~ 0.5	-0.1 ~ 0.1	≤ -0.1
地温下降(℃)	≥0.2	0.1 ~ 0.2	0 ~ 0.1	≤0
温度场对称性(℃)	≤0.3	0.3 ~ 0.5	0.5 ~ 0.7	≥0.7

路基修筑以后对天然冻土有热扰动，导致路基内部形成融化盘，但在阴阳坡作用下，路基内部融化盘会向阳坡侧偏移，使得同样深度处阳坡温度高于阴坡温度，最终导致路基不均匀沉降。柴木铁路整体为东南—西北走向，路基左坡面(阳坡)和右坡面(阴坡)接受太阳辐射量明显存在差异，导致路基内部温度场不均匀，在一定深度处一般左路肩内部温度高于右路肩。对于温度场对称性实际指标的选取，主要考虑到最大融化深度出现时人为上限深度处温差较大，因此选取左路肩最大融深处和右路肩同样深度处年平均地温的差值。但表 9-1 所给指标与实际不符，需做调整。路基变形主要考虑是否有裂缝出现，通过现场实际调查，发现路基没有出现明显裂缝，处于良好状态，不予评价。

调整特征分级后得到的试验断面各项评价值见表 9-39 ~ 表 9-41，最终评价结果见表 9-42。无措施路基及片石通风路基模型评价结果与实际结果一致率为 80%；热棒路基实际结果与模型评价结果之间出入较大，主要原因是在模型评价中热棒措施一项所占权重较小导致出现这一结果。

柴木铁路多年冻土地区无措施试验路基工程效果评价　　表 9-39

序号	里程范围	自然环境				冻土特征			工程措施	评价结果			
		年平均气温	植被覆盖	坡向坡度	土质	年平均地温	冻土类型	冻土上限	路基高度	评价值	实际值		
											1	2	3
1	DK75 + 000	b	b	c	a	c	a	d	d	a	a	c	a
2	DK94 + 340	b	a	c	a	c	b	b	a	a	c	a	a
3	DK94 + 660	b	a	c	a	c	b	b	d	a	b	a	b
4	DK94 + 900	b	a	c	a	c	b	b	a	a	a	c	a
5	DK99 + 355	b	a	c	a	b	b	b	a	a	a	c	a

注：1. 1 - 上限抬升，2 - 地温下降，3 - 温度场对称性；

2. a - 良好，b - 较好，c - 一般，d - 较差。

柴木铁路多年冻土地区片石通风试验路基工程效果评价　　表 9-40

序号	里程范围	自然环境				冻土特征			工程措施				评价结果			
		年平均气温	植被覆盖	坡向坡度	土质	年平均地温	冻土类型	冻土上限	路基高度	片石粒径	片石层厚度	片石强度	评价值	实际值		
														1	2	3
1	DK39 +800	c	a	d	a	c	d	b	d	a	b	b	b	b	b	a
2	DK40 +000	c	a	d	a	c	d	b	d	a	b	b	b	b	b	a
3	DK74 +000	b	a	c	a	c	b	c	d	a	b	b	b	b	b	a
4	DK123 +150	a	a	d	a	b	a	b	d	a	b	b	b	a	b	b
5	DK123 +250	a	a	d	a	b	a	b	d	a	b	b	b	b	c	a

注:1. 1 – 上限抬升,2 – 地温下降,3 – 温度场对称性;

2. a – 良好,b – 较好,c – 一般,d – 较差。

柴木铁路多年冻土地区热棒路基工程效果评价　　表 9-41

序号	里程范围	自然环境				冻土特征			工程措施			评价结果			
		年平均气温	植被覆盖	坡向坡度	土质	年平均地温	冻土类型	冻土上限	路基高度	埋设间距	间距合理性	评价值	实际值		
													1	2	3
1	DK74 +500	b	a	c	a	c	b	c	b	a	b	c	a	c	a
2	DK99 +100	b	a	c	a	b	b	b	a	a	b	b	a	c	a
3	DK99 +200	b	a	c	a	b	b	b	a	a	b	b	a	c	a
4	DK114 +730	b	a	d	a	b	d	b	d	a	b	b	a	b	a
5	DK114 +800	b	a	d	a	b	d	b	d	a	b	b	a	b	b

注:1. 1 – 上限抬升,2 – 地温下降,3 – 温度场对称性;

2. a – 良好,b – 较好,c – 一般,d – 较差。

柴木铁路多年冻土地区路基工程措施效果评价(校正结果)　　表 9-42

序号	里程范围	评价值	实际值	序号	里程范围	评价值	实际值	序号	里程范围	评价值	实际值
无措施路基	DK75 +000	a	a	片石路基	DK39 +800	b	c	热棒路基	DK74 +500	c	a
	DK94 +340	a	b		DK40 +000	b	b		DK99 +100	b	a
	DK94 +660	a	a		DK74 +000	b	b		DK99 +200	b	a
	DK94 +900	a	a		DK123 +150	b	a		DK114 +730	b	a
	DK99 +355	a	a		DK123 +250	b	b		DK114 +800	b	a

注:a – 良好,b – 较好,c – 一般,d – 较差。

上面分析的柴木铁路无措施路基与片石通风路基试验断面实际值与模型评价值一致率达到 80%,不再修改。但热棒路基实际监测断面所得评价结果优于模型评价结果,因此需要对热棒路基评价模型做出相应调整,然后得到最终评价结果。

在前面路基热稳定性分析中,计算及监测结果都反映出了热棒措施对于抬高多年冻土人为上限效果明显,同时对于阴阳坡采用不同埋设方式能有效降低路基温度场不对称性,所以,工程措施一项在保证路基稳定性中起到了主要作用。但在前面的模型中工程措施一项所占权重较小,导致热棒路基工程措施效果评价中,自然环境及冻土特征共同作用下的热棒路基状态主要处于较好状态,热棒的实际降温效果在模型中没有得到真正体现,因此需要从调整工程措施权重的角度出发重新修正模型。

首先对热棒路基工程措施效果中自然环境、冻土特征及工程措施权重进行调整，加大工程措施一项权重，得到结果见表9-43。对于分项指标权重不变，见表9-13～表9-15。最后计算出分级指标所占总权重见表9-44和图9-15。

热棒路基工程效果评价指标判断矩阵及权重　　表9-43

指标	自然环境	冻土特征	工程措施	权重
自然环境	1	1/2	1/3	0.16
冻土特征	2	1	1/2	0.30
工程措施	3	2	1	0.54

$\lambda = 3.0092, CI = 0.0046, RI = 0.58, CR = 0.008 < 0.1$。

热棒路基工程效果各评价指标权重　　表9-44

指标	年平均气温	植被覆盖	坡向坡度	土质	年平均地温	冻土类型	冻土上限	路基高度	埋设间距	两侧埋设间距合理性
序号	1	2	3	4	5	6	7	8	9	10
权重	0.03	0.02	0.07	0.04	0.12	0.13	0.05	0.09	0.29	0.16

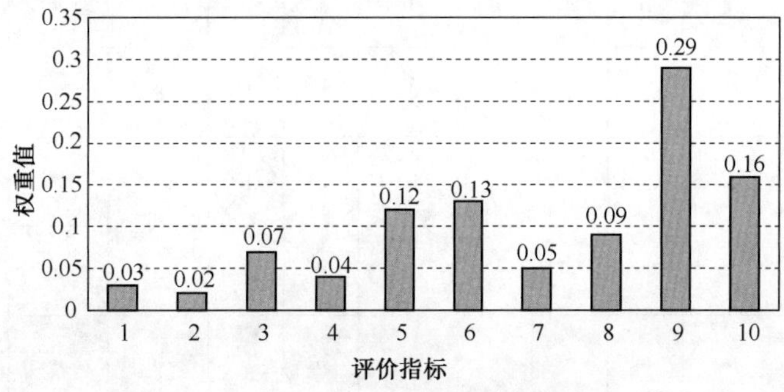

图9-15　热棒路基工程效果各评价指标权重值

现在利用表9-44中各项指标权重并结合铁路沿线实际情况，计算得到柴木铁路多年冻土地区热棒路基工程效果评价结果（表9-45），评价结果等级分布图如图9-16所示。图9-16显示，采用热棒工程措施的路基有69.5%处于良好状态，有29.1%处于较好状态，这一评价结果更好地吻合了前面的现场观测结果。柴木铁路沿线无措施路基工程效果评价结果见表9-46和图9-17，处于良好状态的占12%，较好状态占64%，一般状态占24%；片石通风路基措施效果评价结果见表9-47和图9-18，较好状态占86.1%，一般状态占7.5%，较差状态占6.4%。

柴木铁路多年冻土地区热棒路基工程效果评价结果　　表9-45

序号	里程范围	自然环境				冻土特征			工程措施			评价结果
		年平均气温	植被覆盖	坡向坡度	土质	年平均地温	冻土类型	冻土上限	路基高度	埋设间距	两侧埋设间距合理性	
1	DK34+656～DK36+620	c	a	c	d	c	b	b	b	a	b	b
2	DK37+677～DK38+050	c	a	c	a	c	c	b	a	a	b	a

续上表

序号	里程范围	自然环境				冻土特征			工程措施			评价结果
		年平均气温	植被覆盖	坡向坡度	土质	年平均地温	冻土类型	冻土上限	路基高度	埋设间距	两侧埋设间距合理性	
3	DK44 +500 ~ DK45 +280	d	a	c	a	c	b	b	b	a	b	b
4	DK48 +057 ~ DK49 +840	d	a	c	d	d	b	b	a	a	b	b
5	DK52 +815 ~ DK53 +270	c	a	c	d	c	c	b	d	a	b	c
6	DK57 +000 ~ DK57 +220	c	b	c	a	c	c	c	a	a	b	a
7	DK72 +400 ~ DK73 +000	b	b	c	a	c	c	c	a	a	b	a
8	DK73 +580 ~ DK74 +960	b	b	c	a	c	b	c	b	a	b	a
9	DK84 +380 ~ DK85 +740	b	b	d	a	b	c	c	b	a	b	b
10	DK97 +700 ~ DK100 +700	b	a	c	a	b	b	b	a	a	b	a
11	DK100 +900 ~ DK101 +500	b	a	c	a	b	d	b	a	a	b	a
12	DK107 +600 ~ DK108 +700	b	a	c	a	b	d	b	a	a	b	a
13	DK109 +900 ~ DK110 +200	b	a	c	a	b	a	b	b	a	b	b
14	DK114 +600 ~ DK121 +400	b	a	d	a	b	d	b	d	a	b	a
15	DK124 +900 ~ DK132 +300	a	a	c	a	b	d	b	a	a	b	a
16	DK135 +700 ~ DK141 +300	a	a	c	a	b	b	b	c	a	b	b

注:a－良好,b－较好,c－一般,d－较差。

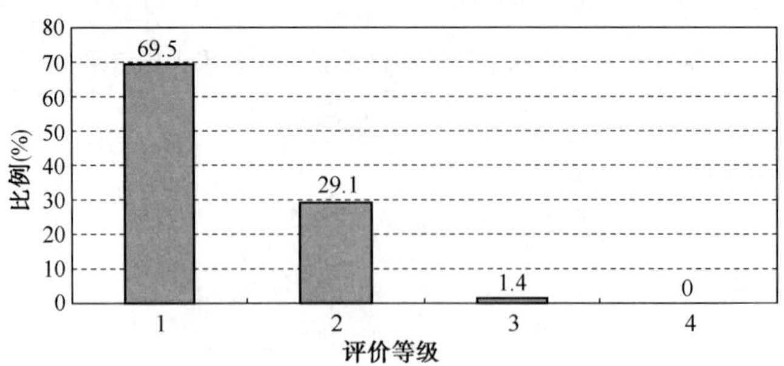

图9-16　热棒路基工程效果评价等级结果分布图

柴木铁路多年冻土地区无措施路基工程效果评价　　表 9-46

序号	里程范围	自然环境				冻土特征			工程措施	评价结果
		年平均气温	植被覆盖	坡向坡度	土质	年平均地温	冻土类型	冻土上限	路基高度	
1	DK36 +995 ~ DK37 +493	c	a	c	b	c	d	b	a	c
2	DK38 +050 ~ DK39 +550	c	a	c	b	c	a	b	a	a
3	DK43 +700 ~ DK43 +930	d	a	c	b	c	a	b	b	b
4	DK45 +327 ~ DK46 +600	d	a	c	b	c	c	b	c	c
5	DK47 +750 ~ DK47 +845	d	a	c	d	c	a	b	c	c
6	DK49 +980 ~ DK51 +764	d	a	c	b	c	c	b	d	c
7	DK53 +825 ~ DK56 +350	d	a	c	a	c	a	b	c	c
8	DK71 +200 ~ DK71 +400	b	b	c	b	d	b	c	a	b
9	DK76 +580 ~ DK81 +780	b	b	c	a	c	a	c	c	c
10	DK85 +740 ~ DK87 +360	b	b	b	d	b	a	c	c	b
11	DK88 +520 ~ DK89 +200	b	a	b	a	b	b	b	b	b
12	DK89 +600 ~ DK93 +700	b	a	c	a	b	c	b	a	b
13	DK94 +100 ~ DK95 +100	b	a	c	a	c	b	b	a	b
14	DK95 +500 ~ DK97 +700	b	a	c	a	b	b	b	a	b
15	DK100 +700 ~ DK100 +900	b	a	c	a	b	a	b	c	b
16	DK101 +500 ~ DK102 +400	b	a	c	a	b	d	b	c	b
17	DK103 +200 ~ DK103 +500	b	a	c	a	b	b	b	a	b
18	DK104 +400 DK104 +900	b	a	d	a	b	b	b	d	b
19	DK105 +600 DK105 +900	b	a	d	b	b	b	b	b	b
20	DK106 +400 ~ DK107 +600	b	a	d	a	b	d	b	c	b

注:a－良好,b－较好,c－一般,d－较差。

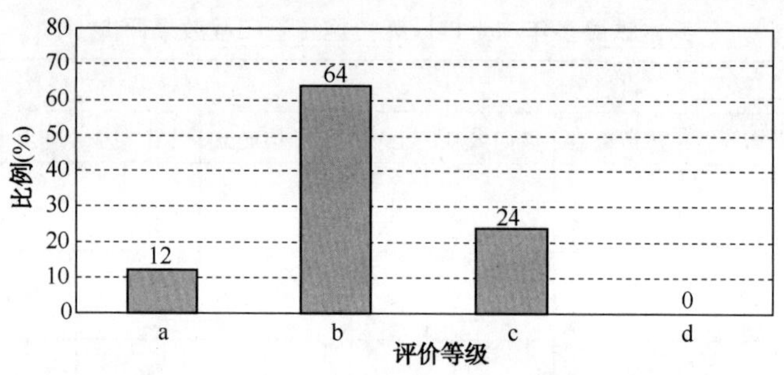

图 9-17　无措施路基工程效果评价等级结果分布图

柴木铁路多年冻土地区片石通风路基工程效果评价　　表 9-47

序号	里程范围	自然环境				冻土特征			工程措施				评价结果
		年均气温	植被覆盖	坡向坡度	土质	年均地温	冻土类型	冻土上限	路基高度	片石粒径	片石层厚度	片石强度	
1	DK34 + 100 ~ DK36 + 620	c	a	c	d	c	d	b	a	a	b	b	b
2	DK37 + 677 ~ DK38 + 050	c	a	c	a	c	d	b	c	a	b	b	c
3	DK39 + 550 ~ DK43 + 536	c	a	d	a	c	d	b	d	a	b	b	b
4	DK43 + 930 ~ DK44 + 000	d	a	c	a	d	c	b	d	a	b	b	b
5	DK46 + 600 ~ DK47 + 750	d	a	c	a	d	d	b	a	a	b	b	d
6	DK48 + 057 ~ DK49 + 840	d	a	c	d	d	d	b	a	a	b	b	d
7	DK52 + 815 ~ DK53 + 825	c	a	b	d	c	c	b	d	a	b	b	b
8	DK72 + 000 ~ DK74 + 960	b	b	c	a	c	c	c	d	a	b	b	c
9	DK81 + 780 ~ DK85 + 740	b	b	d	a	b	c	c	b	a	b	b	b
10	DK87 + 360 ~ DK88 + 520	b	a	b	a	b	d	b	c	a	b	b	b
11	DK89 + 200 ~ DK89 + 600	b	a	b	b	b	d	b	c	a	b	b	b
12	DK93 + 700 ~ DK94 + 100	b	a	d	a	b	c	b	a	a	b	b	b

续上表

序号	里程范围	自然环境				冻土特征			工程措施				评价结果
		年均气温	植被覆盖	坡向坡度	土质	年均地温	冻土类型	冻土上限	路基高度	片石粒径	片石层厚度	片石强度	
13	DK98 +500 ~ DK100 +700	b	a	c	b	b	c	b	c	a	b	b	b
14	DK100 +900 ~ DK101 +500	b	a	c	a	b	d	b	c	a	b	b	b
15	DK102 +400 ~ DK103 +200	b	a	c	a	b	d	b	b	a	b	b	b
16	DK103 +500 ~ DK104 +400	b	a	d	c	b	d	b	d	a	b	b	b
17	DK104 +900 ~ DK105 +600	b	a	d	a	b	d	b	b	a	b	b	b
18	DK105 +900 ~ DK106 +400	b	a	d	b	b	d	b	b	a	b	b	b
19	DK107 +600 ~ DK109 +100	b	a	c	a	b	d	b	a	a	b	b	b
20	DK109 +900 ~ DK110 +200	b	a	c	a	b	d	b	a	a	b	b	b
21	DK110 +700 ~ DK121 +400	b	a	d	a	b	d	b	d	a	b	b	b
22	DK122 +300 ~ DK124 +400	a	a	d	a	b	a	b	d	a	b	b	b
23	DK124 +900 ~ DK132 +300	a	a	c	a	b	d	b	a	a	b	b	b
24	DK135 +700 ~ DK141 +300	a	a	c	a	b	d	b	a	a	b	b	b

注:a－良好,b－较好,c－一般,d－较差。

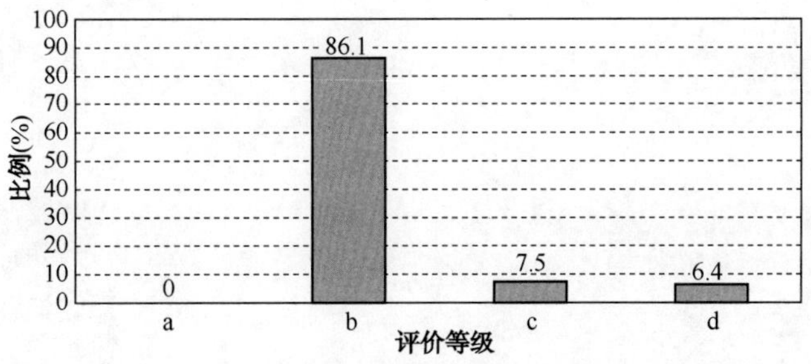

图 9-18　片石通风路基工程效果评价等级结果分布图

图 9-19 为柴木铁路沿线工程措施效果评价等级结果分布图,全线工程措施主要处于良好(a)和较好(b)等级,而一般(c)及较差(d)等级分布于高温多年冻土区。由于铁路路基于2009 年基本建成,因此各种工程措施的保护效果未得到长期体现,随着运营期的发展工程措施效果将会进一步得到体现。

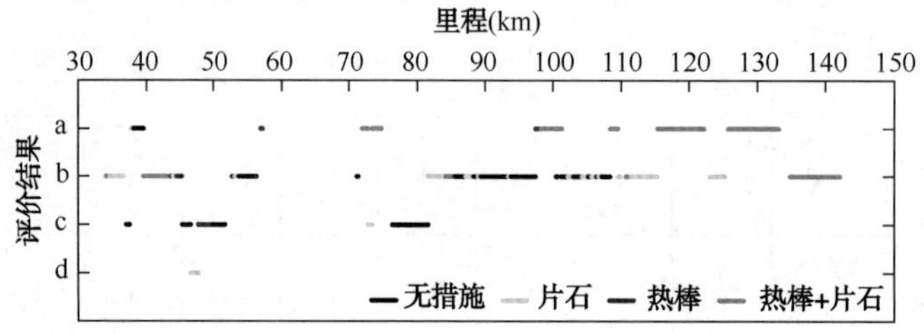

图 9-19　柴木铁路多年冻土区路基工程效果评价等级结果分布图

通过以上对影响路基热稳定性的主要因素的分析,针对青藏铁路已有措施断面采用层次分析法建立了评价模型,通过对比评价结果与实际结果,一致性较高时用于评价柴木铁路路基工程措施效果,由于直接应用模型所得结果与实际观测资料对应较差,最后调整模型建立了适用于柴木铁路的评价模型,并给出了全线评价结果。结果显示全线路基热稳定性主要处于良好(a)和较好(b)等级,而一般(c)及较差(d)等级所占比例较小,且主要分布于高温多年冻土区。

第十章　柴木铁路沿线冻土环境评价

第一节　评价指标体系

冻土环境是寒区环境重要的组成部分,其主要影响因素分为外部因素和内部因素。外部因素一般指气候因素、地形地貌和人类活动等,内部因素主要为土质、含冰率和年平均地温等。内部因素影响冻土本质特征,外部因素控制和制约内部因素。工程施工和冻土环境间的相互作用相当复杂,其相互作用关系可用图10-1来表示:工程施工导致了植被铲除、岩层破坏和弃土堆放,一方面人为干扰了地表温度,使地表产生热融侵蚀,地下冰融化、冻土上限下降,改变了活动层的水热交换过程;另一方面直接破坏了工程沿线的自然环境,使得植被沙化、热融滑塌和冻胀融沉,区域小气候发生变化。而工程沿线自然环境的变化又直接影响多年冻土的变化,多年冻土的变化又会反过来对工程沿线自然环境产生影响,两种过程相互转化、相互作用。

寒区工程建设,会使多年冻土区的生态环境产生一系列的变化。这些变化,都是由工程施工、运营热干扰引起的,一般来说对寒区工程的稳定性是不利的。消除工程措施、运营产生的热干扰,维持地基多年冻土和多年冻土环境的热稳定,是确保工程长期稳定的关键。

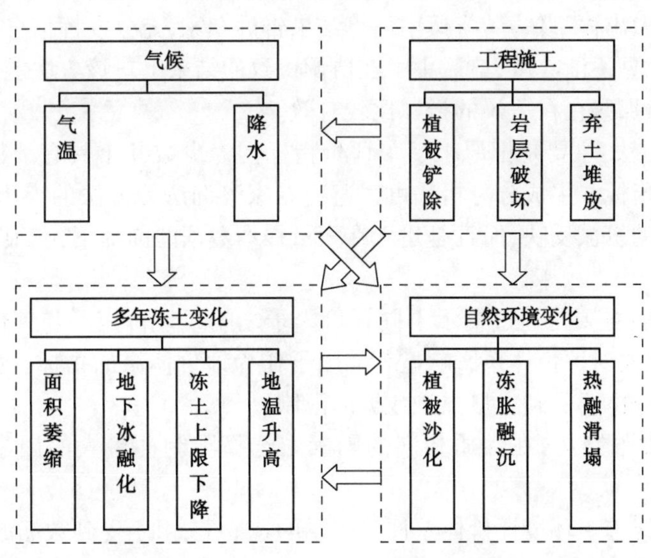

图10-1　工程施工—冻土环境相互作用示意图

一、指标体系理论

指标体系是在某些原则基础上的指标集合,是一个具有一定结构和层次的、完整的有机整体,而不是一些指标的简单机械组合。它具有目的性、理论性、科学性、系统性等特点,详见第九章。

二、评价指标选取原则

冻土环境是一个复杂的巨系统,涉及社会、经济和自然环境等诸多要素。评价指标的选取对于冻土环境评价至关重要,评价指标选取的好坏在一定程度上决定着评价结果的质量。因此,冻土环境评价指标的选取应遵循以下原则:

(1)整体性原则:冻土环境中各因素间相互影响、相互制约、相互联系、错综复杂,因此力求指标具有高度的概括性和综合性。

(2)典型性原则:影响冻土环境的因素很多,应该选取那些能表征冻土环境状况的典型性指标和限制性指标,指标不宜过多,避免指标间的相互关联。

(3)地域性原则:不同地区和区域,影响冻土环境的因素不相同,因此指标的选取必须能反映出该地区冻土环境状况。

(4)定量化原则:指标数据必须可以定量化,不同评价样本数据间可以进行对比。

(5)客观性原则:评价指标和数据的采集必须以客观存在为前提,并有一定的物理意义。

(6)可操作性原则:指标数据必须是可以收集的或通过监测容易获取的,通过复杂的手段得到的数据是不切实际的。

三、评价指标选取方法

目前,在评价指标选择方面可用的方法主要有:专家咨询法、主成分分析法、相关性分析和单因素最大限制法。

(1)专家咨询法:主要是通过组织有相当人数的专家对备选的评价因子指标进行判断,并根据众多专家意见做出概率估算,将概率估算结果告诉专家,充分发挥信息反馈和信息控制作用,将分散的评估意见逐渐收敛,最后集中在协调一致的结果上。该方法能够综合众多专家的经验与主观判断,对那些存在争议的指标比较有效。

(2)主成分分析法:主要是把原来多个评价指标划为少数几个具有严格独立意义的综合指标作为评价体系指标。主成分分析法可以避免专家咨询法等方法的人为主观性,但主成分分析法是数据统计的机械反映,而且是建立在大量样本数据的前提下,在很多情况下这样的数据很难得到满足。

(3)相关性分析:主要是通过揭示不同评价因子之间或评价因子与评价体系之间相互关系的密切程度,来选取对评价体系影响显著的因子作为评价体系的指标。相关性分析同主成分分析法等方法一样也要受到大量样本数据的限制。

(4)单因素最大限制法:在性质相同的因素中选择限制性最大的因素作为评价体系的指标。

在柴木铁路沿线冻土环境评价体系评价因子的选取上,由于受到数据的限制,主要是运用了专家咨询法和单因素最大限制法,参考了大量文献资料和柴木铁路沿线冻土资料,结合野外考察和调研资料,选取了评价因子。

四、评价指标体系

“压力—状态—响应(Press – State – Response,PSR)”框架最早是经济合作组织(OECD)为了评价世界环境状况提出的评价模式,其基本思路是人类活动给环境和自然资源施加压力,结果改变了环境质量与自然资源质量；社会通过环境、经济、土地等政策、决策或管理措施对这些变化发生响应，减缓由于人类活动对环境的压力，维持环境健康，它揭示出资源利用中人地相互作用的链式关系。

从冻土环境的压力—状态—响应（PSR）框架图（图10-2）中可以看出，P（压力）指人类经济社会活动（包括工程活动）引起的冻土区资源环境及经济社会的压力因素，例如人口增长、资源开发、经济发展、工程建设等；S（状态）指冻土区资源环境及经济社会当前所处的状态或趋势，例如冻土热稳定性（包括年平均地温、体积含冰率、季节融化深度等），冻土冻融侵蚀敏感性（包括气温年较差、年均降水量等），冻土生态脆弱性（包括湿地物种多样性、高寒草甸覆盖度等）；R（响应）指人类在环境和社会经济活动和政策中的主观能动性的反映、资源的部分可恢复性以及环境本身对污染的吸纳能力，它是动态变化的。例如经济结构调整，工程技术改进，保护措施制定，环境制度建设等。

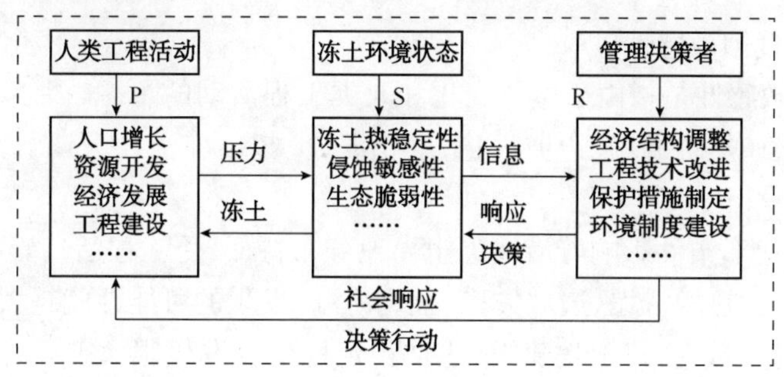

图10-2　冻土环境的压力—状态—响应（PSR）框架

围绕冻土环境P－S－R框架模型，以冻土环境状态为核心，从影响冻土环境变化的因素出发，在遵循上述评价指标选取原则的基础上，通过对柴木铁路沿线冻土环境与工程措施相互作用分析，确定了影响柴木铁路沿线冻土环境的主导性因素和限制性因素，从而选取了最能代表影响柴木铁路沿线冻土环境的具体指标，揭示其变化特性。同时结合国内外冻土环境研究和柴木铁路沿线存在的冻土环境问题，不断调整和完善指标体系。根据层次分析法的基本原理，柴木铁路沿线冻土环境评价体系划分为3个层次：①目标层：冻土环境。②准则层：冻土冻融侵蚀敏感性、冻土热稳定性和冻土生态脆弱性。③指标层：若干具体指标，如图10-3所示。这样，柴木铁路沿线冻土环境评价指标体系可用一个由目标层、准则层和指标层组成的层次结构体系来表示。

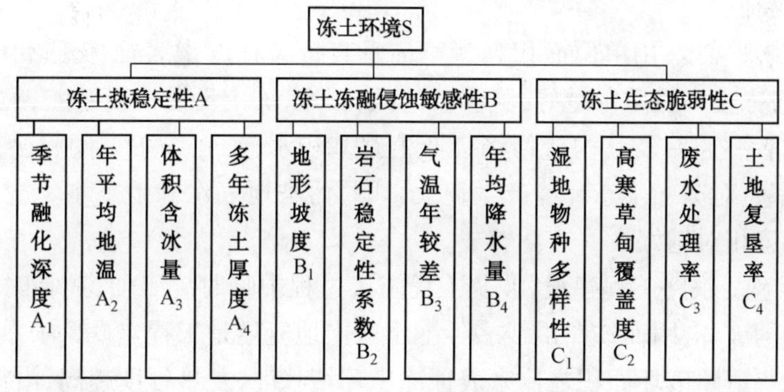

图10-3　柴木铁路沿线冻土环境评价指标体系

（一）冻土热稳定性

在气候变化和人类活动干扰下，冻土在外部热量变化过程中能够维持原有的冻融过程和原有多年冻土热状况的能力，称为冻土热稳定性。

(1)季节融化深度：人类活动热扰动能够引起季节融化深度的变化，从而极大地影响多年冻土热稳定性，季节融化深度增大，冻土热稳定性就会减弱。

(2)年平均地温：反映了土体内的热交换过程和水平，并影响冻土的热物理性质。冻土温度越低，冻土对人类活动热扰动的影响表现得越稳定。

(3)体积含冰率：地下含冰率类型的不同，对冻土热稳定性影响极大，体积含冰率越大，冻土热稳定性越强；反之，越弱。

(4)多年冻土厚度：可以用冻土厚度来表征冻土热稳定性，冻土越厚，冻土热稳定能力就越强。

（二）冻土冻融侵蚀敏感性

冻土冻融侵蚀敏感性是指由于气候变化和人类工程活动的干扰，多年冻土在冻融交替作用下发生的冻融侵蚀（热融滑塌、边坡失稳、融化泥流）超出冻土自身调节范围而表现出的对外界干扰响应的快慢程度。

(1)地形坡度：地形条件影响着沿线冻土局地分布特征，受工程活动影响，地形坡度越大，冻融侵蚀的各种形式（热融滑塌、边坡失稳、融化泥流）发生的可能性就越大。

(2)岩石稳定性系数：铁路工程建设，边坡稳定性将会发生很大变化，从而在一定程度上决定了冻土冻融侵蚀的程度，岩石稳定性系数越大，发生冻融侵蚀的可能性越小。

(3)气温年较差：气温年较差越大，季节融化层的深度就越大，发生冻融侵蚀的程度也就越大，所以选取气温年较差作为一个评价指标。

(4)年均降水量：降落的雨水能将热量传导给地面，雨水降落和降雨径流会产生动力作用，加速冻土冻融侵蚀的速度，因此选取年均降水量作为一个评价指标。

（三）冻土生态脆弱性

冻土生态脆弱性是指在气候变化和人类活动干扰下，导致各生态因子的类型、数量和质量在空间和时间上配置的不均衡，冻土环境所表现出的易变性及所做出的可能性响应。

(1)湿地物种多样性：多年冻土的存在是高寒湿地形成的重要环境条件，两者相互依存。所以可以用湿地内所有物种的种数和属数占全部高寒湿地物种总种数和总属数的比例来表征冻土环境质量的高低。

(2)高寒草甸覆盖度：用单位面积高寒草甸垂直覆盖程度来表征冻土环境的质量。高寒草甸覆盖度越高，冻土环境质量越好，脆弱性越低；反之，冻土环境质量越差，脆弱性越高。

(3)废水处理率：路基及其构造物将会产生路基积水，工程施工期间将会产生生活污水，如若处理不当，都将对冻土生态环境产生较大影响，污染地表水和地下水。废水处理率越高，铁路沿线冻土环境相对越好。

(4)土地复垦率：铁路工程建设，涉及工程施工过程中临时施工便道、临时生活区、临时取土区对冻土环境的破坏，因而铁路沿线多年冻土区土地复垦是工程建设一项重要的工作，可以用恢复治理面积与道路破坏面积之比来表征冻土环境状况，复垦程度越高，沿线冻土环境相对越好。

第二节　评 价 方 法

一、评价方法的选择

目前，对于多目标、多层次的复杂巨系统的综合评价，主要的方法有：特尔菲法、层次分析法、灰色关联分析法和模糊综合评判法等。这些方法在评价过程中都采用专家咨询法确定各因子的权重，但是由于冻土的特殊性，加大了咨询的难度，使这种方法计算出来的因子权重对评价结果有着很大的不确定性。其他评价方法同样存在着这个问题。因此拟采用突变级数法对柴—木铁路沿线冻土环境进行评价，直接对各个因子的重要性进行排序，避免求因子的权重；同时，突变级数法不仅可以确定评价等级，而且还可以计算出具体的评价值，可以针对不同时期或区域的环境质量进行对比。

二、突变理论

突变理论（Catastrophe Theory）是20世纪70年代发展起来的一门新的数学学科，被称为新三论（耗散结构理论、突变理论和协同理论）之一。突变理论是由法国数学家Rene Thom于1972年创立的，它是综合利用拓扑学、奇点理论和结构稳定性等数学工具，研究动态系统在连续变化过程中出现的不连续突然变化现象，是描述系统由一系列的量变引起跳跃式质变过程的数学理论。

在突变理论中，一个动态系统可用包括状态变量和控制变量的势函数表示，对于一个系统势函数 $V(x)$（x 为状态变量），它的所有临界点集合成一个平衡曲面，令 $V'(x)=0$ 可以得到该平衡曲面方程。该平衡曲面的奇点集可以通过令 $V''(x)=0$ 获得。由 $V'(x)=0$ 和 $V''(x)=0$ 可以得到由状态变量表示的反映各状态变量与各控制变量间分解形式的分歧方程。Thom通过严格的数学证明，当控制变量不多于4个，状态变量不多于2个时，突变共有7种基本形式：折叠突变、尖点突变、燕尾突变、蝴蝶突变、椭圆脐点突变、双曲脐点突变和抛物脐点突变。常用的突变模型见表8-2。

以尖点突变为例，尖点突变是指只有两个控制变量 u、v 和一个状态变量 x 的突变形式。

势函数：

$$V(x)=x^4+ux^2+vx \tag{10-1}$$

突变流形 M：

$$V'(x)=4x^3+2ux+v=0 \tag{10-2}$$

奇点集，即突变流形 M 的一个子集 S：

$$V''(x)=12x^2+2u=0 \tag{10-3}$$

式(10-2)和式(10-3)联立消去 x，得到分叉集 B：

$$8u^3+27v^2=0 \tag{10-4}$$

如图10-4所示，$V'(x)=0$ 所确定的曲面 M 称为突变流形；$V''(x)=0$ 得到的奇点集 S 是突变流形 M 上的一个尖点形褶皱的两条折痕；由 $V'(x)=0$ 和 $V''(x)=0$ 联立消去 x，得到的曲线 B 称为分叉集，即突变流形的皱折在 $u-v$ 平面上的投影。突变流形的上、中、下三叶表示可能的3个平衡位置，上、下叶是稳定的。中叶是不稳定的。在上下叶转换过程中，如果跨越了折叠线，系统的状态将发生突跳。

三、冻土环境的突变分析

在不同的地质条件下，随着温度、含水率和相变的不同，冻土的性质会发生很大的改变。由于这种特殊的、对温度十分敏感且性质易变的地质体的存在，在自然因素和人为因素的干扰下，冻土环境内在机制将会发生重大变化，会从一种状态转化为另一种状态。当冻土环境处于稳定状态，外界的干扰不超出其保持稳定的允许范围时，系统仍将处于稳定状态；外界的干扰一旦超出了稳定的许可范围时，冻土环境将会从稳定状态演变为不稳定状态。这种演变过程是一种由渐变到突变，由量变到质变的过程。

影响冻土环境的主要因素分为外部因素和内部因素。以系统稳定性(x)作为状态变量，外部因素(u)和内部因素(v)作为两个控制变量，这样可以建立起冻土环境的尖点突变模型，如图 10-5 所示。由外因 u 和内因 v 控制下的冻土环境稳定性的各个状态值组成了突变流形 M，分叉集 B 表示发生突变的各状态值在 $u-v$ 平面上的投影。突变流形的上叶表示冻土环境处于稳定状态，在内外因的作用下，系统处于良好状态，物质循环和能量流动达到较好状态，如图 10-5 中的状态点 A、E 和 F。中叶是不稳定状态，系统在内外因的作用下，如果系统的变化经过分叉集，系统将发生突变，如图 10-5 中的状态点 A 经过 P、C 到达状态点 D；如果系统的变化不经过分叉集，内外因的变化将不会引起系统突变，如图 10-5 中的状态点 F 到达状态点 D。下叶也为稳定状态，但表示系统在遭受到破坏后处于恶劣状态，如图 10-5 中的状态点 D。

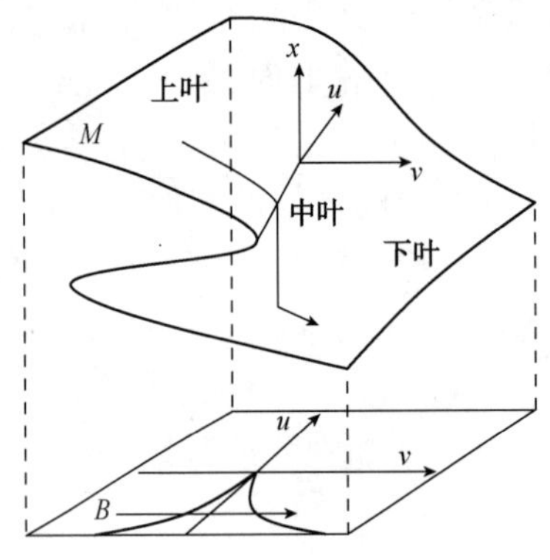

图 10-4　尖点突变模型

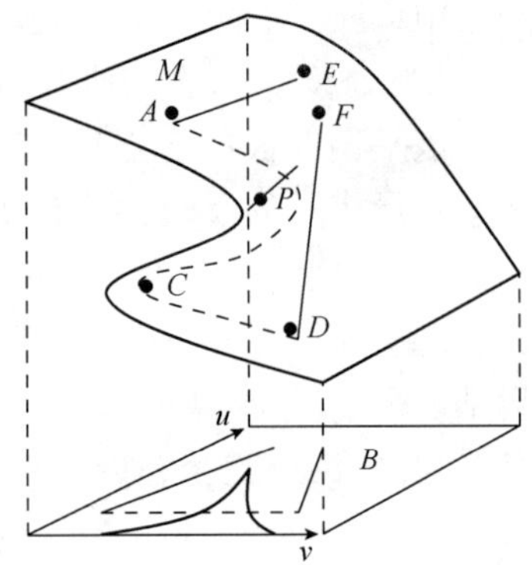

图 10-5　冻土环境尖点突变模型

一个突变模型具有多模态性、不可达性、突跳性、发散性和滞后性，对于冻土环境尖点突变模型同样具有这些特性。

(1)多模态性：对于尖点突变模型只有双模态性，冻土环境的双模态性是指处于突变区(中叶)的各状态点存在两种可能的状态或位置，即恶化稳定状态或不恶化稳定状态，两者也易相互转化。对于处于突变状态下的冻土环境可能产生冻融侵蚀、热融滑塌和边坡泥流等冻土环境问题；也可能尚不会产生冻土环境问题，但处于潜在的突变状态。

(2)不可达性：冻土环境的不可达性表现在系统有一个不稳定的平衡位置，但这种状态是不可达到的。对于系统恶化的冻土环境来说，系统产生冻融侵蚀、热融滑塌和边坡泥流的过程有一个不稳定的平衡状态，由于系统发生了突变，所以这个位置是不可达到的。

(3)突跳性:冻土环境系统的突跳性是显而易见的,当气候变异和人为活动等外部因素的干扰由轻到重,达到一定的程度,超出了冻土环境自身的承受能力,系统将发生突变现象,冻土环境就会变得相当恶劣,这是由系统内外因相互作用的结果。

(4)发散性:物理过程中对控制参数路径摄动的不稳定性称为发散。对于处于上叶稳定状态的 A 点(图 10-5),冻土环境处于良好状态,控制变量(气候、人为活动、土质或含冰率等)微小的变化只会引起状态变量微小的变化,冻土环境仍处于良好状态;而对于处于中叶突变区的状态点 P,控制变量微小的变化将会引起冻土环境巨大的变化。

(5)滞后性:当动态系统在连续变化过程中发生突变现象,系统由一种不稳定平衡位置突跳到另一种不稳定平衡位置时的控制参数位置与相反的变化过程的控制参数位置不同。在一定人为活动的干扰下,对于接近发生突变的状态点 P(图 10-5),如果不采取一定的措施,冻土环境将发生突变,进入恶化稳定状态点 D,这时如果要使冻土环境从恶化状态恢复到良好状态,就要减少人为活动的干扰,系统将会从状态点 D 恢复到良好稳定状态点 A,但系统必须经过突变区,到达恢复边界点 C 后发生突变进入上叶到达良好稳定状态点 A,这时点 C 处的人为活动强度必然是小于点 P 处的人为活动强度,这就是滞后性。

四、突变级数法

对于一个突变模型来说,势函数是描述系统控制变量和状态变量之间的相对关系、相对位置的函数。控制变量间是相互对立统一的,它们对立统一的结果就是状态变量,根据它们对状态变量作用的不同,控制变量也有主次之分。常用突变模型中控制变量和状态变量之间的关系如图 10-6 所示。

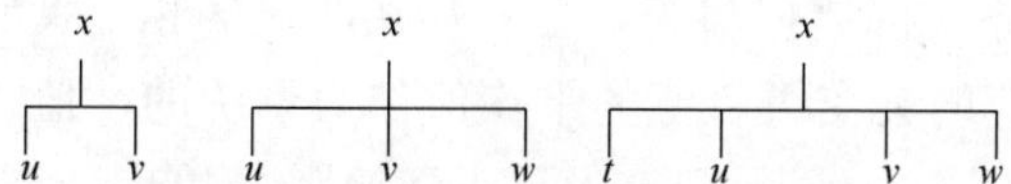

图 10-6　常用突变模型系统示意图

以尖点突变模型为例,分叉集 B 见式(10-4),上式还可以由式(10-3)和式(10-4)得到分解形式的分叉集:

$$\begin{cases} u = -6x^2 \\ v = 8x^3 \end{cases} \tag{10-5}$$

在这里决定系统状态的控制变量有 2 个:u 和 v。设 u 是主要因子,v 是次要因子,当 u 和 v 满足分叉集方程时,系统将会发生突变,从一种状态跳跃到另一种状态。在利用突变级数法进行评价时,当某个上级指标(当作系统状态变量 x)包含一个主要指标 u 和一个次要指标 v 时,就可以根据分叉集方程利用 u 和 v 的值计算出系统发生突变时的状态变量值 x,即上级指标值。根据尖点突变模型分解形式的分叉集方程式(10-5)得:

$$\begin{cases} x_u = \sqrt{\dfrac{u}{-6}} \\ x_v = \sqrt[3]{\dfrac{v}{8}} \end{cases} \tag{10-6}$$

式中:x_u、x_v——对应于 u、v 的 x 值。

如果令 $|x| = 1$,则有 $u = -6$,$v = 8$,这样就确定了系统状态变量 x 和控制变量 u 和 v 的取

值范围,即$|x|\leqslant 1$,$|u|\leqslant 6$,$|v|\leqslant 8$。但这样的x、u和v取值不统一,为了计算方便,同时也为了利用其他评价方法的已有资料,需要将状态变量和控制变量的取值范围限制在0~1,在这里只需要分别将u和v缩小6倍和8倍:

$$\begin{cases} x_u = \sqrt{\dfrac{u}{-6}} = \sqrt{\dfrac{6u'}{-6}} = \sqrt{|u'|}\,(u=6u',\,|u|\leqslant 6,\,|u'|\leqslant 1) \\ x_v = \sqrt[3]{\dfrac{v}{8}} = \sqrt[3]{\dfrac{8v'}{8}} = \sqrt[3]{|v'|}\,(v=8v',\,|v|\leqslant 8,\,|v'|\leqslant 1) \end{cases} \tag{10-7}$$

由此可以等到尖点突变模型的归一公式:

$$\begin{cases} x_u = \sqrt{u} \\ x_v = \sqrt[3]{v} \end{cases} \tag{10-8}$$

常用的突变模型的归一公式见表10-1。

因此,突变级数法的评价步骤:

(1)按系统的内在作用机制,建立多级评价指标体系,并对各级指标按重要性进行排序。

(2)对底层指标(控制变量)原始数据进行规格化处理,即将原始数据转化为0~1之间的“越大越好型”无量纲可比较数值,得到初始模糊隶属函数值。

(3)利用归一公式进行量化递归运算,得到突变级数值。

(4)根据“互补”和“非互补”原则,得到总突变隶属函数值。若一个系统的诸控制变量(如u、v、w等)之间不存在明显的相互关联作用,则按归一公式计算系统状态变量x时,应从诸控制变量相应的突变级数值(如x_u、x_v、x_w)中选取最小值作为系统的x值,即“大中取小”的“非互补”原则;若一个系统的诸控制变量之间存在明显的相互关联作用,则应遵循“互补”原则,即取诸控制变量相应的突变级数值的平均值作为系统的x值,如燕尾突变模型,取$x=(x_u+x_v+x_w)/3$。可以从理论上证明,只有遵循上述原则,才能满足突变理论中分叉集方程的要求。

(5)重复(1)~(4)步骤,分别计算出不同时期的总突变隶属函数值。

(6)分析不同时期系统总突变隶属函数值及其变化规律,从而对系统的状态做出动态模糊综合分析与评价。

第三节　冻土环境评价

一、重要性排序和突变模型的确立

在建立了柴木铁路沿线冻土环境评价指标体系的基础上,需要对各级评价指标按重要性进行排序。在重要性排序时,在向从事冻土研究、环境评价和铁道管理等领域的专家进行咨询的基础上,依据指标间的内在逻辑关系进行了重要性排序,其结果如图10-3所示的柴木铁路沿线冻土环境评价指标体系。

冻土环境:冻土热稳定性>冻土冻融侵蚀敏感性>冻土生态脆弱性。对于铁路线性工程冻土环境来说,工程活动对冻土层的热扰动主要表现在上限抬升、地温升高、地下冰融化等冻土路基热稳定性问题,进而造成在冻土区修筑工程构筑物时产生冻胀和融沉这两大工程环境问题。因而,这三大因素中冻土热稳定性居于首位。

(1)冻土热稳定性:季节融化深度 > 年平均地温 > 体积含冰率 > 多年冻土厚度。路基开挖剥离地表植被就会直接导致季节融化深度的增大,季节融化深度是工程活动中极为敏感的因子,因而它在冻土热稳定性中是最为重要的。

(2)冻土冻融侵蚀敏感性:地形坡度 > 岩石稳定性系数 > 气温年较差 > 年均降水量。在多年冻土区筑路工程中,冻融侵蚀现象的发生最主要还是受地形坡度的影响,地形坡度越大,冻融侵蚀的可能性就越大。因而,地形坡度居于首位,岩石稳定性系数次之。

(3)冻土生态脆弱性:湿地物种多样性 > 高寒草甸覆盖度 > 年废水利用率 > 土地复垦率。多年冻土的广泛分布和发育是高寒湿地形成的重要环境条件,两者相互依存,因而湿地物种多样性在冻土生态脆弱性中扮演着极为重要的角色,是最为重要的因素。

根据冻土环境、冻土热稳定性、冻土冻融侵蚀敏感性和冻土生态脆弱性内各评价指标间相互关联作用关系,确定了柴木铁路沿线冻土环境评价突变模型,如图 10-7 所示。

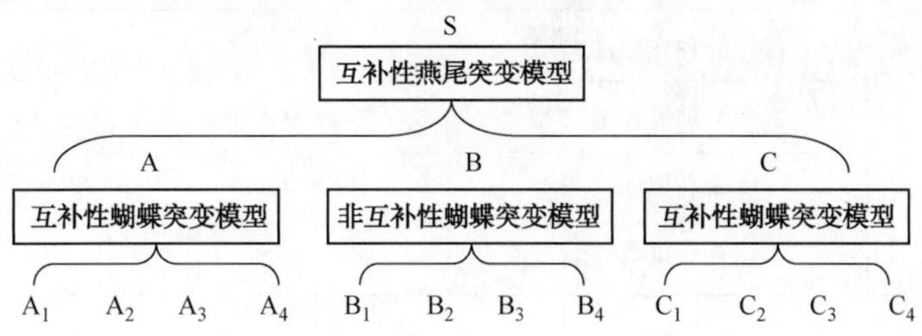

图 10-7　柴木铁路沿线冻土环境评价突变模型

二、数据的采集与标准化

以柴木铁路沿线冻土环境评价指标体系为依据,分别采集了铁路沿线路段各评价因子现状值。原始数据来源和采集方法主要有以下两种方法。

(1)野外勘察法:主要来源于柴木铁路沿线冻土勘察、铁路科研报告和前人研究成果等。采用此法得到数据的指标有:季节融化深度、年平均地温、体积含冰率、多年冻土厚度、地形坡度、气温年较差、年均降水量、高寒草甸覆盖度、废水处理率和土地复垦率等。

(2)科学估算法:对于难于收集到的数据,通过与相关领域的专家座谈或根据相关资料科学估算获得原始数据。采用此方法获取数据的指标有:岩石稳定性系数和湿地物种多样性等。

由于评价指标值采集时存在量纲不统一的问题,因此需要对指标数据进行标准化,即将原始数据转化为 0 ~ 1 的"越大越好型"无量纲可比较数值,得到初始模糊隶属函数值,采用百分比标准化法。

正指标:
$$X = \frac{S_i}{C_i} \tag{10-9}$$

负指标:
$$X = \frac{C_i}{S_i} \text{或} X = 1 - \frac{S_i}{C_i} \tag{10-10}$$

式中:X 为初始模糊隶属函数值;S_i 为指标实际值;C_i 为指标参考值。

同样采用上述两种数据采集方法得出了各评价因子的参考值,见表 10-1。

柴木铁路沿线冻土环境评价指标标准化参考值 表 10-1

体　系	评价指标	参考值	备　注
冻土热稳定性	季节融化深度(m)	5	实测最深值
	年平均地温(℃)	-3.5	实测最低值
	体积含冰率(%)	100	最差状态
	多年冻土厚度(m)	100	推算最大值
冻土冻融侵蚀敏感性	地形坡度(°)	35	沿线最大值
	岩石稳定性系数	10	沿线最大值
	气温年较差(℃)	28	当地最大值
	年均降水量(mm)	530	当地最大值
冻土生态脆弱性	湿地物种多样性(%)	100	最佳状态
	高寒草甸覆盖度(%)	100	最佳状态
	废水处理率(%)	100	最佳状态
	土地复垦率(%)	100	最佳状态

三、评价等级标准的建立

评价分级标准的确定是冻土环境评价十分重要的内容,它的确定在一定程度上直接影响到评价结果的好坏。由于冻土环境评价的特殊性,相对于诸如水环境评价、大气环境评价和土壤环境评价等其他环境评价来说,冻土环境评价可依据可参照的国家标准或国际标准几乎没有,而且对所选取的一些评价因子研究相对较少,因此如何合理地确定分级标准很难把握,同时各评价因子的分级标准本身也是变化的,它会随着生产力技术水平的提高,自然环境的变化和人类认知水平的提高扩大、缩小,甚至消失。在进行柴木铁路沿线冻土环境评价的过程中,评价等级标准的确立主要依据下列原则或依据:

(1)国家或行业标准:凡是已有国家、地方、行业相关标准的指标,尽量采用规定的标准值。

(2)科学研究成果:对于一些限制性指标,可以通过综合研究和科学实验所得到的底线值或警戒值作为评价标准;一些通用的指标评价分级标准,经过实验验证或是理论上正确的研究成果也可作为评价标准。

(3)数据分析:对于一些没有评价等级标准的指标,可以在收集研究区域历史资料和现状资料的同时,进行必要的野外试验和室内实验,在获取大量数据的基础上经过统计分析得到评价分级标准。

(4)专家咨询:对于数据相对较少的特殊因子的评价分级标准,可通过咨询相关领域的专家确定。

根据上面的原则和依据,初步确定了柴木铁路沿线冻土环境各评价因子分级标准,见表10-2。

柴木铁路沿线冻土环境评价指标分级标准　　　　表 10-2

体系	指　　标	指标标准				
冻土热稳定性		极不稳定	不稳定	基本稳定	稳定	极稳定
	季节融化深度(A_1)(m)	>4.5	3.5~4.5	2.5~3.5	1.5~2.5	<1.5
	年平均地温(A_2)(℃)	> -0.5	-1.0~-0.5	-2.0~-1.0	-3.0~-2.0	< -3.0
	体积含冰率(A_3)(%)	<10	10~20	20~30	30~50	>50
	多年冻土厚度(A_4)(m)	<20	20~40	40~60	60~80	>80
冻土冻融侵蚀敏感性		极敏感	相当敏感	敏感	较敏感	不敏感
	地形坡度(B_1)(°)	>30	20~30	10~20	5~10	<5
	岩石稳定性系数(B_2)	<0.4	0.4~1.5	1.5~3.0	3.0~6.0	>6.0
	气温年较差(B_3)(℃)	>24	22~24	20~22	18~20	<18
	年均降水量(B_4)(mm)	>500	400~500	300~400	150~300	<150
冻土生态脆弱性		极强脆弱	强度脆弱	中度脆弱	轻度脆弱	不脆弱
	湿地物种多样性(C_1)(%)	<10	10~20	20~30	30~40	>40
	高寒草甸覆盖度(C_2)(%)	<10	10~30	30~60	60~90	>90
	废水处理率(C_3)(%)	<40	40~60	60~75	75~90	>90
	土地复垦率(C_4)(%)	<40	40~60	60~80	80~90	>90

根据以上确立的柴木铁路沿线冻土环境评价指标分级标准，利用突变级数法，分别计算出了柴木铁路沿线冻土热稳定性、冻土冻融侵蚀敏感性、冻土生态脆弱性和冻土环境评价等级标准。现以第五级评价标准(最差等级)为例来说明计算过程(表 10-3)。

柴木铁路沿线冻土环境第五级评价标准计算结果　　　　表 10-3

	指　　标	初始模糊隶属函数值	底层指标突变级数值	中间变量指标值	中间变量突变级数值	总突变隶属函数值
冻土热稳定性	季节融化深度(A_1)	0.10	0.32	0.53	0.73	0.77
	年平均地温(A_2)	0.14	0.52			
	体积含冰率(A_3)	0.10	0.56			
	多年冻土厚度(A_4)	0.20	0.72			
冻融侵蚀敏感性	地形坡度(B_1)	0.14	0.37	0.35	0.71	
	岩石稳定性系数(B_2)	0.04	0.35			
	气温年较差(B_3)	0.14	0.61			
	年均降水量(B_4)	0.06	0.57			
冻土生态脆弱性	湿地物种多样性(C_1)	0.10	0.32	0.60	0.88	
	高寒草甸覆盖度(C_2)	0.10	0.46			
	年废水利用率(C_3)	0.40	0.80			
	土地复垦率(C_4)	0.40	0.83			

(1)根据上述的百分比标准化法对第五级评价标准原始值进行数据标准化，得到初始模糊隶属函数值：

$$A_1 = 1 - \frac{4.5}{5.0} = 0.10, A_2 = \frac{-0.5}{-3.5} = 0.14, A_3 = \frac{10}{100} = 0.10, A_4 = \frac{20}{100} = 0.20$$

$$B_1 = 1 - \frac{30}{35} = 0.14, B_2 = \frac{0.4}{10} = 0.04, B_3 = 1 - \frac{24}{28} = 0.14, B_4 = 1 - \frac{500}{530} = 0.06$$

$$C_1 = \frac{10}{100} = 0.10, C_2 = \frac{10}{100} = 0.10, C_3 = \frac{40}{100} = 0.40, C_4 = \frac{40}{100} = 0.40$$

(2)由蝴蝶突变模型的归一公式,分别计算出底层指标突变级数值:

$$x_{A_1} = \sqrt{0.1} = 0.32,\quad x_{A_2} = \sqrt[3]{0.14} = 0.52,\quad x_{A_3} = \sqrt[4]{0.1} = 0.56,\quad x_{A_4} = \sqrt[5]{0.2} = 0.72$$

$$x_{B_1} = \sqrt{0.14} = 0.37,\quad x_{B_2} = \sqrt[3]{0.04} = 0.35,\quad x_{B_3} = \sqrt[4]{0.14} = 0.61,\quad x_{B_4} = \sqrt[5]{0.06} = 0.57$$

$$x_{C_1} = \sqrt{0.1} = 0.32,\quad x_{C_2} = \sqrt[3]{0.1} = 0.46,\quad x_{C_3} = \sqrt[4]{0.40} = 0.80,\quad x_{C_4} = \sqrt[5]{0.40} = 0.83$$

根据“互补”和“非互补”原则,得到中间变量指标值:

$$A = (x_{A_1} + x_{A_2} + x_{A_3} + x_{A_4})/4 = (0.32 + 0.52 + 0.56 + 0.72)/4 = 0.53$$

$$B = \min\{x_{B_1}, x_{B_2}, x_{B_3}, x_{B_4}\} = \min\{0.37, 0.35, 0.61, 0.57\} = 0.35$$

$$C = (x_{C_1} + x_{C_2} + x_{C_3} + x_{C_4})/4 = (0.32 + 0.46 + 0.80 + 0.83)/4 = 0.60$$

再由燕尾突变模型的归一公式,计算出中间变量突变级数值:

$$x_A = \sqrt{0.53} = 0.73, x_B = \sqrt[3]{0.35} = 0.71, x_C = \sqrt[4]{0.60} = 0.88$$

(3)由中间变量突变级数值,根据“互补”和“非互补”原则,得到总突变隶属函数值:

$$x = (x_A + x_B + x_C)/3 = (0.73 + 0.71 + 0.88)/3 = 0.77$$

所以得到的第五级评价标准为:<0.77。

同理,可以计算出其他不同等级值,从而可以建立起柴木铁路沿线冻土热稳定性、冻土冻融侵蚀敏感性、冻土生态脆弱性和冻土环境评价等级标准。其中计算出的3个中间变量指标值分别为冻土热稳定性、冻土冻融侵蚀敏感性和冻土生态脆弱性的评价等级值,总突变隶属函数值为冻土环境评价等级值,见表10-4。计算出的评价值范围在0~1,1表示最佳状态,0表示最差状态。

柴木铁路沿线冻土环境评价标准 表10-4

质量等级	恶劣状态	较差状态	一般状态	良好状态	理想状态
冻土热稳定性	<0.53	0.53~0.68	0.68~0.80	0.80~0.90	>0.90
冻融侵蚀敏感性	<0.35	0.35~0.53	0.53~0.67	0.67~0.77	>0.77
冻土生态脆弱性	<0.60	0.60~0.73	0.73~0.82	0.82~0.89	>0.89
冻土环境	<0.77	0.77~0.85	0.85~0.91	0.91~0.95	>0.95

根据表10-4中的冻土环境指数把柴木铁路沿线冻土环境分为以下5个等级:

(1)理想状态(Ⅰ级):冻土环境没有受到破坏,生态系统内的物质循环和能量流动达到最佳状态,系统的结构与功能处于最好的状态,系统抗干扰能力和自我恢复能力极强。

(2)良好状态(Ⅱ级):冻土环境较为良好,工程开挖对冻土环境扰动较小,进一步的破坏可能使系统结构和功能失调,但影响不大。冻土退化不明显,尚无大量冻融侵蚀现象的发生,工程建设对湿地和植被的影响不显著。

(3)一般状态(Ⅲ级):冻土环境受到一定程度的人为破坏,进一步的破坏可能使其向恶性方向发展。冻土退化现象明显,冻融侵蚀现象少量出现,冻土环境受到影响,但若在维持目前的环境水平上进一步治理,仍可使系统达到一个新的平衡状态。

(4)较差状态(Ⅳ级):冻土环境受到较大的人为干扰。冻土退化现象和冻融侵蚀现象大量出现,工程建设已严重影响了冻土生态平衡。系统结构和功能已经失调,系统抗干扰能力和自我恢复能力较差。

(5)恶劣状态(Ⅴ级):冻土环境受到很大的人为破坏,系统结构和功能已经严重失调,恢复冻土环境平衡已经非常困难。冻土退化现象和冻融侵蚀现象已经相当严重,铁路沿线冻土生态平衡严重被打破。

四、评价结果

根据图10-3中的柴木铁路沿线冻土环境评价指标体系,获取柴木铁路沿线冻土环境指标数据。结合表10-1中的柴木铁路沿线冻土环境评价指标标准化参考值,利用突变级数法对柴木铁路沿线冻土环境进行了评价,并对照柴木铁路沿线冻土环境评价标准(表10-5),确立了评价等级。柴木铁路沿线冻土环境子系统和冻土环境质量现状分别如图10-8~图10-11所示。

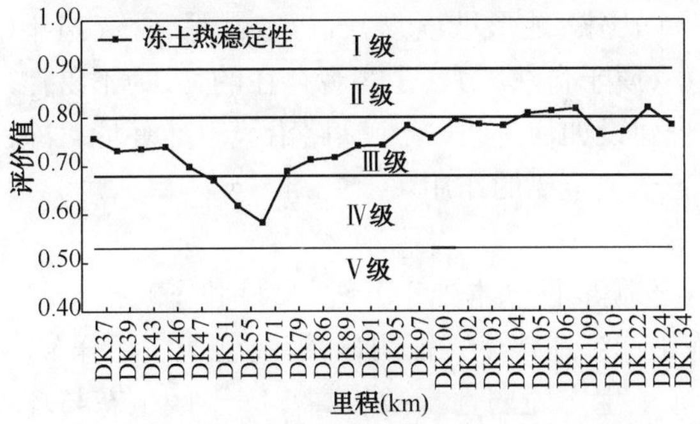

图10-8　柴木铁路沿线冻土热稳定性变化趋势图

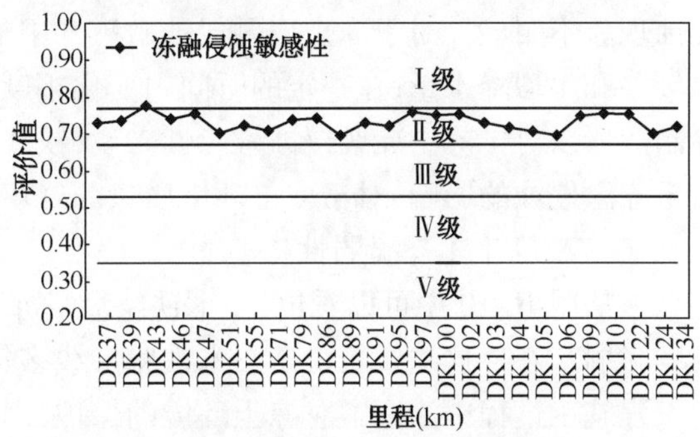

图10-9　柴木铁路沿线冻土冻融侵蚀敏感性变化趋势图

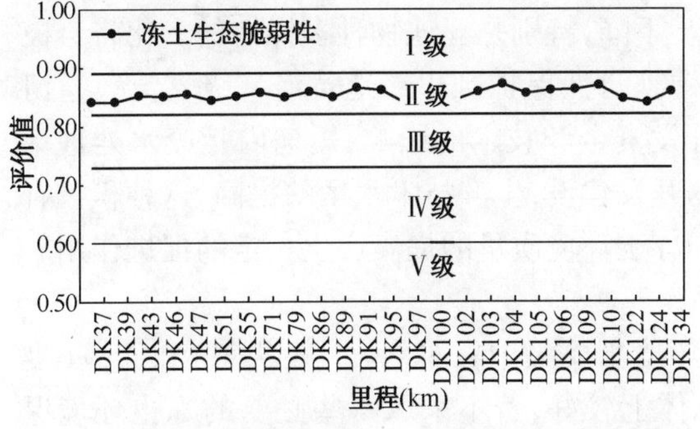

图10-10　柴木铁路沿线冻土生态脆弱性变化趋势图

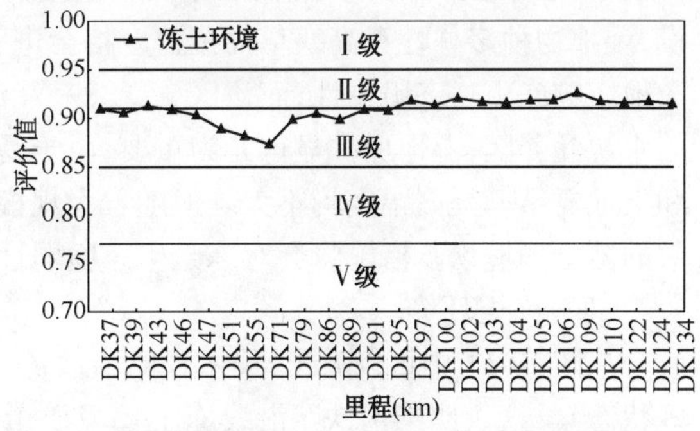

图10-11　柴木铁路沿线冻土环境质量变化趋势图

五、评价结果分析

(一)冻土热稳定性

从图10-8中可以看出,柴木铁路沿线冻土热稳定性主要集中在Ⅲ级(一般状态),较少部分路段处于Ⅱ级(良好状态)和Ⅳ级(较差状态)。在路段分布来看,DK50~DK86冻土热稳定性状况较差,其余路段冻土热稳定性状况较好,基本处于良好状态或一般状况。人为工程活动对多年冻土的影响是剧烈的,将会改变多年冻土的热状况,导致冻土热稳定性的变化;而由于多年冻土含冰率、年平均地温和厚度等原始状态的不同,导致铁路工程活动对多年冻土影响后冻土热稳定性产生巨大差异,不同路段冻土热稳定性不同。冻土热稳定性作为冻土内部因素来说,本身是客观存在的,但是人为活动对多年冻土将会产生巨大影响,冻土热稳定性的季节融化深度、年平均地温、体积含冰率和多年冻土厚度这 4 个指标也会随着时间的推移发生改变,冻土热稳定性也会随之改变。人为活动的扰动,季节融化深度将会进一步加深,年平均地温将会升高,体积含冰率将会下降,多年冻土厚度将会变薄,特别是季节融化深度的加深对冻土热稳定性影响更大。因而,减小人为活动对多年冻土的影响,维持多年冻土原有热状况的能力,将会提高冻土热稳定性,进一步提高冻土环境的质量。

(二)冻土冻融侵蚀敏感性

从图 10-9 中可以看出,柴木铁路沿线冻土冻融侵蚀敏感性基本处于Ⅱ级(良好状态)。冻土冻融侵蚀敏感性是影响冻土环境变化的一个极为重要的因素,铁路工程对多年冻土的扰动将会发生冻融侵蚀现象。总体而言,由于柴木铁路沿线部分冻土地质条件较差路段采取了一系列主动保护冻土措施(如热棒技术、碎石护坡与片石通风路基、换填和挤淤等),冻土冻融侵蚀现象不明显。对于冻土冻融侵蚀敏感性中的 4 个因素:地形坡度、岩石稳定性系数、气温年较差和年均降水量,在一定的时间内变化幅度很小,属于自然因素,是客观存在的,人为不易控制。所以对于冻土冻融侵蚀敏感性来说,铁路工程建设如何选线,减小铁路沿线自然环境对冻土冻融侵蚀的影响,对于冻土环境质量的好坏起着至关重要的作用。

(三)冻土生态脆弱性

从图 10-10 中可以看出,柴木铁路沿线冻土生态脆弱性基本处于Ⅱ级(良好状态),处于轻度脆弱状态。这主要是由于柴木铁路沿线多年冻土和湿地伴生特征明显,沿线湿地广泛分布,工程施工过程中注意了对冻土环境的保护,因而冻土生态脆弱性指数较高。冻土区生态与环境是极为脆弱的,轻微的人为活动就会引起冻土环境的巨大变化。对于冻土生态脆弱性中的 4 个指标:湿地物种多样性、高寒草甸覆盖度、年废水处理率和土地复垦率。随着铁路工程建设,湿地物种多样性和高寒草甸覆盖度将会进一步下降,特别是湿地物种多样性的变化将会极大地影响冻土生态脆弱性,而该区属青海三江源湿地自然保护区边缘地黄河一级支流大通河的水源涵养区,湿地保护显得尤为重要;由于受开发资金和技术的影响,短期内年废水处理率和土地复垦率提高幅度均不大。但随着大规模的开发建设,生产技术水平的提高,这种积极有效的冻土环境恢复措施将会对冻土生态脆弱性和冻土环境质量的提高产生一定的促进作用。

(四)冻土环境

从图 10-11 中可以看出,柴木铁路沿线冻土环境主要集中在Ⅲ级(一般状态)和Ⅱ级(良好状态)。这说明柴木铁路沿线冻土环境质量总体上较好,若不采取一些必要的冻土环境保护措施,柴木铁路沿线冻土环境质量将有进一步恶化的趋势:冻土环境质量将发生恶化,部分路段冻土将会退化严重,冻融侵蚀现象会比较明显,冻土生态将受到影响,冻土环境将受到干扰。因此,冻土环境问题应受到重视。铁路工程对冻土环境的影响,不仅表现在对多年冻土的影响上,也表现在对多年冻土区生态与环境的影响上,生态与环境的破坏会进一步加剧多年冻土的退化,多年冻土的退化又会反作用于生态与环境,造成多年冻土区生态与环境的恶化。因而,在铁路工程建设过程中,为了有效保护冻土环境,一方面应该尽可能减小工程活动对生态与环境的破坏;另一方面,积极有效的冻土环境处理措施对减缓冻土环境的恶化也会产生很大的促进作用。

第十一章　主要结论及对策与启示

第一节　主 要 结 论

通过对我国青藏高原多年冻土区具有阴阳坡效应的路基热稳定性和变形稳定性以及相关问题的分析研究，得出如下主要结论：

(1)阴阳坡效应在多年冻土区路基工程中是普遍存在的，且处于动态变化之中，严格意义上的热对称路基是不存在的。即使单纯采取热棒、保温护道、保温材料、通风管、加筋路堤、片石通风路基、片石保温护坡、遮阳板(棚)、硅藻土护坡等工程措施，也未必能完全消除阴阳坡现象，因此也难以消除纵向裂缝发育的可能。影响阴阳坡效应的因素可概括为：太阳直接辐射、地理坐标(主要是纬度)、气温、工程地质条件、降水和蒸发、风速和风向、季节融化层的土质和表面性状、地貌位置及冻结层上水、地下冰含率、降雪、路堤填料性质、路面类型、路堤断面形状、路基高度、线路走向、边坡坡度、工程措施、路基变形形态、排水状况等，路基纵向裂缝病害是各种因素相互作用后综合效应的结果。

(2)对冻土路基工程而言，要解决气候及工程共同作用下路基稳定性的预报问题，关键是要根据气候变化的预测，给出路基的热边界条件。鉴于太阳辐射能量的差异是造成阴阳坡热交换不对称的根本原因，通过对青藏高原太阳辐射特点的分析，根据实测资料给出了考虑阴阳坡效应的路基顶面和两边坡太阳辐射量与浅层地温的定量关系：①消除了太阳辐射与浅层地温的相位差后，路基水平表面浅层地温与太阳直接辐射、净辐射间均呈较好的线性关系；②建立了不同走向路基阴阳坡表面浅层地温差与太阳辐射差的简单近似函数关系。通过实测资料及相关文献验证了其可行性，且讨论了其适用范围。

(3)基于阴阳坡效应，考虑全球升温的影响，以年平均气温约为 -3.82℃的北麓河多年冻土区为例，模拟计算了不同路基走向、不同路基高度及不同路面类型等因素组合下，路基下卧多年冻土最大融化深度的变化规律。模拟结果表明：对于不同走向的路基其最大融化深度在竖直方向和水平方向均存在着差异。①最大融深在水平方向的位置随路基运营时间变化不明显，与路基高度、线路走向及路面类型关系密切，且与路基高度之间呈较好的线性相关性：路基越高，最大融深在水平方向的位置越靠近阳坡一侧，阴阳坡效应越显著；最大融深在竖直方向的深度与运营时间、路基高度、路面类型关系比较密切。路基较低时，最大融深与路基走向关系不大。路基较高时，最大融深与线路走向比较密切，且随着路基高度的增加和气候变暖而加剧。②相对于砂砾路面而言，沥青路面在一定程度上部分抵消了阴阳坡效应，但加剧了路基下最大融深，且随着路基高度及运营年限的增加，沥青路面下的最大融深与路基走向关系越来越密切。③阴阳坡效应随着路基高度的增加、气候变暖和增温速率的增大而加剧。对于呈现阴阳坡的路基，单纯依靠抬高路基来保护多年冻土是不现实的，设计路基高度时，除了考虑上、下临界高度外，还应考虑阴阳坡效应带来的影响。④在同一年平均气温和土体参数下，多年冻土路基热稳定性在对称的热边界条件和不对称的热边界条件下存在着巨大的差异。

(4)通过对纵向裂缝在青藏公路、青康公路及青藏铁路分布特点及规律进行分析,得出以下结论:纵向裂缝主要分布在亚稳定型和高温退化型多年冻土地带,且随着冻土稳定性降低而趋于严重。另外,纵向裂缝的严重程度与路堤高度密切相关,随着路堤高度的增加,纵向裂缝分布密度及发育规模也在增大;纵向裂缝分布具有明显的坡向性,阳坡面纵裂远比阴坡面严重。综合考虑路基横断面几何形状、线路走向、年平均地温、工程地质条件等因素,针对不同工况采取相对应的工程措施,可以在一定程度上缓解或抑制阴阳坡效应,从而可以减小纵向裂缝等路基病害发育的可能性。实测资料表明:柴达尔—木里铁路所采用的碎石护坡与片石通风路基、换填和抛石挤淤及热棒等一系列工程措施均具有冷却冻土路基的作用,尤其热棒在阳坡一侧被加强的工程措施已经基本消除阴阳坡现象,取得了良好的工程效果。并且已有的路基沉降变形观测结果表明:柴木铁路无措施路基的沉降变形量在国铁Ⅱ级铁路规定的 30cm 工后沉降标准内,甚至片石通风路基和热棒护道路基的沉降变形量还满足国铁Ⅰ级铁路规定的 20cm 工后沉降标准。

(5)引入突变级数法对柴达尔—木里铁路沿线多年冻土工程地质条件进行评价研究。相对于诸如水环境评价、大气环境评价和生态评价等其他评价来说,冻土评价可依据可参照的国家标准或国际标准几乎没有,而且所选取的一些评价因子,对其研究相对较少,合理确定分级标准很难把握,同时各评价因子的分级标准本身也是变化的。因此,基于现场地质勘查资料及数据分析确立了因子分级标准及标准化指标参考值,以冻土热稳定性和自然环境为中间变量。评价结果表明:铁路沿线大部分路段冻土工程地质条件一般,仅有少数路段冻土工程地质条件极差。

(6)采用模糊综合评价法对柴达尔—木里铁路冻土路基工程措施效果进行评价研究。评价结果表明:采用热棒工程措施的路基有 69.5% 处于良好状态,有 29.1% 处于较好状态;无措施路基,工程效果处于良好状态的占 12%,较好状态占 64%,一般状态占 24%;片石通风路基,工程效果处于较好状态占 86.1%,一般状态占 7.5%,较差占 6.4%。全线工程效果评价结果表明:全线路基热稳定性主要处于良好(a)和较好(b)等级;而一般(c)及较差(d)等级所占比例较小,且主要分布于高温多年冻土区。

(7)基于突变理论,在对冻土环境演变过程进行定量理论分析的基础上,从冻土热稳定性、冻土冻融侵蚀敏感性、冻土生态脆弱性等准则层入手,建立了柴达尔—木里铁路沿线冻土环境评价指标体系,并获取了该铁路沿线冻土环境指标数据,利用突变级数法对柴木铁路沿线冻土环境进行了评价,给出了该铁路沿线冻土环境子系统和冻土环境质量变化趋势图。评价结果表明:①柴木铁路沿线冻土热稳定性主要集中在Ⅲ级(一般状态),较少部分路段处于Ⅱ级(良好状态)和Ⅳ级(较差状态);②柴木铁路沿线冻土冻融侵蚀敏感性基本处于Ⅱ级(良好状态);③柴木铁路沿线冻土生态脆弱性基本处于Ⅱ级(良好状态),处于轻度脆弱状态;④柴木铁路沿线冻土环境主要集中在Ⅲ级(一般状态)和Ⅱ级(良好状态)。总体来看,目前柴木铁路沿线冻土环境质量整体上较好,若不采取一些必要的冻土环境保护措施,柴木铁路沿线冻土环境质量将有进一步恶化的趋势。

第二节　对策与启示

多年冻土是地气系统相互作用的产物,也是冰冻圈环境的主要组成部分,其变化主要受环境气候条件控制,大的气候背景决定了多年冻土分布的宏观格局,但局地因素,如坡向、坡度、雪盖、岩性和含水率等的影响,在一定条件下,往往会超过大的气候背景,造成相同气候背景下多年冻土的"异常"分布或非气候分布。局地因素对多年冻土热状况的影响直接决定了局地尺度上多年冻土的形成、分布及演化规律。在青藏高原高海拔多年冻土区,复杂的地形条件使得局地因素自身的变化及其对多年冻土热状况的影响都十分强烈。

此外,在多年冻土区筑路时,冻土作为一种特殊土地基材料,其稳定性受年平均气温、线路走向、路基高度、路基排水状况、路面类型、工程措施等因素的综合影响。道路工程的修建将人为地改变地基土层的热—力状况,或某个时期气候的变暖,也可能造成地基多年冻结层的退化,从而导致其承载力减小或在荷载作用下变形(包括不均匀变形)过大。

在以上分析的基础上,针对多年冻土区筑路工程提出以下一些对策与启示。

(1)工程措施的综合应用及合理应用。对多年冻土地区的路堤病害提出预防和治理对策是冻土路堤工程研究的出发点和归宿,预防和治理对策是否有效、效果如何是检验工程技术人员和研究人员工作成果的最基本方式。在防治阴阳坡现象及其所带来的工程病害时,由于阴阳坡效应引起的冻土路基纵向裂缝病害主要以预防为主,即道路修筑时的积极预防,主要从结构力学措施和控温措施两方面来预防。首先,在结构力学措施方面,国内外除了工程上的压实地基外,一般在路堤中采用约束路堤变形的材料。基于路基纵向裂缝的特点和处治难度,利用土工格栅和级配碎石各自的优良性能,提出了一系列处治技术,譬如土工格栅、柔性枕梁等,经过这些措施处理的路堤又称为加筋路堤。路堤加筋后,路堤填料的受力更加均匀,路堤本体的变形协调能力大大加强,不但可以减小路堤表面的沉降量和路堤压缩量,还可以有效抑制路堤的水平位移,减少路堤出现纵向裂缝病害的可能性。根据国外资料,美国阿拉斯加公路上多采用土工格栅。但对于冻土环境而言,保证路基热学稳定性是确保其强度和结构稳定性的前提,因此绝大部分的冻土路堤工程仍然采用控温措施来预防和治理路堤病害。根据各种工程措施的工作原理,控温措施可以分为以下几种:①调控对流措施,如碎石路堤、通风路堤、碎石护坡、热棒路堤等;②调控辐射措施,如遮阳板、遮阳棚、浅色路面等;③调控传导措施,如保温路堤、泥炭层地基等。针对阴阳坡路堤的热不对称性,在采用控温措施时应该根据阴阳坡效应的程度合理选取不同坡面技术措施的参数,尽可能调整阴阳坡热不对称性。

根据多年的研究结果与实践经验,提出了一些组合措施:根据温度场不对称的程度选择性地采取不同措施、不同措施的组合或同一措施不同的设计参数,如降低路基高度、加大路基边坡坡度以减小路基两侧接受太阳辐射的差异,采用片石 + 碎石护坡("U"型路基)、热棒 + 保温材料等复式路基、在阳坡一侧设置遮阳棚(或喷涂热反射材料、或加强热棒)、或采用两边坡薄厚不一样的块(碎)石护坡或不同厚度的保温护道来减小路基表面温度分布的非均匀性以消除阴阳坡效应来减小纵向裂缝的发生。

以上各工程措施从理论上来讲,都可以从一定程度上抑制或消除阴阳坡效应,但如何在具体的工程设计时精确、快速地给出定量化的设计参数,却面临巨大挑战。比如,在阴阳两侧分别铺设不同厚度的块(碎)石护坡从理论上来讲可以消除阴阳坡问题,但在不同地温分区、不同路基高度(或路基走向)、不同冻土类型、不同工程地质条件及不同冻土环境等多因素组合下,要精确地给出设计参数并非易事。以往关于不同工程措施对阴阳坡效应消除程度的定量研究,无论是数值模拟还是试验研究,均是在特定的条件下进行的,并不具有普遍性,况且实际工程要复杂得多。针对具体的工程,对每项具体措施的应用条件尚需进一步明确,还要进一步定量地确定各项参数(最好根据现场试验给出可靠的设计参数),提出可行的计算方法,以供设计使用。在不考虑路基自身条件及其所处冻土环境的前提下,如果不能够有针对性地解决一些对路基热扰动大的关键问题,即便是采用了一些在其他路段被证实有效的特殊措施或综合措施,往往也无法达到预期的目的。另外,工程效应与时间密切相关,所以基于时间的路基稳定性评价和长期的动态监测均是必不可少的。

此外,继续深入而细致地进行路基热边界条件的定量研究,建立简单、实用且参数容易获取的路基热边界条件的定量计算公式是必需的。

(2)局地因素对路基稳定性的影响不容忽视。多年冻土是地—气系统热量交换的产物,在特定条件下,局地因素及其相互作用决定地—气热量交换的过程和结果,进而决定多年冻土的形成、分布状况及退化程度。尤其在冻土与非冻土交接的过渡地带,局地因素往往是决定多年冻土存在与否的关键因素。程国栋(2003 年)分析了由局地因素影响造成的高原多年冻土"异常"分布的众多实例,对局地因素通过改变辐射、对流和传导对多年冻土形成和保存的作用机理进行了研究,并指出根据局地因素影响机理分析为我们提供的启示,可以有目的地改变路堤填料和结构。

道路工程是线性结构物,沿线冻土环境及工程地质条件具有复杂性、多变性的特点,应综合考虑局地因素(如坡向坡度、雪盖、岩性、植被、土壤表层含水率、沼泽或湿地等)对多年冻土热状况的影响。影响冻土工程地质条件的因素较多,其中海拔、纬度和区域地质背景等要素控制着冻土的区域分布规律;土质、含水(冰)率、植被、降水、坡度坡向、活动层厚度、地温、气温和不良冻土现象等局地因素的变化,会造成小范围内冻土环境工程条件的差异。

虽然各地局地因素对多年冻土热状况的作用机理类似,但影响程度不同,再加上各地局地因素的组合与起主导作用的因素各不相同,因此地域不同,局地因素对多年冻土热状况的影响也不同。应深入研究多年冻土区各局地因素,对道路工程沿线的局地因素按一定的标准进行较为详细的划分,在每一分区内,选取坡向坡度、雪盖、岩性、植被、土壤表层含水率、沼泽或湿地等局地因素对多年冻土热状况的影响作为研究对象,建立地表辐射平衡、雪盖、岩性、植被等因素的综合观测场与布设现场监测点,从实地观测的角度定量分析局地因素对多年冻土热状况的作用机理及影响程度。对数据进行室内分析,并收集相关资料,结合相关理论,建立各局地因素对多年冻土热状况影响的评估模型;通过室外其他监测点的数据,对模型进行调试、校验和修正,直至最终确立较精确的模型,以便于为工程设计提供服务。

多年冻土热状况不仅依赖于坡向坡度、雪盖、岩性、植被、土壤表层含水率等因素,也可能依赖于这些因素之间的交互作用。比如,柴木铁路沿线的年降雨量较大,地形地貌和地表水文、活动层的含水率对多年冻土的发育也有很大影响,因此沿线的多年冻土发育具有显著的海拔特征和局地特征。柴木铁路所在区域跨度较小,多年冻土分布及变化受纬度影响较小,主要是局地因素决定着冻土的工程地质条件。

为进一步明确考虑多年冻土热状况与以上各因素的依存关系,根据试验资料对多年冻土热状况影响因素的显著性和因素间的交互作用进行深入研究,分析诸因素敏感性排列顺序。然后结合理论分析与实地观测资料,精确建立各道路工程沿线多年冻土的局地因素热状况评估模型。在此基础上,以期对工程措施的合理选取及设计参数较为精确的取值提供保障。另外,不同工程措施过渡地段的冻融变形机理与控制还得继续深入研究,在这些地段温度分布情况复杂且地质结构迥异(在纵向上容易出现刚度变化及差异沉降),比如野外调查显示在路桥

(涵)过渡段路基病害突出,对这一类似问题的解决已迫在眉睫。

(3)冻土环境保护和合理评价必不可少。冻土环境是寒区生态环境的重要组成部分,也是冻土工程赖以存在的物质基础,所以在整个工程活动过程中必须结合具体的工程地质条件和工程特性对冻土环境进行严格保护,尽量减少甚至避免扰动。同时,选择合理的评价方法对环境影响进行评估,不仅是为了项目的成功,也是为人类生存及未来负责。并且要在工程正式建设之前进行环境影响评价,提出必需的环境保护措施,使环境评价对工程活动起到实实在在的指导作用,否则环境评价将失去意义。在多年冻土区修筑路基时,须要对整个道路工程沿线多年冻土的工程地质条件、工程措施及冻土环境等进行综合评价,评价过程中对各影响因素或指标进行权重的选取时,考虑影响多年冻土热状况的各因素敏感性排列顺序,使得评价更客观、更接近实际情况。目前采用的层次分析法(AHP)是一种将复杂问题条例化、模型化和数量化的决策方法。但这种方法存在着很大的随意性,不同的人所建立的指标体系可能各不相同,评价结果也可能不尽相同;此外,由AHP法建立的指标体系中的一级指标和二级指标不能形成相互作用和相互影响的网络结构,对冻土环境影响很大的二级指标可能会由于一级指标的重要性较小而限制甚至覆盖了其重要性。为了克服上述缺点,在今后的操作过程中,指标体系的建立应该会与不同领域的专家共同协商、集体决定,在选择一级指标和二级指标时需要较为慎重,建立起适宜于在多年冻土地区进行冻土环境评价的指标体系。对于因子权重的确定,一般是通过专家咨询法计算出来的,但其本身存在着主观性,而且权重仅仅反映了指标在评价过程中的大致重要性,随着时间的推移或外界环境的改变各因子所占的权重可能会发生改变,因此有必要采用以“变权”代替“定权”的方法,以突出权重的动态性。在冻土环境现状评价过程中,尽管突变级数法没有使用权重,但评价指标重要性排序的过程中仍不能完全避免人为主观性,这也需要在今后的研究中进一步加以完善。在整个处理的过程中,为了抓住主要矛盾,应合理地删繁从简。这种简化是不得已而为之,是人们认识事物的正常过程,要想完全反映事物本质特点,还有很大的发展与提升空间,因此也为下一步工作的开展指明了方向:①进一步研究冻土环境评价方法问题,综合比较各种评价方法的优缺点,选择一种或综合考虑某几种方法以获取最适合于进行多年冻土地区冻土环境评价的方法,更好地为冻土环境评价服务。②目前由于只是对冻土环境的突变特性进行了定性分析,为了更好地利用突变理论对冻土环境进行评价,有必要在进行大量野外试验和室内实验的基础上运用突变理论对冻土环境进行定量研究。③在建立冻土环境评价模型的基础上,有必要开发基于GIS平台的综合评价与分析系统,绘制冻土环境质量等级图,对冻土环境进行预警、动态监测以深入分析其变化,建立一个合理、完整的评价体系。④在宏观上把握整个工程赖以生存的冻土环境,在微观上对每一个可能影响冻土稳定性的局地因子都要严加考虑,细节与格局并重。

参考文献

[1] 安维东,吴紫汪.双重介质二维相变路堤临界高度的数值模拟[C].第三届全国冻土学术会议论文选集.北京科学出版社,1989:225-231.

[2] 曹伟,盛煜,陈继.青海木里煤田冻土环境评价研究[J].冰川冻土,2008,30(1):157-164.

[3] 曹伟,盛煜,齐吉琳.基于突变级数法的青海木里矿区冻土环境评价[J].煤炭学报,33(8):881-886.

[4] 曹玉新,许兰民,沈宇鹏.土工格栅在青藏铁路多年冻土区的应用[J].北方交通大学学报,2008,32(1):16-19.

[5] 柴木铁路冻土路基热稳定性评价研究报告[R].兰州:中国科学院寒区旱区环境与工程研究所,2010.

[6] 程国栋,童伯良,罗学波.厚层地下冰地段路堤建筑中的两个重要问题[J].冰川冻土,1981,3(2):6-12.

[7] 程国栋.我国高海拔多年冻土地带性规律之探讨[J].地理学报,1984,39(2):185-193.

[8] 程国栋.青藏铁路工程与多年冻土相互作用及环境效应[J].中国科学院院刊,2002,(1):21-25.

[9] 程国栋.局地因素对多年冻土分布的影响及其对青藏铁路设计的启示[J].中国科学(D辑),2003,33(6):602-607.

[10] 程国栋,杨成松.青藏铁路建设中的冻土力学问题[J].力学与实践,2006,28(3):1-8.

[11] 程国栋,江灏,王可丽,等.冻土路基表面的融化指数与冻结指数[J].冰川冻土,2003,25(6):603-607.

[12] 程国栋.青藏铁路工程与多年冻土相互作用及环境效应[J].中国科学院院刊,2002,17(1):21-25.

[13] 程国栋.青藏高原多年冻土区路基工程地质研究[J].第四纪研究,2003,23(2):134-141.

[14] 陈继.多年冻土地区路堤典型沉陷病害研究[D].中国科学院寒区旱区环境与工程研究所博士学位论文,2007.

[15] 陈继,盛煜,程国栋.从地表能量平衡各分量特点论青藏高原多年冻土工程中的冻土保护措施[J].冰川冻土,2006,28(2):223-228.

[16] 陈继,程国栋,吴青柏,等.冻土地区风的作用分析 - 以青藏铁路沿线多年冻土为例[J].地球科学进展,2005,20(3):275-281.

[17] 陈云峰,孙殿义,陆根法.突变级数法在生态适宜度评价中的应用—以镇江新区为例[J].生态学报,2006,26(8):2587-2593.

[18] 丑亚玲,盛煜,马巍.多年冻土区道路边坡热状况差异对多年冻土融化形态的影响[J].

冰川冻土,2007,29(6):977-985.

[19] 丑亚玲,盛煜,马巍.青藏高原多年冻土区铁路路基阴阳坡表面温差的计算[J].岩石力学与工程学报,2007,26(增2):4102-4107.

[20] 丑亚玲,盛煜,韦振明.多年冻土区公路路基阴阳坡温度及变形差异分析[J].岩石力学与工程学报,2009,28(9):1896-1903.

[21] 丑亚玲.多年冻土区路基阴阳坡效应及纵向裂缝机理研究[D].中国科学院寒区旱区环境与工程研究所博士学位论文,2008.

[22] 丑亚玲.高温多年冻土区道路边坡热状况对多年冻土融化形态的影响研究[D].中国科学院寒区旱区环境与工程研究所硕士学位论文,2006.

[23] 崔建恒,许东洲,程鸿哲.青藏公路多年冻土路基整治探讨[J].冰川冻土,1993,15(2):359-364.

[24] 崔托维奇著.冻土力学[M].张长庆,朱元林译.北京:科学出版社,1985.

[25] 代寒松,盛煜,陈继.青藏公路路基纵向裂缝病害及其发生规律[J].公路,2006,(1):85-88.

[26] 丁靖康,郝贵生.年平均气温临界值—设计青藏高原多年冻土区路基临界高度的一个重要因素[J].冰川冻土,2000,22(4):333-339.

[27] 丁靖康,韩龙武,徐兵魁,等.多年冻土与铁路工程[M].北京:中国铁道出版社,2011.

[28] 窦明健,胡长顺,何子文.青藏公路多年冻土段路基病害分布规律[J].冰川冻土,2002,24(6):780-784.

[29] 多吉罗布.青藏公路多年冻土路基病害诊治技术研究[D].长安大学硕士学位论文,2002.

[30] 冯文杰,李东庆,马巍,等.不同边界条件对多年冻土上限影响的模型试验研究[J].冰川冻土,2001,23(4):353-359.

[31] 冯文杰,马巍,张鲁新,等.遮阳棚在寒区道路工程中的应用研究[J].岩土工程学报,2003,25(5):567-570.

[32] 凌复华.突变理论及其应用[M].上海:上海交通大学出版社,1987.

[33] 龚明华,刘世亮,巫艳.高填方路基纵向裂缝成因及压浆处理技术探讨[J].宣春学院学报,2005,27(6):61-62.

[34] 赫贵生,丁靖康,李永强.倾填碎石层的热传输特性及其应用[J].冰川冻土,2000,22(增刊):33-37.

[35] 胡长顺,窦明健.青藏公路纵向裂缝成因及处治对策研究总报告[R].长安大学,2003.

[36] 胡长顺,王秉纲,何子文.高原多年冻土地区路基路面典型结构研究[R].长安大学,2000.

[37] 胡霞光,王秉纲.青藏公路路基路面管理系统研究[J].重庆交通学院学报,2002,21(2):33-37.

[38] 胡泽勇,钱泽雨,程国栋,等.太阳辐射对青藏铁路路基表面热状况的影响[J].冰川冻土,2002,24(2):121-128.

[39] 胡泽勇,程国栋,谷良雷,等.青藏铁路路基表面太阳辐射和温度反演方法[J].地球科学进展,2006,21(12):1304-1313.

[40] 黄润秋,许强.突变理论在工程地质中的应用[J].工程地质学报,1993,(9):65-73.
[41] 黄小铭.青藏高原多年冻土区铁路路堤临界高度的确定[C].第二届全国冻土学术会议论文选集.兰州:甘肃人民出版社,1983:391-397.
[42] 侯士俊.冻土路基病害分析及整治[J].哈尔滨铁道科技工作研究,2002:13-15.
[43] 侯仲杰,毛雪松,马骉.气候因素对青藏公路路基病害的作用[J].西藏科技,2006(5):49-50.
[44] 姜凡,刘石,王海刚,等.冻土片石路基的保冷效果数值计算研究[J].铁道学报,2004,26(4):109-115.
[45] 蒋复初,吴锡浩,王书兵,等.中国大陆多年冻土线空间分布基本特征[J].地质力学学报,2003,9(4):303-312.
[46] 金会军,李述训,王绍令,等.气候变化对中国多年冻土和寒区环境的影响[J].地理学报,2000,55(2):161-173.
[47] 康德拉捷夫.在建铁路工程冻土监测系统概论[M].北京:中国铁道出版社,2001:31-48.
[48] 寇有冠,曾群柱,谢维荣,等.青藏高原和邻近地区的辐射及其余高原冻土的关系[J].冰川冻土,1981,3(4):25-32.
[49] 拉有玉,张鲁新.青藏铁路建设冻土工程问题的深入研究和实践[J].冰川冻土,2005,27(1):46-49.
[50] 赖远明,张鲁新,徐伟泽,等.青藏铁路抛石路基的温度特性研究[J].冰川冻土,2003,25(3):291-296.
[51] 赖远明,张鲁新,张淑娟,等.气候变暖条件下青藏铁路抛石路基的降温效果[J].科学通报,2003,48(3):292-297.
[52] 李东庆,孙志忠,赖远明,等.青康高原东部高温多年冻土区路基热稳定性模拟分析[J].岩土工程学报,2005,27(12):1376-1379.
[53] 李国玉.高温冻土区新型路堤结构降温机理与设计原则研究[D].中国科学院寒区旱区环境与工程研究所博士学位论文,2007.
[54] 李宁,魏庆朝,葛建军.青藏铁路热棒路基结构形式及工作状态分析[J].北京交通大学学报,2006,30(4):22-25.
[55] 李述训,南卓铜,赵林.冻融作用对地气系统能量交换的影响分析[J].冰川冻土,2002,24(2):506-511.
[56] 李述训,吴紫汪.青藏高原多年冻土区沥青路面下融化盘形成变化特征[J].冰川冻土,1997,19(2):133-140.
[57] 李忠凯.青藏公路纵向裂缝处治结构力学分析[D].长安大学硕士学位论文,2003.
[58] 李新,程国栋.高海拔多年冻土对全球变化的响应模型[J].中国科学(D辑:地球科学),1999,29(2):185-192.
[59] 李永强,韩利民.青藏铁路多年冻土工程地质特征及其评价[J].工程地质学报,2008,16(2):245-249.
[60] 李彦平.从青藏铁路清水河试验段路基的沉降浅议高原冻土路基的稳定性[J].铁道工程学报,2003(4):26-29.

[61] 李祝龙.青藏公路路基路面病害机理研究[J].公路,2001(8):105-109.

[62] 李祝龙,章金钊,武憨民.冻土路基热学计算研究[J],公路,2000,(2):9-12.

[63] 刘戈,章金钊,吴青柏.多年冻土地区路基变形特征及影响因素[J].公路,2006(11):23-26.

[64] 刘永智,吴青柏,张建明,等.高原多年冻土地区公路路基温度场现场实验研究[J].公路,2000,(2):5-8.

[65] 刘永智,吴青柏,张建明,等.青藏高原多年冻土地区公路路基变形[J].冰川冻土,2002,24(1):10-15.

[66] 刘润星,栗新燕,王亚军.高填方路基不均匀沉降的机理分析[J].内蒙古公路与运输,2006(93):9-12.

[67] 刘铁良.俄罗斯加固多年冻土地区铁路路堤基底有效方法的现状与展望[J].世界铁路,2005:58-62.

[68] 刘志强,赖远明.对青藏铁路部分路段通风路基温度场的数值分析[J].铁道工程学报,2004,(1):39-43.

[69] 梁桂兰,徐卫亚,何育知,等.突变级数法在边坡稳定综合评判中的应用[J].岩土力学,2008,29(7):1895-1899.

[70] 凌复华.突变理论—历史、现状和展望[J].力学进展,1984,14(4):389-402.

[71] 马巍,程国栋,吴青柏.青藏铁路建设中动态设计思路及其应用研究[J].岩土工程学报,2004,26(4):537-540.

[72] 马巍,程国栋,吴青柏.解决青藏铁路建设中冻土工程问题的思路与思考[J].科技导报,2005(1):23-28.

[73] 马巍,程国栋,吴青柏.多年冻土地区主动冷却地基方法研究[J].冰川冻土,2002,24(5):579-587.

[74] 马巍,余绍水,吴青柏,等.青藏高原多年冻土区冷却路基技术现场实效监测研究[J].岩石力学与工程学报,2006,25(3):563-571.

[75] 马钰,唐朝淑,周余萍.青海30年来气温、降水变化的诊断分析[J].青海环境,1992,(2):32-41.

[76] 毛雪松,侯仲杰,王威娜,等.青藏公路湿地路段纵向裂缝形成机制及数值模拟基于水热耦合效应的冻土路基稳定性研究[J].岩石力学与工程学报,2010,29(9):1915-1921.

[77] 毛雪松,马骉.基于水热耦合效应的冻土路基稳定性研究[M].北京:人民交通出版社,2011.

[78] 苗秋菊,张婉佩编译.2005年气候变化回顾[J].气候变化研究进展,2006,2(1):43-44.

[79] 南卓铜,李述训,程国栋.未来50与100a青藏高原多年冻土变化情景预测[J].中国科学(D辑),2004,34(6):528-534.

[80] 牛富俊,程国栋,李建军,等.多年冻土区管道通风路基温度边界条件及温度场实测研究[J].2006,28(3):380-389.

[81] 牛富俊,张建明,张钊.青藏铁路北麓河试验段冻土工程地质特征及评价[J].冰川冻土,2002,24(3):264-269.

[82] 牛富俊,马巍,赖远明.青藏铁路北麓河试验段通风管道路基工程效果初步分析[J].岩

石力学与工程学报,2003,22(增2):2652-2658.

[83] 潘守文.青藏高原那曲地区夏季辐射平衡的气候学特征[C].青藏高原气象科学试验文集(1).北京:科学出版社,1984:38-47.

[84] 潘卫东,赵肃菖,徐伟泽,等.热棒技术加强高原冻土区路基热稳定性的应用研究[J].冰川冻土,2003,25(4):432-438.

[85] 潘卫东,连逢愈,邓宏艳,等.寒区工程中热棒技术的应用原理和前景[J].岩石力学与工程学报,2003,22(增2):2673-2676.

[86] 彭越,樊宏.突变理论在山地生态环境脆弱性分析评价中的应用初探[J].西南民族大学学报(自然科学版),2004,30(5):633-637.

[87] 裴建中,窦明健,胡长顺.土工合成材料在多年冻土地区路基病害处治中的应用技术研究[J].冰川冻土,2002,24(6):785-789.

[88] 裴建中,窦明健,胡长顺,等.多年冻土地区路基纵向裂缝形成机理研究[J].冰川冻土,2006,28(1):116-121.

[89] 裴建中.多年冻土地区路基修筑技术及实践[J].公路,2005,(7):75-81.

[90] 裴建中.多年冻土地区路基纵向裂缝形成机理及处置对策研究[D].长安大学博士学位论文,2004.

[91] 祁长青,吴青柏,施斌,等.青藏铁路冻土路基温度场随机有限元分析[J].工程地质学报,2005,(3):330-335.

[92] 秦大河,丁一汇,王绍武,等.中国西部生态环境变化与对策建议[J].地球科学进展,2002,17(3):314-319.

[93] 全晓娟.青藏铁路抛石护坡的冷却机理及新型护坡研发研究[D].中国科学院寒区旱区环境与工程研究所博士学位论文,2005.

[94] 盛煜,马巍,温智,等.多年冻土区铁路路基阴阳坡面热状况差异分析[J].岩石力学与工程学报,2005,24(17):3197-3201.

[95] 盛煜,温智,马巍,等.青藏铁路多年冻土区热棒路基温度场三维非线性分析[J].铁道学报,2006,28(1):125-130.

[96] 盛煜,李静,吴吉春,等.基于GIS的疏勒河流域上游多年冻土分布特征[J].中国矿业大学学报,2010,39(1):32-39.

[97] 石名磊,战高峰,邓学钧.高路堤路面结构纵向裂缝分析[J].吉林工业大学自然科学学报,1999(4):86-91.

[98] 史志富,张安,刘海燕,等.基于突变理论与模糊集的复杂系统多准则决策[J].系统工程与电子技术,2006,28(7):1010-1013.

[99] 宋景振,王连俊,沈宇鹏.青藏铁路多年冻土区路堤阴阳坡差异分析[J].中国铁道科学,2006,27(2):6-10.

[100] 苏艺,许兆义,王连俊.青藏铁路不同路基工程结构对路基裂缝的影响研究[J].工程地质学报,2004,(3):292-293.

[101] 苏艺,许兆义,王连俊,等.青藏铁路路基加宽的变形特征研究[J].工程地质学报,2003,(3):288-296.

[102] 苏联科学院西伯利亚分院冻土研究所.普通冻土[M].北京:科学出版社,1988.

[103] 孙斌祥,徐学祖,赖远明,等.片石的扩散系数和导热系数确定方法[J].冰川冻土,2002,24(6):790-795.

[104] 孙立平,董献付,周勇,等.青藏线冻土区“阴阳坡”问题及其辐射机制[J].冰川冻土,2008,30(4):610-616.

[105] 孙永福.青藏铁路多年冻土区工程的研究与实践[J].冰川冻土,2005,27(2):153-162.

[106] 孙增奎,王连俊,白明洲,等.青藏铁路高温细粒多年冻土路堤变形试验研究[J].岩石力学与工程学报,2004,23(24):4190-4194.

[107] 孙增奎,王连俊,魏庆朝,等.青藏铁路多年冻土路堤温度场的有限元分析[J].岩石力学与工程学报,2004,23(20):3454-3459.

[108] 孙志忠,马巍,李东庆.多年冻土区块、碎石护坡冷却作用的对比研究[J].冰川冻土,2004,26(4):435-439.

[109] 孙志忠,马巍.片石层对其下部路基土体温度的影响[J].铁道工程学报,2003,(4):59-61.

[110] 孙志忠.青藏铁路多年冻土区片石护坡路基试验研究[D].中国科学院寒区旱区环境与工程研究所博士学位论文,2006.

[111] 汤懋苍,程国栋.青藏高原近代气候变化及对环境的影响[M].北京:科学出版社,1998.

[112] 田亚护,刘建坤,等.多年冻土区含保温夹层路基温度场的数值模拟[J].中国铁道科学,2002,23(2):59-64.

[113] 王爱国,马巍,吴志坚.片石路堤上覆砂砾石厚度对冻土路基冷却效果的影响研究[J].岩石力学与工程学报,2005,24(13):2333-2341.

[114] 汪海年.青藏高原多年冻土地区路基温度场研究[D].长安大学硕士学位论文,2004.

[115] 汪海年,窦明健.青藏高原多年冻土区路基热稳定性影响因素分析[J].公路,2005(5):1-5.

[116] 王海港,崔凯,程国义.冻土路基病害成因及处理方法[J].内蒙古公路与运输,2001(增):68-69.

[117] 王可丽,程国栋,等.青藏铁路沿线地表和路基表面热力学模式(Ⅰ):物理过程与实验方案[J].冰川冻土,2002,24(6):759-764.

[118] 王可丽,程国栋,等.青藏铁路沿线地表和路基表面热力学模式(Ⅱ:)无云大气条件下模拟试验结果分析[J].冰川冻土,2004,26(2):171-176.

[119] 王绍令,丁永建,赵林,等.青藏高原局地因素对近地表层地温的影响[J].高原气象,2002,2(1):85-89.

[120] 汪双杰,陈建兵,黄晓明.热棒路基降温效应的数值模拟[J].交通运输工程学报,2005,5(3):41-47.

[121] 汪双杰,霍明,周文锦.青藏公路多年冻土路基病害[J].公路,2004(5):22-26.

[122] 汪双杰,李祝龙,武憨民.多年冻土地区公路筑路技术研究现状与新课题[J].冰川冻土,2003,25(4):471-476.

[123] 汪双杰,黄晓明.冻土地区道路设计理论与实践[M].北京:科学出版社,2012.

[124] 王铁行.多年冻土地区路基冻胀变形分析[J].中国公路学报,2005,18(2):1-5.

[125] 王铁行,窦明健,胡长顺. 多年冻土地区路基临界高度研究[J]. 土木工程学报,2003,36(4):94-98.

[126] 王铁行,窦明键. 多年冻土地区路堤热差异分析[J]. 煤田地质与勘探,2004,32(1):45-47.

[127] 王铁行,胡长顺,窦明健. 高原多年冻土地区路基路面典型结构研究分析报告[R]. 长安大学,2000.

[128] 王铁行. 多年冻土区路基计算原理及临界高度研究[D]. 长安大学博士学位论文,2001.

[129] 王小军,韩文峰,蒋富强,等. 青藏铁路片石通风试验路基沉降与普通路基裂缝解剖分析[J]. 岩石力学与工程学报,2006,25(9):1904-1911.

[130] 王小军,米维军,武小鹏,等. 青藏铁路多年冻土路堤人为上限的主要影响因素分析研究[J]. 岩土工程学报,2010,32(8):1221-1226.

[131] 王银学,赵林,李韧,等. 影响多年冻土上限变化的因素探讨[J]. 冰川冻土,2011,33(5):1064 ~1067.

[132] 王引生,李永强. 青藏铁路热棒试验路基裂缝形成原因分析[J]. 甘肃科学学报,2003,15(4):79-83.

[133] 王引生,贾海锋,李勇,等. 青藏铁路清水河试验段路基裂缝初步分析[J]. 岩石力与工程学报,2003,22(增2):2647-2651.

[134] 王志坚,张鲁新. 青藏铁路建设过程中的冻土环境问题[J]. 冰川冻土,2002,24(5):588-592.

[135] 温智. 保温法在青藏高原多年冻土区道路工程中的应用评价研究[D]. 中国科学院寒区旱区环境与工程研究所博士学位论文,2006.

[136] 温智,盛煜,马巍,等. 国道214线多年冻土地区公路路基典型纵向裂缝监测和模拟研究[C]. 第三届全国岩土与工程学术大会论文集,2009:50-53.

[137] 吴青柏,刘永智,施斌,等. 青藏公路多年冻土区冻土工程研究新进展[J]. 工程地质学报,2002,(1):55-61.

[138] 吴青柏,程国栋,马巍. 青藏铁路路基工程可靠性分析思路浅析[J]. 科技导报,2005,23(4):29-31.

[139] 吴青柏,童长江. 冻土变化与青藏公路的稳定性问题[J]. 冰川冻土,1995,17(4):350-355.

[140] 吴青柏,朱元林,施斌. 工程活动下的冻土环境研究[J]. 冰川冻土,2001,23(2):200-207.

[141] 吴青柏,刘永智,施斌,等. 青藏公路多年冻土区冻土工程研究新进展[J]. 工程地质学报,2002,10(01):55-61.

[142] 吴青柏,赵世运,马巍,等. 青藏铁路片石路基结构的冷却效果监测分析[J]. 岩土工程学报,2005,27(12):1386-1390.

[143] 吴志坚. 青藏铁路冻土区路基稳定性研究[D]. 中国科学院寒区旱区环境与工程研究所博士学位论文,2006.

[144] 吴紫汪,程国栋,朱林楠. 冻土路基工程[M]. 兰州:兰州大学出版社,1988.

[145] 吴紫汪,马巍. 冻土强度与蠕变[M]. 兰州:兰州大学出版社,1994.

[146] 吴紫汪,朱林楠,郭兴民,等. 青康公路多年冻土区路堤的临界高度[J]. 冰川冻土,1998,20(1):36-41.

[147] 徐安花. 多年冻土地区公路路基纵向裂缝与路基走向关系的探讨[J]. 冰川冻土,2010,32(1):121-125.

[148] 徐学祖,王家澄,张立新. 冻土物理学[M]. 北京:科学出版社,2001.

[149] 徐学祖,孙斌祥,李东庆,等. 边界温度周期波动下片石的温度变化规律[J]. 岩土工程学报,2003,25(1):91-95.

[150] 杨成松,何平,程国栋,等. 冻土热融下沉研究的现状和进展[J]. 工程地质学报,2004,12(suppl):147-150.

[151] 杨海蓉. 多年冻土区防止路基融化下沉及提高其稳定性的措施[J]. 冰川冻土,1985,7(3):83-88.

[152] 杨旭东. 多年冻土地区路基变形特性研究[D]. 长安大学硕士学位论文,1999.

[153] 姚丽华. 气象学[M]. 北京:中国林业出版社,1992.

[154] 叶拔友. 青藏高原风火山地区冻土试验路基病害原因分析[J]. 冰川冻土,1987,9(2):172-180.

[155] 叶阳升. 青藏铁路高原冻土路基的关键技术问题[C]. 中国土木工程学会第九届土力学及沿途工程学术会议论文集. 北京,2003:150-154.

[156] 喻文学,武憨民. 青藏公路多年冻土地区沥青路面路基高度问题[J]. 西安公路学院学报,1986,(1):25-48.

[157] 喻文兵,赖远明,等. 多年冻土区铁路通风路基室内模型试验的温度场特征[J]. 冰川冻土,2002,24(5):601-607.

[158] 喻文兵,赖远明,等. 片石层与碎石层降温效果室内试验研究[J]. 冰川冻土,2003,25(6):638-643.

[159] 俞祁浩,刘永智,童长江. 青藏公路路基变形分析[J]. 冰川冻土,2002,24(5):623-627.

[160] 俞祁浩,程国栋,牛富俊. 自动温控通风路基应用效果分析[J]. 岩石力学与工程学报,2004,23(4):4221-4228.

[161] 袁筱琳. 多年冻土地区路基高度问题. 中国科学院兰州冰川冻土研究所硕士学位论文,1986.

[162] 臧恩穆,吴紫汪. 多年冻土退化与道路工程[M]. 兰州大学出版社,1999.

[163] 张波. 柴达尔—木里铁路多年冻土路基热稳定性评价研究[D]. 中科院寒区旱区环境与工程研究所博士学位论文,2010.

[164] 章金钊,李祝龙. 冻土路基稳定性主要影响因素探讨[J]. 公路,2000(2):17-20.

[165] 章金钊,汪双杰,台电仓. 多年冻土地区沥青混凝土路面的设计与施工[J]. 公路,2005(2):124-127.

[166] 章金钊,李祝龙,武憨民,等. 青藏公路冻土路基设计研究[J]. 公路,2002,(2):13-16.

[167] 章金钊. 青藏公路多年冻土区路基设计原则与设计高度的演进[J]. 公路,2006(10):54-58.

[168] 张建明,盛煜,赖远明. 铁路碎石道渣层导热系数测试研究[J]. 冰川冻土,2003,25(6):

628-631.

[169] 张建明. 青藏高原冻土路基稳定性及公路工程多年冻土分类研究[D]. 中国科学院寒区旱区环境与工程研究所博士学位论文,2004.

[170] 张鲁新,原思成,杨永平. 青藏铁路多年冻土区路基变形裂缝发生机理及其防治[J]. 第四纪研究,2003,23(6):604-610.

[171] 张鲁新,熊治文,韩龙武. 青藏铁路冻土环境和冻土工程[M]. 北京:人民交通出版社,2011.

[172] 张明义,赖远明,刘志强,等. 气候变暖条件下青藏铁路新型路基结构温度场特征非线性分析[J]. 土木工程学报,2006,39(2):93-97.

[173] 张明义,张建明,赖远明. 青藏高原多年冻土区铁路路堤临界高度数值计算分析[J]. 冰川冻土,2004,26(3):313-318.

[174] 张先军. 青藏铁路冻土区建设典型环境工程地质问题研究[D]. 兰州大学博士学位论文,2005.

[175] 曾群柱,寇有观,谢维荣,等. 青藏高原辐射平衡研究[J]. 中国科学院兰州冰川冻土所集刊,1982,(3):3-51.

[176] 周成林. 动态设计与信息化施工技术在青藏铁路建设中的应用研究[D]. 中国科学院寒区旱区环境与工程研究所博士学位论文,2006.

[177] 周幼吾,郭东信,邱国庆,等. 中国冻土[M]. 北京:科学出版社,2000.

[178] 朱林楠,吴紫汪,刘永智,等. 多年冻土退化对214 国道路基稳定性影响[J]. 公路,1995,(4):4-7.

[179] 朱林楠. 多年冻土路堤的临界高度[C]. 中国地理学会冰川冻土学术会议论文选集(冻土学). 北京:科学出版社,1982:170-172.

[180] 朱林楠. 高原冻土区不同下垫面的垫面层研究[J]. 冰川冻土,1988,10(1):8-14.

[181] 朱林楠,王贵荣,郭兴民. 青藏公路沥青路面路堤临界高度的计算[C]. 第三届全国冻土学术会议论文集. 北京:科学出版社,1989:339-346.

[182] 朱林楠,吴紫汪,刘永智. 青藏高原东部的冻土退化[J]. 冰川冻土,1995,17(2):120-124.

[183] 邹泽雄,魏庆朝. 青藏铁路清水河段多年冻土区站场路基的试验研究[J]. 北京交通大学学报,2005(1):23-26.

[184] 朱阳福. 青藏高原多年冻土地区铁路路基的融冻规律[J]. 冰川冻土,1980(4):38-42.

[185] В. В. Звягин. В. П. Мельников, Н. Л. Русаков. В. Н. Феклистов. Коценкеэффективности пенных экранов при тепловой мелиорации криолитозоны [J]. Доклады Академии Наук, 1993, т. 330, No, с:778-781.

[186] Berg, R. L., Aitken, G. W. Some Passive Methods of Controlling Geocryological Conditions in Roadway Construction[C]. Proceedings of the North American Contribution. 2nd International Conference on Permafrost, Yakutsk, USSR. 1973:581-586.

[187] Berg, Aitken G. W. Effect of color and texture on the surface temperature of asphalt concrete pavements[C]. Proceedings of the 4th International Conference on Permafrost. America: National Academy Press, 1983:57-61.

[188] Brown J and Grave N A. Physical and thermal disturbance and protection of permafrost[R]. CREEL special report,1979(b):79-85.

[189] Carlson R F. Cold Regions Engineering: The Cold Regions Infrastructure: An International Imperative for the 21st Century[M]. Proceedings of the eighth International Conference on Cold Regions Engineering. Reston,VA:ASCE Press,1996:1-965.

[190] Cheng,GD. The impact of local factors on permafrost distribution and its inspiring for design Qinghai-Xizang railway[J]. Science in China (Series D),2003,33(6):602-607.

[191] Cheng Guodong, Dramis F. Distribution of mountain permafrost and climate[J]. Permafrost and Periglacial Process,1992,3(2):83-91.

[192] China solar energy net:http://www. cn-solar. net/solar.

[193] Chou Yaling,Sheng Yu,Wei Zhenming, et al. Calculation of temperature differences between the sunny slopes and the shady slopes along railways in permafrost regions on Qinghai-Tibet Plateau[J]. Cold Regions Science and Technology,2008,53:346-354.

[194] Chou Ya-ling, Sheng Yu, Wei Zhen-ming. Evaluation on thermal stability of embankments with different strikes in permafrost regions[J]. Cold Regions Science and Technology,2009, 58:151-157.

[195] Chou Yaling,Sheng Yu,Zhu Yanpeng. Thermo-mechanical coupled analysis on embankment longitudinal cracks in warm permafrost regions[C]. The 2010 International Symposium on Multi-field Coupling Theory of Rock and Soil Media and Its Applications,2010:585-590.

[196] Chou Yaling,Sheng Yu,Zhu Yanpeng. Study on the relationship between the shallow ground temperature of embankment and solar radiation in permafrost regions on Qinghai-Tibet Plateau[J]. Cold Regions Science and Technology,2012,78:122-130.

[197] DAVIES J A. A Note on the Relationship between Net Radiation\and Solar Radiation[J]. Quarterly Journal of the Royal Meteorological Society,1967,93:109- 115.

[198] Dongqing Li,Ziwang Wu,Jianhong Fang,et al. Heat stability analysis of embankment on the degrading permafrost district in the East of the Tibetan Plateau,China[J]. Cold Region Sciences and Technology,1998,28:183-188.

[199] Ersoy T.`,Haist G. Statilization of a highway embankment in a permafrost area. Proceedings of the 2nd International Symposium on Ground Freezing,1980:1076-1088.

[200] Esch D. C. Roadway Embankments on Warm Permafrost problems and remedial treatments [C]. Proceedings of the 5th Inter. Conference on Permafrost,1988:1223-1228.

[201] Esch D. C. Control of permafrost degradation beneath a roadway by subgrade insulation[J]. The North American Contribution to the 2nd International Conference on Permafrost. America:National Academy Press,1973:608-622.

[202] Feng Wenjie,Ma Wei,Li Dongqing,et al. Application investigation of awning to roadway engineering on the Qinghai-Tibet Plateau[J]. Cold Regions Science and Technology,2006,45: 51-58.

[203] Final report use geogids for limiting longitudinal cracking in roads. Alasak Dept of Transportation and Public,Fairbanks,AK,USA,1996.

[204] Fleischer R. 1953. Der Jahregang der Strahlungsbilanz and ihrer Komponent, Ann. Meteorol Ser, B(6):357-364.

[205] Gandahl R. Some aspects of the design of roads with boards of plastic foam[C]. Proceeding of the 3rd International Conference on Permafrost, Edmonton, Canada, 1978:792-797.

[206] Gaugler R S. Heat transfer device[Z]. U. S. Patent, 2350348. Dec 21, 1942, June 6, 1944.

[207] Goering, D. J, Kumar, P. Winter-time convection in oper-graded embankments[J]. Cold Regions Science and Technology, 1996, 24:57-74.

[208] Goering D J, Instanes A, Knudsen S. Convective heat transfer in embankment ballast[C]. Ground Freezing 2000, Rotter2 dam, Balkema, 2000:31-36.

[209] GRANGER R J, GRAY D M. A net radiation model for calculating daily snowmelt in open environments[J]. Nordic Hydrology, 1990, 21:217-234.

[210] Grover G M, Cotter T P and Erikson G F. Structure of very high thermal conductance[J]. Appl. Phys. 1964, 35(6):466-475.

[211] Gruber, S, Hoelzle, M. Statistical modelling ofmountain permafrost distribution: Local calibration and incorporation of remotely sensed data. Permafrost and Periglacial Processes, 2001, 12(1):69-77.

[212] Hansen J, Ruedy R, Sato M, et a1. Global temperature Trends: 2005 summation[EB/OL]. (2005-12-18)[2005-12-26]. http://data. giss. nasa. gov/gistemp/2005/

[213] Hayley D. W., Roggensack W. D., Jubien W. E., et al. Stabilization of sinkholes on the Hudson Bay Railway[C]. Proceedings of the 4th international conference on permafrost. National academy press, 1983:468-473.

[214] Johnansen, N. I., Lynch, D. F., Sengupta M. Notes on Norwegian Arctic Road Construction techniques[J]. North. Eng, 1988, 20(1):26-29.

[215] Johnston G. H. Performance of an insulated roadway on permafrost, Inuvik, N. W. T[C]. Proceedings of the 4th International Conference on Permafrost. America: National Academy Press, 1983:548-553.

[216] Johnston G H. Permafrost Engineering Design and Construction[M]. New York: John Wiley& Sons, 1981:48-50.

[217] Juli N. A., Chuec A. J. Permafrost distribution from BTS measurements (Sierra de Telera, Central Pyrenees, Spain): assessing the importance of solar radiation in a mid-elevation shaded mountainous area[J]. Permafrost and Periglacial Processes, 2007, 18(2):137-149.

[218] Kondratyev V. G. New methods of strengthening roadbed bases on very icy permafrost soils [C]. Proceedings of international symposium on cold regions engineering, 1996:7-10.

[219] Kydeliaftref, B. A. Predicting principle on research of engineering geology[M]. Lanzhou: Lanzhou University Press, 1992:11-19.

[220] Lewkowicz A. G,. Ednie, M. Probability mapping of mountain permafrost using the BTS method, Wolf Creek, Yukon Territory, Canada[J]. Permafrost and Periglacial Processes, 2004, 15(1):67-80.

[221] Li Dongqing, Wu Ziwang, Fang Jianhong et al. Calculating determination on the critical

heights of embankment in the degrading permafrost regions[C]. Proceedings of the International Symposium on Ground Freezing. Belgium, A. A. Balkema Publishers, Rotterdam, 2000: 15-18.

[222] Li Guoyu, Li Ning, Quan Xiaojuan. The temperature features for different ventilated-duct embankments with adjustable shutters in the Qinghai – Tibet railway[J]. Cold Regions Science and Technology, 2006, 44: 99-110.

[223] Liu Jiankun, Li Dongqing, Ma Wei, et al. Physical modeling of the sun-precipitation shed in protecting roadbed-cut on permafrost in Tibet, China[C]. Proceedings of the 5th international symposium on permafrost engineering, 2002, 2: 80-88.

[224] Liu Jiankun, TianYahu. Numerical studies for the thermal regime of a roadbed with insulation on permafrost[J]. Cold Region Sciences and Technology, 2002, 35: 1-13.

[225] Liu Yongfeng, Ding Jingkang, He Guisheng, et al. Application of expandable polystyrene insulation layer to roadbed engineering over permafrost regions. Proceedings of the 4th International Symposium on permafrost engineering, 2000: 26-32.

[226] Ling Feng, Yan Dingyi, Qian Zhengyu. Numerical investigation of thermal regime of roadbed under different types of driving surface in Huashixia Vally, China[J]. Journal of Glaciology, 2000, 22(suppl.): 118-121.

[227] LING F, ZHANG T J. A numerical model for surface energy balance and thermal regime of the active layer and permafrost containing unfrozen water[J]. Cold Region Sciences and Technology, 2002, 1-15.

[228] Longitudinal cracking in roads (in French) [R]. Rodriquez, A R Rev Fr Geotech, N19, 1982, May: 51-60.

[229] Mchattie R. L., Esch D. C. Benefits of peat underlay used in road construction on permafrost [C]. Proceedings of the 4th International Conference on Permafrost. America: National Academy Press, 1983: 826-831.

[230] Mikhailov, G. P. Temperature regime of Embankment Consisting of Coarse Rock on Permafrost[J]. Trans Construction, 1971, 12: 32-33 (In Russian).

[231] North Smith, Richard Berg, Larry Muller. The use of polyurethane foam plastics in the construction of expedient roads on permafrost in central Alaska[C]. Proceedings of Second International Conference on Permafrost, Yakutsk, U. S. S. R, 1973: 735-736.

[232] Ran li, Xue Xingong, Bao Liming. Application and technical characteristics of thermal pipe subgrade in Qinghai-Tibet railway design[J]. Journal of glaciology and geocryology, 2004, 26 (suppl.): 151-154.

[233] Robert L. Scher, 1998. Geotextile-Reinforced Pavement over Spreading Embankments: Goldstream Road, Alasak (Permafromence 1994-1998) 9th International Conference on Cold Regions Engineering Conference Proceedings.

[234] SAUNDERS I R, BAILEY W G. Radiation and energy budgets of alpine tundra environments of North America[J]. Progress in Physical Geography, 1994, 18 (4): 517-538.

[235] Shaw R. H. A comparision of solar radiation and net radiation[J]. Bulletin Amer Meteor Soc,

1956,37:205-210.

[236] Olson M. E. Synthetic insulation in arctic roadway embankments[C]. Proceedings of the 3rd International Cold Regions Engineering Specialty Conference. Canadian Society of Civil Engineering,1984:739-752.

[237] V. N. Feklistov, N. L. Rusakov. Application of foam insulation for remediation of degraded permafrost[J]. Cold Regions Science and Technology,1996,24:205-212.

[238] Wenbing Yu,Yuanming Lai,Xuefu Zhang,et al. Laboratory investigation on cooling effect of coarse rock layer and fine rock layer in permafrost regions[J]. Cold Regions Science and Technology,2004,38:31-42.

[239] Wenbing Yu,Yuanming Lai,Xuefu Zhang,et al. Experimental Study on the Ventiduct Embankment in Permafrost Regions of the Qinghai-Tibet Railroad[J]. Journal of Cold Regions Engineering,2005,19(2):52-60.

[240] Wen Zhi,Sheng Yu,Ma Wei,et al. Evaluation of application of the insulation to embankment in Qinghai-Tibetan railway[J]. Journal of Glaciology and Geocrylogy,2005,27:603-607.

[241] WU Q B,LIU Y Z,ZHANG J M,et al. A review of recent frozen soil engineering in permafrost along Qinghai Tibet Hightway,China[J]. Permafrost and Periglacial Processes,2002,13(3):199-205.

[242] Yuanming Lai,Shujuan Zhang,Luxin Zhang,et al. Adjusting temperature distribution under the south and north slopes of embankment in permafrost regions by the ripped-rock revetment[J]. Cold Region Sciences and Technology,2004,39:67-79.

[243] Yu Wenbing,Lai Yuanming,Zhang Xuefu,et al. Laboratory investigation on cooling effect of coarse rock layer and fine rock layer in permafrost regions[J]. Cold Regions Science and Technology,2004,38:31-42.

[244] Zhang Mingyi,Zhang Jianmin,Lai Yuanming. Numerical analysis for critical height of railway embankment in permafrost regions of the Qinghai-Tibetan Plateau[J]. Cold Region Sciences and Technology,2005,41:111-120.

[245] Zarling J. P. ,Conner B. ,Goering D. J. Air duct systems for roadway stabilization over permafrost areas. Proceedings of the 4th International Conference on permafrost[C]. America:National Academy Press,1983:1463-1468.